日本的底力

徐静波 著

图书在版编目（CIP）数据

日本的底力 / 徐静波著. -- 北京：华文出版社，2021.4

（静说日本. 第一辑）

ISBN 978-7-5075-4555-5

Ⅰ. ①日… Ⅱ. ①徐… Ⅲ. ①企业管理－经验－日本－现代 Ⅳ. ①F279.313.3

中国版本图书馆 CIP 数据核字（2020）第 151661 号

日本的底力

著　　者：徐静波
责任编辑：潘　婕
出版发行：华文出版社
社　　址：北京市西城区广外大街 305 号 8 区 2 号楼
邮政编码：100055
网　　址：http://www.hwcbs.com.cn
电　　话：总 编 室 010-58336239　发行部 010-58336238
　　　　　责任编辑 010-63429159
经　　销：新华书店
印　　刷：北京画中画印刷有限公司
开　　本：880mm×1230mm　1/32
印　　张：18.75
字　　数：390 千字
版　　次：2021 年 4 月第 1 版
印　　次：2021 年 4 月第 1 次印刷
标准书号：ISBN978-7-5075-4555-5
定　　价：298.00 元

版权所有，侵权必究

自序：我们为什么要向日本学习

2018年的秋日，我写了一篇文章《日本经济真的完蛋了吗？》，这篇文章举了索尼、NEC的产业转型和波音787客机的"准日本制造"的事例来说明日本企业并不是我们想象的那么糟糕，日本经济也不像一些媒体报道的那么没落。

日本媒体天天在喊"少子老龄化"问题，安倍晋三首相甚至将"少子化"问题称为"国难"。但是日本的育龄女性人均生育率还有1.4，中国的育龄女性人均生育率已经降到1.2，中国人根本还没有意识到"国难当头"，为什么日本人就开始大喊大叫？因为日本人的危机感是与生俱来的。

我想企业也是一样。日本除了一些尖端科学的研发机构外，国家已经没有控股企业，所以，日本没有"国有企业"的概念，自然也没有"国有资产监督管理委员会"。那么，日本靠什么来驾驭国家的经济？就是靠民营企业，尤其是大民营企业的自我把舵。而这些民营企业为了不至于沉没，就需要不断地去预知未来的发展，超前研发未来的技术，及时调整自己的产业结构，随时应对经营与金融风险。没有哪家政府机构会给企业指导和援助，除非是国民经济的骨干企业，在濒临破产时，政府债权机构才会伸出援助之手，比如当年的日本航空公司。

因此，市场这一汪洋大海培养了日本企业强烈的危机感。丰田汽车公司就是一个很有说服力的例子。

2018年年初，世界最大的消费电子展在美国的拉斯维加斯举行，但是这次展览的话题，不在电视机和智能手机上，而在汽车上。为什么会在汽车上？难道汽车已经成了家用电器吗？答案只有一个："是的，未来的汽车就是一个家电，而且是一个可以随叫随到的家电。"

丰田汽车公司不去参加汽车展，为何要参加家电展？因为丰田汽车公司给世界推出了一款新家电，那就是"全自动的公共流动平台"。

丰田汽车公司社长丰田章男先生登台演讲，他在拉斯维加斯讲了什么呢？他讲了两句令世界震惊的话。第一句是："世界将进入一个个人不需要拥有汽车的时代。"第二句话是："我们丰田汽车公司将不再是一家卖汽车的公司。"在场的许多人听了丰田社长的这两句话，感到迷惑不解：丰田汽车公司就是一个造汽车卖汽车的公司，你不卖汽车，你想干什么呢？

丰田社长给我们抛出来这么一个全新的概念。他说，在我们许多人的眼里，汽车是一个交通工具，而且是一个比较私密的交通工具。许多人都在为拥有一辆漂亮的私家车而努力。但是，随着全自动驾驶技术的普及，汽车不再成为一个个人必须拥有的交通工具，而是一个可以随时调度，而且不需要驾照的公共产品。

丰田社长说到这里时，丰田汽车公司在演讲会场推出了一辆崭新的全自动驾驶的氢能源汽车。丰田社长说，这辆汽车取名叫"e-调色板",就是你可以根据自己的想象和需要,去调制你想要的色彩和东西,而开头的这个英文字母"e",则代表了互联网,也代表了新时代。

丰田汽车公司推出的这辆"e-调色板"汽车,有三个特点:第一是全自动驾驶;第二是不用汽油燃料,而是用氢能源;第三是它搭载了最新的互联网技术和设备。

这辆看上去像一辆小巴士的汽车,车长可以达到7米,左右全开车门,可以搭乘十几个人。根据丰田社长的介绍,在上下班高峰期,这辆汽车可以作为一个公共的交通工具供人们使用,你想去哪里,只要通过手机或者一个口令,汽车就会自动地把你送到目的地,而不再需要自己开车。上下班高峰期过了之后,这辆汽车可随时被调度回物流中心,成为一辆自动送货车。而到了夜里,上下班高峰结束之后或者在周末,这辆车又可以搭载着商品,变成一辆街头的售货车。

所以,丰田社长推出一个全新的概念:丰田汽车公司以后不是卖汽车,而是要向全社会提供一个崭新的"全自动的公共流动平台"。

为了打造这个平台,丰田社长在会上报出了一连串合作伙伴的名单,包括美国的亚马逊、必胜客、优步,中国的滴滴出行,丰田汽车公司要跟这些伙伴一起,打造一个全自动的公共流动平台。

我们不得不说,丰田社长抛出的这一概念和推出的"e-调色板"汽车,确实是革命性的,可以说是迄今为止我们想都没有想过的新概念。他至少给我们两个启发:一个是它的技术创新,丰田汽车公司的全自动驾驶技术，完全可以支撑起这个流动平台，满足人们不同的需求，今后的汽车不只是交通工具，而是可以变成多功能流动平台。另一个是，这种创新的理念，为世界的汽车制造业提供了一个崭新的发展思路，将改变人们的生活方式，带动一系列新兴产业的诞生。

丰田汽车公司是一家日本企业，而且是一家日本最有代表性的企业。它的创新，不是政府逼出来的，而是企业为了生存和发展，自己寻觅和创造的。这种自主创新的能力，源自它的技术储存和研发能力，也源自一家企业对于人类未来的全新的思考。

所以，我们看日本企业，不应戴着有色眼镜，不应搞抬扛意识，必须看到它的自我创新和自愈能力，看到日本的底力。

搞市场化经济，日本比我们早了100多年。哪怕是现代经济，也比我们早走了几十年。并非日本样样都好，新产业也在被我们中国追赶和超越，但是日本的一些经验和教训，不是我们应该排斥的，而是应该积极学习和研究的。所以，我一直强调"我们要向日本学习"，就是要学习它的危机意识和持续不断的自我创新能力，并且学以致用，只有这样，才能使我们自己少走弯路，同时从日本新产业的创造与发展中，寻找到属于我们的机会与新思维。

徐静波
2018年12月于日本东京

目 录

经济创新

1. 日本经济复苏的新思路 /3
2. 丰田的氢能源汽车是如何铸成的 /7
3. 日本人工智能现在发展到了什么程度 /14
4. 孙正义与丰田章男合伙想干什么 /19
5. 日本经济依靠谁在支撑 /25
6. 日本企业的创新底力 /32
7. 日本如何打造全自动驾驶社会 /43
8. 日本为何十八年能获十八个诺贝尔奖 /49
9. 日本进入第四消费时代 /56
10. 日本七成企业为什么不要银行贷款 /62
11. 东京的房价到底还会不会涨 /69
12. 日本 iPS 细胞研究如何领先世界 /76
13. 日本人如何寻找"一带一路"突破口 /83
14. 日本医疗水平为何能蝉联世界第一 /87
15. 为什么日本农民比城里人还有钱 /94

16. 商业帝国八佰伴破产的教训 /101
17. 日本如何对抗美国独自造"芯" /109
18. 为什么九成日本人还相信报纸 /116
19. 日本人为什么不使用"支付宝、微信支付" /122
20. 日本的红富士苹果是怎么种出来的 /128
21. 日本人如何做康养产业 /133
22. 日本的"国酒"是如何酿造出来的 /139
23. 东芝如何从一滴血中查出13种癌症 /143
24. 索尼造出了超时尚的自动驾驶汽车 /149

精细管理

1. 日本人是如何管理国家的 /157
2. 新干线运营管理如何做到极致 /164
3. 东京如何解决城市停车难问题 /171
4. 日进百万人的东京车站为何井井有条 /178
5. 日本如何进行物业管理 /181
6. 日本如何管理民宿的"野蛮生长" /187
7. 羽田机场国内线为何不查身份证 /192
8. 日本在拾金不昧问题上的制度设计 /198
9. 日本是如何处理疫苗问题的 /203
10. 日本人凭什么比中国人多活八年 /210
11. 日本采取哪些政策鼓励多生孩子 /217
12. 日本为何要将退休年龄延长到七十岁 /224

13. 日本社会的"十五分钟原则" /231

14. 日本为何要打开移民之门 /238

15. 东京为什么有那么多米其林餐厅 /245

16. 日本征收个税，有哪些人性化政策设计 /249

17. 寻找住友集团 410 年长盛不衰的秘密 /256

18. 日本出租车市场为何管理得井井有条 /262

19. 日本为何少有医患纠纷 /268

20. 凋零的日本照相机产业如何转型 /275

21. 日本小城市的垃圾如何处理 /278

22. 日本人生大病为何不会倾家荡产 /282

文化底蕴

1. 日本人为何对万物有敬畏之心 /289

2. 日本什么样的人才能称为"先生" /292

3. 日本人为什么还在用手帕 /299

4. 日本人教育孩子的几个原则 /306

5. 日本足球为什么比中国足球厉害 /313

6. 日本的"凄美文化"来自何处 /317

7. 日本人为何对西安情有独钟 /321

8. 日本人离开座位时最在意哪个细节 /327

9. 日本人过年如何发压岁钱 /333

10. 日本为何还坚持使用汉字 /339

11. 日本酒获金奖为什么不印在瓶子上 /343

12. 日本人为什么喜欢打高尔夫球 /349

13. 日本人演戏为何要戴面具 /355

14. 日本男人结婚后为何多戴戒指 /360

15. 渡边淳一的《失乐园》与"不伦文化" /365

16. 日本人中秋节为何不吃月饼 /372

社会规则

1. 日本女孩为何在冰天雪地里光腿 /381

2. 日本企业为什么不太喜欢硕博生 /386

3. 日本大学生都找哪些公司就职 /389

4. 明治维新到底是怎么搞起来的 /392

5. 只有十三名学生的偏僻小岛小学是什么样 /399

6. 在东京生活每月得花多少钱 /405

7. 日本年轻人为何不愿意结婚生孩子 /412

8. 日本的和尚为何能够结婚生子 /416

9. 日本社会的小偷为什么那么少 /422

10. 日本人为什么动不动就自杀 /425

11. "援助交际"到底是怎样产生的 /432

12. 富士山到底属于谁 /436

13. 日本人为何不相信舶来品 /442

14. 银座的小姐们为何结婚那么难 /449

15. 泡银座酒吧的男人们有哪些英雄本色 /452

16. 日本年轻人不想结婚的六大理由 /456

17. 日本人从什么时候开始不过春节了 /459

18. 日本人结婚，平均花费多少钱 /463

19. 日本养老到底需要花多少钱 /467

20. 日本黑社会的"道"/471

本色人生

1. 山口百惠最近在忙什么 /479

2. 张丽玲的力量 /487

3. 为什么说"不登富士山是混蛋"/495

4. 日本夫妻为何喜欢分床睡 /502

5. 夫妻必须同床共枕的理由 /508

6. 反对美军基地的冲绳县知事之死 /511

7. 日本大牌影星的演出费是多少 /515

8. 日本在汶川大地震中干了些什么 /522

9. 日本公主为何突然推迟婚礼 /529

10. 大学教授的"性骚扰"/534

11. 书法家刘洪友与他的日本弟子们 /539

12. 苍井空为什么比其他 AV 女优幸运 /546

13. 日本社会如何对待变性人与同性恋 /552

14. 日本女影星的奇葩结婚协议书 /559

15. "梦中情人"栗原小卷为什么不结婚 /564

16. 著名导演北野武的婚外恋 /572

17. 女记者被强暴后为何走上法庭 /575

18. 为什么越来越多的日本女性选择做"非婚母亲"/579

19. 立石义雄遗言：企业是社会的公器，不是创业家的私财/583

经济创新

1. 日本经济复苏的新思路

2018年元旦刚过,华文出版社邀请我在北京图书订货会上做一场演讲,题目是《日本真的已经衰落了吗?》

我想这是一个很好也很现实的主题。在中国崛起的背景之下,我们该如何看待日本社会和日本经济?日本到底是不是可以成为我们可以忽视的国家,还是一个我们必须合作或者必须依靠的国家?对这些问题的判断,对于我们国家在制定对日外交政策时尤为重要。对于我们普通民众来说,也是一件需要去公正了解的事情。

社会上为什么会出现"日本已经衰落"的观点,我想主要原因有两个:一是在2017年,日本东芝等一些公司纷纷抛售家电事业,并落入我国企业之手。二是一些日本著名企业出现了产品质量报告造假的问题。

这两个原因,确实反映出日本企业目前面临的困境和问题。但是我注意到,这些问题的出现,并没有影响到国际投资家购买日元和日本股票的信心,日元还是在涨,日经平均指数还是在攀升。为什么会出现这种欣欣向荣的景象呢?因为国际经济学家和投资家们的观察角度与我们不一样。他们认为,一个国家是否衰落,与GDP的增长没有太大关系,关键在于它的创新能力；一个国家、一家企业，能不能不断地吐故纳新来改变自己，创造未来，能不能给社会输入新的血液，给世界经济带来蓬勃生机，这才是关键。而日本即使出现了企业抛售和质量报告造假等问题，也无损于它制造业的底气，也不会给日本整体经济带来损害，因为日本企业总是在不断地创新，而且不是政府主导的企业创新。

索尼公司当年放弃电脑和其他电子产品时，许多人担心索尼就此完蛋了。但是几年过去了，我们发现，索尼的电脑是不见了，但是我们用的电脑和电视机里的许多核心零部件都是索尼生产的。全世界正在研发生产的全自动驾驶汽车，包括丰田汽车在内，使用的图像传感器，基本上都是索尼的技术。

几年前，日本电脑制造业的鼻祖 NEC 公司将电脑产业卖给了中国的联想集团，许多人当时也担心，日本的半导体产业完蛋。但是，我们后来发现 NEC 公司不仅没有抛弃半导体产业，相反实现了划时代的革新。NEC 公司最新推出的一项全自动高智能化视听技术，将会完全取代我们现在所使用的智能手机，会让苹果公司甚至是中国的华为公司走下坡路。因为 NEC 公司的这一个小小的耳塞，可以取代智能手机所有的功能，让"看"变成"听"，让人们空出手来去做想做的事情。

所以，我们看日本经济，不能只看它的哪些产业被抛售了，而是应该看它又创造出了什么引领世界的新产业。

中国现在还处于经济结构的调整期，去产能去库存，培育新的经济增长点。对日本来说，经济结构调整在 20 多年前的泡沫经济崩溃之后已经完成。日本目前进行的是整个产业结构的调整；也就是说，如何把一些没有竞争力的、低端技术的产业抛弃掉，去创造一些未来型的新产业。

像电脑、电视机、电冰箱等白色家电，在日本企业的眼里，已经属于没有竞争力的低端技术产品，完全可以扔给劳动成本低廉的国家去做，而日本只要研发制造这些白色家电的核心零部件就行。也就是说，从外壳包装上来看，印着"Made in Japan"的商品会越来越少，但是打开这些产品，会发现印着"Made in Japan"的零部件越来越多。一台苹果手机，37%的零部件是日本制造的，而且都是核心零部件。美国最新型的波音787客机，35%的核心技术是日本企业提供的。比如客机的机体，它不再使用传统的铝合金，而是采用了日本东丽公司开发的碳纤维复合材料，又轻又牢固，比铝合金机体可以节省20%的燃油，而且机体不再冰冷，机舱内自然温度比铝合金机体升高了5摄氏度。

波音787优美的曲线形主翼,是日本三菱重工业公司制造的;驾驶舱是由日本川崎重工业公司制造的;客机内的音像播放系统是松下电器公司生产的;机舱门是由日本JAMCO公司生产的;连波音787客机厕所用的温水冲洗坐便器,也是日本东陶公司生产的。日本总共有60家企业参与了波音787的制造,所以有人说:"波音787名义上是美国的客机,其实是一架准日本国产客机。"

"让别的国家去做外壳,让日本来做内芯",这就是日本产业结构调整的一种新思路。而这种新思路,经过未来三到五年的衍生,将会给日本经济带来新的活力,日本经济也会进入新一轮的爆发期。这是我们必须预估到的日本经济的前景。

2. 丰田的氢能源汽车是如何铸成的

2018年5月，李克强总理时隔26年访问日本，在北海道参观了丰田汽车工厂。丰田将诸多先端汽车运到北海道，请中国总理看一看，结果，李总理的脚步停留在了一辆造型别致的蔚蓝色轿车面前，丰田公司社长丰田章男先生告诉李总理："这是我们研发的世界第一代氢能源汽车。"

访问结束后，网上传出一张照片——李总理的脸色十分凝重。也许是他看到了中日两国在新能源汽车研发上的某种差距。

我联系了丰田汽车公司，想看看这辆汽车。丰田公司委派了广报部的刘莹莹跟我对接，去东京塔下的"Iwatani"加氢站，因为那个加氢站还建了一个氢能源汽车的展示中心，不仅有样车，还有可以试乘的车。

丰田汽车公司的这辆氢能源汽车，有一个很美丽的名字，叫"MIRAI"。"MIRAI"在日语中是"未来"的意思。而"氢"在日文中，写作"水素"，所以，日本人将这款"MIRAI"称作"水素车"，但是丰田公司的官方定义是"燃料电池车"。

人类发明汽车是在150多年之前，烧煤、烧柴、烧气、烧油，为了轮子能转，试了无数，终于在最近十年，发明了大功率蓄电池，开始烧电。

除了这些外，还有没有新的替代能源？爱捣鼓汽车的丰田人，在1992年就组成了几个人的"兴趣小组"，开始研究氢能源。

特地赶到加氢站来给我做技术解读的，是丰田汽车公司的中井久志先生，他的名片上印着一个头衔，叫"技范"。这两个汉字，我是头一次看到。我说，按照上海人的概念，就叫"老法师"。他听了，不好意思地笑了。

中井先生告诉我，丰田汽车公司研制氢能源已经有20多年的历史。2002年，世界上第一辆以"氢"作为能源的汽车在日本和美国市场限量销售。随后，丰田根据客户的反映和技术跟踪监测，对续航距离和极寒状态下的始动性能进行了改善。在北海道的丰田试验场等进行了零下30摄氏度状态下的极寒试验后，2008年，丰田的氢能源汽车可以行驶在零下30摄氏度的寒冷地区。

2014年12月，技术与安全性能相当成熟的氢能源汽车"MIRAI"正式推向市场，并实现了量产。为了燃料电池，丰田独立研发的专利技术就多达5000余项，可以说，丰田掀起了世界汽车能源的一场革命！

说到"氢"，一般人会想到"氢弹"和蘑菇云，心中会有一种怕怕的感觉。丰田的氢能源汽车，到底是一款怎样的车呢？

中井先生用电脑给我上课。他说，原理很简单，中学的物理课上都已经学过，但是技术很复杂。

丰田的氢能源汽车的后部，安装了两个高压气罐。光这一气罐，丰田研发的专利技术就高达290项。最外面的一层，包裹的是碳纤维材料，那是制造客机机体的尖端材料，又轻又牢固。

我看了丰田的一段试验视频，一辆货车以 80 公里的时速，以追尾的方式冲撞气罐，气罐连表面都完好无损。气阀在感知冲击的同时，会瞬间自动关闭。

中井先生说，"MIRAI"上安装有氢气监控装置，一旦发现气漏，将会自动发出警告，同时自动关闭气阀。

与汽油和混合动力汽车相比，丰田的氢能源汽车是没有发动机的，只有车头安装了一个小小的马达。那么，"MIRAI"的动能是如何产生的呢？燃料电池动力系统的工作原理是氢和氧发生反应产生电能，然后驱动马达运行。那么既然把"MIRAI"称作"燃料电池汽车"，它的燃料电池在哪里呢？其实，所谓的燃料电池，是一个装在汽车中部的电堆，叫"FC 电堆"，这个电堆并不是电池，而是发电设备，氢和氧在这里发生反应产生动能，而且这个电堆没有寿命限制。

但是我发现，车上的尾部，装有一块电池。

这块电池是干什么用的呢？中井先生介绍说，这块电池不是像电动车（EV）那样接受外部电力充电之用，而是积蓄"MIRAI"车在行驶过程中产生的回生电能，这些回生电能也可用于开车。

中井先生说，万一发生地震、台风和洪水等灾难，城市出现停电，"MIRAI"可以作为大容量的外部电源供给系统，通过直流/交流转换的供电器，连接家庭的电源，提供一户人家从做饭到照明、电冰箱、空调等约一个星期的电力所需。同时，也可以给避难所、道路信号灯、医院等提供电力。平时的话，亲朋好友外出野营露宿或者举行野外音乐会，"MIRAI"都可

以提供足够的电力供应。

所以,"MIRAI"也是一台移动电源。

我提出来,能不能让我试乘一次"MIRAI",他们爽快地答应了。

车从加氢站开出,一直开到日本中央机关所在地霞关,再从霞关开到芝公园回到加氢站,一圈兜了20多分钟。根据陪同司机的指点,我发现这款"MIRAI"有这么几个特点。

第一,空调、汽车导航系统等功能按钮集中在驾驶座的左侧间隔板上(日本车是右侧方向盘),而且都是触摸式的,手指轻轻一触即可。

第二,车内空间感大,尤其是前座的空间感觉宽敞。

第三,瞬间加速,一踩油门,车子如同客机起飞,时速瞬间从30公里加速到60公里。

第四，在斜坡起步时，车子有一个上坡辅助系统功能，可以阻止车辆下滑。

第五，座椅和方向盘都有加温功能，以避免冬天开车受冷。

第六，由于没有发动机，车在行驶中噪音极低，内部空间十分安静。

第七，车上搭载有防冲撞自动刹车系统，当感知前方有车辆可能发生冲撞时，紧急刹车系统会自动启动。

第八，车上搭载有道路识别系统，当汽车偏离正方向出现压线行驶时，这一系统会自动向司机发出警告。

第九，车上搭载有大小车灯自动切换系统，车在夜间开灯行驶时，遇到前方有车辆驶来，会自动切换成小灯，以避免扰乱对方司机的视线。

第十，车上搭载有防止车轮左右打滑的自控系统，用来提高冰雪道路等路况下的行驶安全性。

"MIRAI"不仅是一款新能源车，更是一款高科技车！目前的售价是725万日元（约42万元人民币），日本政府和各地方政府（各地方政府的补助金额不等）最多可补助约200万日元，个人实际需要支付的购车费相当于30万元人民币。

车回到加氢站，中井先生请我看车尾，只见司机在驾驶座上按下一个按钮，车尾就洒出大概半杯子清水，原来氢能源的"MIRAI"只排水不排尾气，实现了完全的零排放。而这种清水，在行驶中自动排放，还装有 H_2O 按键，可以选择在停车时或其他时间排放。

那么，既然是加氢气，那么，这氢气是怎么加的呢？

刚好有一辆黑色的"MIRAI"来加气，我看了加气的全过程。加气口与一般轿车的加油口是同一个位置，同一个概念，只是它是一个很小的接气口。

我问了加氢的小伙子，在加氢过程中会不会发生意外漏气的问题。他说，这种情况应该不会发生，因为加氢系统是一个自动控制系统，即使加氢过程中有点泄漏，也很快会挥发，不会发生燃烧等问题。

"MIRAI"加一次气，只需要3分钟，跟加汽油是同样的时间。但是，加一次气可以跑650公里，并且作为"MIRAI"发电机的FC电堆，还不会发生电池老化、功率下降的问题。

加满气的费用是5000日元（约300元人民币），跟加满汽油的价格一样，甚至更便宜，而且不会随着油价发生价格的波动。

目前，丰田的氢能源加气站主要是与岩谷产业公司合作。岩谷产业公司是日本最大的液化气加工销售公司，也是"MIRAI"氢能源的制造公司。全国现在共有约100座这样的加氢站，主要集中在东京、名古屋、大阪和福冈四大经济圈，东京现有14座加氢站。

丰田广报部的刘莹莹介绍说，"MIRAI"在全球已销售了6300辆，主要集中在日本和欧美国家，目前的年产量是3000辆，在爱知县的元町工厂制造。"MIRAI"专用生产线处于有序扩大的阶段，目前的"MIRAI"几乎是手工打造。

根据计划，到2030年，丰田公司汽车一整年的销售结构比例为：所有丰田车中，电动车销售量达到550万辆。其中，混合动力车和插电混合动力车450万辆，而零排放的氢能源、纯电动车（EV）年销售量力争达到100万辆。而丰田公司最终目标，是要在2050年，挑战"新车CO_2零排放"目标，为防止地球变暖做出贡献。

从几个技术人员的私下研究开发，到上升为公司的战略，再到完成氢能源汽车的量产化，整个过程，丰田汽车公司耗费了20多年的时间。到2014年10月末，获得的专利技术多达5000余项，投入的研发经费也不是一个小数字。但是，丰田汽车公司宣布将5000多项专利技术向全世界公开，希望更多的汽车制造商一起来推进这场汽车能源大革命，让地球的天更蓝，空气更清新。

跟中井先生谈了整整一个上午，他是一位氢能源汽车领域的权威。我对他说，氢能源技术的进一步开发和利用，不仅会使得丰田在汽车百年革命中成为时代的弄潮儿，更有可能，会使得丰田汽车公司变身为新能源开发公司。氢能源已经成为一种可移动的大型电源，在未来的发展领域，不仅可用在汽车上，也可以成为住宅、办公楼、医院、酒店、百货公司、超市、工厂企业的电源，而这种电源又是取之不尽的能源。也许，世界能源结构将因此而改变，日本将迈入氢能源社会。

中井先生倒是很谦虚，他说，丰田汽车公司正在研究氢能源的各种应用可能，不过有一点是毫无疑问的，他们想通过应用电能和氢能，构筑起能源多样化的社会。

3. 日本人工智能现在发展到了什么程度

中国全国人大、政协"两会"期间，我被凤凰卫视《一虎一席谈》节目邀请去当嘉宾。这次，和我同台的嘉宾有大家很熟悉的格力电器董事长董明珠，大家都叫她"董小姐"，还有步步高集团董事长王填、广汽集团董事长曾庆洪。这期节目谈的主题是人工智能。和往常一样，我主要介绍日本的制造业和人工智能的发展情况，因为日本确实有许多先进的好东西值得我们学习。

那么，在制造业和人工智能这两个领域，日本目前发展如何？中国是不是有可能超越日本？节目录制现场，各位嘉宾就这些话题碰撞出了火花。

在节目中，董明珠指出了一个很重要的问题，那就是中国的制造业体量上看起来很大，占到整个经济的29%，但其实是存在着很大的短板。这个短板是什么呢？就是核心技术与材料。在这两个领域，中国还远远落后于日本。中国能造很好的汽车，但是发动机都是别人的，精密机械的研发和制造也远远落后于日本和德国。中国在整个制造业领域，中低端产业已经引领世界，但是"金字塔"顶端的部分，中国与世界，尤其是与日本、美国、德国等一些工业发达国家相比，还有很大的差距。

那么，日本为何在制造业领域能够不断地引领世界，它有什么优势？主持人把话题抛给了我。

我在节目中介绍说，"中国制造"与"企业创新"是目前中国比较火的名词，但是在日本，政府并不会给企业设定发展目标，而是由企业自身去寻求发展和转型。

日本社会为什么没有口号和概念的宣传，是因为企业的创新首先是为了自身的生存和发展的需要，并不需要国家去制定什么指导战略。企业的发展战略需要企业自己来确定，而不需要依靠政府去引导，政府能够做的就是一件事：政策倾斜。在日本，企业家普遍认为，他们比官僚更了解市场和行业的发展情况。

如此一来，日本企业就像没爹没娘的孩子，任凭自己在市场的风浪中拼搏和挣扎。结果是日本的制造业五花八门，遍地开花，大家各走各路，而不是去挤华山一条道。

所以说日本的产业发展，尤其是制造业发展，动力完全来自于企业本身，而不是政府的政策驱动。因为日本99.9%的企业都是民营企业，做得好与不好，与政府没有什么直接关系。日本企业做任何事，取得任何的业绩，都是做给自己看，做给股东看，做给员工看，而不是做给政府看。日本企业不怎么向政府邀功，即便你邀功，政府也不会给你什么表彰奖励，不会给你单独分糖吃。

因此，在日本经营企业，企业家是千斤重担一肩挑，好坏都是自己的事。为了能够立于市场的不败之地，日本企业只愿意做两件事：一件事是做得比人家好，另一件事是做人家没有的东西。于是，创新就变成了一种自然，一种时时追求的东西。目前，日本家电制造业纷纷抛售生产线，但是，并不是他们被谁超越，而是他们认为传统的制造业已经不适合日本企业来做，需要进行产业结构的大调整，抛弃旧产业，创造新产业，把"日本制造"的标签，由贴在产品的外壳，改为贴在产品的内芯。

不过，董明珠认为，虽然在制造业领域中国总体上还比日本落后，但是在人工智能领域，中国和日本处在同一条起跑线上，如果中国持续发力的话，完全有可能超越日本，至少不会输给日本。中国在人工智能领域里已经取得了惊人的成绩，广汽集团董事长曾庆洪在节目中就展示了广汽集团自主研发的最新的人工智能汽车。

那么日本的人工智能到底发展到了什么程度呢？

日本的人工智能研究，首先是从大学校园里开始的。有"日本机器人之父"之称的早稻田大学教授加藤一郎，早在20世纪70年代就开始研发人工肌肉驱动之下的下肢机器人。20世纪90年代又研发出以液压和电机驱动的下肢机器人。而大阪大学智能机器人学教授石黑浩带领的研究小组，在2010年就开发出了可以模仿人类表情的女性替身机器人。

对于中国制造业来说，日本机器人最有代表性的，可能就是安川电机公司生产的工业机器人，它已经广泛用于汽车、机械等领域的组装与焊接。

最近，日本村田制作所研发出一套可判读出现场气氛和每个人情绪变化的人工智能系统，这套系统有助于教育、娱乐业或商业人士实时了解客户情绪。比如在幼儿园，老师可以通过该系统掌握每一个孩子的情绪变化,并根据孩子们的情绪变化来调节室内温度,为孩子更换衣服,或者由老师进行安抚。在商业谈判中,也可以通过该系统了解客户的情绪变化,掌握和分析客户的思路,并制定相应的对策。更为重要的是,这套人工智能系统借助于瞬间判断功能安装于汽车中,可以提醒司机不要打瞌睡,不要情绪急躁,并根据司机的情绪变化,自动予以提醒,播放合适的音乐或者自动调节汽车内部的温度。村田制作所的这一人工智能系统,已经在 2018 年 2 月投放市场。

日本要在 2020 年承办奥运会。日本政府已经确定了一个方针,在两年之后的东京奥运会场馆之间,选手村和比赛场地之间的所有车辆都要使用全自动驾驶汽车,包括大巴和轿车。日本想把 2020 年的东京奥运会打造成一个科技奥运会,向全

世界展示日本最新的科技实力，尤其是人工智能。

丰田汽车公司提出了全自动驾驶的"共享汽车"概念——在早高峰时段，这辆汽车根据乘客的预约，可以自动地挨家挨户去接上班的白领，然后把他们送到公司；九点钟以后，它开到快递公司去送货；中午，它就带上盒饭到公司比较集中的地区去卖盒饭，变成一个小食堂；下午，它又去充当送货车；傍晚，它又负责去接那些公司员工下班回家；夜里，它就变成马路边的一个货摊，给晚上出来散步或者过夜生活的人们提供精美的食品或者礼品。丰田汽车提出的这个"共享汽车"概念，不只是一个交通工具，而是一个高智能的移动空间，能够带给人们崭新的人工智能生活。

日本人工智能领域的研发，还有一个很好的基础，就是从20世纪90年代开始，包括东京大学、早稻田大学在内的20多所大学，都设立了人工智能专业。人才是保证日本在人工智能领域继续保持竞争力的关键。日本政府为了协调推进人工智能产业的发展，专门成立了"人工智能战略委员会"，为企业推进人工智能产业的发展制定各项政策。

虽然在人工智能领域日本比中国早开始了几年，但是中国的赶超速度十分迅速。其中全自动驾驶汽车的人工智能系统，正在与日本一争高下。未来，日本的人工智能与中国的人工智能一定会有一个相互借鉴与合作的过程，两国的合作会比竞争有着更美好的前景。

4. 孙正义与丰田章男合伙想干什么

这几年,中国社会对于日本的产业与经济,有一种比较肤浅的认识,认为日本把白色家电抛售给了中国企业,已经到了砸锅卖铁的穷困地步。

但是,身在日本的我一直很不赞同这种认知。我觉得,这是日本企业实施产业结构调整与升级的一个过程,而这个过程表现出来的是甩卖家底,实际上是在抛弃亏损的陈旧产业,寻求凤凰涅槃。

为什么这么说?原因有两点:第一,日本企业的产业更新换代,是日本企业的一场自我革命,不是银行与债主逼他们砸锅还债。第二,这些日本企业手中有大量的现金留存,在这场产业调整与升级中,几乎是不解雇员工,没有拖欠货款。也就是说,是有钱人卖了旧房换新房而已,而不是变成一名流浪汉。

日本的这场产业调整从 10 年前最大的半导体制造企业 NEC 抛售电脑事业给联想集团之时拉开序幕,直到今天,除了夏普公司整体转让给台湾的鸿海集团之外,其他的电器、电机公司都走出了困境,并开启了新产业的时代。最具代表性的就是索尼公司,它的人工智能相关半导体零部件的研发制造,已经占据了世界家电与音像产品市场以及自动驾驶汽车市场 50%

以上的份额，创下了20年来最高的利润。

　　重新认识日本的产业经济，冷静观察日本的国家底力，这是我们对于日本这一邻居必须持有的态度。

　　走出产业结构调整困境的日本企业，最近都在忙什么？

　　金秋十月，日本两家企业巨头开始联合投身于人工智能社会的建设。

　　孙正义是日本首富，软银集团的创始人兼社长。丰田章男是日本最大的汽车制造商——丰田汽车公司的继承人兼社长，两人都是世界著名的业界大佬。所不同的是，孙正义搞互联网经济与投资，丰田章男造汽车搞实业，两人凑在一起，很难找到融合点。

　　但是，2018年10月4日下午，这两位小个子男人一起站在记者会见的舞台上，相互鞠躬、握手，最后隆重宣布要携手成立一家合资公司——一起兴办人工智能（AI）企业。

　　AI是当今世界最滚烫的话题，但是至今为止，几乎都是单兵作战，各企业各自为营，很少出现联合体。软银与丰田的想法则不同，他们想结婚。

　　丰田是有着80年历史的老牌企业，软银只是一家才20多年的新兴企业。这对老夫少妻想结婚的理由很简单：世界在变，我们不跟上不行。

　　丰田章男说，汽车已经进入了百年一变的时代。未来汽车如果仅仅在能源问题上寻求突破，显然是不够的，必须走自动化与网络化之路。汽车消费不是卖了后了事，而是卖了之后才开始。

于是，丰田汽车公司在2018年年初的消费电子展上推出了一款崭新的概念车——e-Palette Concept（e-调色板）。这款全自动驾驶的汽车，其实是一个"移动平台"的概念，它开放车辆控制接口，可搭载其他公司开发的自动驾驶控制组件；在移动服务平台上公开服务供应商所需API；就像一台电脑，可以根据需要安装各个公司研发的软件，演绎成不同功能的系统处理与操作平台，让这一辆汽车既可以载客，又可以办公；既可以作为货车，又可以作为餐车，成为功能性"变形金刚"，满足人们的生活与工作所需，解决人们移动与生活之间的问题。

但是，e-Palette Concept如果没有AI技术的支撑与网络融合，最后还只能是一辆车。

孙正义从美国留学回来后，靠卖电脑软件起家，创建日本雅虎网站，首创网上拍卖。然后涉足金融投资，是阿里巴巴的最大股东，捏着27%的股权。然后取得苹果手机在日本的代理权，全面介入日本的移动通讯事业。这几年，最忙乎的是投资世界各国的互联网企业和人工智能技术研发企业，构建全球物联网（IoT）。

20年前，孙正义还只是一位创业不久的企业老板，他斗胆向日本最牛的丰田汽车公司提出了一项互联网销售建议——将美国的汽车专卖店管理软件卖给丰田汽车公司。当时接待孙正义的是丰田汽车公司的一位小课长和一名小系长，课长的名字叫丰田章男，系长的名字叫友山茂树。孙正义的合作建议遭到了丰田汽车公司的谢绝。不仅因为两家公司的档次与体量相差遥远，更因为当时的丰田觉得自己已经有了销售网站，不需要孙正义的合作。当年登门谢绝孙正义的两个人，就是丰田章男和友山茂树——这也是丰田章男与孙正义的第一次交集。

半年前，两家公司的年轻人走到一起，探讨丰田 AI 车与软银 AI 技术合作的可能性。这一次探讨，擦出了火花——如果把 e-Palette Concept 与软银的 AI 物联网融合的话，可以构建出一个 AI 社会。

这盆火花端到了友山茂树的手中——他如今已是丰田汽车公司的副社长。友山想起了 20 年前的事，他觉得当初孙正义的建议是多么的具有先知。而这一盆火花送到丰田社长手中的时候，应了"正中下怀"的那句话，丰田社长拍案叫绝。

仅仅几个月，丰田与软银的合资公司案摆到了两位大佬的面前。

公司名称：MONET Technologies 株式会社（意思是：为所有人提供安心舒适的移动服务）。

资本金：20 亿日元（约 1 亿 2000 万元人民币），今后增资到 100 亿日元。

股权比例：软银集团 50.25%，丰田汽车公司 49.75%。

代表取缔役社长兼 CEO：宫川润一（软银集团副社长）。

业务范围：按需移动服务、大数据分析、自动驾驶与系统融合事业。

根据宫川社长的介绍，新公司在 2018 年内开始工作，与各地方政府和企业合作，首先利用 AI 技术开启网约车业务，以构建区域联动型交通网络。其次面向企业构建 AI 物流网。到 2020 年上半年为止，利用丰田汽车公司开发的 e-Palette

Concept 全自动驾驶汽车，完成自动配车、移动中医疗诊断、移动中快餐制作、货物配送、移动办公等事业的构建，向东京奥运会展示日本最新的科技与 AI 社会的理念，并向世界输出这一事业。

在记者会见中，丰田社长称自己只是一个事业的继承者，而孙正义不仅是一位伟大的创业者，更是一位具有先见之明、能预见未来的智者。

而孙正义在感叹自己终于能够"嫁入豪门"的同时，更称赞丰田社长是一位"再创业者"，是引领世界汽车产业未来的旗手。

惺惺相惜，一不缺钱，二不缺技术，丰田与软银的融合，让在现场的我，感受到一份激动的同时，也感受到一种恐惧：他们到底想干什么？

丰田社长说：世界汽车业界正迎来"百年一次"的大变革时代，在这一大变革中，催生了一项被称为"CASE"的新技术，那就是"接续性""自动驾驶""共享""电动化"的技术革新，这一革新不仅改变了汽车的概念，同时也改变了竞争对手与竞争规则。今后，汽车将依赖于互联网技术，与城镇相连、与支撑人们生活的各种服务相连，成为整个社会系统的一部分，而不再是单纯的交通工具。因此，丰田汽车公司要推行"结友战略"，不仅要强化与血缘关系的企业和相关联零部件制造企业的内部合作，同时要强化与同行车企的强强合作，同时也要强化与移动服务企业、AI 技术公司的合作，为了日本、为了世界、为了下一代携手共进。而与软银集团的合作，就是为了打造"移动服务的未来"时代。

孙正义社长说：AI是人类历史上最伟大的革命！将丰田的全自动移动服务平台与软银拥有的物联网（IoT）与AI技术相结合，可以催生无限的可能。软银现在已经投资了自动驾驶、图像识别与处理、物流、网约车、电商、半导体技术研发、电子地图等领域，已经具备构建AI社会的诸多基础。10年前，进入世界前10强的企业中，互联网相关的企业只有一家微软，现在已经有了7家。但是，还没有一家真正意义的AI企业进入前10强。我相信，若干年之后，这样的AI企业一定会进入前10强，引领世界的未来。

听完孙正义的话，我预感到，他心目中的这一家AI企业，就是这一家软银与丰田的爱情结晶。也许10年、20年之后，当全自动驾驶汽车变成我们生活中招之即来挥之而去的万能平台，当世界进入AI社会后，我们会庆幸自己，曾有幸见证了这一伟大革命诞生的瞬间！

5. 日本经济依靠谁在支撑

　　我的老家在浙江省舟山市，那是一个群岛城市，鱼很多。以前总有人问我，你们打篮球会不会掉到海里去？我说我们舟山可大了，舟山本岛从东头开汽车到西边，也得一个多小时。所以，舟山人总喜欢说自己是"大舟山"，因为我们小时候，难得看到大陆。

　　舟山以前交通不方便，去上海、宁波都得坐船。现在从宁波到舟山，建起了海上大桥，50多公里长，舟山也就变成了半岛。大陆人民可以开汽车直接到沈家门渔港，然后在夜排档吃完一顿美美的海鲜，再去普陀山烧香旅游。当然你现在还可以坐飞机到舟山机场。舟山如今已经是中国的新区，也是浙江自贸区的所在地，最近正在开建从宁波到舟山的海上高铁，将来这一条海上高铁还将连接上海的浦东。

　　现在舟山有两大在建项目，一是美国波音公司工厂，这是波音在海外的第一家工厂；二是世界最大规模的绿色石化基地。为此，浙江省政府主办的世界油商大会最近在舟山市举行，大会组委会希望我邀请一些日本的石油化工企业参加这次大会，于是我把日本几大综合国际商社的中国区总裁和能源部长都请到了舟山，结果有人不理解：徐老师，我们希望你邀请一些石油化工企业，你怎么邀请一些国际商社的人来了呢？

我突然感悟到，我们有许多人对日本综合国际商社不是很了解，因为中国还没有这类的企业集团，许多人单单地把它理解成是国际贸易公司。

那么，日本的综合国际商社究竟是一种怎样的企业呢？

在解读日本综合国际商社之前，我先来说一组数据：日本有6大综合国际商社，它们的贸易额占了日本对外出口总额的43%，进口总额的62%。它们的经济规模占到了日本整个国家GDP的31%。这组数据还是2006年时的数据，现在一定会有些变化，但应该是变得越来越大。

我们看韩国经济，总是会认为，没有现代集团、三星、乐天，韩国经济就会垮掉。那么，我们也可以认为，如果没有这几家综合国际商社，日本经济也会垮掉。

日本的这6家综合国际商社，可以理解成6大财团。为什么这6家国际商社在日本国家经济中占有如此举足轻重的地位，它们到底是何方神仙？

第一家是三菱集团。三菱集团，可以说是日本综合商社的代表。它起始于明治时代初期，创始人是岩崎弥太郎，最早从事的是海运事业。经过140多年的发展，三菱集团业务范围扩展到汽车、成套设备、军事装备研发制造、电子、石油化学、飞机、造船、核能等产业，并致力于城市住宅开发和新材料开发等，控制着日本的军工产业和宇宙工业。其核心企业有：东京三菱银行、三菱商事、三菱重工、三菱汽车、三菱电机、本田技研、麒麟啤酒、旭玻璃等。在中国最为出名的，可能还是"三菱电梯"，那是三菱集团的子公司。

第二家是三井集团。三井集团的历史在日本各大商社中的悠久程度排名第二，至今已经有300多年的历史。它最初创建于1673年，一名叫三井高利的商人在东京日本桥创办了服装店越后屋（也就是现在的三越百货公司）。1683年，他又创办了一家两替店（类似于中国的钱庄）开始发展金融业务。三井集团后来与三菱集团、住友集团发展成日本的三大财阀，在日本近代产业的兴起中发挥了举足轻重的作用。

目前，三井集团在金融、化工、重型机械、综合电机、汽车制造、房地产、核发电、半导体、医疗及办公电子设备等行业拥有很大的优势。其中三井住友银行、三井物产、三井不动产公司是财团的三大支柱企业。其核心企业有新王子制纸、东芝、索尼、松下电器、NEC、丰田汽车、三越百货、东丽产等。

第三家是住友集团。住友集团创建于17世纪，距今已经有400多年的历史。大约在1610年前后，一位叫住友政友的商人在京都创办了出售书物和药的商店——富士屋。不久，住友政友的姐夫苏我理右卫门在京都创办了铜产品的加工店——泉屋。后来两家公司合并，泉屋的标志在1885年开始成为住友集团的注册商标，至今仍被住友集团及其核心企业作为公司标志。

住友集团的"三驾马车"是三井住友银行（系住友银行与三井银行合并）、住友金属工业和住友化学工业，涉及的业务包括航空产业、石油化工、钢铁、金属矿山开发、房地产开发、综合电机等。

第四家是丸红集团。丸红集团创立于1858年，以纺织业起家，至今已有 160 多年的历史。其核心企业有瑞穗银行、日产汽车、日本钢管、札幌啤酒、日立、丸红、佳能、日本生产轴承最大企业日本精工以及农业机械最大厂家久保田等。

第五家是伊藤忠商事。伊藤忠商事与丸红集团是同一年创业，第一代社长伊藤忠兵卫在 1858 年通过销售麻布的创业，持续发展历经一个半世纪，目前的业务范围涵盖纺织、机械、信息、通讯相关业务、金属矿产、石油天然气等能源相关业务，以及生活材料用品、化工品、粮食、食品等各种商品的进出口及国外贸易、金融业务、房地产买卖、仓储物流等业务。

第六家是双日集团。双日株式会社由原日绵公司和日商岩井公司于 2004 年合并重组而成。日绵和日商岩井都是属于世界 500 强中的大型企业。业务范围涵盖燃料、能源、化学品、合成树脂纤维、棉花、木材、粮食、食品、蔬菜等。

日绵公司成立于 1892 年，与中国有着密切联系。早在 1953 年，日绵公司就开始从中国进口粮食。1960 年，周恩来总理向日本提出了恢复中日贸易的条件《贸易三原则》，双日集团立即予以接受，并于第二年被中国政府指定为第一家日本友好商社。

从以上的介绍中我们可以知道，日本的综合商社是一个综合产业体，小到鸡蛋、拉面，大到火箭、卫星，除了毒品外，可以说是什么都做。它们在世界 187 个城市设有 800 多家分支机构，向国外派出 1.6 万余人。它们的信息搜集、加工处理和传递能力堪称世界第一，远远超过了日本政府本身。

从这 6 家的日本综合国际商社的经营模式中，我们可以看出其三大功能：贸易、服务、事业投资。

这6家商社，都是做贸易起家的。因此，贸易是它们的最传统的业务，而且一做就是几百年。但是，这些国际商社的贸易，做的不是单体贸易，而是搭建综合贸易平台。它们作为日本企业与海内外企业之间交易的组织者，不仅从事国内贸易、进出口贸易，还从事多国间的贸易，并在贸易中，构筑起了三大网络体系：交易网络、信息网络和物流网络。可以说，日本经济与产业，如果离开了这些国际商社的支撑，将会出现崩溃。

举一个例子，日本在20世纪60年代开始进入经济高速发展期。日本企业开始要进军海外市场，一方面要借助于海外廉价的劳动力建立生产基地，另一方面也要开拓海外销售市场。但是当这些日本企业开始走出国门后，发现既缺乏与外国政府和企业的人脉关系，也不了解外国的法律、行政法规，更缺乏开拓海外市场的人才，因此处处碰壁。这时候，国际商社就发挥了"带路人"与"顾问团"的作用，因为这些商社在国外早已建立了自己的分公司、事务所、代表处，已经在世界各地建成了国际商业网络。比如在中国，这些国际商社普遍是在20世纪70年代初就在北京、上海等地建立了办事处。而日本企业开始规模性地对华投资，是在20世纪90年代。这些国际商社在中国20年间的摸爬滚打，足以成为这些日本企业进军中国的"带路党"。

又如，日本各大汽车制造商纷纷投资中国，中国各级政府给予这些公司以最大的支持，他们理应可以独当一面。但是，回过头来看，这些汽车制造商，无论是丰田，还是日产，最终依然需要依靠国际商社的协助，因为无论是在中日之间还是在中国，物流网络的建设，国际商社比一家汽车制造商要健全得多。

所以，这也就很自然地衍生了商社的第二个业务：服务。

事业投资，是日本各大国际商社中获利最肥的一块业务。

日本各大商社的事业投资，不是金融投资，而是实业投资，不是短期性投资，而是长线投资。它与合作伙伴是同舟共济，而不是威逼合作方在短期内产生巨大利益。

那么，日本各大商社的事业投资主要集中在哪些领域？主要集中在资源、能源、环境三大领域，还包括一些大型基础设施的项目投资。也就是说，日本国家所需要的资源，不是花钱去向别人买，而是自己掏钱去海外开发，确保控制资源源头。这不仅是为了国家的能源、资源的安全，也是为了管控价格。

日本是一个缺乏资源的国家，很早开始，他们就把眼光向外放远，要到全世界去寻找资源。特别是20世纪70年代的能源危机出现后，日本更觉得应该从战略上考虑。

中东的石油，澳大利亚的铁矿、煤矿，包括巴西、俄罗斯的天然气和油田，早期这些国家开发能力不足或资金有限，因此允许外国大公司去购买它的权益。权益买下来后，大家到一定的时间就共同开发。有的买了十几年都不动，等到需要了，再来铺管道、建厂、炼油、抽气。

为了能提供充足的货源，商社会自己投资，从事勘探。而这类投资风险很大，数额很高，即使20%的股份也在十几亿、几十亿美元。商社就与当地资本合作，甚至和欧美企业，像壳牌、BP，一起来投资开发，实现多头需要。

日本的这些国际商社认为，能源、资源这些不可再生的东西，只会涨不会跌。大型综合商社因为拥有投资实力，早期就已经开始运作。现在它们越来越升值。

日本的石油和天然气，很大一部分是三菱商事和三井物产两家公司做的。从中东买进来，把它做成各种油的产品；而同时，炼油厂、储油罐、储气罐，也多是商社的。商社还在日本各地建加油站，日本几乎每个加油站的背后都有一家商社。所以，从上游到终端，商社是一条链地做起来了。

所以，日本的国际商社，既是产业的组织者，又是产业的扶持者，更是战略的投资者。

正因为日本有这些综合国际商社的支撑与运作，日本即使在20世纪90年代初遭遇泡沫经济崩溃的打击，但是日本经济依然能够很快地得以自愈，并维持国家经济整体不至于出现崩塌，实现完美的软着落。

我们常常说，日本失去了20年，但是我们看到，这20年中，日本依然在发展，依然在创新，在许多领域依然引领世界。日本国际商社的这种独特的经济集团的发展模式与运作的经验，很值得我们中国学习与借鉴。

6. 日本企业的创新底力

2018年10月23日，我在天津参加了"第十五届中国制造业国际论坛"，做了一场《智能制造时代下中日制造谁能胜出？》的讲演，介绍日本人如何做企业，如何自主创新。

这场讲演引起了各方关注，相关演讲视频在网络上传得挺广。为什么大家会如此关注我的这场讲演？原因很简单，因为我说出了日本企业那种"自愈自生"的发展与创新的底力。而这种底力，恰恰是我们中国制造企业正在寻觅又被轻视的东西。

我把这次讲演的现场记录稿全文抄录如下，与读者朋友们分享：

谢谢论坛主办方给我这次讲演的机会！我是亚洲通讯社的徐静波。我是今天论坛的最后一个演讲人，演讲的目的是想为大家打开一扇看世界的窗。

日本的制造业已经到了什么水平，我想这是大家所关心的问题。因为时间有限，我今天集中讲三个内容：

第一，日本的制造业如何转型。

第二，日本的制造业如何创新。

第三，日本的中小企业如何发展。

1992年我到日本留学的时候，学校安排我们去参观日本的麒麟啤酒厂。进去一看，就像今天这一会场大小的生产车间，只有两名员工。日本的工业自动化和精益化管理，在 26 年前我就看到了，日本比我们中国早走了至少 20 年。

中国工程院的谭建荣院士在刚才演讲的过程中也讲到一点，丰田汽车公司的精细化管理不是自己总结的，是麻省理工大学的教授总结的。为什么会出现这种情况呢？道理很简单，日本人总是低着头做事情，从来没想到过要去总结经验、去邀功。这就是"中国制造"和"日本制造"的一个差别。中国的企业有了小发明、小创造以后一定要邀功。为什么呢？邀了功以后可以得到许多好处，政策的倾斜、资金的倾斜，全国人大代表、政协委员、"五一劳动奖章"都可以获得。但是，日本任何一家企业，有了重大的发明、重大的成果、重大的创新，只会闷声不响，因为没有人会表彰你，没有一家政府机构会给你政策倾斜。如果你说了，最终没有做到完美，那会成为行业的笑柄，有损企业的声誉。这样的环境就导致了日本的企业只是兢兢业业、老老实实地做自己的事情。

我们都知道，日本百年以上的企业有 3.5 万家。中国有多少家？据说只有 5 家。瓦房店轴承集团在中国发展了 80 年，作为制造企业，已经很了不起，据说当初还是日本人在中国建的第一家轴承厂。但是，在日本，像瓦房店轴承集团、江南造船厂这样的资深制造企业有太多。为什么 3.5 万家百年企业可以在日本存续下来？道理很简单，就是认认真真、兢兢业业地做自己能够做的事情，不盲目地扩大投资。做好本业，是日本企业长寿的秘密。

下面我来谈今天的第一个主题。

一、日本企业如何实现产业转型

日本产业界的转型是从 2011 年开始的。为什么是从 2011 年开始呢？日本有一家电气公司叫 NEC。大家可能不怎么了解它，日本人叫它"日本电气公司"。20 世纪 80 年代，中国的四通打印机是一个伟大的革命，我们从铅字印刷开始进入了电子打字的时代。这项技术，就是 NEC 提供的。NEC 是日本的第一台电脑的生产厂商、第一颗人造卫星制造公司。

2011 年，家家户户还在购买电脑的时候，NEC 突然决定抛弃电脑产业，这震惊了日本社会，因为 NEC 是日本电脑的鼻祖。结果，谁买下了 NEC 公司的电脑事业呢？是中国的联想集团。但是，过去了 8 年，我们发现现在电脑产业已经是夕阳产业。当时 NEC 要把电脑产业抛弃的时候，卖了一个好价钱。但是，我们现在发现，到后来索尼公司、东芝公司、富士通公司要把

电脑产业卖给人家的时候,就没有人接盘了。NEC 抛售电脑,这就是日本制造产业的先见性。因为 NEC 老早就认识到:传统的电脑最终是要被淘汰的!现在我们来看,联想买了 NEC 电脑产业后,业绩变得越来越困难。这是 NEC 兴起了产业的转型革命。

那么,现在 NEC 在干什么呢?现在日本大部分的全自动驾驶汽车的系统就是 NEC 研发的。抛弃了电脑产业以后,NEC 并没有扔掉自己的半导体技术,而是继续研发尖端的半导体技术。所以,我们可以看到日本产业的革命并不是政府引导的,而是企业的一种自我革命,是一种自我创新。

东芝和索尼抛弃电脑产业以后,索尼公司在 2018 年创下的利润已经达到 20 年来的最高水平。索尼公司把电脑产业卖掉,电视机也做得很少,好像它的产业不太多,怎么会有这么高的利润?对了,它不做壳,改做内件了。比如,它的传感器已经占到全球份额的 70%。

东芝公司把白色家电扔了,扔给谁呢?中国的美的公司。把电视机扔了,扔给谁呢?扔给我们青岛的海信。前几年,中国媒体当中有一种很大的舆论,觉得我们中国把日本最牛的产业买下来了,日本制造业垮掉了。大家想一想,现在你的家里还看电视吗?已经不看了。电视机的制造厂商为了把电视机多卖几台,先告诉你的是客厅里必须有一台,你自己的房间里必须有一台,你孩子的房间也必须有一台,一个家庭三台电视机,现在一台都不看。日本人早认识到这一点,所以把电视机扔掉了。日本认为包括电视机在内的白色家电已经是一个产业包袱,或者说是产业垃圾,中韩等一些国家都已经做得很好了,没有必要再维持这一产业。把这个垃圾产业扔掉,他们是轻装上阵,再去开拓新的产业。这是日本电子产业的新的发展理念。

东芝、富士通、松下、夏普把手机都扔掉了。现在日本还有索尼公司在生产一部分手机,一年大概 500 万台。还有一个京瓷公司,他们自己还在生产一部分手机,因为他们有 AU 移动通信公司,但是都是国内使用的。大家想想他们把手机扔掉以后,技术怎么办呢?结果他们的零部件全部卖给中国。

华为手机这几年发展得很快很好,华为手机在日本有一家研发中心。任正非先生很聪明,他不是把人家的生产线买下来,而是把人家的头脑买下来。日本这么多公司,把手机扔掉以后,有这么多手机研发人才,他把他们高薪雇用起来,在横滨设立了一家研究所,招募了 400 多名日本的手机工程师,帮华为研发智能手机。同时,日本这些公司的手机零部件业提供给华为、OPPO 和小米。华为手机研发得这么好是因为用日本人、日本技术,所以 OPPO 也学,也在日本设立了研究所。因此我们可以看到,日本把手机产业扔掉了,但把手机零部件卖给中国后,获得的利润仍然很高。

富士通现在在构建物联网,同时构建一个宇宙的监测系统。因为日本现在进入到汽车全自动驾驶时代,它的信号不能出现斜折线,必须是直线。也就是每时每刻在日本的上空必须有两颗卫星,这样才能使它的信号与汽车做到精准同步,不至于让全自动驾驶汽车出现 1 秒钟的滞后,以避免交通事故的发生。这个系统是富士通公司在研发。

再看看佳能。佳能是卖照相机的，但是因为具有高清镜头的手机的普及，照相机产业的日子越来越难过。佳能也开始转型，你根本想不到，佳能现在正参与研发小型火箭。因为大型火箭的投入太大，佳能成立了一家公司，拿了50%的股权，聚合了一些日本主要的电子与军工企业，在研发小型火箭发射商业卫星。佳能把东芝的医疗设备公司买下，还开始投身医疗产业。

其实日本转型最成功的一家企业是富士胶卷。我们年轻的时候拍照片只有两种胶卷，一个是柯达胶卷，另一个是富士胶卷。现在柯达死了，富士胶卷还活着。为什么呢？富士胶卷把它做胶片的膜技术提炼出来，用于生产化妆品。同时，它在研发新药。也就是说，富士胶卷从一家面临淘汰的传统企业成功转型为高新技术企业，没有像柯达那样死掉。

所以，日本目前面临的问题是产业转型，而我们中国目前面临的最大问题还是经济结构的调整，二者之间还有很大的差距。也就是说，日本已经不需要经济结构调整这样的大动作和大难题，它只需要产业转型，这样的自我微调。而且这种转型，是企业的一种自觉的转型，不需要政府的刻意引导。所以，企业在发展过程中，一种自我觉悟、自我革命、自我创新的精神，是十分需要的。一家企业如果需要政府告诉你该干什么，那么，这家企业显然就缺乏很好的竞争力和发展潜力，相反地，是隐藏着很大的失败的威胁。

二、日本企业的自主创新

今年5月，李克强总理去日本访问，他在北海道参观了丰田汽车公司，很认真地听了1个多小时的介绍，尤其很关注丰田汽车公司的新能源汽车。丰田的新能源汽车"MIRAI",翻译成中文的话,也可以叫"未来"。这款车使用的能源是氢能源系统。中国现在在拼命发展电动汽车,日本已经意识到电动汽车的电池存在两个问题。第一个问题是容易老化,就像手机电池,过了一年,发现充电困难。第二个问题是电池处理过程会产生很大的污染。丰田汽车公司从1992年开始研发氢能源技术,现在这个氢能源汽车已经销售了6000多辆,年产3000辆。

这个汽车有什么特点?丰田汽车公司广报部安排我去开了一次。这辆汽车充气3分钟,可以开650公里。它跟加油一样便捷,而且价格比汽油便宜。李总理看了以后,他就觉得我们的电动汽车政策需要调整。中国现在就开始研究日本的氢能源的未来发展方向。

丰田汽车公司不是仅仅把氢能源装在汽车上,而是把它开发成移动电源。当地震发生以后,当海啸来临的时候,或者当台风来袭时出现停电,这辆汽车的氢能源可以接上家里的电源,保证一户家庭一个星期的正常电力供应。然后,把氢能源反应装置搬到大楼里,可以供这个大楼所有的供电所需。日本政府现在宣布要进入氢能源社会,家家户户只需要安装小小的氢能源反应装置,就不再需要电力公司提供电网供电,氢能源反应装置排放出来的是清水,对环境没有污染。氢能源是未来最清洁的能源,也是取之不尽的能源,丰田汽车公司已经宣布完全开放这一技术,造福人类。

日本现在很重视尖端医学的研究。今年日本又获得了诺贝尔奖。18年,一年一个。我们中国才两个。为什么日本的诺贝尔奖会出现井喷现象？因为日本比较重视基础研究，而我们中国比较重视应用研究。马云先生把应用研究做得很好，一个技术拿来以后，做成了一家大电商。马化腾先生也做得很好，一个微信——交友信息软件，可以打造成百货平台和金融平台。但是，日本人觉得技术应用虽然需要，但基础研究更重要。所以，日本科研经费的55%用于基础研究。正因为有扎实的基础研究，才会有诺贝尔奖。丰田的氢能源技术从1992年开始研究，到2014年才开始应用。你说中国哪家民营企业愿意花20多年的时间去研究一项技术？没有。日本做到了，他们有这个耐心，也愿意花这份钱。研发成功之后，还愿意向全世界公开这项技术，提供免费利用，做得还很有情怀。

　　日本现在致力于彻底攻克癌症堡垒。今年获奖的本庶佑教授，他研究的成果很有意义。癌细胞和人体的正常细胞之间相互碰撞以后不会产生融合，也就是健康细胞无法消灭癌细胞。为什么会出现这一问题，本庶教授花了很长的时间去研究，终于发现癌细胞表面裹了一层蛋白质。他于是再与医药公司合作，发明了一种药，可以把这个蛋白质打掉，使健康细胞可以对癌细胞发动进攻，最终把癌细胞消灭掉。现在这款新药已经开始出售了。日本2万多病人使用了这款新药以后，总有效率达到30%。本庶教授自然是不满足，他希望今后人们可以像治疗感冒一样，吃几片药打几针就可以治愈癌症。所以，本庶佑教授将自己未来的专利所获，和诺贝尔奖的所有奖金拿出来，凑了1000亿日元，相当于60亿人民币，以个人之力设立一个医学研究基金，最终要攻克癌细胞。我想到了两个字"伟大"。

刚才中国商飞公司的副总经理郭博智先生介绍了我们大飞机研发制造的情况，我们为中国开始拥有大飞机感到自豪。但是，我们也必须注意到一个事实，一架大飞机，500多万个零部件，最初在中国只能找到三分之一，还有三分之二找不到，所以我们C919客机需要海外200多家一级供应商。波音787是美国的，但日本人认为这是日本准国产飞机。为什么这么讲？这个飞机的机体不是用铝合金做的，而是用日本东丽公司研发的碳纤维；造机体的是三菱重工。你看波音787客机的翅膀像鲨鱼的鳍一样，是弧形的，铝合金是做不出弧形的，只有碳纤维能做出。碳纤维还有一个特点，它的室内温度比铝合金机体的室内温度高6摄氏度左右。同时，它的重量比铝合金的重量减少30%，意味着灌同样的油，它可以多飞30%的航程。它的机头是富士重工造的，它的电子系统是松下电器提供的。这就是日本的航空工业的现状。大家一定是第一次知道这个事情，因为日本企业做事不吭声，不喜欢张扬。

三、日本如何扶植中小企业

上午在举行中国前50家制造企业圆桌会议的时候，我就讲到我们中国的制造业如何做精益化、数字化、智能化的问题。其实我们的政府和企业也想了许多的点子，做得也很努力。我昨天去参观天津的西门子弗莱德公司，他们的精益化做得很好，我觉得我们中国人完全可以把企业管好。但是，要做到精细化，要实现数字化和智能化，单靠企业自身的努力是不够的，要解决好两大问题。

第一大问题是政府是干什么的。政府的职责就是要给制造业创造一个很好的、舒适的、通畅的行商环境。你鼓励企业去搞数字化、智能化。我买机器人的钱哪里来的？没钱。为什么没钱？我纳的税太高了。你能不能把税给我减一点？政府应该去做这件事情。日本的法人税已经从 30% 减到了 23%，中小企业的法人税已经从 25% 减到了 15%。我们中国有没有可努力的余地？我想绝对有的。因为我们的政府比日本政府富裕得多。

第二大问题是资本。一家企业发展需要资本，资本来自什么地方？来自自身的积累、银行和社会。中国制造业现在依赖的资本，最大的不是自有资本，也不是银行资本，而是社会资本。我们这里在座的有投资公司的总裁，你们眼睛盯着的是，投下去以后，什么时候能够把这家企业做上市，我能获得最大的利益。中国创新企业有一个绰号，叫"轮企业"，A 轮、B 轮、C 轮投资结束后，企业还没有实现盈利，但是号称股值已经达到了几百亿美元，于是包装上市，大家分钱。投资基金是一把双刃剑，它能够助推企业在初期飞速发展。但是，它也是一根上吊的绳子。为什么这么说？大家知道，所有的投资基金，跟企业都有对赌协议，5 年或者 8 年，你做不到他的期望值，你就死掉了。你上市以后，过了若干年，它把资金一抽逃，你怎么办？就像火箭发射卫星，上去以后，还没进入轨道，推动力没了。所以，许多所谓的创新企业一上市就黄，原因就在这里。大家是玩钱，而不是做实业。

日本怎么做？日本企业几乎都是丰厚的自有资金，为什么日本企业有这么多钱？因为他们善于积累，存钱过日子，不会乱花钱，即使上市，也只做本业，不会盲目扩大投资。

我举个例子，京瓷公司是稻盛和夫先生创办的，稻盛和夫先生说过一句话，他说京瓷公司7年不赚钱，公司也不会垮。什么意思？说明他的公司有很多的现金积累，可以不赚钱也能维持7年，大家要知道，京瓷的员工数是5万人。

日本企业有一句经营行话，叫"安全驾驶"，企业一定要有大量的自有资金的积累，这样的话，不管遇到多大的风浪，金融危机、泡沫经济崩溃，企业都可以支撑3年、4年、5年。然后，我可以用充裕的时间和财力，慢慢地转型，慢慢地提升自己的产业。特朗普再打压，我也不会太害怕。

日本银行协会调查了中小企业，问他们要不要银行贷款？70%的中小企业告诉银行：我们不要你的贷款。日本的商业贷款的利率是1.5%，这么低的利率大家还不要，说明日本企业真的有点钱，而且还没有太大的野心！东京股市从2012年安倍上台的8000点已经上升到22000点。我们必须看到，日本企业这几年不是在走下坡路，而是在走上坡路，而且始终是默默地往前走。

我很感激工信部中国机械工业企业管理协会和制造业国际联盟邀请我担任论坛特别顾问，我建议承办这一论坛的爱波瑞集团的王洪艳总裁，明年组织大家到日本去考察，考察日本的行商模式、制造业的创新能力，还有政府和企业之间如何互动、政策如何制定、如何开拓市场，不单单是精益化管理的问题。

我觉得日本企业这种沉稳、恒久的发展模式应该成为中国企业参考的范本。

7.日本如何打造全自动驾驶社会

2018年11月1日，对于日本来说，是一个值得纪念的日子，因为这一天，日本版GPS定位系统正式投入使用。为此，日本政府举行了一个启用仪式，安倍首相出席仪式，并说了一句很重要的话：我们的生活已经离不开GPS定位系统，我们在世界上首次开启了数厘米误差的定位系统，日本的"引导"卫星揭开了历史新的一页。

大家知道，GPS全球定位系统是美国人研发的，几乎全世界都在用，也包括我们中国。而中国为了摆脱美国的控制，开始独自地构建与美国GPS定位系统相对抗的"北斗"全球定位系统，而且中国的这一"北斗"系统已经形成规模，并投入使用。

日本人钻了一个牛角尖，它不跟美国，也不跟中国玩全球定位，而只是玩区域定位，也就是说，日本版的GPS定位系统，只定位从俄罗斯远东地区到日本、东南亚地区和澳大利亚这一纵向的"8"字形区域。

安倍首相所说的"引导"卫星，是日本独自研发与发射的准天顶卫星的名称，目前已经发射了4颗。这4颗卫星一直移动在日本的上空，使得GPS信号不仅能够覆盖到地形复杂的山区，同时也能辐射到高楼林立的狭窄空间，使得GPS信号实现

24小时垂直全覆盖。

　　为了搞清这一日本版GPS系统的先进性，我特地去采访了日本卫星测位利用推进中心，这是一个由日本政府相关部门和企业共同组成的GPS系统发展机构，他们告诉我日本版GPS系统的两大优越性，一是领先世界的精准度，二是信号的24小时垂直传送。

　　日本版GPS系统既是美国主导的GPS系统的补充，又是日本独自拥有的系统。11月1日开始正式投入使用的日本版GPS定位系统，它的精准度有多高？如果使用专门的信号接收器的话，定位误差从目前的10米，大幅缩小到几厘米，成为世界最高水准的民用定位系统。有人开玩笑说："美国的GPS系统只能找到街道，而日本的GPS系统却能找到家门的钥匙孔。"

　　开汽车的各位读者朋友，一定会有这样的一个体验，无论

你是使用高德导航,还是百度导航,有时候开车开到一个岔道前,往往等你开错了路,导航才温柔地告诉你:"靠左边道行驶。"为什么会出现这个问题?原因就是GPS的准天顶卫星不在你的头顶上,它给你的信号往往是一条斜线,那么这条斜线遭到高楼或者山体的阻挡后,会导致瞬间的失联。而日本版GPS定位系统,现在做到的是,每天24小时保证在日本的头顶上空有3颗准天顶卫星停留,这样可以保证GPS定位信号是一条垂直信号,即使你在东京这样高楼林立的地区,在大楼与大楼之间的小路上行驶,也能准确无误地接收到GPS的精准定位信号。

为了开发日本版GPS系统,日本政府迄今为止已经投入了2800亿日元(约175亿元人民币)。即使投入了这么多的财力,日本政府已经宣布,你只要拥有了GPS信号接收器,那么,信号接收与使用将全部免费。

为什么日本政府在这几年会投入如此巨大的财力来打造日本独自的GPS定位系统?理由很简单,为了迎接全自动驾驶时代的到来。

日本的丰田、本田、日产等汽车制造商已经完成了全自动驾驶汽车及其人工智能系统的打造,全自动驾驶汽车也已经开始投入商业运营。目前,全自动驾驶出租车已经在东京和横滨等城市上街载客。日本政府有一个很大的计划,就是要在2020年的东京奥运会上,选手村与比赛场地的所有来往车辆,均使用全自动驾驶汽车。同时也能够保证在东京,至少有5000辆全自动驾驶出租车行驶。

日本内阁府称,如果日本版GPS定位系统的误差能够达到几厘米的话，日本的全自动驾驶可以进入到"四级"（L4）的水准，而"L4"水准在国际上被认为是"完全自动化"水准。

日本政府计划到 2023 年，还要发射 3 颗"引导"卫星，使得日本上空的准天顶卫星达到 7 颗，定位误差几乎可以达到"零"。这样的话，能够保证日本在 2023 年全面进入全自动驾驶时代。

日本政府不仅要把东京奥运会开成一个展示日本科技实力与制造业尖端水准的"科技奥运"，同时要向世界宣布：日本已经开启全自动驾驶时代，并催生新兴的 AI 产业。

在日本版 GPS 定位系统启用的当天，三菱电机公司开始出售定位误差在 6 厘米以内的高精度信号接收器。目前的价格虽然高达 100 万日元（约 6 万元人民币），但是，车载 GPS 定位仪的最终价格，将会降到数万日元（数千元人民币）。

日立制作所也从 11 月开始，开始接受面向规模性生产农户的无人驾驶农用耕种机的订购。这家公司利用日本版 GPS 定位系统在澳大利亚农场实施的无人农用耕种机的使用实验，结果显示误差均在 10 厘米以内，这些农机今后可以承担耕田、灌水、施肥、插秧、收割的无人化作业，解决农村劳动力短缺的问题，并使得农业进一步现代化和规模化。

孙正义领导的软银集团和日本村田制作所使用这一日本版 GPS 定位系统，开始在京都府宇治市进行全自动驾驶车辆的道路检修无人化试验。道路有没有渗水、基础有没有出现塌陷、道路下有没有存在空洞化等，都需要专业车辆边行驶边检测。那么，如果可以使用无人驾驶检测车自个儿整天去转悠，可以节约大量的检测成本，同时提高检测的效率。

日本的无人机系统开发公司 Sensyn-robotics 与日本最大的移动通信公司 NTT-DOCOMO，在山区开始进行无人机的遇难者搜寻实验。

日本多家企业还在与海上保安厅合作，对船舶安装自动驾驶系统，船长可以打着瞌睡，把船顺利地开到目的港湾。

日本卫星测位利用推进中心预测，到 2025 年，仅在日本国内，将会催生 24000 亿日元（约 1500 亿元人民币）的"GPS 市场"，单车载定位系统服务市场的规模就会达到 4000 亿日元（约 250 亿元人民币）。而日本版 GPS 定位系统也将覆盖东南亚和澳大利亚、新西兰地区，在这些地区的经济效益也会达到 23000 亿日元（约 1437 亿元人民币）。

但是，日本版 GPS 定位系统也存在三大问题：一是高精度信号接收器的价格目前偏高，如何降低成本，实现全社会普及，这是一大课题；二是接收器的小型化，目前的接收器的基板为 10 厘米见方，跟手机一般大，如果今后要植入手机或者手表中，那么还需要精细化；三是日本版 GPS 定位系统的精准信息，主要还是覆盖日本、东南亚和澳大利亚，无法为全球提供服务。

目前，全球定位系统主要有美国开发的 GPS 定位系统、欧洲开发的"伽利略"定位系统，中国开发的"北斗"定位系统，说到底，日本这套系统还是依附于美国的 GPS 系统，但是，日本借船出海，花少量的钱，不与中美搞竞争，只关注自己的一亩三分地，精心打造主要服务于本国市场的日本版 GPS 系统，这就是日本的实用主义与现实主义的思维模式。

日本这个国家总是闷声不响地悄悄地往前走,有了这套日本版 GPS 系统,再加上日本的全自动驾驶汽车、农机的制造技术也是引领世界,AI 系统开发与使用也走在世界前列,因此,日本政府预估,日本可能会成为世界第一个全面跨入全自动驾驶时代的国家。

8. 日本为何十八年能获十八个诺贝尔奖

在中国国庆节时，诺贝尔奖评审委员会宣布，日本京都大学特别教授本庶佑先生获得2018年度的诺贝尔医学与生理学奖。

本庶佑教授是在自己的研究室里与助手们一起讨论论文时接到诺贝尔奖评审委员会的电话的。接完电话后，他"哇"了一声，助手们知道，老先生遇到好事，总会这么大叫一声。

76岁的本庶教授是研究细胞免疫学的权威。他得知获奖消息的场景，要比他的后辈同僚山中伸弥教授光彩。2012年，同是京都大学医学教授的山中先生接到诺贝尔奖评审委员会的通知电话时，正在家里修洗衣机。而本庶教授还在自己的研究室里讨论论文。

本庶教授是日本18年来第18位获得诺贝尔奖的科学家。2001年，日本政府在第二个科学技术基本计划中提出过一个"诺贝尔奖培养目标"，当时的目标是"50年要拿30个诺贝尔奖"。海外舆论曾指出："日本政府口出狂言。"现在才过去17年，已拿了18个。

为什么日本会有这么多的科学家获得诺贝尔奖？除了科学家善于自我反省和勤奋研究之外，日本的科研环境、评价机制以及经费保障等因素都功不可没。尤其是大学与科研机构不急功近利，不搞短视评估，允许教授和科研人员长期研究，是一个很重要的客观环境因素。

在日本，大学教师不会因为在一段时间内没有出科研成果而担心受到冷落或失去饭碗。在研究过程中，个人的自由度很高，也很少受政府和社会的诸如考核、评价等干扰，可以长期潜心从事研究。

日本的科学技术基础计划并不是由政府直接参与管理、评审，而是由专业机构负责进行。而且，获得各项政府计划资助的学者不像中国入选长江计划、千人计划的学者，马上就有了某种身份标签，在学术活动中享有高人一等的特权，享受各种津贴。日本的学者只能通过认真研究，以成果来证明自己的学术地位，而且研究成果不是由政府行政部门评定，而是由学术同行来评定。

日本产生了如此众多的诺贝尔奖获奖者，与日本科学家视野开阔、注重国际交流、始终把握世界最尖端的研究成果不无关系。

1987年诺贝尔生理学或医学奖得主利根川进先生，是日本国籍的美国麻省理工学院的教授，他的科学成就大都是在美国的实验室中取得的；2000年诺贝尔化学奖得主白川英树和2001年化学奖得主野依良治都曾在美国大学进修。而这次获得诺贝尔医学与生理学奖的本庶教授，博士毕业后也在美国的医学研究所里进修过。

此外，一流的实验条件为日本科学家提供了坚实的保障。

特别是对像物理学、化学、生命科学等非常强调实验的学科来说，一流的实验条件显得尤为重要，有时候甚至是决定性的。

2001年野依良治获奖后，日本政府拨专款7000万美元为他建立实验设备先进的研究中心。日本正是凭借其精湛的加工工艺和雄厚的产业基础，为科学家进行创新研究提供了世界一流的工作条件。2012年，日本政府为京都大学的山中伸弥教授配置的iPS细胞研究中心，单设备经费就高达150亿日元（约合1.36亿美元）。

另外，日本科学家的职业威望高、工资待遇丰厚也为他们全心致力于教学、研究提供了有利条件。调查结果显示，在日本187种职业中，大学教师的职业威望的得分为83.5，仅次于法官、律师的87.3分，居第二位，远远高于大企业高官和国家高级公务员。而且大学教授的平均年收入约为1122万日元（约90万元人民币），大大高出国家公务员的663万日元。

上述诸多原因奠定了日本培养和诞生诺贝尔奖获得者的土壤与环境。未来30多年中，日本再诞生十几位、二十几位诺贝尔奖获得者，依然具有很大的可能性。

那么，本庶教授是如何走上通往诺贝尔奖殿堂之路的呢？

本庶教授的父亲是一名医生。也许因为家教，他高中毕业之后，考上了京都大学医学部。京都大学号称"第二国立大学"，关西地区的年轻人大多喜欢上"京大"，而不喜欢跑到东京去上"东大"（东京大学），并非因为离家远，而是因为京都大学的学风很特别，一向以"自由散漫"著称。

本庶教授在京都大学一直读完博士，最终没有去做临床医

生,而是选择搞研究。因为他有一个信念,那就是"做少数人才愿意做的事才能出成果"。

无论是后来去美国的医学研究所进修,还是在东京大学当助手,他在获得一系列细胞新发现之后,依然回到了度过青春时代的校园,当起了京都大学的教授,退休后继续当名誉教授、特别教授,即使79岁了,还待在学校的研究室里搞研究。按照本庶教授的说法:要干到干不动为止——京大的"自由散漫"正在演变成"自由浪漫",因为这个陈旧的校园已经成为世界尖端医学研究的核心高地,号称"万能细胞"的iPS细胞,就诞生于此。

本庶教授此次获奖的研究成果"PD-1"免疫蛋白,是在1992年发现的。基本原理是:人体中最多的免疫细胞(T细胞),在与癌细胞的结合中,免疫功能无法发挥作用,这是因为两种细胞之间存在着一种阻断物质,那就是本庶教授发现的"PD-1"

免疫蛋白。只要抑制"PD-1",就可以打通免疫细胞与癌细胞之间的阻断,使得人体自身的免疫细胞能够逐步吞噬癌细胞,最终消灭癌细胞。

获得过诺贝尔物理学奖(1973年)的横滨药科大学校长江崎玲於奈教授对于本庶教授的这一重大发现的评价是:"为全人类最终战胜癌症做出了伟大的贡献。"

2002年,本庶教授的这一研究成果在小白鼠身上得到了验证。但是,要基于这一成果开发出相应的治癌药物,难度相当大,首先是经费。本庶教授说,无论是政府、学校还是企业,一项科研项目所能给予的时间,一般只有5年。但是,这项研究成果从发现到变成药物,并实现临床使用,花了整整22年的时间。

本庶教授深知自己研究成果的意义,因此在完成小白鼠实验后,下决心要把自己的研究成果转化为生物药品,以此来拯救癌症患者。

结果,他拿着这一研究成果找了海内外多家制药公司,得到的都是失望和摇头,没有人对这一成果持完全信任的态度,因为整个社会对于免疫细胞治疗癌症的方法持怀疑态度。

最后接受的是一家名叫"小野药品工业"(ONO)的公司,这家公司是大阪市的一家制药厂,这家药厂向本庶教授伸出了合作之手。2014年9月,小野药品工业公司生产的第一款抗癌药ニボルマブ(Nivolumab)获准投放市场。这款药能够激活体内原有的细胞杀伤肿瘤细胞,副作用小,目前的临床数据显示,肺癌、黑色素瘤、肾癌等7种恶性肿瘤中部分患者可以到达完全缓解,效果非常明显。

本庶教授的这一发现，催生了癌症治疗的免疫疗法，这是继外科手术、化学疗法、放射线疗法之后的第四大癌症治疗法，随着诺贝尔医学奖的获得，将为全世界所公认。

小野药品工业公司称，4年来，共有25000名癌症患者使用了这款Nivolumab抗癌新药。其中仅2017年一年，使用这款抗癌新药的患者：黑色素瘤患者540人、肺癌患者7300人、肾癌患者2200人、淋巴癌患者190人、头颈癌患者2400人、胃癌患者4200人，共计16830人。其中也包括日本前首相、现任2020年东京奥运会组委会主席森喜朗。按照安倍首相的贺电说法："您拯救了他的生命。"

有明医院100多年前就开始癌症治疗与研究，现任呼吸器内科部长的西尾诚人在使用这一新药对众多患者进行治疗后表示："这是一款让癌症患者能够获得长久生存的令人惊讶的药。"

治疗研究结果显示，肺癌扩散中的患者，一般都被认为是难以长久生存的，但是使用了这款抗癌新药后，5年的生存率提高了16%。

但是，Nivolumab不是治疗癌症的万能药，并非人人有效。临床使用结果显示，只有20%～30%的患者感到有明显疗效，而且治疗费用奇高。最初一年的治疗费用需要3500万日元（约212万元人民币），在纳入医保范围之后，政府负担加剧。在政府的要求之下，这款抗癌新药一年中四次降价，目前一年的治疗费用只需要1090万日元（约66万元人民币）。那么个人承担30%的话，就只需要花费十几万元人民币。

如何让这款新药惠及更多的癌症患者？这就需要进一步的

研究。本庶教授在获得诺贝尔奖的第二天就作出一个决定，捐出自己全部的获奖奖金约 7500 万日元设立一个基金，同时将自己的专利以及今后与小野药品工业公司合作所获得的利益全部捐给基金，最终基金金额将会达到 1000 亿日元（约 606 亿元人民币）。本庶教授计划今后每年拿出 40 亿日元，资助 40 名年轻的医学研究者，以每人 1 亿日元（约 650 万元人民币）的资助额，鼓励年轻的学者们投身于基础医学研究，以发现更多的有效细胞，攻克癌症这一令人类痛苦与恐惧的疾病。

在母校举行的记者会上，本庶教授说了两句话：第一句是"我相信，到本世纪中叶，一定能够完全攻克癌症"。第二句是"一切功劳首先归于我的夫人，她是总指挥"。

陪同丈夫出席记者会的本庶夫人笑着说："过去几十年，我们搬了几十次家，丈夫研究到哪里，我们的家就租到哪里。我相信，今后我们不需要再搬家了。"

一位如此优秀的科学家，居然没有一处固定的豪宅，还把自己的诺贝尔奖奖金和今后自己的专利所得全部捐献出来，献给人类的抗癌事业。我们只能用"人性的伟大"来赞美本庶教授，也赞美默默支持丈夫的本庶夫人。

人活着到底是为了什么？本庶教授的情怀，令我们深思。

9. 日本进入第四消费时代

早上起来，我泡了一壶茶，静静地看一本书，叫《第四消费时代》。这本书是日本社会学家三浦展写的。他早年写过一本《下流社会》，说的是经过泡沫经济崩溃的打击，日本中流阶层已经崩溃，开始进入"下流社会"。

三浦先生出生于1958年，今年刚好60岁。他毕业于日本最著名的商科大学——一桥大学社会学部，后来成为市场营销信息杂志《穿越》(ACROSS)的主编。1990年，他进入三菱综合研究所工作，后来辞职成立了一个文化研究所，一直致力于在研究世代、家庭、消费以及城市问题等基础上，提出社会改造新方案。他写的书不少，其中《下流社会》《简约一族的叛乱》《爱国消费》《今后郊外的去向》等，都成为畅销书。

《第四消费时代》是2012年出版的。我在下班回家的路上，经过一家旧书店，发现了这本书。我觉得，三浦先生对于社会的分析与前景的展望，有着独到的见解。比如，他认为新时代的消费理念，已经从崇尚时尚、奢侈品，经历注重质量和舒适度，进而过渡到回归内心的满足感、平和的心态，关注地方的传统特色和人与人之间的纽带上来。

也就是说，日本已经告别了追求名牌和奢侈品的时代，进入了个性化、简约化、精神化的消费时代。

三浦先生的话，让我想起了 LV 包的故事。

日本是在 2000 年前后开始出现 LV 的热潮，那时候，LV 成了东京街头最亮丽的一道时尚风景，日本女性几乎到了人人拥有的地步。

但是，日本社会的 LV 热潮仅仅持续了 5 年左右。因为当一种东西成为人人拥有的泛滥品的时候，它就变得不值钱。所以日本在进入 21 世纪之后，LV 包突然从街头消失了。如果你现在还拎着一个 LV 包在逛街的话，那么很有可能会被当成乡下人，因为 LV 包在日本已经被打上了暴发户的印记。

三浦先生在《第四消费时代》一书中，把 LV 的热潮归类于第三消费时代。

三浦先生认为，第一消费时代是从大正时代起到第二次世界大战（1912—1945 年），当时，经过明治维新运动，日本全面引进西方的政治、文化、教育、社会和军事制度，使得西方化的商业社会也逐步形成，日本开始有了电灯、百货公司、剧院、写字楼、公寓，街上经常可以看到打扮时髦的"摩登女郎"。同时，城市化开始涌现，人口向东京、大阪、横滨等大城市流动，近代都市化呈现雏形。这种西洋式的生活形态，被认为是时代进步的象征。

那么，从第二次世界大战后到 1974 年的中东石油危机，这 30 年，是日本的第二消费时代。这个时代有什么特征呢？首先是日本进入经济高速发展时期。电冰箱、洗衣机、电视机等家用电器开始进入普通百姓家庭。新干线奔跑于东京与大阪之间。

百姓生活经历了"从无到有"的转变，消费需求是大众化、标准化，你家有，我家也必须有，不能落后。这一消费时代的另一个特征，就是"以大为好"，彩电要买更大的、房子要买更大的、车子要买更贵的。大家觉得，拥有比别人更大的商品就更有幸福感。正是这种"能买东西就是有钱的象征"的意识在作怪，促使日本连续18年，GDP增长率保持在9%以上。

第三消费时代是追求个性的时代，人们对标准化的、重量不重质的消费观念嗤之以鼻，希望通过购买特色商品体现与众不同的自我。这一时期，是从1975年到2004年的30年。

第三消费时代有一个很有趣的特征，那就是推崇商品的个体拥有和多种拥有。比如，日本在第二消费时代时家家户户就已经普及了电视机。面对市场的饱和，家电公司想出了一个办法，那就是同样商品的个体拥有，鼓吹电视机应该"一人一台、一房一台"。而汽车公司也打出了这样的口号：爸爸打高尔夫球开的汽车和妈妈去超市买菜的汽车不能是一种风格。

精工手表是日本最有代表性的钟表公司，它有一句很诱人的广告语："（既然每天都要换衣服）难道手表就不用换着戴吗？"这则广告推出后，许多人想想也是，不同的场合要穿不同的衣服，也应该佩戴不同的手表。商家的这种鼓吹，成功地点燃了人们的消费欲望之火。

比起实用性，大家更加讲究附加在商品上的"感性"和"附加价值"，因此，追求名牌也成为这个时代的重要特征。购买LV包的热潮，就在这一时代产生了。

第三消费时代是"高度消费时代"。在这个时代里，日本实现了第二次世界大战以来的梦想:"身在日本,享受西方一流国家的物质生活。"强烈的物质欲望,催生了诸多的虚荣性消费,拥有比他人更贵重、更稀有的物品,以吸引人们羡慕的眼光与美丽的恭维,满足自己的虚荣感,成为这一消费时代的又一大特征。

日本的第四消费时代,是从 2005 年开始出现的。这一时代的出现,有一个很重要的社会基础,那就是,没有经历过泡沫经济的"平成一代"("90 后")年轻人开始走入社会。在他们的成长岁月里,日本泡沫经济崩溃,整个日本经济都是处在超低空飞行的状态,他们不知道父辈们曾经大把花钱,彻夜沉醉于银座与新宿歌舞伎町的生活,总是感觉家里的开支处于一种"刚好平衡"的勉强状态。另外,过去几十年带来的经济高速发展,使得家里该有的都有了,那种"好想要"的欲望越来越弱。

2005 年之后,日本进入互联网信息时代。人与人之间的交流,不再通过书信与电话,而是通过手机短信、Facebook、LINE(日本版微信)等工具进行频繁的交流。以前人们约会,总感觉需要电话、邮件联系,但是进入互联网信息时代之后,可以实现瞬间联络,而且个人的文字信息和照片、视频等,均可以实现与他人的共享。由此,人们获得幸福感的思维方式发生了变化:原来与别人建立一种交流关系是那么快乐的事情。

第四消费时代的一大特征,就是大家开始意识到,把大量的金钱花在与人攀比的消费上是没有意义的。更多的人渴望把消费用于购买"美好的时光"。最具代表性的消费方式是,东京银座和六本木、新宿等商业区涌现出大量的站立式餐厅，大家各自买上一杯生啤，围着一个红酒桶喝酒聊天。许多人认识到，比起物质，人与人之间的连接感会带来更大且持续的满足感。

2017年，日本出版了一本漫画书《东京白日梦女》，这本书对于"90后"的消费倾向的变化进行了详细的描述。

漫画故事中，伦子是个不出名的小编剧，阿香经营着一家美甲店，小雪在父亲开的居酒屋里当厨娘。她们三人都是一个地方小城的高中同学，因为向往大城市的生活，毕业后一起来到东京谋生。不知不觉，她们从20出头打拼到了33岁，结果没有一个人能如愿结婚。虽然备受打击，但是她们依然怀揣着梦想一天天地生活着。因为，十几年来没有断过的闺蜜聚会，始终是她们最快乐的时光。

原先聚会时，她们总喜欢把自己打扮得漂漂亮亮，走进高级精致的意大利餐厅，点一杯当时最流行的血橙桑格利亚，或者品尝自己都不知道名称的葡萄酒，去努力地表现一种"高级白领"的优雅，美其名曰：对自己的投资。

但是过了30岁，她们的想法发生了改变，开始远离意大利餐厅，钻进了路边低矮的庶民居酒屋，喝着日本酒，吃着口味很重的猪肝鸡肠。她们觉得，居酒屋的价格比意大利餐厅便宜，不需要装出优雅，可以大声说话，还能享受微醺的快感。

这三个女人消费观念的变化，折射出了日本整个时代的变化。

最近几年，日本人开始崇尚"简约生活"，而积极推崇这一生活的，是一位家庭主妇，名叫山下英子，她写了一本书，叫《断舍离》。山下英子在书中号召大家把家里半年以上不碰的东西统统扔掉，留下必须天天使用的东西。

"简约生活"并不是为了厉行节约而刻意忍耐，而是有意识地选择生活。把原先消耗在物质上的时间和金钱，投入积累人生体验和丰富感受上，不重视物质攀比，而是享受个人生活的安心感和余量感，收获精神层面的富足。不少年轻人愿意离开大都市，前往农村海岛去过一种田园生活，便是这种富足的表现。

在第四消费时代，日本年轻人不买房不买车，只买一部手机。日本消费指数一直处于低迷状态，似乎进入了一个"无欲社会"。但是，日本国民的生活幸福感是否因为物质的不满足而低下呢？

日本内阁府于 2018 年 8 月发表的一份调查报告显示，日本有 74.7% 的国民对于目前的生活感到满意，这一调查结果是 1963 年以来的最高纪录，也超过了 2017 年 0.8 个百分点，连续两年刷新了历史最高水平。

这说明，随着时代的发展，人的价值观已经发生变化，幸福也呈现出不同的形态，物质的满足已不是幸福的最高体现，人们更多地追求简约的自我，享受精神的愉悦。这种自由选择幸福的消费模式，才是第四消费时代的真谛。

10. 日本七成企业为什么不要银行贷款

不久前，我接待了北京优选金融投资公司的总裁张虎成先生，张先生也是个网红，他做的金融视频节目"虎成论金"，在中国拥有很多粉丝。张先生这次来日本，不仅考察了日本的医疗机构，也考察了日本的金融业和房地产市场。他问了我一个问题：日本的投资金融市场的活跃程度有没有超过中国？我说：日本的投资基金公司都快死了，因为找不到可以投资的市场。

为什么投资基金在日本会找不到市场呢，这里面有着日本独特的企业经营理念和金融投资环境。

我听过这么一个故事，在20世纪90年代初期，当时的英国首相是位女强人，人称撒切尔夫人，她领导的政党叫"保守党"，为了解决香港回归问题，撒切尔夫人来到中国，在北京接受记者采访时，有记者问了她一个问题："您领导的政党为什么叫'保守党'，而不叫'革命党'呢？"撒切尔夫人听了之后很纳闷，她说："'保守'有什么不好呢？难道只有'革命'才是好东西吗？"

20世纪90年代，中国社会还是存在一些比较僵化的东西，觉得只有"革命"才是进步，而"保守"就是倒退，就是腐朽，必须予以批判和抛弃。撒切尔夫人说了这么一句话："我们保守党就是要守护住我们认为传统的美好的东西，而不被破坏。"

事实上，在西方社会里，"革命"这个词带有一种红色恐怖的色彩，并不十分讨人喜欢。

撒切尔夫人对于"保守"的解释，给了我很大的触动，因为我从来没有从这个角度去理解这个单词。后来到了日本，我更深刻地理解了为什么发达国家不喜欢革新，反而更多地喜欢保守。

2018年是日本明治维新150周年，对于日本社会来说，150年前的明治维新运动，结束了日本长达500多年的闭关锁国的状态，开始打开国门，学习西方世界各种制度与文化。

我不久前去了一趟日本伊豆半岛下田市。这是一个只有几万人的小城市，位于伊豆半岛的最南端，因为这个城市扼守着东京湾，因此地理位置十分重要。1853年，美国海军准将佩里率舰队驶入下田港，并炮击下田市。当时的日本政府是德川家族掌控的幕府政权，看到如此强大的美国舰队，日本政府放弃抵抗，选择了妥协。这就是日本历史上著名的"黑船事件"。美国海军登陆下田后，对当时的日本政府提出了什么要求呢？很简单，就是要求通商。德川政府马上答应，不仅答应了美国，后来也答应了英国、俄罗斯，与他们都签署了通商条约。这些西方列强并没有占领日本的领土，只是打开了日本的国门。

佩里留在伊豆半岛的下田，并在那里建立了美国在日本的第一个领事馆。为了笼络这位洋大人，当时的下田地主乡绅们动了一个脑筋，游说一名漂亮的艺伎去给佩里当小妾。这名艺伎日夜伺候佩里，直到他离开为止。我们很难理解日本人为什么会牺牲一名年轻女子的色相，求得国家的太平。但是，一直到现在，日本人还在纪念这位艺伎，认为她以牺牲自己为代价，为国家赢得了和平，是一位民族英雄。

那天晚上，我坐在下田的海边，思考了一个问题：假如当年英国军舰驶入中国，要求中国通商，我们也采取了不抵抗政策，大清王朝放下架子，和日本一样打开国门，与西方列强做生意，那么，近代中国会不会也像日本那样早早地学习西方，走上一个强国之路，而不是签署丧权辱国的《南京条约》？

我的这个问题，想得有点偏远了。

西方列强打开了日本的国门，也因此让日本人看到了比自己还先进的西方社会，开启了日本的民智，产生了一批积极主张向西方学习的斗士。这才导致在"黑船事件"发生13年之后，日本社会拉开了明治维新之幕。

明治维新并不是一次流血革命，而是由明治天皇和一批维新斗士们主导的改革开放运动。这场运动，使得日本不仅引进了当时西方的教育、科学、军事、文化艺术、医学等制度，还引进了议会政治制度，用我们现在的话来说，就是"全盘西化"。但是在这个"全盘西化"的运动中，日本很好地保留了天皇制度，保留了日本传统的歌舞伎、相扑和艺伎文化，保留了日本独有的餐饮文化，包括从中国传入的各种社会传统与习俗。日本社会的根本，并没有因为明治维新而改变，相反地，这个改革开放让日本从一个以农业和渔业为主的封建社会一跃变成了亚洲最为发达的工业国家。也就是说，西方先进的东西只是被日本所用，而没有改变日本国家的颜色，它始终还是天皇制，虽然天皇的权利在第二次世界大战之后被大大地削弱，但是，日本依然是世界上现存的历史最为悠久的天皇制国家。

所以，我们可以看到，即使在明治维新这样一场浩大的变革之中，日本依然信奉"保守"的力量，而且这种保守的力量代代相传，即使在互联网时代也很少发生改变。

前面我提到的优选金融投资公司的张虎成先生，他在中国投资医药、军民融合产业，做得很成功。但是，假如优选金融进军日本市场，会不会也成功？我对张先生摇了头，说了一句："不一定。"为什么说不一定呢？因为日本人没有像中国人那样热衷于创业，尤其是年轻人。

日本人说，创业需要三样东西，第一是资金，第二是经验，第三是人脉。但是，对于绝大多数日本人，尤其是日本的年轻人来说，这三样东西要同时拥有，很难。因为日本是一个信用社会，一个人和一家公司的信用建立，需要良好的业绩，而不是一份漂亮的计划书。

我们中国企业在收购兼并日本企业时，往往会遇到一个很头疼的问题，那就是日本公司的社长在出售自己的企业时，会附带一个很苛刻的条件，那就是要继续雇用公司的员工，除非他们自己想走。为什么日本的老板会提出这个条件，因为在日本企业家，尤其是家族经营的企业家眼里，员工就是家人，他们来公司工作，作为老板，就是要承担起为他们养家糊口的责任，而不能轻易地赶走他们。

这个事例说明了什么呢？说明了日本企业家的一种社会责任。不管企业是大是小，你想当老板，就必须要承担起这一份责任。承担不起的话，你的信用将会一塌糊涂。

正因为日本人意识到当老板不是一件简单的事，因此，多数日本人都喜欢当白领，按月领工资，而不愿意创业去当老板，每月给别人发工资。

日本最大的商业调查公司"帝国数据库"做过一个统计，新创办的公司在3年内死掉的，占50%；能够撑过5年的，只有30%；坚持10年的，只有20%。我不清楚我们中国人创业的成功率有多高，估计也跟日本差不多。那么这就意味着，10个人创业，有8个人还没有赚到钱，就已经倒了。对于许多日本人来说，不可能在没有钱的情况下，向父母要钱，向亲朋好友借钱去创业，因为如果失败了，这是在给大家添麻烦，而在日本社会，给别人甚至是给家人添麻烦，是最不应该做的事。如果因为你创业失败，给客户添麻烦，那更是丧失信用的事。所以，日本社会有能力有勇气去创业的人，是少之又少。尤其是年轻人，大学毕业之后，更多的人是进入公司就职。只有等自己到了40岁左右，有了资金，有了经验，也有了人脉资源之

后，才会考虑是不是可以自己独立创业。所以，40岁是日本人创业的平均年龄。

　　创业的人少，是不是就意味着日本社会丧失了可持续发展的能力？日本人并不这样认为。他们说，日本的企业已经很多，把现有的企业做好做强做大，依靠现有的企业去不断地创新技术，创造新的产业，社会照样可以发展。

　　创业的人少，自然投资基金就难以找到市场。而日本3.5万家百年以上历史的企业，大多数是家族经营，而家族经营的企业是最抗拒投资基金的进入。因为在过去，三洋电机公司的破产，给了日本家族经营企业很大的教训。

　　三洋电机在20世纪80年代和90年代，是中国最有影响力的日本家电公司之一，三洋洗衣机、电冰箱和音响，是当时许多人结婚时的追求。但是亚洲金融危机之后，三洋公司陷入经营困境，在缺少资金的情况下，三洋公司向美国的投资基金公司伸出了手。最后，在经营连续几年不景气的情况下，公司的股权被投资基金公司一点点蚕食，最后被剥夺经营权，再后来，公司的产业被切成一块块蛋糕被卖掉，洗衣机和电冰箱就落入了中国海尔之手。

　　三洋的破产，让所有的日本家族经营企业都明白了一个道理：投资基金公司的钱不能要，除非你想做一件对不起祖宗的败家之事。

　　不仅投资基金的钱不愿意要，连银行的钱，也不愿意借。日本银行业协会的统计数据称，日本有近70%的企业表示不需要向银行借钱。所以也害得日本的各大商业银行只能开始裁员。

日本的这种保守的经营方式，追求的不是一夜之间的暴富，而是长久的拥有。他们强调企业经营必须是安全驾驶，而不是弯道超速快进，超速自然是好，但是同时也充满风险和赌博。对于大多数日本的父母来说，更多地期望自己的孩子安安稳稳地领工资过日子，而不是去当一名企业家，去经受人生太多的苦难与折磨，去承担太多的社会责任。能生活就足够，不必大富大贵。正因为有这样的心态，就决定投资基金在日本一定找不到很好的市场。

　　我们把日本人的这种心态，理解成一种平和的心态。而这种平和的心态，对于我们中国人来说，是缺乏一种挑战和勇敢精神的心态，甚至是一种步入晚年的心态。其实不仅日本是这样，西方发达国家的民众大多也是这种心态。自然，这种心态不是一种勇于革新的心态，而是一种保守的心态。

　　所以，我们有理由相信，再过 20 年，当中国遍地都是创业成功的老板企业家的时候，日本可能只剩下众多的企业经理人和家族事业的传承人。中日两国之间的活力，一定会拉开距离。但是，当我们的第二代开始接班时，是不是也会陷入日本现在这样的怪圈，而不会鼓励自己的孩子像他的父亲那样再去艰苦创业？

　　这是后话，但是，这个阶段也一定会到来。

11.东京的房价到底还会不会涨

中美贸易战越打越烈,有些人对中国经济的前景产生了担忧。有好几位朋友问我:"东京的房价还会不会上涨?"啥意思呢?就是说,东京房价还会上涨的话,就想到东京来投资买房。

确切地说,东京的房价要比中国的北上广深地区便宜三分之一到一半。物价是世界最贵的城市,为什么房价比中国大城市还便宜呢?用中国流行的一句话来解释,那就是日本人一直很清楚:房子是用来住的,而不是用来炒的。

所以,我们在日本社会看到,日本没有中国式的炒房团,也没有买几套房子囤起来的囤房团,房价自然也就高不起来。

但是,东京马上要在2020年举办东京奥运会,房价会不会因此再往上涨一把呢?

我去日本不动产研究所采访,研究部长山本先生告诉我,从2013年到2018年,东京的房价普遍上涨了15%,个别地区上涨了20%。这也是20世纪90年代泡沫经济崩溃以来,东京出现的第一次房价大幅上涨的现象。

为什么东京的房价会出现这么高的上涨?主要原因有这么几个:

第一,居住在郊外的公司白领们开始出现回归东京市中心的趋势。

在日本经济高速发展时期的20世纪70年代和80年代，日本的白领阶层深受美国文化的影响，热衷于在东京的郊外建造一户建的别墅，觉得拥有自己的一套乡村别墅，是富裕的象征。加上日本积极发展地铁和轻轨等公共轨道交通，使得原先居住在东京市中心的公司白领们，纷纷搬迁到千叶县、埼玉县、神奈川县等郊区地区，类似于上海人跑到江苏的苏州、无锡或者浙江的嘉兴、湖州去居住，这些地区看起来是郊外，但是坐上地铁和轻轨，上班时间也都在一个小时之内。因此，东京郊外涌现出了一座座新城。

但是，当这些公司白领们逐渐老去的时候，他们怀念起都市的生活，于是从2010年开始，出现了一种"回归东京市中心"的热潮。于是，日本各房地产开发公司在东京的市中心，甚至

在赤坂、六本木这样地价很高的高档商业区，开始兴建一栋栋30层以上的超高层住宅楼，以接纳这些回归市中心的人们。而这些超高层住宅楼的价格，两室一厅都在1亿日元（约600万元人民币）左右，这样就拉高了整个东京的房价。

第二，外国人在东京大量购房。

日本不动产研究所的调查数据显示，在新建住宅楼市场中，外国人购房的比例，已经占到15%。而在二手房的购房市场中，外国人购房的比例，已经高升到28%。而这些外国人中，主要是中国人。

最先在东京买房并做出租生意的是中国台湾人。后来中国香港人也参与进来。他们买了房之后，就委托东京的房屋管理公司帮他们出租给留学生并负责收租管理。5年前开始，中国大陆地区的人也开始在东京大量买房。

说起来很有趣，中国大陆买房者在东京买房，最初都买在新宿区，尤其是歌舞伎町周边地区，房间都很小，最抢手的是单身公寓。主要是租给深夜在歌舞伎町打工的陪酒小姐和酒保们居住，因为深夜下班时没有了地铁、轻轨，他们无法回家。到了最近几年，来自中国大陆的一批做民宿的投资者大量涌入，使得整个东京市中心的二手房市场都热闹了起来，甚至出现了转手买卖的中介机构。

来自中国大陆的留学生们也开始买房。留学生买房在过去是不可想象的事情。但是，一些中国父母认为，一方面，东京的房价比中国国内便宜；另一方面，反正孩子在东京留学也需要租房子每月付房租，还不如先买一套给孩子住，以后即使不在东京待的话,还可以抛售出去捞本回来。

还有不少中国留学生毕业后就留在东京工作和生活,中国的父母认为,反正要给孩子准备一套结婚的新房,不如在东京买更便宜。所以,东京的房地产市场出现了中国人父母为孩子买房的趋势,而且几乎都是买新建的公寓楼,也有的直接买一户建小楼。

第三,商业地产价格的上升拉动了住宅地产价格的上涨。

在过去5年间,每年来日本旅游的外国游客从1000万人猛增到2800万人,而且继续保持年增20%以上的趋势。到2020年东京举办奥运会时,预计来日本的外国游客总数将会达到4000万人。这么多外国人的涌入,使得日本一些公司纷纷购置土地兴建酒店和免税商场等商业服务设施,导致东京的商业地价出现了泡沫经济崩溃以来的最高价格。而商业地价的上升,自然也拉升了住宅地价,导致东京整体房价的上涨。东京住宅地价在最近几年,总体上涨了5%。而房价总体上升了

15%。

那么，接下来的问题是，东京的房价还会不会继续上涨？

答案是"涨不上去"。

为什么会认为东京的房价会涨不上去呢？

我们来看一个数据，2018年1—5月，东京新建住宅的开工率，比2016年同期大幅减少了68%。这说明什么问题？说明两点：一是新建住宅出现了较高的空房率，也就是说，有一部分房子建好后卖不出去；二是购置新房的人减少。

大家要知道，日本各大商业银行的房贷利率普遍只有0.5%，而中国普遍要达到7%。东京这么低的房贷利率，还没有人贷款买房？这只能说明东京人的消费欲望越来越低，买房不如租房的意识也是越来越强。

东京房价今后涨不上去的第二个原因，是日本政府严格规范和限制民宿经营，这就断绝了以中国人为主的外国人购房团在日本大量买房的欲望。第三个原因，是中国政府严格控制了外汇的流出，使得中国大陆买房者要想在东京买一套房子，无法从国内通过正常的渠道将大笔的购房资金挪到日本来，只能靠随身一点一点带，这也大大打击了中国人购房的积极性。自从日本在6月中旬实施严厉的民宿新法之后，东京的二手房市场价格已经出现回落。

其实，阻碍东京房价上涨的更重要的一个原因，是空房率的大幅增加。

目前，日本全国空闲的房子有多少呢？根据统计的口径不同，数据也不同。日本总务省的统计数据显示，到2018年，全国的空房会达到1000万套。但是根据日本不动产研究所的估算，目前已经达到了2400万套，到2030年，将会增加到3000万套。而日本全国总人口才1.27亿人，以三口之家来计算的话，也只需要4000万套。到底是政府的数据准确，还是民间的数据准确？我们很难断论，但毫无疑问的是，日本全国的空房率是很高的，这些空房大多出现在三四线城市，最高的是栃木县，已经达到了30%。相较而言，东京的空房率偏低，总务省的统计数据称，东京目前空置的房子，包括办公楼，大约是80万套。但是民间的数据则高达160万套。

值得注意的一个倾向是，一些在泡沫经济时期努力工作的公司白领们，现在已经都七八十岁了。日本的养老产业最近流行一种商业养老模式，就是你把自己家的房子卖掉，然后把获得的卖房资金交给养老院，养老院来负责照顾你的晚年生活，直到告别这个世界。这样的话，既解决了自己的养老问题，又不需要让子女去承担遗产税的问题。

这样一来，日本老年人抛售住宅，尤其是一户建住宅的会越来越多，使得东京的空房率会在未来几年内出现大幅增加，二手房市场将出现供给过量、房源大大过剩的问题。

第四个原因，是东京奥运会。我们中国人搞房地产，喜欢炒概念，小到海景房、湖景房、公园房，大到奥运楼盘、世博会楼盘，觉得这些地方房价一定天天涨。但是，日本人没有这种概念，他们认为，开奥运会只有十几天的热闹时间，开完之后，必然冷清，完全没有必要把自己的家安在生活设施短缺的奥运村附近。他们认为，住宅区必须具备以下生活元素：有医院、有银行、有中小学、有幼儿园、有超市、有购物中心、有洗衣店理发店、有居酒屋、有商店街。缺少这些因素的地方，都是不适合居住的，而只适合于办公或购物。所以，在东京，没有人去炒奥运楼盘的概念。也就是说，东京奥运的概念无法刺激房地产市场。事实上，东京奥运会还没有开，房价就开始下跌。

综合上述几大原因，可以断言，东京的房价不太可能再涨。如果说还有上涨的空间的话，那就是新建的超高层住宅楼，这些住宅楼几乎都是在东京都的市中心，对于年轻的白领们具有很高的吸引力。同时，我们中国人在国内已经住惯了高层公寓，因此，在东京也很喜欢购买高层公寓，尤其是最高层，可以看东京夜景。所以，东京的超高层新建公寓楼里，中国人占据了很大的比例。这样的房子，到时候转手，多少还是能够赚回一点钱。但是，住在高层必须要有一颗坚强的心，一旦地震，住得越高，摇晃得也会越强烈。但是新建高层住宅楼大多有减震设计，楼盘绝对安全。

大家读到这里，一定会问我一个问题：徐老师，你说东京的房子到底该不该买？我说一条中肯的建议：如果是你或孩子自住的房，可以大胆放心地买。如果是考虑投资，我劝你别买，是赚不到什么钱的。

12. 日本 iPS 细胞研究如何领先世界

2018 年 11 月 9 日，日本京都大学医学部附属医院举行记者会，宣布已经成功地使用 iPS 细胞，对一名患有帕金森疾病的男性进行了治疗，目前效果良好。这是世界上首例使用 iPS 细胞治疗帕金森病的手术。

大家知道，帕金森是天下一大难病，它是一种神经系统变性疾病，主要病理改变是脑部分泌多巴胺的神经细胞死亡，临床表现为手脚颤抖、身体僵硬、行动迟缓，虽然不会立即危及生命，但是严重的话，会让人失去基本的生活能力。各国的医学专家们都在采用各种方法攻克这一难病，但是至今没有找到很好的根治途径，药物治疗的效果也是十分有限。

京都大学的医学专家们介绍说，患者是一名 50 多岁的男性，被移植的是由他人 iPS 细胞培养的多巴胺神经祖细胞。在约 3 小时的移植手术中，医生向这名患者脑部两侧注入了约 240 万个多巴胺神经祖细胞，以修补生成多巴胺的神经细胞。目前，患者恢复情况良好。

不过医学专家们说，手术效果和安全性还需要长期的观察，观察期为两年。按照计划，这次获得日本政府批准实施的临床移植手术试验，还将对另外 7 名帕金森病患者进行同样的治疗。

为什么京都大学的医学专家认为iPS细胞可以治疗帕金森病呢？因为在过去几年，他们对患有帕金森病的8只猴子进行了iPS细胞治疗，结果显示，不仅这些猴子的手足颤抖状况得到改善，经过最长两年时间的观察，也没有出现可能癌变的肿瘤。因此，京都大学的医学专家们确认了iPS细胞治疗帕金森病的有效性和安全性。

有必要跟大家解释一下，什么是iPS细胞。

专业的医学解读是：iPS细胞的标准名称，叫"人工多功能性干细胞"，这种多能干细胞，是指体细胞在导入多能遗传基因，以及其他诱导因子的作用下进行基因的重新编排，从而得到拥有与胚胎干细胞相似的分化潜力的干细胞。

这些医学概念听起来有点玄乎，不好理解。我们说得白一点，就是iPS细胞也属于干细胞的一种，但是属于高级版，因为通过基因的重新编排，这种细胞具有跟你生下来时带有的胚胎干细胞相似的分化潜能，并能产生出一种诱导性，可以进行定向的干细胞治疗。理论上来说，使用iPS细胞可以再造人体器官，补充、修复人体受损器官和组织。譬如说，你的肾脏坏了，你可以使用自身细胞培植出来的iPS细胞再造一个肾脏换上去，而不需要等着别人捐给你。比如，你发现自己脸上有了皱纹，那就用iPS细胞修复自己的肌肤，让60岁的老太太变成18岁的小姑娘。

我突然担心，有一天，日本的化妆品公司会因为iPS细胞修复技术的广泛应用，而没有了生意。

发现这一基因重新编排机制的科学家，就是京都大学的教授山中伸弥，他因为这一重大发现而获得了2012年的诺贝尔医学奖。他在接到获奖通知电话时，正在家里修洗衣机。

在日本，京都大学的综合排名仅次于东京大学，位居第二。日本人喜欢说这么一句话：关东有"东大"，关西有"京大"，这"京大"指的就是京都大学。

日本18年间获得18个诺贝尔奖，其中医学奖和化学奖的获得者，大多数是从京都大学毕业，或者在京都大学工作过。因此，京都大学成为日本未来医学研究的核心基地，也是全世界最为瞩目的尖端医学研究高地。

帕金森病的iPS细胞治疗，就是京都大学的医学专家们实施的。

这不是日本第一次使用iPS细胞治疗疾病。早在2014年，一名70岁的日本女患者成为全世界第一例接受iPS细胞移植手术的"幸运儿"。日本理化研究所的研究小组在当年9月，利用能发育成多种细胞的iPS细胞制成视网膜细胞，并成功地移植到一名渗出型老年黄斑变性女患者的右眼中。这是世界首例利用自身的iPS细胞完成的移植手术。

2017年2月，大阪大学与京都大学、理化学研究所、神户中央市民医院4家机构联合实施了一次使用他人的iPS细胞转换为视网膜细胞的手术，使5名患有黄斑变性眼疾的病人重见了光明。

京都大学iPS细胞研究所还与武田制药等日本医药公司合作，在2015年用iPS细胞制成的肾脏细胞，成功治愈了急性肾功能不全这一重大疾病。目前，医学专家们正在做进一步的研究，希望让肾透析成为历史。

2018年9月，日本科学家们做了一件听起来非常科幻的事情——他们成功地在人类血液中制造出了未成熟的卵细胞。京都大学教授齐藤通纪的研究团队称这项工作是 iPS 细胞研究的一个新突破。因为这一突破可能意味着未来某一天婴儿可以在实验室里诞生，而这一切只要有婴儿亲属的身体组织或血液就可能实现。

京都大学的研究小组在这之前，已经利用干细胞研制出了老鼠的卵细胞和精子。不过眼下这种方法制成的卵子还不太成熟，它们无法受精。研究小组表示，这为婴儿的出生打开了一扇门，让他们通过用在世或已故亲属的遗传物质诞生在这个世界上。这项研究将为那些不孕不育的夫妇或同性伴侣提供一种拥有自己 DNA 的孩子的新方法。

接下来，研究人员将开始研究如何制作出具备受精能力的卵子。

东京大学也不甘示弱，他们的研究小组把 iPS 细胞制成的数万个胰岛密封到极细的小管中，再植入 3 只患有糖尿病的小猴子体内。结果几天后，3 只猴子的血糖降至正常值，而且直到 20 天后仍然保持正常。研究小组计划 5 年后开始为糖尿病患者进行临床移植试验。

对 iPS 细胞进行研究的，不只是京都大学和东京大学，几乎日本全国主要的大学都在从事这一方面的研究，而且日本各大医药公司也积极参与，日本的目标，是成为世界再生医疗大国。

那么，除了以上这些研究成果之外，日本在 iPS 细胞研究中，还取得了哪些最新的成果？

首先是大阪大学的研究团队利用 iPS 细胞制作的肝细胞进行移植，成功改善了患有肝脏疾病小鼠的症状，有望应用于肝硬化等肝脏疾病的再生医疗。

庆应大学心内科教授福田惠一研究团队将 iPS 细胞转化来的心肌细胞培养成直径约 0.2 毫米的细胞团，然后将约 1000 个细胞团注射到扩张型心肌病与充血性心肌病患者的心脏内，以期达到治愈的目的。这一团队已经将临床研究计划书递交给了日本厚生劳动省审批。

另外，庆应大学的神谷和作副教授带领的研究团队，成功用 iPS 诱导分化出内耳间隙形成细胞，将可以治疗遗传性耳聋。

京都大学江藤浩之教授的研究团队在 2018 年 9 月，已经向厚生劳动省递交了基于 iPS 细胞的血小板对再生障碍性贫血病人进行临床试验计划的申请。厚生劳动省再生医疗等评价委员会正式批准了该临床研究计划。这也是继顽固眼疾、心脏病和帕金森之后，日本 iPS 细胞研究又成功踏进了第四大临床实用领域。

目前，日本医学界还在关注以横滨市立大学为主的一个研究团队在研究培植人工再造肝脏、肾脏、胰脏、肺、心脏等器官。这一研究的核心人物，是年仅 31 岁的年轻教授武部贵则。他在 2018 年 2 月，还兼任了东京医科齿科大学教授，成为这两所学校历史上最年轻的教授。参与这一项革命性技术研究的，还有日本几所医学研究所和医药公司，正在成为日本产学研合作的重大工程。

我们还注意到一个中日两国合作的新动向。

慢性肾功能衰竭的患者，在数月或者数十年间肾的机能会渐渐衰退，最终必须完全依赖人工透析或者肾移植来维持生命。与老龄化和糖尿病相伴，全世界肾衰竭病人也在不断增加。但由于捐献的肾源捉襟见肘，绝大部分肾功能衰竭患者只能依赖透析。透析相关医疗费用大概一年500万日元（约30万元人民币）以上，日本目前约有33万人正在接受透析治疗。全世界因为付不起高昂透析费而只能坐以待毙的肾衰竭患者超过200万人。

日本慈惠医科大学横尾隆教授带领的研究团队通过药物诱导，使用iPS细胞成功实现了大鼠与小鼠间的肾脏再生。有消息说，中国药监当局对这一项技术的临床研究展示出积极开放的态度。横尾教授称，如果这一临床研究最先在中国获得批准，将会首先得到中国临床试验的相关数据。基于这些数据分析，再在日本实施临床试验也是一种选择。2018年中国能够批准该临床试验的话，则一两年内日本跟进开展该临床研究的可能性极大。

但是，我们注意到，再生医疗关联技术涉及领域广泛，试剂、细胞培养和分离装置、生成工艺等，想在短时间内实施起来也不那么简单。虽然京都大学iPS细胞研究所所长山中伸弥教授持有iPS细胞发明的基本专利，但是从血液中制取iPS细胞的重要技术之一的专利则由一家美国公司先行获得，就是后来被富士胶片收归旗下的CDI公司。2016年，富士胶片将该技术在日本的专利权也纳入囊中。为此，京都大学iPS细胞研究所向政府监管部门递交了异议申辩书。

高品质细胞的高效制备是 iPS 细胞产业应用的关键所在。如果所有应用者都首先要向富士胶片支付奇高的巨额专利授权费，那么必然对 iPS 细胞产业孵化造成不可承受之重。鉴于此，山中教授希望压缩富士胶片的授权费。尽早将日本技术推向医疗应用是日本学界和产业界双方的共同心愿。异议申辩的最终结果迟迟未出，双方都意识到如此僵持下去不是办法，所以在庭外进行了谈判。2018 年 6 月，双方达成了协议：不管异议申辩书的审理结果如何，都会通力合作。

iPS 细胞产业化之路本来就崎岖不平，在关键时刻，日本研究者、专利拥有者以及设备制造者，还是采取了抱团求发展的方式，一起为人类最终攻克各种大病难病贡献力量。我们相信，iPS 细胞的研究在未来几年内一定能够获得突破性进展，日本在这一领域已经走在了世界的前列，我们中国也在努力之中。世界各国如果能够开展通力合作的话，人类将会变得更加健康长寿。

13. 日本人如何寻找"一带一路"突破口

几位日本经济学者来我办公室小坐，聊起中美贸易摩擦。

大家认为，之所以会引起这场摩擦，是因为中国犯了一个"显得太有钱"的错误，引起了美国人的不悦。美国人认为，中国是赚了美国的钱，在别人面前卖呋喝。

我问他们，那当日本人有钱的时候，会是一种怎样的表现？

他们说：日本也不是一个老实的种。在泡沫经济时期，日本钱多得没处花时，开始全世界找楼盘，尤其是找地标性楼盘，最后把纽约的洛克菲勒中心和帝国大厦都买了下来，惹怒了美国人。

有趣的是，日本人买下帝国大厦后，还找了一个美国地产商共同经营，这位美国地产商就是当今的美国总统特朗普——一个比谁都知道如何玩钱的精明商人。最后，帝国大厦又回到了美国人的手中。

所以，讲政治的中国领袖与讲利益的美国总统，注定不是一路人，中美贸易发生摩擦也就成为必然。而且根据特朗普的生意经，他不捞到一点好处，是绝对不会罢休的。

泡沫经济崩溃之后，日本成了"乌龟"，头缩了进去，知道盲目投资海外，往往会是血本无归。而这些年，中国人开始在纽约、伦敦、巴黎、东京，重复30年前日本人干过的事。

中国提出"一带一路"倡议已经过去5年多，全世界有80多个国家入伙，而作为邻居的日本一直按兵不动。有些中国舆论认为，这是日本企图遏制中国全球发展战略的阴谋，期望与美国一道拖住中国发展的后腿。

但是，日本的这几位经济学家并不这么想。

野村证券的土井先生说，中国如果单单搞一个亚投行的话，日本也有参与的积极性。但是，中国把国际金融组织的亚投行与中国自己倡导实施的"一带一路"倡议混为一体，就使得日本开始担心：中国是想通过亚投行推销"一带一路"。日本如果参与其中的话，只会助长中国的这种"公私不分"的行为。

他说："如果说日本有私心的话，这就是日本的小算盘。中国真的要搞'一带一路'的话，日本想遏制也是遏制不住的。"

我说，这应该是土井先生的一个误解，亚投行与"一带一路"是两回事，亚投行并不是中国的银行。

一桥大学的桥本先生说，日本对于"一带一路"持谨慎态度，还有一个很重要的原因，也是泡沫经济留给日本金融界和产业界的一大教训，那就是"不透明的生意不做，看不到预期利益的长线投资不做"。

他说，日本企业对于"一带一路"倡议本身并不是不感冒，其实也有参与的欲望。但是，大家都明白一个道理：日本一旦参与的话，是干不过中国企业的。最典型的例子，就是争夺印度尼西亚雅加达至万隆的高铁项目，日本的投资集团从2011年就开始忙活,已经把投标标点降到了利益红线的边缘,但是,后来参与的中国却抛出了"不需要印度尼西亚政府担保"的极端投资方案,日本看不懂了,哪有这样亏本做买卖,已经不是正常的商业行为。

"所以,在亚洲基础设施建设领域,参与了'一带一路'倡议的日本,如果继续与中国企业血拼的话,日本企业是捞不到一点好处的。"这是桥本先生得出的结论。

那么,日本政府最近为何频频与中国政府互动,要求在第三方市场寻求中日合作呢?

东京证券交易所的山本先生说,这是日本政府和财经界不愿意看到中日两国在海外竞争中两败俱伤的结果。

山本先生认为,中日企业在第三方市场展开竞争,其结果是,日本拿不到订单,中国也赚不了钱,获利的只是第三方市场。比如印度尼西亚的高铁,如果中日两国组建成一个联合的投标集团,则天下无人能在这一领域与中日竞争。日本出安全的高铁运营技术,中国出低成本的车辆与路轨,不仅这条高铁的成本可以降下来,而且中日和印尼三方都可以得到利益,皆大欢喜。所以,如果组建"中日高铁联军"的话,可以共同开拓美国、印度和中东、非洲市场,造福两国企业,也造福世界。更为重要的是,中日两国经济因此可以建立起相互合作、相互信赖的关系,推动两国经济与产业的共同发展。

听了几位的话,我做了这样的总结:日本是一个暧昧的民族,也是一个很要面子的民族。它虽然在表面上与中国倡导的"一带一路"倡议保持距离,并且在美国依然不参与亚投行和

"一带一路"倡议的背景下，不敢抢在美国之前有所行动。但是，日本寻求与中国在第三方市场的合作，其实就是变相参与"一带一路"倡议的行动。

我问他们："我的观点，各位是否赞同？"

他们说："有道理。因为中日联合开发第三方市场的提法，既可以安抚美国，同时也能回应中国，这也是日本没有办法的办法。"

接下来，就要看中日两国政府与企业的合作心态了。

14. 日本医疗水平为何能蝉联世界第一

世界卫生组织发表了一份最新的全球医疗评估报告，从医疗水平、接受医疗的服务难度、医疗费负担公平性等方面，对全世界190多个国家进行了综合评估排名，结果，日本蝉联世界第一，而中国排在第64位。

为什么日本的医疗能够长期保持世界第一的水平？我觉得有这么几个重要的原因。

第一，日本的整个医疗体制与美国和欧洲国家不同。欧洲国家，尤其是北欧国家，实施的是一个公共医疗体制，虽然这种医疗体制覆盖面广、个人负担轻，但是效率相对低下，医疗资源浪费也很严重。

而美国，完全实行私有化，医疗水平虽然很高，但是穷人却看不起病。

日本的医疗体制，总体来讲，是介于欧洲和美国之间。也就是说，在实施公共医疗的同时，也充分照顾到私人化、个性化的医疗。

那么日本是如何做到这一点的呢？用简单的一句话来概括，那就是："医疗服务由民间提供，但是医疗费由政府担保。"日本的这种医疗体制，解决了中国目前最为头疼的"看病难、看病贵"的问题。

日本的医疗是采取国立、公立、私立的三类医疗体制。国家有综合性的国立医疗与研究机构，各地方政府设立公立医院。然后数量最多的是遍布全国各地，尤其是社区的私人医院，大多数是专科诊所。

在我们的印象中，社区的小医院、小诊所，都是一些水平一般的医生。但是，你千万别小看日本的这些诊所，医生都有相当高的专业水平。许多内科、妇产科、外科等私人医院和诊所，都是几代人祖传的，院长大多是医学博士。而且日本非国立医院的医生允许兼职，因此许多诊所的专科医生，都是著名的医学专家、医学教授，而不是医科大学刚毕业的实习生。

日本社会是小病去自家附近的诊所，也就是私人医院。诊所觉得你这个病需要做进一步的精密检查，或者需要做手术，那么诊所的医生会给你开介绍信，再去大医院治疗和做手术。

所以，日本人遇到感冒头疼之类的小毛病，都不会往大医院跑。而日本的大医院，尤其是国立医院，基本上以治疗大病和疑难杂症为主，而且采用预约制，但这种预约也不会超过十天半个月，一般两三天，甚至当天就可以约到。

正是日本这种从私立到国立、公立，从小诊所到综合性大医院的立体、全方位的社会医疗保障体制，才解决了1亿多人看病难的问题。

我在2018年8月的上海书展期间，抽空去了上海一家十分有名的医院，看望在那里住院的一位同学的父亲。我也是第一次了解到，在上海看病，有多贵。

植入一根输液管子,说是进口货,个人得承担 7000 元人民币。用一种进口药,一针就是 2 万元人民币,然后还要私下里塞给医生护士红包。一天的个人看病支出,都在 5000 元人民币以上。说真的,我是吓了一大跳,也因此理解了"生一场病,穷一家人"的道理。

那么,日本看病有多贵?首先,凡是在医院里用的所有的药和设备,都列入医保范围。也就是说,不列入医保范围的药,是进不了医院大门的。所以不会出现像中国医院里那种进口药、好药需要个人掏腰包的事情。住院期间的普通病床是不收任何费用的。

第二,是公平合理的医疗费制度。

日本早在 20 世纪 50 年代,就开始建立起全民医保制度。不管你是日本人,还是像我们这种生活在日本的外国人,甚至是刚刚抵达日本的留学生,你只要抵达日本以后,加入了日本的医保,看任何病,个人只承担 30%。看一个感冒,一般来说个人需要承担的费用大概是 3000 日元左右,也就是一两百元人民币。

日本在过去曾经实行 70 岁以上老人免费医疗制度。后来因为医保负担的加重,现在改为 70 岁到 74 岁之间,医疗费个人承担 20%。过了 75 岁,个人承担部分只有 10%。

更为重要的是,如果一个人一个月的医药费个人负担部分超过了 8 万日元(约 4800 元人民币),那么超过的部分不管多少,全部由政府承担。

日本还有一项儿童免费医疗制度。虽然这项制度没有在全国普及，但是许多财政收入比较好的地方城市都在实施。比如东京都，孩子从出生到读完小学，看病都是免费的。日本农村的一些孤寡老人，或者收入比较低的家庭，患了癌症等大病以后，如果个人需要承担的医药费超出了他的支付能力，可以去市政府申请大病救济。不会出现一人生病，让整个家庭陷入贫困的问题。

日本解决看病贵的另一个关键因素，是实行严格的医药分离制度。医院只管处方，你拿了处方以后，可以去全国各地任何一个药局去配药。比如我从北海道农村到东京来看病，我在东京看好病以后，带药不方便，那么，我可以回到我家乡的药局去配药。

正因为药品是市场化，而不是医院垄断化，所以它的价格就处于一个相对竞争的状态。全国的药局，不会出现一种药不同的价格的情况。所以医院也不能在用药上赚病人的钱，更不会乱用药，多用药。

日本的医院也给病人用药，不过只管住院和急诊的用药。但是，由于医院所有的药都列入医保范围，而且价格受到医保机构的监督，因此，住院期间的用药也是市场公平价，不会出现比外面的药局药价高的问题。

第三，是建立了完善的全民医保制度。

中国有媒体报道，说一个病人被送到医院以后，因为付不出医疗费而遭到拒绝，或者被耽搁抢救。

这样的事情，在日本是不会发生的。比如，因为交通事故或者在公共场所突然病倒，病人被救护车送到医院后，即使其身份不明确,身上又没带钱,医生照样进行抢救和治疗。也就是说,日本的医药费是先治疗,后付费。如果你实在付不起,可以申请医疗救济。

第四,是优质亲切的医疗服务。

在日本的医院里,病人住院是不允许家属陪护的。病人的护理,包括上厕所、洗澡,全部由护士来完成。去年,我的一位北京朋友的父亲来日本旅游,突然摔了一跤,把手摔骨折了,被送往医院治疗。因为骨折,自己不能洗澡。每天晚上,日本的女护士帮他脱衣服洗澡。开始的时候,他还感到特别难为情,后来,他彻底被感动了,因为他的儿女都没有给他洗过澡。

在日本,病人进了医院以后,就把一切交给了医生。医生要对入院治疗的每个病人尽全部的责任。只准许亲戚朋友在可以探望的时间去医院看望陪伴一下,照顾病人所有的事情全部交由医院的医生和护士来完成。在日本,医生和病人之间的关系具有很高的信赖度,很少听到有病人家属跟医生吵架的事情。即使出现医疗事故,也是遵循法律进行处理,不会出现到医院闹事的情况,因为这会触犯妨碍业务罪,会被逮捕。

值得一提的是,日本目前有1.27亿人口,但是根据世界卫生组织统计,日本每1000人拥有的病床数为13.7个,远远高于世界平均的3.7个病床数,高居世界第一。

我认识东京一家很有名的癌症治疗医院的院长,他是日本著名的胃癌治疗专家。虽然已经60多岁,但是每场手术他都做充分的准备,给病人和家属做详细的手术介绍,然后亲自操刀,有时候一天要做两三台手术。手术做完以后,手术报告和医疗报告都不是助手写，而是他自己写。

我问他为什么要自己写，他说这是一个医生应该承担的责任与义务。如果把每天的手术情况、用药情况、切割情况都能够进行详细记录和梳理的话，你会比较自己做过的其他手术，然后针对同样的病例，不断地修正自己的手术方案。

日本的医院还有一项很好的制度，就是"跟踪病人"。每做完一台手术，医生必须主动地长期跟踪病人，建立一个定期的检查、复查和观察制度，而不是病人离开医院，医生就不管了。

这种"跟踪病人"的制度，通常是由主治医师委托护士负责定期联系病人，并做好一份长期的检查跟踪日程表，告诉病人几月几日要到医院来检查一次，几月几日要咨询身体状况。跟踪时间一般为5年。一旦发现复发，主治医生就会把病人请到医院进行治疗。这种长期负责与关爱到底的制度，对于医生来说还有一个好处，那就是通过长时间对病人的跟踪观察，可以了解手术与治疗的效果，因此可以不断地完善自己的手术方案。能少切除一点，就少切除一点；能不动手术，就不多动手术。以最佳的手术治疗方案来减少病人的痛苦与精神负担，提高自己的医术。

有钱可以买到世界最先进的医疗设备，但是买不到最好的医疗水平。"神医"不是吹捧出来的，而是通过自己长期不懈、精益求精的努力成就的。所以，工匠精神在日本许多医生，尤其是外科医生的身上，得到了最完美的体现。

从以上的介绍中可以看到，日本的医疗水平能够长期保持世界第一，日本人能够成为全世界最长寿的人群，是由完善的医疗制度、医务人员的人道主义情怀、匠人一般的精益求精的精神做保障的。所以，得了大病难病，去邻近的日本医院医治，也不失为一种选择。

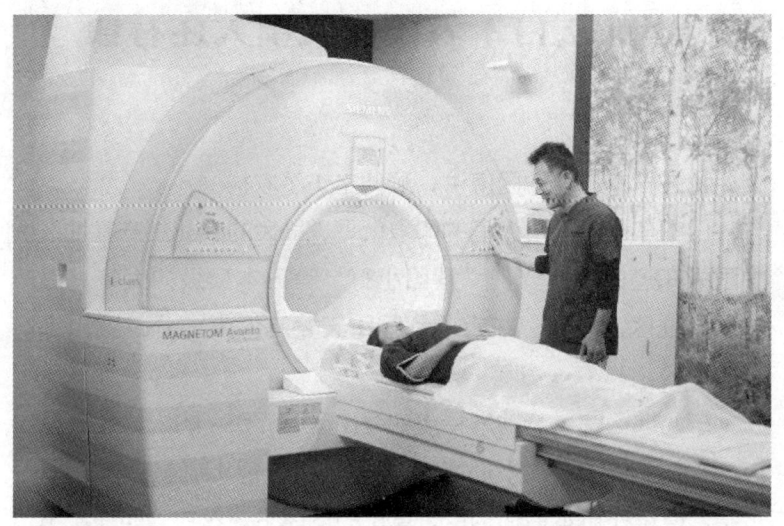

15. 为什么日本农民比城里人还有钱

我去日本东北地区演讲，顺便走访了农村。

日本东北地区给人们的印象就是"最大的农业生产基地"。中国人知道的"越光""秋田小町"等日本顶级的大米，都产自东北地区。同时，东京首都圈每天要吃的大部分蔬菜也来自东北地区。

东北地区的一个地形特点就是山区，70%的人口生活在农村。一提到农村，我们的脑海里马上会浮现出"贫穷落后"四个字。但是在日本恰恰相反，真正的贫民不在农村，而在城市。也就是说，日本的农村比城市还富裕。

日本内阁府在2018年3月公布了一个统计报告《全国都道府县町平均收入比较》。报告显示，日本收入最高的城市是东京。因为东京不仅是日本的首都——最大的政治中心，更是日本的经济文化中心。

那么东京哪个区的居民收入最高？是港区。港区濒临东京湾，虽然它不是日本的中央机关所在地，也不是中央商务区的所在地，却汇聚了日本各大跨国公司的总部，比如索尼、佳能、软银、优衣库等著名企业。顺便告诉大家，我们亚洲通讯社总部也在港区。

2017年,东京都港区的人均年收入是多少呢?是1115万日元,相当于65万元人民币。而日本全国公司职员的年平均收入是420万日元,这就意味着东京都港区人的年收入高出全国平均水平的1.5倍,自然也是全国最富裕的一个地区。

日本排名第二富裕的地区是哪个呢?是日本中央机关和皇宫、各大国际商社、各大银行与金融机构以及中央商务区汇聚的地方,叫东京都千代田区。这个区的居民的年平均收入为940万日元(约55万元人民币),要比隔壁的港区居民少10万元人民币。

日本第三大富裕的地区是哪里呢?大家一定会想到大阪或者京都,其实都不是。这是一个连日本人都想不到的地方,是在北海道的猿払村。这个村是位于北海道最北端的一个渔村,隔着宗谷海峡,对面就是俄罗斯的库页岛。全村人口只有2700人,但是人均年收入居然达到了813万日元(约48万元人民币),比银座所在的东京都中央区的居民收入还高。

当你走进这个日本最寒冷的村,你会发现,这里的中小学的校舍、设备比东京的中小学的校舍、设备还好,村里还有免费的巴士巡回行驶,村民享受免费医疗,孩子享受免费教育,村里还有标准的足球场和棒球场、医院,等等。家家户户都是别墅,村民们的日子过得比大城市人还富裕。

这个村为什么这么有钱?因为它是北海道扇贝和毛蟹的主要产地。渔民捕鱼和养殖的收入超过了日本大公司职员的收入。

北海道这个渔村的例子并不是一个极端的例子。同样是日本内阁府公布的最新数据,日本东北地区的岩手县、宫城县、福岛县、秋田县的县民的年平均收入都超过了日本最大的旅游城市——京都，与日本第二大城市的大阪只差1000～2000元人民币。

为什么日本的农村比许多大城市还富裕？一个很重要的原因，是在20世纪70年代日本经济高速发展时期，日本政府实施了对农村的特殊优惠政策，对于农副产品生产给予了高额补贴，鼓励农民留在家里种田，而不是到城市里当农民工。日本政府认为，日本大部分地区是农村，如果农村富裕不起来，全国也就富裕不起来。如果农村乱了，那么全国也会乱。

因此，日本在20世纪70～90年代的经济高速发展期中，解决了一个很大的问题，那就是基本消除了城市与农村的贫富差距，消除了农民与城市居民的收入差距。

日本在经济高速发展时期，也遇到过农村城镇化建设的问题。但是，日本的农村城镇化，并不是把一些小村落进行人为拆并，把农家集中起来建高楼，而是在不改变他们原有的居住地、不实行村落拆并的前提下，由政府出资进行现代化的农村基础设施改造，做到家家通电、通煤气、通自来水、通无线网络、通道路。为什么需要政府来投资农村的基础设施呢？因为农村的每个人都纳税，政府收了老百姓的钱，就要承担起为老百姓生活提供服务的义务和责任。

因此，日本的农村在过去几十年中，家没有搬，村还是那个村，地还是那块地，但是生活的环境改变了，农村的基础设施实现了现代化。农民的居住与生活条件，不仅与东京大阪的城市居民相差无几，而且许多家庭都超过了城市居民的居住条件。

　　因为土地价格便宜，日本农村家家户户都是一户建的别墅。而且许多家庭新建的房子充分利用政府对太阳能利用的补助政策，将自己的房子建成太阳能智能化住宅。照明、做饭、空调、洗浴等，都使用太阳能，而且富余的电力还可以卖给电力公司，每个月都能有2000元人民币左右的卖电收入。

　　与中国的农村相比，日本农民的受教育程度更高。由于日本所有的公立中小学校的建设费用和教育费用都是由政府专项拨款，按照全国统一的规格标准建设，即使是一所只有10名学生的小学，室内体育馆、游泳池、图书馆、科学实验室等也是一应俱全，与城市里的小学没有什么差别。而且日本农村七八十岁的老太太也大多是中学甚至大学毕业，因此，即使是在十分偏僻的农村，我们也都能看到她们把家里收拾得干干净净，庭院里种上各种花花草草。

　　日本的农村之所以能够做到比城市还富裕，还有两个基本的因素。一是日本农村有一个全国性的农业合作组织——农业协同组合，一般用英文字母"JA"来表示。这个农业合作组织不仅拥有自己的银行、自己的物流中心，还拥有自己的农副产品交易中心，可以给农民贷款，同时也把农民种的蔬菜水果汇集到各地的交易中心，提供给全国的农产品交易市场，或者直接提供给各地超市。也就是说，农民种的蔬菜水果，根本不用担心因为卖不出去而烂在地里，只要开车送到各地的JA交易中心，JA交易中心就会负责收购，然后分销到全国各地去，这样就能够保证农民有足够的种田收入。

二是农村劳动力除了种植和加工农副产品之外，更多的时候还是充当一名产业工人。也就是说，农忙的时候，他是农民；农闲的时候，他在家附近的工厂里工作，是工人。

日语中有一个专门的词语，叫"兼业"。"兼业"与背井离乡去外地打工做农民工不同，他们的农田就在家门口，而他们上班的工厂也在家附近。所以日本农民除了种田种地的收入之外，每个月还正儿八经地可以从工厂企业里领到固定的工资，所以这些农民的收入自然要比一般的城里人多。

正因为日本农民有"兼业"的传统，因此，日本许多制造企业都把工厂搬到农村去，利用当地富余的劳动力，将一批不会跳槽的农民训练成为技术工人，可以让他们长久地在工厂里工作。

虽然日本东北地区农村的年收入比京都高，比大阪稍微少几千元人民币，但是，农村地区的地价与物价均比大城市便宜许多。在京都、大阪租一套两室一厅的房子，每个月需要 10 万日元。在日本农村，租用一栋一户建的房子，一个月才 3 万日元。加上蔬菜瓜果大多数是自给自足，因此，农村的生活成本一般只有大城市的一半，甚至更低。也就是说，农民和城里人即使拿同样的收入，但是收入的含金量是完全不一样的，农村的收入更加"值钱"。

日本农民富裕的另一个原因就是享受和城里居民一样的社会保障制度。城里居民享受什么样的医疗保险待遇，农民也享受什么样的医疗保险待遇。城里的老太太们领取多少养老金，农村的老太太们也能够领取多少养老金。这是因为在日本经济高速发展时期，日本政府为了消除城乡差别，尤其是消除城乡居民不平等的社会保障待遇，制定了全国统一的社会保障制度。这样一来，农村老人们的后顾之忧就消除了，农民的养老负担也减轻了。

日本人常说一句话，叫"乡下人买车，城里人不买车"。这句话听起来奇怪，但是很有道理。因为像东京、大阪、京都这样的大城市，公共交通十分发达，而停车场的停车费又很贵，因此城市里的人大多数不买车，而是搭乘地铁、轻轨上下班和出行。但是在农村，因为公共交通不发达，人们只好买车，比如一家四口，如果都是成年人的话，一般要买五辆车，也就是说，每个人一辆车，另外还需要一辆全家人可以一起出行的商务车。

而农村地区除了上下班需要开车之外，去购物中心和超市等，也需要开车，没有车寸步难行。所以，日本农村老太太也普遍会开车。

虽然日本的农村生活很富裕，但毕竟不是大城市，也没有大城市的热闹与繁华，因此，农村的许多年轻人还是想离开农村去大城市生活和工作。所以，日本农村现在面临着一个很大的问题，那就是年轻人越来越少，剩下的都是老年人。人口的减少，直接影响地方政府的财税收入。因为日本有一个特别的税，叫"县民税"（有的地方叫"市民税"），每个人都要交，也就是"人头税"。人口减少的话，地方政府的财政收入就会减少。

因此，为了能够留住年轻人，同时吸引外地人来农村落户，日本各地方政府动足了脑筋。

日本不少农村地方政府通过补贴安家费、建造一户建房子廉价出租给外地人安家，甚至免收几年的房租，以此来增加居住人口，尤其是增加年轻人和孩子，活跃地方的生活与经济。

不少地方还采取各种优惠措施和提供经费补助，吸引大学生们到农村来租用农田创建农业公司。有的农村还将一些空置的房子或者工厂开发成年轻人的创业创新基地，免费提供给创业者们使用。因此，日本许多大公司的商品服务热线、消费者电话对应中心等，大多建在乡下农村。一方面，运营管理成本低；另一方面，更容易募集到当地人来当职员，还能享受地方政府的各种补助与优惠政策。

日本农村的一些做法和经验，我觉得很值得中国农村参考。尤其是如何应对农村的"少子老龄化"，如何通过就地"兼业"避免背井离乡式的外出打工，以便在挣钱养家的同时也能够照顾好自己的家庭。如何建设规模性的农村合作经济组织，让农民种的果蔬不会烂在地里，更不用自个儿赶着马车进城卖菜，与城管"打游击"。如何建立全国统一标准的社会保障制度，缩小城乡差别，让农民也能共享社会发展的公平红利。日本农村的现实，可以成为中国未来追寻的目标。

16. 商业帝国八佰伴破产的教训

到过上海的朋友，一定知道浦东有一家很大的百货公司，叫"第一八佰伴"。为什么这家百货公司叫"第一八佰伴"？许多人可能并不知道它的由来。"第一"是指上海的"第一百货公司"，"八佰伴"是日本的一家百货超市公司，"上海第一八佰伴"是中国政府批准的第一家中外合资的百货公司。1995年12月，第一八佰伴开张的第一天，涌进了100万人，当时十分稀罕的免费塑料袋都被一抢而空。

上海第一八佰伴进驻后，给中国百货业带来的一个最大的改变，就是全国百货公司的一楼由原来的卖羊毛衫衬衫改成了卖化妆品。

在开办以来的20多年里，第一八佰伴是越办越火，创下了多年来中国百货公司中营业额最高的纪录。但是，八佰伴却在日本破产了。作为日本曾经最大的商业集团，八佰伴为什么最终会破产？这其中的故事，也是我的亲身经历。

大家是否还记得，在20世纪80年代，中央电视台播放过一部日本电视连续剧《阿信》，这部电视连续剧描述了出身贫寒的日本女孩阿信通过奋斗，最终出人头地，成为大超市老板的传奇经历。这位阿信的原型，就是八佰伴的创始人和田加津太太。

如果大家从东京坐新干线去京都、大阪，中途会经过伊豆半岛，那里有一个新干线车站，叫热海。热海就是八佰伴的发源地。1928年，距今90年，和田加津和丈夫一起在热海摆了一个蔬菜摊，开启了八佰伴创业的时代。

第二年，和田夫妻生了一个儿子，叫和田一夫。1950年，也就是在和田一夫21岁的时候，热海发生了一场大火，把他们家苦心经营了几十年的家和蔬菜店全部烧毁。这是八佰伴在发展过程当中遭受的第一次沉重打击。但是，顽强的和田夫妇没有被大火吓倒。当年，他们就在废墟中重建了家园，楼上住人，楼下卖蔬菜。

大火发生后的第二年，和田一夫从日本大学毕业。父亲对他说，你什么公司都不要去，就回家来继承家业。和田一夫是一个孝子，很听父母的话，于是他就告别东京回到了热海老家，经营起父亲留给他的这家蔬菜店。

和田一夫毕竟是一位学经济出身的大学毕业生。在他27岁的时候，他把这个蔬菜店改名为"八佰伴食品百货公司"。公司改名以后，他进行了一个小小的改革，就是取消了当时很流行的讨价还价制度，实行了商品的明码标价。这个做法，奠定了公司现代管理的模式。所以，和田一夫先生常常把1956年作为自己的创业元年。

八佰伴革命性的改变发生在1962年。当时和田一夫随同日本的一个零售业访问团去美国考察，他在美国看到了一种崭新的商业业态——超市。回到日本以后，和田一夫立志要把八佰伴改造成日本第一家超市集团。经过 5 年的发展，八佰伴在整个伊豆半岛已经开设了 7 家超市。1971 年，八佰伴进军南美市场，在巴西的圣保罗市开设了第一家海外超市。

又过了两年，也就是 1973 年，八佰伴进军新加坡。这一年，和田一夫 44 岁；也是在这一年，他的父亲去世了。

新加坡是和田一夫进军海外市场最为成功的一个案例。他曾经跟我讲，当时新加坡人的商业习惯是休息日关店放假，周六日整个街上很少有人，想要买东西都很困难。八佰伴进入之后，打破了整个新加坡人的生活习惯和商业作息，全年无休。这就使得许许多多的新加坡人在休息日开始走上街头，走进八佰伴，整个国家的商店也跟着在周六日开店。

和田一夫最为开心的是，他还给新加坡带去了一份美食——在日本流行了几十年的豆沙面包。和田先生跟我说，豆沙面包推出以后，每天有上百人排队，包括新加坡总理的母亲，天天都叫人到超市去买豆沙面包。

1982 年，在和田一夫 53 岁的时候，八佰伴在日本上市了。

那一年，八佰伴在国内外的销售总额第一次突破了 1000 亿日元。1984 年，八佰伴进军香港，在沙田开设了第一家香港店，随后八佰伴也在香港上市。

在八佰伴最为鼎盛的时候，它在世界各地共拥有 400 家百货公司和超市，员工总数达到了 2.8 万人，年销售额突破了 5000 亿日元（300 亿元人民币），成为日本最大的国际商业集团，和田一夫也成了商业皇帝，要见他一面是难上加难。

但是，在 1997 年，八佰伴突然破产。这一商业帝国的轰然倒塌，震惊了整个国际社会，也直接影响到中国。许多人担心，上海第一八佰伴会不会也跟着破产？

破产4年之后，和田一夫先生写了本书，叫《从零开始的经营学》，讲述他在沉默了数年之后重新创业兴办IT企业的故事。我在书店里看到这本书后，通过出版社与和田先生取得了联系。在东京大学边上的一栋老式的公寓楼里，我见到了和田一夫先生。他的办公室只有20多平方米，给我印象最深的是，办公室里有一排书。

就在这狭小的办公室里，和田先生跟我谈起了八佰伴破产的原因。

第一个原因是太相信房地产市场。

日本在20世纪80年代进入了泡沫经济时期，全国上下普遍相信房地产价格还会上涨。当时整个八佰伴集团正处于迅速扩张期，而银行也是有钱贷不出去，于是就找到了和田先生，告诉他：如果你买一块土地，再在这土地上面建一个购物中心，然后你自己使用一部分，再出租一部分，至少可以获得三份利润：土地升值的利润、房产升值的利润、店铺出租的利润。和田一夫想想也对，于是八佰伴拼命地购买土地，然后自己建造购物中心，使得整个八佰伴很快成为日本最大的商业集团。

但是没有想到，在1990年，日本的泡沫经济崩溃。一夜之间，地价暴跌、房价暴跌，整个消费市场陷入低迷，银行开始上门讨债，和田一夫这才发现，自己买土地造房子，是一个多么愚蠢的做法。

第二个原因是要面子，把公司总部盲目搬到中国香港。

当八佰伴在海外的子公司达到 100 多家的时候，他觉得作为一家国际商业集团，总部应该搬到海外去，只有这样才能体现一家国际商业集团的地位。就在 1990 年，日本出现泡沫经济崩溃兆头的时候，和田一夫居然把八佰伴总部迁到了中国香港，把公司最核心的业务——日本市场，交给了他的弟弟打理。

但是，和田一夫的弟弟是搞财务出身，并不具备企业经营管理的能力，而且他又很怕哥哥。在日本泡沫经济崩溃，企业的销售业绩出现大幅下滑的情况下，为了让在香港的哥哥安心，和田先生的弟弟开始做假账，而且在公司严重亏损的情况下，还给股东们分红。这对于一家上市公司来说是致命的。等和田一夫发现弟弟的问题时，日本"根据地"已经是摇摇欲坠，和田先生的弟弟最后也因为做假账而被捕。

第三个原因是过于相信银行。

在八佰伴破产前半年，和田一夫赶回了日本，亲自担任日本八佰伴公司的经营本部长，实施公司的拯救计划。当时他与日本的另一家大型超市集团——大荣公司达成协议，将 16 家店铺卖给大荣公司，卖掉以后得到了 320 亿日元的资金。银行得知和田一夫有了 320 亿日元的现金后，游说和田一夫先把欠银行的钱还上，一个星期之后，再贷给八佰伴公司。银行说，这样的话，作为上市公司，业绩好看，股票也会上涨。

在这关键的节点上，和田一夫犯了致命的错误。

他说："我当时真的有些天真，认为只要将这笔钱还给银行，银行一定还会贷款给我。"但最终的结果是，银行收到这 320 亿日元后，没有履行诺言，拒绝再贷款给八佰伴公司。八佰伴无奈落到山穷水尽的地步。

和田先生跟我说，这是他一生当中做的一个最大的错误决策，如果不把这些钱立即还给银行的话，也许八佰伴还能活下去。

1997年9月18日，在八佰伴即将迎来创业70周年之际，和田一夫走进了静冈县地方法院，递交了公司破产申请。

从法院回到家，和田夫人正在看电视，电视上全是"八佰伴破产"的报道，他的夫人还没有感觉到公司申请破产到底意味着什么。和田先生告诉夫人："我们一无所有了！"

一个星期之后，和田先生和夫人被允许只能带几件换洗衣服离开了自己的家。房子和家具都被法院封存扣押。

从一名商业帝国的皇帝变成一个无家可归的流浪汉，和田一夫从来没有想到自己的人生会沦落到这种地步。但是，这就是无情的现实。

和田一夫觉得自己最最对不起的一个人，是自己的母亲阿信！因为他没能守住家业。

公司破产时，有人曾建议他保留上海第一八佰伴的股份，给自己的老年生活留一条后路。但是和田一夫认为，公司破产导致许多股民财产受损，股票变成废纸，他再给自己留一点财产，有违良心。所以，他放弃了在公司内所有的权益，也辞去了所有的社会职务，净身出门，并答应一直到死为止，每个月都力所能及地偿还一部分债务。

2001年，我把和田一夫先生的那本《从零开始的经营学》翻译成了中文，并取了一个新的名字《不死鸟》，在上海出版。因为这个契机，我游说和田先生和夫人访问上海。

这是和田先生相隔 4 年重新踏上上海的土地。他离开的时候，是八佰伴集团的总裁；再回来时，已经是一个普通的老人。但上海人民依然给予和田先生热烈的拥抱。当时的上海市市长徐匡迪先生在市政府大厦亲切会见了和田先生和夫人，并对和田先生说："八佰伴的破产，也有亚洲金融危机冲击的原因。不管怎么样，八佰伴集团没有了，但是上海第一八佰伴依然存在，这个名称不会改。"徐市长的话，让和田夫妇泪流满面。

上海第一八佰伴公司也在大楼外专门挂了一个很大的垂幅，欢迎老董事长回来。和田先生和我还在第一八佰伴的一楼举行了签名售书仪式，许多人给和田先生送来了茶叶和工艺品，感谢他为上海浦东留下了这座地标性的百货公司。

当时的第一八佰伴办公楼的顶楼还没有重新进行装修，依然保持了和田一夫担任董事长时的模样。当这对老夫妻走进自己原来的家、原来的办公室时，两人抱头痛哭，大家都在一边陪着落泪。

就在原先的办公室里，和田先生和我讲述了企业经营的几大教训：

第一，千万不能相信房地产会永远涨价。他说，就像一个人爬坡，爬到山顶总有下山的时候。商业企业应该轻资产，就像日本的伊藤洋华堂公司，在人们头脑最为发热的时候，这家商业集团一直坚持不买地不建房，而是始终坚持租房开店。开得好的话，开下去；开不好的话，随时退租关门。正因为如此，伊藤洋华堂不仅没有遭遇泡沫经济崩溃的冲击，还收购了美国的 7-11 便利店，最后取代八佰伴成为日本最大的商业集团。

第二，千万不能相信银行的许诺。保证公司一定的现金流量，控制企业的发展规模，稳步发展，这才是维持公司生命的关键。

第三，个人资产与公司资产一定要分开，也就是说，左边的口袋和右边的口袋不能混用。和田先生在公司处于资金周转困难的时候，拿出个人资产抵押借款，结果最后自己连一套房子都没有保住，还承担了2000亿日元的连带债务。

第四，在公司的经营上，不能太多考虑家人、朋友的面子和情谊，要做到铁面无私，只用能人，不用无能的亲戚朋友。

我最后问了和田先生："您最想告诉企业家们的一句话会是什么？"

他毫不犹豫地说："成功是事业发展的最大危机！"

这些年来，和田一夫先生一直通过讲演、出书等方式，向人们讲述八佰伴破产的教训。今年已经90岁的和田先生，如今和夫人一道生活在伊豆半岛。什么时候，我想去看看他，告诉他，我们许多中国人还记着他。

17. 日本如何对抗美国独自造"芯"

应浙江省人力资源社会保障厅的邀请，我走进省政府大楼，做了一场《中日文化比较》的演讲。我在演讲中讲到这么一个例子，中日两国的产业发展，有着一个共同的经历，都是从模仿开始的。电脑、电视机、冰箱，都是美国人发明的，日本人把它们从美国扛回来，全部拆开之后，研究一个问题：美国人生产的玩意儿有什么缺陷？结果，日本人仿造的同类产品，比美国人制造的正宗产品还要先进，而且日本人会堂而皇之地打上一个标签"Made in Japan"。而我们中国企业最初也从美国和日本扛回一些产品模仿，模仿出来的东西却比原装产品糟糕得多，有的企业还敢打上"美国制造""日本原装"的标签，因为这样容易来钱。

我说这个例子，是想说明"拿来主义"在世界工业发展史上是属于普遍的行为，但关键是拿来之后怎么办？我可以很不客气地说，日本人是学了人家的技术提升了自己的产业竞争力，而我们中国人是学了人家的皮毛，但是挣了不少的钱。

有些读者很反感我拿日本与中国做比较，认为我是故意抬高日本，贬损中国。我很理解这种反感，因为我们中国人的血液中缺乏一种自我反省的DNA。我们总认为自己是对的，错的都是别人，即使自己错了，打死也不肯承认。正因为有这种劣根性，导致我们很难以一种谦恭的心态去对待别人，看待自己；也导致我们缺乏一种精益求精的精神，往往很难做出精品。比如芯片和发动机便是如此，这也是我最为担忧的问题。

特朗普发动中美贸易战，第一个中枪的，是中国著名的通讯设备制造商中兴集团。中兴的遭遇，让我们知道了中国在芯片制造领域与世界的距离。同时更让我们惊醒：掌握核心技术有多么的重要。

30多年前，美国也曾经发动过一场对日本的贸易战，也在核心技术领域掐过日本人的脖子。那么，日本人是如何打响保卫战，又是如何在核心技术领域，尤其是半导体芯片领域赶超美国的呢？

1942年，在美国诞生的世界上第一台电脑"ENIAC"，是一个占地150平方米、重达30吨的庞然大物，里面的电路使用了17468只电子管、7200只电阻、1万只电容、50万条线，耗电量150千瓦。显然，占用面积大、无法移动是这台电脑最直观和突出的问题，如果能把这些电子元件和连线集成在一小块载体上该有多好！我们相信，当时有很多人思考过这个问题，也提出过各种想法。英国雷达研究所的科学家达默在1952年的一次会议上提出：可以把电子线路中的分立元器件，集中制作在一块半导体晶片上，一小块晶片就是一个完整电路，这样一来，电子线路的体积就可大大缩小，可靠性大幅提高。这就是最早的有关集成电路的构想。晶体管的发明使这种想法成为可能。1947年，美国贝尔实验室制造出来了第一个晶体管，在晶体管发明后的 1958 年至 1959 年之间，基尔比和诺伊斯分别发明了集成电路，也就是我们通常在说的"芯片"的雏形。

实际上，早在基尔比和诺伊斯发明集成电路的第二年，也就是 1960 年，日本就开始了芯片的研究。1960 年，日本晶体管的年产量突破 1 亿个，连续两年超过美国。此时，日本半导体企业没有料到，美国在 1962 年就跨入了芯片的实用化时代。

1964 年，基尔比所在的德州仪器公司向日本政府提出，要在日本设立全资公司生产芯片。由于日本企业此时尚未启动芯片的生产，出于培育国内半导体产业的考虑，通产省对德州仪器公司在日本设厂的申请极力拖延。与此同时，日本政府利用融资优惠、税收优惠等手段开始积极引导本国企业从事芯片的研发和批量生产。德州仪器公司在独资设厂受阻的情况下，决定拒绝将芯片基本专利转让给日本企业。而日本政府则寻找借口，迟迟不批准其在日本提出的芯片专利申请，以致日本企业在国内从事芯片的生产无须太多地顾忌专利侵权问题。

遏止美国公司在日本生产芯片，是日本政府当时保护本国半导体产业的一个手段。但是，如何提升日本自身的半导体研发技术，与美国形成产业竞争态势，是日本政府一直在思考的问题。

北京大学科学技术史教授周程先生最近写文章介绍说，1964 年，美国 IBM 公司宣布使用了集成电路的第三代计算机 360 系统问世。同年，法国最大的计算机生产商被美国通用电气公司收购。这使日本政府深刻地意识到本国企业在计算机领域所存在的巨大差距，从而坚定了无论如何也要保护和培育国内计算机产业的决心。

经过一段时间的酝酿，日本通产省于 1966 年启动了"超高性能电子计算机的开发"大型项目研究。该项目的目标非常明确，就是开发出可同 IBM360 系列竞争的高性能第三代计算机。通产省直接支付给参与此项目的企业补助金总额高达 100 亿日元。在通产省所属工业技术院电子技术综合研究所以及民间企业、高等院校的共同努力下，1972 年预期目标总算得以实现。

但在 1970 年，IBM 又开发出了使用大规模集成电路的 370 系列计算机。于是，日本通产省又被迫启动了数个与计算机相关的大型项目研究，如 1971 年的"图像信息处理系统的开发"。该项目跨度为 10 年，总补助金额为 220 亿日元。

但是，就在日本几乎要赶上 IBM370 的水准之时，又传来了 IBM 将着手开发第四代计算机"未来系统"的消息。该型计算机计划使用 M 比特的超大规模集成电路，而日本企业当时在 IBM370 对抗机种中使用的只不过是 16K 的 LSI。这意味着日本的集成电路技术与美国存在着相当大的差距，如果不能在此关键技术领域取得突破，日本企业想超越 IBM 根本不可能。

为此，日本通产省在机械情报产业局下面专门设立了一个叫作"电子情报课"的机构，负责策划计算机及其关键的存储器的开发战略。通产省还于 1975 年 7 月成立了包含多名产业界和学术界人士在内的"大型集成电路（VLSI）研究开发政策委员会"。经该委员会充分酝酿，通产省最终决定于 1976 年 3 月 10 日成立由政府和民间企业共同出资的共同研究开发组织——"VLSI 技术研究组合"。

参加"VLSI 技术研究组合"的企业全部由通产省选定。它们是日本电气、东芝、日立、富士通、三菱电机。除美国独资公司 IBM 外，几乎囊括了日本境内所有的大型半导体生产企业。同时，通产省还决定在"研究组合"下面设立一个研究基地——"共同研究所"，由通产省所属的工业技术院电综研和各参加企业负责派遣科研人员组成。尽管日本早先已成立了很多形形色色的"研究组合"，但由存在竞争关系的企业各自派遣研究人员组成相对稳定的共同研究所置于"研究组合"之下，这还是第一次。

"VLSI 技术研究组合"的最大功绩是成功地开发出了半导体加工过程中的关键设备——缩小投影型光刻装置。为开发这种精密装置，"VLSI 技术研究组合"以势在必得之势在共同研究所内组建了相互独立的三支团队。这三支团队研发半导体加工装置的技术路线虽然不尽相同，但都取得了重大突破。这些技术突破为日本后来在缩小投影型光刻装置乃至整个半导体生产设备领域确立优势地位奠定了基础。"VLSI 技术研究组合"启动以前，日本半导体生产设备的 80% 左右依赖从美国进口，但到了 20 世纪 80 年代中期，全部半导体生产设备都实现了国产化。到 20 世纪 80 年代末，日本的半导体生产设备的世界市场占有率超过了 50%。1980 年，全球半导体生产设备销售额最高的十大公司中，日本只有 1 家；1989 年迅速增长到 5 家。以缩小投影型光刻装置这项关键设备为例，1980 年前几乎全部从美国进口，但从 1985 年开始，日本的国际市场占有率便超过了美国，到 2000 年时，除荷兰的 AMSL 外，生产、销售这种关键生产设备的厂家都是清一色的日本公司。

由于在共同研发过程中逐渐掌握了集成电路的高精度加工以及晶圆大口径化、印刷电路的快速检测等技术，日本在存储器生产领域取得了骄人的成绩。

日本企业又再接再厉，拿下了 80% 的全球市场份额，迫使英特尔、摩托罗拉等多家美国半导体企业退出了存储器领域的竞争。至于"研究组合"作为主要目标开发的 1M DRAM，日本企业则抢占到了近 90% 的世界销售份额，将美国的半导体生产厂家远远地甩在了后头。

1980 年，日本的集成电路对美贸易出现顺差。到 1986 年，日本半导体产品的国际市场占有率便开始超过美国。20 世纪 80 年代，日美贸易战争中打得最为惨烈的战场就是半导体。即便如此，日本以自己独有的核心技术，在其后 10 年中，除个别年份外，国际市场占有率始终高于美国。1995 年，世界半导体企业前十中，日本占了五席：NEC（第一）、东芝（第二）、日立制作所（第三）、富士通（第八）、三菱电机（第九）。这种状况直到 1995 年微软推出视窗 95，英特尔推出与之相配套的改进型奔腾处理器之后才发生了根本性的逆转。

进入 21 世纪，日本半导体产业由于故步自封，未能及时改进企业研发机制，加上后来日本电子企业纷纷抛售电脑事业和手机事业，使得日本半导体产业，尤其是芯片的生产重新落后于美国。但是我们看到，最近几年，以 NEC、索尼和富士通为代表的日本电子企业，借助人工智能产业的发展，重新回归芯片以及相关系统的研发，并凭借长期积累的技术，使得日本的

AI产业出现了领跑世界的势头。全自动驾驶汽车时代的到来，将会使得日本的芯片研发与生产迎来新的春天。

　　日本产业发展并不是一帆风顺的，也有过不少的教训。但是，日本人兢兢业业的做事风格，使得它有着长期厚实的技术积累。所以，我一直认为，日本走过的路、有过的教训，都是值得我们中国学习和参考的。人类发展一定会有许多共性和不可避免的道路要一起走，无论日本、美国还是中国，只有拥有自己的东西，做人才有底气。

18. 为什么九成日本人还相信报纸

这几年，由于互联网和新媒体的冲击，全球报纸行业进入了寒冬期。但奇怪的是，日本各大纸媒却没有出现断崖式的减少，日子过得还挺好。

日本新闻协会最近发布了一个调查数据，这个调查数据告诉我们有 91% 的日本国民相信报纸，觉得报纸是他们生活中必不可少的东西，跟每天要喝的牛奶一样。

日本可能是全世界对报纸信任度最高的一个国家。日本人为什么会如此相信报纸呢？

日本被称为"报纸王国"。2016 年，世界报业和新闻出版协会的统计报告显示，世界发行量最大的报纸排行榜前十位中，日本的报纸占据了四种。其中排名第一的是《读卖新闻》，它的发行量达到 9100 万份；排名第二的是《朝日新闻》，发行量为 6622 万份；《每日新闻》排名第六，发行量为 3166 万份；《日本经济新闻》排名第十，发行量为 2729 万份。而美国报纸中唯一入围的是《今日美国》，排名第三，发行量只有日本《读卖新闻》的一半。中国报纸中唯一进入前十名的，是《参考消息》，排名第七。

日本纸媒的历史都很长，而且基本上都是一脉相承，中途很少有改变。《每日新闻》是日本历史最悠久的报纸，它创办于1872年，距今已经有146年的历史。

《读卖新闻》是日本历史第二悠久的报纸，它比《每日新闻》晚了两年创办，如今不仅是日本，也是世界上发行量最大的报纸。

除了《每日新闻》和《读卖新闻》两大报业集团之外，日本还有四大报业集团，分别是《朝日新闻》《日本经济新闻》《东京新闻》（中日新闻）和《产经新闻》。

当全世界纸媒都在苦海里挣扎的时候，日本各大报纸虽然也遭受冲击，发行量出现了一定程度的下滑，但值得关注的是，日本各大报社的日子过得都还不错。原因在于，日本的报纸零售量出现了下降，但订阅数并没有出现太大的跌幅。日本全国120家日报中，这几年只关停了一家。

为什么日本的纸媒日子还能如此好过？这里面有几个重要

的原因。

首先，日本国民相信媒体报道的公正性与中立性，他们认为报纸报道的东西都是真的。为什么日本人会如此相信报纸？因为日本六大报业集团都是民营的，政府没有参股，也无法管控这些媒体。也就是说，这些报业集团没有上级管理单位；最大的管理机构，就是报社自己的经营委员会。因此，这些媒体能够保持自己的独立性。

而报社本身又实行经营与编辑体制的分离，一家报社的灵魂人物，不是社长，而是总编。因为社长只负责经营，报纸的采编与立场观点的体现，都属于总编的权限范围。而总编的权限，又受到两个机构的牵制。一个是编辑委员会，负责具体的新闻报道方针和内容的审核；另一个是论说委员会，负责每天社论的撰写。这两个委员会实际上把控了整个报社的报道立场与方针，而不会因为总编的更换而改变一家报纸的色彩。

正因为如此，日本国民中产生了一大批报纸的追随者。比如，思想倾向于保守和民粹主义的读者，喜欢订阅《读卖新闻》；文化与旅游资讯的读者，喜欢订阅《每日新闻》；公司白领和企业经营者，喜欢订阅《日本经济新闻》。这叫"萝卜白菜，各有所爱"。

按照现在时髦的说法，就是日本的报业出现了"粉丝经济"。

日本家庭都有订阅报纸的习惯。早在20世纪50年代，日本基本上就普及了报纸，这个"普及"的概念，就是家家户户订阅报纸。因此，半个多世纪以来，报纸已经成为日本人日常生活中必不可少的日用品。早上起来，泡上一壶茶，读刚刚送到家的报纸，成了日本社会的一道风景。这道风景在电影和电视剧里也经常出现。

正因为如此，一户家庭中，爷爷当年订阅的是《朝日新闻》，爸爸也一定会订阅《朝日新闻》，而不会去选择《读卖新闻》，因为两家报纸的立场观点不一样。

我曾经与《读卖新闻》的总编聊过一个问题：某家汽车公司是你们的主要广告赞助商，如果这家汽车公司闹出了一个丑闻，你们报还是不报？

他回答得很干脆：绝对报道，而且不会有任何掩饰。因为对报社来说，广告商不是上帝，读者才是上帝；失去读者，就意味着失去一切。

这位总编说的话，是有道理的。因为日本的报纸发行，零售只占8%，92%都是长期订阅的读者。一旦一位读者抛弃了《读卖新闻》，要拉他回来，几乎是不可能的。

文章读到这里，大家一定会想到一个问题，报社努力地想保持自己的公正性和中立性，那么，当政府需要其做出配合，或者要求他们不要报道某些敏感的话题，报社会怎么办？

这个问题，在日本并不复杂。首先，政府没有权力对报社和其他新闻媒体指手画脚，更无法发号施令。因此也自然无法要求报社报道什么，不报道什么。其次，政府如果通过其他手段对某一家"不听话"的媒体进行施压，那结果是会遭到所有媒体的报复。

日本人普遍认为媒体的第一功能就是代表读者，也就是国民来监督政府。因此，"批评政府"是报社的第一责任。你批评的越多，读者会认为你的公正性就越强，对于报纸的信任度也就越高。

日本报纸之所以受到九成以上国民的信任，还有一个很重要的原因，是它独有的发行制度。这种制度称为"报纸专卖制度"。

日本 92% 的报纸都是由固定读者订阅的，这些读者大多数是家庭和企业。那么，日本的报纸，从印刷厂出来之后，是如何在短时间内把当天的报纸送到读者手里的呢？那就得靠日本的"报纸专卖制度"。

我们在日本农村的时候，会发现马路边有一间小屋，上面挂着很大的牌子，写着"朝日新闻"。乍一看，以为是朝日新闻社的分社，进去一看，才知道是《朝日新闻》的报纸发行站。日本全国有多少家这样的报纸发行站？有 3 万多家，送报员多达 60 万人。

那么，像《读卖新闻》一天的早报和晚报加起来几百万份，是如何一一送到每一位读者手中的呢？

每天的早报是在全国各地的印刷厂印刷的，印刷的时间是凌晨 2 点钟，3 点钟左右就分送到各个送报点。从清晨 4 点钟开始，送报员就骑着摩托车挨家挨户地投送到信箱。所以，许多人家是不设闹钟的，送报员的脚步声和报纸丢进信箱的"扑通"声，成了许多家庭的定时闹钟，"天亮了。"

送报员有专职的，也有许多临时工，包括高中生和大学生，还有家庭主妇。但是，日本有一条不成文的规定，早报必须在早上 7 点钟之前送达读者的手中，所以送报员送报是争分夺秒的。而晚报也必须在晚上 6 点钟之前送达读者手中。

这是一个全国性的浩大的送报工程，不管刮风下雨下雪，每天都在进行。而对于许多日本家庭来说，一天到晚，家里就算一位客人都没来，送报员都是按时必到。尤其是一些老年人家庭，对于送报员有一种特殊的情感，因此一些地方政府也与送报站建立合作关系，请送报员担负起确认老年人安危的查询责任。

　　所以，日本的读者对于报社有一种很深的信赖和情感。

　　纸媒走下坡路，是全球的一大趋势。但是日本各大报社，就是靠着公正独立的报道和对读者热情的服务，使得读者对于报纸的忠诚度始终不减，依然有九成以上的读者对报纸保持着高度的信赖和热情。这也成为日本报业的日子比其他国家报业日子好过的关键，并保证日本的读报文化得以延续。

19．日本人为什么不使用"支付宝、微信支付"

中国现在使用支付宝、微信支付已经相当流行。出门带上手机，一切搞定。日本社会已经相当发达，但是日本国民依然信奉现金主义。日本难道没有第三方支付的技术吗？提这个问题，算是小看了日本，日本早在 14 年之前，就已经研发出了这一技术，而且是当时世界上唯一的技术。但是这么多年来，在日本社会土壤中，第三方支付依然受到了日本人的抵制和不信任，导致日本社会迄今为止出门还必须带上两样东西，要么是现金，要么是信用卡。

日本人为什么如此抵制第三方支付，马云的支付宝和马化腾的微信支付在日本到底还有没有市场呢？

马云的支付宝和马化腾的微信支付，已经登陆日本。截至 2017 年年底，支付宝在日本签约的店家，已经达到了 4.5 万家。不仅日本各大免税店、百货公司、电器商店都引入了支付宝和微信支付，还占领了日本三大便利店集团。这三大便利店集团分别是 7-11、全家和罗森，它们加起来的店铺数量就超过了 4 万家，占了支付宝和微信支付在日本市场的大头。

从数字上来看，我们也许会为中国的移动支付手段打入日本这样发达国家的市场而热血沸腾。但仔细分析一下，在日本使用支付宝和微信支付的顾客，都是些什么人呢？可以说，99%是来日本旅游和出差的中国人以及中国留学生，而日本人的比例不会超过1%。

这说明什么问题？说明日本人根本不用中国的支付宝。支付宝在日本的市场还是依靠中国人自己撑场面，没有真正意义上打入日本市场。

为什么会出现这种情况呢？一个最简单、最直接的原因是日本人没有中国的银行账号和手机号码，无法在支付宝和微信上开设账号。那为什么会有1%左右的日本人使用支付宝和微信支付呢？因为这群人大多数是在中国生活和工作，有中国的银行账号，偶尔回日本使用一下支付宝。

那么，日本人不用中国的支付宝，他们自己有没有类似于支付宝或微信支付的东西呢？严格说来，也没有。日本人使用现金的比例在消费者中高达 70%。所以，当中国的女孩子遇到男朋友生日，苦恼到底送什么礼物好的时候，日本女孩子已经干净利落地走进百货公司，买了一只男式钱包，因为钱包在日本依然是人人必备的随身用品，跟手绢一样。

读到这里，你一定感到好奇，现在居然还有人出门带钱包？是的，日本人出门时一定会带钱包，不只是带手机。

日本人对于第三方支付手段的抵触与抗拒，是受消费习惯、金钱观念和法律制约的。有以下三个主要原因：

第一个原因是日本人对于个人信息的保护意识。

我们中国人已经习惯于一天接到几个莫名其妙的电话，要么是推销房子，要么就是贷款。我在中国国内出差时，打开国内用的手机，马上就会收到乱七八糟的短信和电话。

以前对方打来电话，总是先问一句"你是徐先生吗"，最近上来就直接说"你是徐总吧"？好家伙，他是怎么知道我的名字和职业的呢？

其实很简单，说明我的个人信息不仅已经被泄露，而且已经被倒卖。

这样的事情，如果发生在日本，会是一种怎样的结果呢？你可以立即报警，打电话的这家公司，一定会被查处，因为它触犯了日本的法律《个人情报保护法》。在日语中，"情报"两个字，跟中文中的"情报"两个字的含义是有区别的。日文中的"情报"两个字，它的意思是"信息"，而不是"机密情报"。

《个人情报保护法》是在 2005 年制定颁布的，规定得很明确，如果地方政府、团体和企业等机构泄露了个人的姓名、出生年月日、性别、住处等特定信息，必须接受政府的行政监察，如果不采取措施予以补救和阻止的话，将被判处 6 个月的有期徒刑或者 30 万日元以下的罚款。罚款是小事，但是从此将失去消费者对你的信任。

所以，我在日本，就从来没有接到过莫名其妙的电话和短信。

正因为日本人很在意个人信息的保护，所以，像支付宝、微信支付这样的第三方支付手段，在日本就发展不起来。因为你买了什么、在哪里买的、花了多少钱、你有什么嗜好、每天在吃什么、今天去了哪里等这些私密性很强的个人信息，都会被当作大数据，被企业收集，甚至被政府某些部门利用。

所以，日本政府推了几年的身份证制度都推不起来，也是这个原因。

第二个原因是银行的抵制和良好的信用卡使用环境。

对于传统银行来说，账户间的转账手续费仍是它们重要而稳定的收入来源之一。在日本，网购大多使用信用卡结算，甚至会出现"银行转账"这种我们中国人购物时已经很少使用的结算方式，但很少有网站开放借记卡或者储蓄账户通道。

从商户端来看，日本的信用卡使用率远超借记卡，这一点与中国庞大的借记卡消费阶层不同。也就是说，你拿一张不带信用卡功能的银行卡去刷，在日本是刷不出来的。但是，我们中国的借记卡，只要是银联系统的，都可以刷。中国消费者使用借记卡可以享受到与使用信用卡一样的服务，因为中国的信用体系是建立在第三方支付端上，就像在淘宝上买东西，信用体系是建立在马云的阿里巴巴上，而不是中国人民银行上。

而在日本，判断信用这件事本身是交给银行和信用卡公司的，而银行和信用卡往往是一个支付平台。

日本超强的信用环境和信用卡服务，让日本人用信用卡在网上付款很轻松。比如日本亚马逊，用户的信用卡信息都可以直接存储在网络端上，支付时根本不用输入密码。而用户也不用担心自己的信用卡被盗用，因为被盗用的话，亚马逊的规定是"赔偿无上限"！你损失多少，赔你多少。

第三个原因是日本人的金钱观念。

有一个统计，说日本20岁以上的成年人平均拥有2.6张信用卡。中国央行的最新支付体系报告说，中国人均持有信用卡0.31张，商务人士最多的北京，信用卡人均拥有量最多，也只达到1.35张，只是日本全国平均值的一半。可想而知，日本是多么喜欢信用卡。

但是日本也有相当一部分人不用信用卡，出门只带现金。这些日本人认为，在购物时如果使用信用卡，会产生两个特别的心理反应：一是反正现在不用付现金，买了再说，所以花钱不会看钱包里有没有钱，只需潇洒签字。二是付钱时不是一张一张数现金，刷信用卡只是看一个数字，会对金钱的价值产生一种麻痹性。结果到了月底，收到信用卡公司的账单，才会大吃一惊。日本由此出现了一批因为信用卡透支而无法归还的破产群体。也正因为如此，许多人情愿一张张数现金，也不愿意成为信用卡破产族的一员。

日本的一些商家也是拒绝接受信用卡的。一方面，他们不愿意承担信用卡公司的手续费；另一方面，他们不愿意忍受信用卡公司三个月之后现金到账的规矩，更喜欢每天关门时数现金的乐趣，以保证商店有足够的流动资金。

虽然阿里巴巴已经宣布在 2018 年要打入日本市场，让支付宝不只是在中国人圈里打转。但是，这个目标能不能实现，问号很大！

20. 日本的红富士苹果是怎么种出来的

日本的"县",相当于中国的一个"省"。青森县位于日本本州岛的最北端,冬天白雪皑皑,四季十分分明。

到青森县,不吃苹果,会是一生遗憾!因为日本年产 90 万吨苹果,有 50 万吨来自青森县。也就是说,日本 60% 的苹果产自青森县。青森县不仅是日本,也是世界的苹果圣地!

在青森一路开车,到处可见苹果园。青森的苹果园有一大特点,就是没有围墙,也没有围栏,是完全开放式的果园,路边一停车,顺手就可以摘几个。

青森的果农说,我们不怕偷,也很少有人偷。因为,青森几乎家家户户都有苹果树,即使自己没有,总有几户亲戚是种苹果的。所以,苹果对于青森人来说,不是一种看了就激动的东西。

但是我激动!因为我的老家在浙江,浙江产橘子,但不产苹果。所以钻进苹果园,拿了手机就想做直播。这种兴奋,令摘苹果的大妈看了满脸困惑:"お兄さんはどこからですか(兄弟是从哪里来的)?"

青森的苹果品种有几十种,但是最有名的,当属"红富士"。

"红富士"苹果不是生来就有的,它是在 1939 年,由日本农林水产省果树试验场盛冈分场以国光苹果为母本、元帅苹果为父本进行杂交研发而成的。

红富士苹果的特点是体积很大，遍体通红，形状很圆，平均大小如棒球一般。果实的重量中，有9%～11%是单糖，而且其果肉紧密，比其他很多苹果变种都要甜美和清脆，因此受到全世界消费者的喜爱。富士苹果与其他苹果相比有更长的最佳食用日期，甚至无须放入冰箱保存。室温下可保存4个月，如果放入冰箱，富士苹果可保存5～7个月。

1980年春，中国农业部组织有关专家赴日本考察时，发现了红富士苹果。那时候的中国苹果，以黄颜色的国光苹果为主。在日本政府的支持下，中国有选择地引入了长富2、秋富1和长富6等几个着色好的富士品系的苗木和接穗，先安排在山东种植，然后扩展到北京、天津和西北地区。现在，红富士苹果产量占中国2000万吨苹果总产量的45%，而且逐年增长。

问题来了，日本的红富士苹果是满身通红，但是，到了中国为何就变成了粉红呢？

我来到了青森县产业技术中心苹果研究所，这里是日本研究苹果的最高地。据说，日本皇室每年吃的苹果，都是从这个研究所的苹果实验园里采摘的。

苹果研究大师木村先生告诉我青森的红富士苹果为何通红。他说，红富士苹果原先结的果实也是绿色的，因为果树的树叶中有叶绿素。但是到了秋天，青森县白天的时间变短，并且昼夜温差变大，结果苹果逐渐变红，而变红的原因是一种叫"花青素"的红色素开始逐渐增多，于是苹果变成了红色。

第一，"花青素"产生得越多，苹果就越红。而促使"花青素"

增多的外来动力,就是充足的阳光。所以,红富士苹果的果园,首先必须是阳光十分充足的地方。

第二,是葡萄糖含量的增加。苹果的葡萄糖来自苹果叶,葡萄糖的含量越高,苹果的颜色就越深,所以,保证苹果树叶子的茂盛与健康,是决定红富士苹果变红的第二大要素。

第三,是"温度"。最能催生"花青素"大量产生的气温,是15～20℃,如果超过30℃的话,"花青素"就很难产生。所以,在苹果开始成熟时,自然界的气温最好是在20℃左右。这一点,青森是得天独厚的,9～10月的气温,刚好是"花青素"最容易分泌的温度。

第四,是"肥料成分"。苹果的肥料,最需要三大元素——氮、磷、钾。但是,这三种肥料的比例分配很有讲究。如果氮肥多了,叶绿素就会变多,苹果难以变得艳红。所以,在苹果开始由绿变红的时候,肥料,尤其是氮肥的比例控制,是考验果农的一大技巧。

我是种苹果的门外汉,但是听了日本苹果专家的介绍,很认真地做了笔记,还查了资料,总结了红富士苹果红艳的四条经验,供我们中国的果农们参考与实验,希望中国的红富士苹果也能从粉红变成通红!

青森人对于苹果的研究,一直没有停止过脚步。这次在青森,我看到了一种十分亮眼的新品种苹果,叫"红梦"。为什么叫"红梦"?因为苹果的肉是粉红色的。

对于苹果种植行业来说,"红梦"苹果的诞生,是自1939年"红富士"苹果诞生以来,日本苹果种植行业出现的一件最伟大的革命性事件。

那么，这种红肉苹果是如何诞生的呢？1994年，青森县的弘前大学农学生命科学部的盐崎雄之辅教授以日本的"红玉"苹果作为母体、以美国的"蛇果"苹果作为父体，利用大学藤崎农场的空地进行试验性杂交，结果结出来的苹果居然是红肉苹果。但是，DNA的调查结果显示，"蛇果"其实并不是这种红肉苹果的父体，真正的父体来自同一个果园里名叫"埃特斯黄金"的苹果树。但是，红玉苹果的肉是白色的，而埃特斯黄金苹果的肉是黄色的，两者杂交，怎么会产生红肉呢？

百思不得其解的盐崎教授向"埃特斯黄金"苹果产地的美国专家们请教。结果美国专家们也认为，"埃特斯黄金"苹果的果皮与果肉都是黄色的，从遗传学的原理来考虑，也难以诞生红肉苹果。那么，弘前大学藤崎农场的这棵苹果树到底是一棵什么样的苹果树？这至今还是一个谜。

经过几年的培育，"红梦"苹果树逐渐繁殖成林，2010年，日本农林水产省正式将这一苹果新种进行了登记。

"红梦"苹果的味道如何？从某种意义上来说，它的味道可能比红富士苹果还好。为什么这么说呢？我去青森县苹果园时，跟果农商量，想买几斤红富士苹果带回东京，但是果农老大爷就是不肯卖。问他为什么不肯卖。他说，红富士苹果刚从树上摘下来时，皮有点涩，而且苹果蜜还不多，需要放一段时间让它熟成，让苹果蜜全部酿出来之后再吃，红富士才最美味。

最后，果农看我实在很馋嘴的样子，送了我几个。咬一口，酸甜相异，味道已经好极了。

但是，"红梦"苹果摘下来就可以吃，因为它克服了生苹果的涩味，不需要熟成就很好吃。

最后，告诉大家一个吃苹果的小窍门，苹果切开后，过一会儿，苹果肉就会变色，怎样才能让苹果肉不变色呢？日本果农的做法是这样的，先打一盆清水，稍微放一点盐，不要多，让盐化开后再切苹果，把苹果肉在盐水里稍微过一下，苹果肉就不会变颜色了。

21. 日本人如何做康养产业

有一个数据比较吓人：日本65岁以上老人的比例已经达到28%，而中国也达到了16%。5年前，我们还在嘲笑日本人是"三人行，必有老人"，如今，这一幕逐渐"传染"到中国，中国也进入老龄化社会。

如何让老年人能够安度晚年？中国政府和企业开始积极行动起来，推动康养事业的发展。这几年，我也与厚生劳动省对接，接待了不少中国的访日团，陪同他们考察日本的养老设施，。虽然过去这些年，中国的康养事业已经发展了起来，但是日本的康养专家认为，从国家与社会的康养制度与护理机制、护理保险与医养相结合、经营意识与护理人员的素质培养等方面来看，中国的康养水平还只是小学生程度。

贵州省在黔南布依族苗族自治州的瓮安县举行康养国际交流会，邀野村有信等日本专家一起做讲演，介绍日本的康养经验。第一次到瓮安县这个红军革命的老区，发现这里环境秀美，有山有水，空气清新，而且还有很好的温泉。当年，中央红军在这里举行了一次重要会议，叫"猴场会议"，这次会议为毛泽东在遵义会议确立中央的领导地位奠定了基础。"猴场会议"是遵义会议召开之前的一次预备会议，所以，对于中国革命来说，意义非凡。

为什么这次国际交流会安排在距离贵阳市一个多小时车程的瓮安县举行呢？因为在这里要建设一处中日合作的"和泓葵会医养中心"，日方的合作机构是医疗法人葵会，旗下有多家医院和养老设施，还有护士、护理学校。

与会的专家都是中日两国康养事业的领军人物，在交流中，他们发现中日两国在康养理念、做法和目的上，还存在着比较大的差距，中国需要完善和追赶。

第一，理念不同。中国把医养健康看作一种"产业"，叫"医养产业"或者"康养产业"。也就是说，无论是投资方，还是各级政府，在积极推进这一产业发展的时候，有一个很大的目的，除了政治上推进"健康中国"建设之外，还希望获取可观的经济利益，把它作为一种新兴产业来发展和打造。但是，日本社会把康养看作一种关爱生命与健康的公益性很强的福利事业，理论上是不应该赚钱的，事实上这么多年来，日本从事医养事业的机构，也没有听说哪一家能发大财。

第二，投资经营机构的不同。中国从事康养产业的机构，大多数是房地产开发公司。房地产开发公司的通常做法是，在山清水秀的地方向政府申请一片土地，建一些医养健康设施，顺便开发一些房地产。至于如何具体经营管理医养健康设施，大多数是没有经验的。所以，中国的医养健康设施，硬件很好，软件跟不上。日本没有一家房地产开发公司经营康养事业，因为隔行如隔山，造房子的人很难做到科学地关爱老人。那么，日本从事康养事业的机构，大多数是什么机构呢？大多数是医疗机构，或者是与健康相关的机构。比如目前在日本上市的康养机构总共有两家，一家是做药品销售的，因为老人都要吃药，所以，做药品销售的公司经营养老设施也是得心应手。另外一家，是大家都想不到的，是一家做快餐的公司。为什么做快餐的公司能够经营好康养设施？因为每一位老人的身体状况都是不一样的，这个人血糖高，那个人血压高，如果所有的人都吃同样的饭菜，有的人血糖越吃越高，有的人身体会越来越差。所以，快餐公司可以根据每一位老人的身体状况，配制出适合每一位老人吃的健康饭菜。

第三，服务对象和范围不同。中国是把康养产业做成一个大健康的概念，从健康体检到疾病诊断治疗，从退休老人游山玩水到为有钱人提供高端养生服务，内容形形色色，包罗万象，只要与健康有关，都被划入"康养"范畴。但是，日本的康养事业，只是关注需要照顾的老年人和行动不便的患者，也就是说，日本人一说到康养设施，第一反应是养老院和康复中心，不会想到海边别墅。所以，相比较日本人，我们中国人是善于找概念，找市场，把蛋糕做大，把它做成一种新产业。事实上也是如此，不做成产业，投资者没有积极性。

所以，在贵州讲演时，我说我很担心，中国现在一哄而上搞康养产业，看上去规模很大，积极性很高，但是真正能够惠及老年人的设施与机构，恐怕不多。大家的眼睛还是盯着有钱人的钱包。

我在会上提了一个期望，我说，日本的康养事业最初是向瑞士、瑞典等北欧国家学的。但是后来发现，这些北欧国家都属于高福利国家，政府为了老年人能够安度晚年，已经把消费税提高到了 30% 左右，而日本的消费税当初只有 5%，要做到像北欧那样的养老福利，国家财政非崩溃不可。所以，日本把北欧的模式进行了改良，增加了人性化精细化管理内容，让每一位进入养老设施的老年人过得安心舒心。于是创造出了日本养老模式。现在我们中国学日本，硬件设施远远超过日本的一些养老院，但是，如果也能够学习和引进日本的那一种精细化人性化管理方式的话，那么就有可能创造出"中国养老模式"，但是关键的一点，是不要把康养产业当作摇钱树，而要把它当作爱心事业来做。

和我一起参加这次交流会的日本专家中有一位老先生，是日本国际医疗福祉大学研究生院教授，名叫竹内孝仁。他是日本研究医养健康领域的泰斗级专家，是安倍首相的养老事业专家委员会顾问。竹内教授从不关心养老事业如何赚钱的事，他只关心如何让长期卧床的老人能够站起来自己打理自己的生活，如何让痴呆老人恢复记忆。

他在讲演中指出，中国的康养事业目前面临两个最大的问题：第一是护理人员大多没有经过专业的训练，科班出身的护理员很少；第二，投资经营者大多追求短期的利益，而没有静下心来做长期事业的心理准备。因此，中国发展康养事业，需要做的事情还很多。他认为，让老年人吃饱睡好，只是老人康养的最低档次的服务。更高档次的康养，应该是延长老年人的健康寿命。

竹内教授介绍了他在日本研究和倡导的一项康养项目，就是让卧病在床或坐轮椅生活的老人，能够重新站起来。

他说，一个人一旦躺在床上或者靠坐轮椅生活，他的健康寿命其实是画上了句号。如何延长他们的健康寿命？竹内教授的做法很有创新性和前瞻性。

比如，对于依靠鼻子进食的卧病在床的老年人，竹内教授的做法是，把从鼻子进食改为从胃管进食，解放和恢复他的呼吸系统，同时不给他使用尿不湿。因为竹内教授认为，对于卧病在床的老年人来说，最刺激他大脑的，就是尿意，这是唯一能够迫使他起床的原始动力。

那么，竹内教授是如何训练卧病在床的老人重新站起来的呢？他在交流会上介绍了一个案例。

有一位93岁的老太太，已经卧床5年，家里人都已经对她失去信心。但是竹内教授把她接到康复养老院，刚开始时，把这位老人从床上扶下来，使用站立辅助器具训练她站立。由当初由两名护理人员辅助她站立，逐渐减为一人。训练2个月之后，这位老人开始能够站立。接着给她换上训练行走的辅助器具，让她迈开双腿学习行走。这个训练过程是1个月。接下来，训练她抓住墙壁上的扶手自己挪步，练习1个月。也就是仅仅用了4个月的时间，这位长期卧病在床的老太太，可以借用手杖和扶手，自己一个人在养老院里闲逛，也可以自己上洗手间，不需要别人帮忙。当然吃饭是十分的利索。接下来的1个月，在护理人员的陪伴下，开始走出养老院，去超市买东西。到了第8个月，这位老太太可以自己一个人去超市买东西了。

恢复到这一健康状态，老太太就离开康复养老院回了家，除了泡浴缸需要家人帮助她一下，其他的生活全部可以自理。

这位老太太又健康地活了 5 年，活到 98 岁。在一个宁静的夜晚，她永远地睡了过去，没有一丝的痛苦，而在去世前一天晚上，还和家人一起吃晚饭，聊她过去的事情。

竹内教授指出，一位长期卧病在床的老年人，只要能够抓住扶手自己站立 5 秒钟，他就有 100% 的恢复行走的可能。

竹内教授把这种康复性护理称作"自立型护理支援"。如今，竹内教授倡导的自立型护理支援方式，已经被日本政府采用，开始在全国推广。按照竹内教授的计算，那位老太太因为恢复了健康，愉快地多活了 5 年，同时也每年为日本政府节约了 50 万日元（约 3 万元人民币）的重度患者护理保险费。日本全国有 605 万名需要护理的老年人，如果都实施自立型护理支援的话，那么，一年就可以节约 8692 亿日元（约 530 亿元人民币）的政府医疗保险费用的支出。

他强调指出，2000 年时，日本的医保预算才 3 万亿日元，但是到了 2018 年，已经达到了 20 万亿日元。他表示担心，如果中国的老龄化也是跟日本一样快速提升的话，国家财政将无法承受。所以他表示，愿意将自立型护理方式引入中国，培训护理专家，让长期卧病在床的老人重新站立起来，重新享受健康的晚年生活。

竹内教授说，搞康养事业，目的只有一个，就是延长老年人的健康生命，它的服务对象就是老年人和行动不便的人群。无限地扩大康养的概念，只会让老年人的利益受损，得不到公平护理的机会。所以，康养是一个需要用心去做的事业，而不应该把它当成一个高利润的产业。中国不缺硬件，缺的是软件！

22. 日本的"国酒"是如何酿造出来的

2018年日本全国清酒评奖,东北地区的会津清酒,连续8年获得全国金奖,安倍首相给题写了"国酒"二字,似乎要把他老家山口县的名酒——"獭祭"贬下去。

我来到了会津地区清酒最有名的酒厂——末广酒造,瞧一瞧这"国酒"是如何酿造出来的。

末广酒造位于会津盆地的若松市,这里四周雪山环绕,冬天白雪皑皑,自然环境与著名的稻米产区新潟县有许多的类似之处。会津是东北地区著名的稻米产区,昼夜温差大,整个盆地,除了村落,便是农田。酿酒用的地下水都是雪山水,特别的甘冽。

末广酒造创业于1850年,距今已经有168年的历史。从明治时代起,末广酒造酿造的清酒,都是上贡日本皇室的酒,因此,这个酒厂在当地也属于望族企业。

走进酒厂,创业当年的小楼还在,酿酒的工场还是100多年前的工场,现在是第七代传人。

接待我们的是酒场的生产部长一条先生,他告诉了我们这一"国酒"的酿造秘密。

日本稻米算得上是世界最好吃的稻米,品种达150多种。但是,一条部长告诉我们,其实并不是所有的稻米都可以用来酿酒,比如说,最有名的"越光"米,它虽然香糯,口感柔软,但是因为胶质浓厚，不适宜用于酿酒，只适合烧成米饭食用。

那么，日本什么样的大米适合酿酒呢？一条部长介绍说，日本最合适酿酒的稻米一般有 50 多种，最好的是兵库县出产的山田锦，其次就是会津当地出产的龟之尾、五百万石等。这几款米都是糙米，特点是颗粒大。

"糙米去糠之后直接酿酒，是不行的。"一条部长说，至少要磨除 70% 的米，才可以用于酿酒。

日本政府规定，磨除米糠的比例，一般食用米约为 8%，酒米平均为 33%。

为什么要磨除这么多的米的表层？因为大米的表层包裹了蛋白质和脂肪，这种蛋白质与脂肪会产生杂味，使清酒的味道变得不纯正。

清酒分成 5 个档次，由低到高，其顺序分别是清酒—上撰—特撰—吟酿—大吟酿酒。而高档酒"大吟酿酒"，大米表层必须磨除 50% 以上，只留下米粒中最核心的部分——芯白，用这种芯白酿酒，才能酿出最高品位的日本酒。

一条部长说，过去为了获得芯白，米要磨三天三夜。这样的酿造法，实在太过奢侈。

会津的清酒，与日本大多数地区一样，都是在 10 月份开始酿造。为什么要选在 10 月份开始酿酒？原因有三，一是因为天气转冷，气温适合酿酒；二是新米上市；三是开始结束了一年的农忙期，农民们有时间酿酒。

会津地区的酿酒过去有一个特别的习俗，那就是踩踏酒糟的人必须是少女。少女是酿酒过程中，必不可少的成员。所以，在日本东北农村，家有女儿是个宝。

经过 40 天左右特殊酵母的低温发酵，散发出带有浓郁果味的高级吟酿酒香。然后开始将酒酿从发酵桶里取出，装袋后榨压、过滤，就酿出了馥郁芳香的原酒。原酒的酒精度一般在 20 度左右，日本规定日本酒的度数须在 15 度左右，因此，原酒里需要兑水调制，于是水质就成了决定日本酒品质的一大因素。

末广酒造当年建酒厂时，首先是寻找优质水源。现在，酒场酿酒的水源就在大门进来的地方，属于软水。一条部长说："软水中所含的矿物质成分较少，酵母得到的养分少使得活性低落、发酵的速度缓和，而糖分转变为酒精也会变得比较慢，酿制成酒后入口也较为甘甜柔和，酒质倾向清淡爽口。"（补充一句：由于地质的关系，中国的水大多数是硬水，适合酿白酒。）

在日本，能够开酒厂的人，都是当地的有钱人，因为过去大米很贵重，要囤积这么多的好米用于酿酒，没有大笔的银两垫底，是根本做不到的。

米贵重，用米酿出来的酒就更贵重。末广酒造的入口处，有一扇很小的窗口，那就是以前卖酒的地方，买卖双方都是看不到脸的，只有酒与钱的交易。

我问一条部长："为什么卖酒要如此神秘？"他解释说，一方面，造酒的主人怕露富，让别人看到家财起歹心；另一方面，来买酒喝的人也都是有钱人，不想让酒家的主人知道自己经常买酒喝。

酒场的二楼，有一个很大的榻榻米房间，过去是末广酒造的老板新城先生接待客人的地方，现在变成了"家宝"的陈列室。

里面有天皇恩赐的勋章、香烟，内阁总理大臣（首相）签发的授勋证书，还有两位首相题写的"国酒"字，一幅是现任首相安倍晋三题写的，另一幅是40年前的首相大平正芳（在日前举行的中国改革开放40周年大会上，受到中国政府表彰的10名外国人中的一位）题写的。

还有两幅字，应该属于国宝级，一幅是德川家的最后一位将军德川庆喜的字"爱幽楼"，另一幅是1000日元上的头像人物、日本近代医学家野口英世的字"鸿图"。

一条部长说，野口先生是末广酒造老板家的远亲，他游历欧美各国研究医学，39岁曾经回老家一趟，还专门来酒场看望亲戚，就在这个榻榻米房间里，与老板全家拍了一张合影，并题写了这幅字。

于是我和同伴们在他们当年拍照的位置，也拍了一张合影，沾沾鸿运。

离开酒场时，我特地去小卖部买了两瓶酒，这两瓶酒在外面是买不到的，只有在酒场的小卖部里才有。

一条先生说，末广酒造代代相传的座右铭是"不易流行"——好酒只在酒场里卖，只卖给懂酒的人。

23. 东芝如何从一滴血中查出 13 种癌症

癌症是一个很恐怖的名词。日本导致死亡人数最多的病症，便是癌症。癌症不仅是日本人的天敌，也是人类共同的天敌。

2020 年 2 月，东芝公司宣布，已经研发出一项技术，只用一滴血就可以查出 13 种癌症，而且查验结果只需要 2 个小时。

毫无疑问，这是一项划时代的技术，也是给人类带来重大福音的技术。让我们一起来探究一下，东芝是如何研发出这项技术的。

东芝公司是日本最主要的机电制造企业，它有四大块业务一直领先世界，第一块业务是医疗设备制造，尤其是 PET-CT、重粒子线癌症治疗系统属于全球领先；第二块业务是电视机与白色家电产品；第三块业务是核反应堆等核电站设备制造；第四块业务是半导体设备与零部件制造。

但是，这几年，东芝的日子并不好过。首先是白色家电制造产业，在中国和韩国崛起的背景下，日本白色家电产业整体走下坡路，东芝也选择了放弃了这项业务。

对于东芝打击最大的是核电产业出现了致命的问题。首先是 2011 年发生的日本大地震大海啸导致的福岛第一核电站的核泄漏。这一泄漏事故直接使得日本整个核电产业处于毁灭状态，全国 56 座核反应堆，目前还准许运转发电的只有 2 座，新的核电站建设计划已成永久性白纸。其次是东芝收购的美国西屋电气公司，也因为美国核电发展计划的改变而出现了巨额的赤字。最后是世界各国，在福岛核泄漏事故发生之后基本上停止了新的核电站的建设计划，全球核电进入冰河期。

核电事业原本是东芝盈利很高的产业，结果不仅事业停滞，还出现了巨额亏损，股票出现暴跌，东芝濒临破产境地。

西屋电气的巨额资产减损成为压死东芝的最后一根稻草，当年其商誉减损规模预计高达 7125 亿日元（约 61 亿美元），占到年营业收入的 12.57%，直接导致东芝在 2016 年债额高达 5529 亿日元。与此同时，东芝在 2015 年被爆出财务造假丑闻后已被列入退市观察名单。

"砸锅卖铁"，是东芝为实施自救而采取的断臂措施。结果，它把公司最为盈利的两大事业卖了，一块是 CT 等医疗诊断设备制造事业，卖给了佳能公司；另一块是半导体事业最核心的闪存部门，被美国贝恩资本主导的"日美韩联合体"以 2 万亿日元价格收购。而白色家电事业卖给了中国的美的。

但是，我们发现，东芝公司虽然割肉卖掉了几大部门，并没有卖掉自己全部的人才与技术。从 2017 年开始，东芝寻求凤凰涅槃，整个公司实施转型创新：第一，向新能源产业转型；第二，向精密医疗健康产业转型。

短短的 2 年时间，东芝公司已经研发出供家庭住宅与办公楼使用的氢能源燃料电池，并开始投入到世界第一个氢能源住宅区——东京奥运村使用。同时，东芝在精密医疗健康产业，打响了令世界瞩目的第一枪———滴血查出你的癌症!

目前,癌症筛查主要是通过肿瘤指数、氨基指数的检测和图像诊断,也采用CT(电子计算机断层显像)和PET-CT(正电子发射计算机断层显像)等高清断层拍摄进行图像诊断。这种检查费用高,受辐射量大,如果是孕妇的话,还不能接受这类的仪器检查。

而一滴血检查,不仅简单,而且费用低、筛查范围广、对身体无伤害,更重要的是精准度高。

东芝公司的"一滴血查癌技术"是与东京医科大学和国立癌症研究中心共同开发的。检查设备只有香烟盒那么大,但是,抽出一点血,就可以查出13种癌症,而且精准度高达99%。平时做肠镜胃镜都难以发现的一厘米以下的微小癌细胞都可以查出,实现了"0阶段"超早期癌症的无遗漏发现。检查费用只需要2万日元(约1200元人民币),2个小时内就可以知道检查结果。

能够精准发现的这13种癌症,分别是胃癌、食道癌、肺癌、

肝癌、胆管癌、胰腺癌、大肠癌、卵巢癌、前列腺癌、膀胱癌、乳腺癌、肉瘤、神经胶质肿瘤。

在日本，肺癌、大肠癌、胃癌、胰腺癌和肝癌，都是死亡率非常高的癌症。如果能够早期发现，及时治疗，就可以避免悲剧发生。

那么，东芝公司的这一检查技术，到底是怎样的原理呢？

核酸分子"miRNA"控制着血液中的基因和蛋白质，对于不同类型的癌症，血液中miRNA的释放量和种类也会有所不同。东芝根据这一原理，通过检测癌细胞释放到人体血液中的核酸分子浓度，开发出了测定浓度的装置，也就是"一滴血查癌检查仪"。

东芝的这项技术，不仅可用于筛查早期癌症，更为重要的是，可以筛查复发癌症。

日本医师会的调查数据显示，日本人在接受癌症手术之后，复发的比例大概为30%。为了防止癌症的复发，往往在手术之后要给患者服用或注射大量的抗癌药剂，并进行一定阶段的放射性治疗。

为什么要做放疗？原因就在于，癌症手术之后，担心依然残留着肉眼和一般检查仪器无法发现的癌细胞，因此需要进行放疗来巩固手术效果，扼杀残留的癌细胞。

如果使用东芝的"一滴血查癌技术"，癌症患者在手术之后只要进行一滴血查癌筛查，就可以知道患者身体内还有没有残留癌细胞。如果发现已经没有癌细胞的话，那么，患者就没有必要接受长时间放疗，服用大量的抗癌药剂，损害自己的身体，花费不必要的医疗费。

同样,癌症患者在手术之后可以回归正常的生活与工作,癌症是不是会复发?只要定期去查血,就可以发现潜伏在身体内的早期癌细胞,不会等到癌细胞复发转移之后才知道,这样就可以大大减轻癌症患者的心理压力,提高患者的生存率。

东芝公司已宣布,将从 2020 年开始进行临床试验,在未来数年内实现完全的临床化。目前,癌症精密检查的总体费用都在几十万日元(几万元人民币)。一旦东芝的"一滴血查癌检查仪"得以普及,那么,体检费用将会大大降低,也因此会大幅减轻政府的医保负担,提高癌症早期发现率,让日本国民获得更健康长寿的机会。

其实,一滴血查癌技术并非东芝公司独家拥有。日本最大的纺织品公司东丽集团,已经向日本政府递交了临床治疗的申请。

东丽公司研发的一滴血查癌技术主要侧重于筛查癌症中死亡率最高的胰腺癌与胆管癌。这两种癌症的治疗,目前还是世界医学界的难题。东丽公司认为,日本医疗技术已经可以保证一般的早期癌症患者健康到老,中期癌症患者生存率保持在 10 年以上。甚至像肺癌的超早期(癌症分为从 0 到 IV 的 5 个阶段,超早期为 0 期)发现之后进行治疗,5 年内的生存率已经达到了 97%。但是目前只有胰腺癌和胆管癌的治疗可控率不高。只要能够在早期发现这两种癌,那么,人的生命就可以得到基本的保障。

东丽公司一滴血筛查胰腺癌和胆管癌的精准率已经达到

90%以上。日本厚生劳动省已经将东丽技术列入了"医疗器械率先审查指定对象",并将于2020年春天对这一技术进行审查。一旦通过,就可以进行临床检查。

负责一滴血查癌技术研发的东芝公司专务执行董事齐藤史郎表示,虽然他们已经做到了一滴血可以查出13种癌症,但宫颈癌等癌症还不能查出。东芝还需要继续努力,进一步提高筛查的精准度,扩大癌症筛查的种类,最终能够实现对所有癌症的精准筛查。

2020年,一定会是癌症治疗的光明年!

24. 索尼造出了超时尚的自动驾驶汽车

赶在2020年元旦，我的新书《日本如何转型创新——徐静波讲演录》由中国出版集团有限公司华文出版社出版，在北京图书订货会上率先销售。

这本书收录了最近一年我在中国和日本讲演的记录稿，集中谈了两大话题：一是日本企业如何转型；二是日本社会如何创新。

在我们一些读者朋友的认识中，这几年，日本走下坡路走得太厉害，这个岛国几近完蛋。人们在为"日本失去了二十年"鼓掌的同时，也在为自己的国家在AI、自动驾驶汽车、电子支付等领域超越日本而欢欣鼓舞。

但是，我在每一次讲演中，一直在提醒大家：我们要看到自己的成绩，但是也不要小看日本。日本拥有的深厚技术储备与创新能力以及丰裕的企业自有资金，完全可以在短期内实现华丽转身。而日本人的那种低调与内敛，往往会在不知不觉中做出惊天动地的事情来。

许多人不相信我的这一提醒，总觉得徐先生一定是拿了日本政府的钱，在充当日本破墙的粉刷工。但是，我需要再次提醒我们的一些读者朋友：正是因为我们一直不能冷静公正地看待日本这一邻居，甚至不允许他人带有一丝欣赏的心境看待日本的社会与产业，才蒙住了自己本该明亮的眼睛，失去了不少学习的良机。

丰田汽车公司宣布要在富士山脚下动工兴建一座融入AI（人工智能）和物联网技术与功能的未来型科创城市。

丰田公司的这一动作，预示着这家世界最大的汽车制造商，不仅通过研发氢能源汽车，让汽车从一个耗能的交通工具变身为移动能源供应车，更为重要的是，它要从一家汽车制造企业转型为AI城市的设计者与建设者。

这一华丽转型，是我们不曾想到过的。因为，造汽车与建设高智能化城市，相距太遥远。但是，丰田公司觉得自己的技术储备足以为世界打造一座科创型的AI未来城市。

当我们还没有从丰田公司的惊讶中缓过神来，又有一家日本著名企业的新产品发表，再次让我们跌掉眼镜——索尼公司宣布制造出了自动驾驶汽车！

索尼是家什么企业？在我们的印象中，它生产过随身听、电脑、电视机、音响。现在似乎只剩下手机和照相机。"破落的索尼"，是我们这几年给这家电子产品制造商的封号。

但是，当索尼公司宣布2018年的纯利润创下了泡沫经济崩溃以来近30年的最高值时，我们都不知道它的利润是从何而来。

2019年5月，《日本经济新闻》解剖了华为最新手机，发现华为手机的传感器使用的是索尼的产品。我们这才醒悟过来，华为手机之所以有如此鲜艳的照相功能，索尼立了内助之功。华为卖掉多少台手机，也意味着为索尼创造了多少利润。

我们从来没有听说过索尼在研发汽车，索尼也从来没有向外界透露过自己的野心。但是,就在 2020 年 1 月,在美国的电子产品展上,索尼汽车驶入了展厅,令许多人目瞪口呆。我们来看看,这是一辆什么样的汽车?

索尼研发的第一款汽车,名叫"Vision-S",属于电动汽车(EV)。

汽车全长 4895 毫米,宽 1900 毫米,高 1450 毫米。搭载 2 台 200kW 马达。最高时速为 240 千米。轴距为 3000 毫米,可以搭乘 4 人。

许多人会问:"从来没有造过汽车的索尼,它的那款车是不是拼装品?"

根据索尼公司的发表,马达是自己研发的、驾驶系统也是自己研发的、5G 互联系统也是自己研发的,就连动力电池也是自己研发的。自动驾驶汽车最关键的传感器,也是索尼公司自己研发的。同时,这辆车的总工程师和总设计师也是索尼自己的。

但是,这辆车是加拿大的麦格纳斯泰尔公司帮助制造的。麦格纳斯泰尔公司是一家特殊的汽车设计公司。在它生产的名单上,不仅包括奔驰 E 系列、宝马 X3、克莱斯勒的大切诺基和 300C,还有大众的高尔夫和奥迪、萨博、保时捷等品牌的部分车型。

也就是说,这辆车的所有软件系统和车载技术,都是索尼自己研发的。车体是委托麦格纳斯泰尔公司生产的。

我们来围观一下这辆索尼汽车的细节。

驾驶席和副驾驶席的前面,有可触摸操作的横长的全景显示屏。除了显示汽车驾驶必要的信息以外,还能显示导航画面、电影和电视剧等的视听画面、音乐播放控制画面。

除了索尼独自研发的世界领先成像传感技术外，这辆车还可利用 AI 和云技术的车载软件实现自动驾驶。系统本身具有电脑一样的功能，可持续更新，持续优化。

整辆汽车拥有 360 度环绕型音响系统，充分展示了索尼的传统技术特色。

每一个座位都拥有独立的影像与音响系统，可以收看自己喜欢的影视作品和收听音乐作品。

从后座操作用的触摸面板上，可以进行空调温度等的调节。

后视镜不再作为"物理的镜子"存在，而是通过在显示器上嵌入摄像系统，显示镜子摄像机拍摄的影像，起到"虚拟镜子"的作用，并具备将行驶中的情况作为动画记录的行车记录仪功能。拍摄到的影像，也同时显示在驾驶席和副驾驶席的边端的显示屏上。

每个门把手平时都是嵌在车体上的，但一旦解除锁定，车把就会自动弹出。这种创意会让人觉得"帅"。

通过手机 APP（应用程序）遥控进行汽车门锁解除操作时，车辆正面的标志会发出白光，左右光的条纹会迅速伸长。当司机到达车门后，车门附近的 LED（发光二极管）就会自动点亮。

毫无疑问，这辆汽车是索尼技术和创意的结晶。将安全与舒适、娱乐与时尚融合在一个可自动驾驶的移动空间中，这便是索尼公司出乎人们意料之外的转型创新的杰作。或许，这辆汽车的诞生，预示着索尼倡导的"索尼新生活"战略，已经迈出了坚实的第一步。

当然，这是一辆概念车，什么时候投入正式生产，索尼还没有宣布。但是，索尼通过美国电子产品展告诉世界：索尼已经能够造汽车，而且能够造出世界上最先进最适合的自动驾驶汽车。

再告诉你一个消息：索尼研发的这辆自动驾驶汽车已经在冲绳悄悄地投入试运营。

精细管理

1．日本人是如何管理国家的

每年从 4 月 28 日开始，日本进入"五一黄金周"。2018 年的黄金周的放假时间有点长，加上前后两个星期六和星期天，一般企业的假期长达 9 天，对于日本民众来说，这是一个十分幸福的假期。据东京成田机场统计，放假第一天，前往海外的游客总数达到 8 万人。

日本的长假，除了"五一黄金周"之外，在 8 月中旬还有一个盂兰盆节，类似于中国的清明节，前后也有一个星期假。加上元旦新年一周的假期，一年当中，日本法定假期是 105 天；但是一般企业都会有 120 天左右的假期。

和我们中国一样，每逢假期，日本的海、陆、空都会出现拥堵。从东京到名古屋的东名高速公路，2018 年 4 月 28 日那一天，车辆拥堵长达 30 公里。

东京车站是日本最大的一个交通中心，所有驶往东西南北的新干线，都从这里出发；同时，有 13 条地铁线和轻轨线在东京车站交汇。没有安检，随到随走；虽然新干线列车很挤，但车站还是井然有序。

"五一黄金周"放假的不仅仅是一般的公司白领和政府机关工作人员，还有警察。所以在东京街头已经没什么人，更难

看到警察。日本这个国家在节假日，反而显得悠闲。

日本这个国家到底是如何管理的？

谈到一个国家的管理，我们首先想到的是，这个国家是由谁来管理的？日本管理国家的人分成两个集团，一个是官僚集团，也就是我们通常所说的公务员；另一个是政治家集团，也就是由国民投票选举出来的国会议员。

与我们中国不同的是，日本的官僚和政治家是两拨人，不能通用。也就是说，一个公务员再努力，也当不了部长，更当不了首相。官僚就是官僚，政治家就是政治家，井水与河水两不相犯。

日本的公务员分成地方公务员和国家公务员。而国家公务员当中，又分成事务类公务员和综合类公务员。事务类的公务员，永远做事务，能当到课长，也就是处长，已经是浑身冒汗；

从进中央机关的那一刻开始,就注定一辈子只能当一般的干部。但是综合类的公务员,从上班的那一刻开始,就受到重点培养,日本语中有一个词,专门来称呼这些后备干部,叫"エリート",这是从英文"Elite"中翻译过来的,意思是"精英"。精英干部就会成为今后整个国家公务员队伍当中的骨干力量,成为管理国家的栋梁。

那么,作为国家公务员,他最高能当到什么官?他最高只能当到中央某一个部委的事务次官,也就是常务副部长,当不了部长以上的官。

能当事务次官的官僚,是十分优秀的专业官僚,他一辈子就从事这项工作,所以他对国家的某一个领域的管理,具有十分丰富的经验。从政策的制定和具体事务的处理到如何寻求与政治家集团之间的平衡,都具有超强的应对能力,因此常常被称为"国家之栋梁"。

日本的国家公务员包括在国家机关里工作的人员,也包括在国立大学和研究机构、国立医院里工作的人员,包括检察官、法官,还包括25万名自卫队员,但是不包括警察,警察隶属于地方公务员。日本国家公务员全部加起来,人数是58万人。另外,日本地方公务员人数是273万人。

我们有时候会感到很奇怪,在过去几年,日本的首相是一年换一个,部长甚至半年换一个,为什么日本这个国家没有乱,原因很简单,就是因为它有一个很稳定、很专业的官僚集团在具体管理这个国家。

日本的政治家集团,是由众议院议员和参议院议员组成的,统称为"国会议员"。目前，这个集团的人数，众议院是465人、参议院是242人，加起来是707人。

官僚是考进去的，国会议员是选出来的。每个国会议员都是由选民直接投票选举产生的，一般来说，日本是10万人当中产生1名国会议员。所以，日本国会议员的概念，就是国民的代表，因此他有另外一个称呼，叫作代议员，就是代表国民参政议政的人员。

日本人常说，官僚集团是一块铁板，是雷打不动的国家管理队伍。而政治家集团是一潭流水，今天被选上议员，你是一名政治家；明天落选了，你就是一介草民。所以政治家是流水的兵，官僚是永恒的战士，一直要干到退休为止。

日本人通常所说的"官"，不是指部长和首相，而是指公务员队伍，指"官僚"。公务员是严格按照日本《国家公务员法》管理的，不可以兼职搞副业，晚上回家上淘宝做小生意也不行，更不能接受企业和个人的政治捐款。但是，政治家可以兼职，可以当某协会会长，可以接受企业和个人的政治捐款。这二者之间有一条很明确的红线。

日本国家最高的管理阶层是内阁。内阁由首相和中央各部委的部长和副部长组成，日本叫大臣、副大臣。大臣和副大臣是由谁来担任的呢？官僚是没有资格的，必须由政治家来担任，或者由首相邀请的民间人士来担任。理论上来说，政治家是国民选举出来的代表，代替国民管理国家，如果管得不好，国民下次就不选他当议员。

也就是说，你想当大臣，首先要去竞选国会议员，当上国会议员以后才有资格去当大臣。

那么日本的首相是怎么产生的呢？

首相是在国会，由众议院和参议院议员投票选举产生的，获得超过半数以上赞成票的候选人，才可以当选首相。

日本《宪法》规定，为了避免出现因首相选举出现连选连败导致政府长时间群龙无首的问题，当首相在众议院获得过半数以上的赞成票，即使遭到参议院否决，也是以众议院的选举结果为准。这就是说，首相候选人只要在众议院获得通过，就可以当首相。

那么，什么样的人才有资格当首相呢？首先，你必须是众议院议员，参议院议员一般没有资格。其次，你必须是一个大政党的主席，可以作为这个政党的候选人参选。像安倍首相，他就是日本自民党的主席，而自民党在众议院和参议院又拥有超过 50% 以上的议席。所以他就自然而然地当选日本首相。

在日本，政治家集团和官僚集团是一个怎样的关系呢？简单地说，就是一个决策和执行的关系。也就是说，国家的战略和政策是由政治家们来制定的，但是具体的实施要由官僚集团来执行。政治家如果搞不定官僚的话，那么他的政策就会被打折扣，甚至遭到抵制和反对。同样，如果官僚集团事事都与政治家集团对立的话，若在管理国家过程当中遇到问题而需要国会制定或修改法律时，就会得不到政治家集团的支持。所以，日本的政治家集团和官僚集团之间是一种相互合作、相互牵制又相互平衡的关系。

为什么说政治家与官僚之间既是亲家又是冤家呢？因为政

治家往往缺乏专业的知识，他（她）去某一个中央机关当大臣，就必须要依靠官僚帮其把控业务和出主意。

比如，日本防卫大臣要指挥 25 万人的自卫队，担负卫国之重任。但是迄今为止，自卫队员出身的防卫大臣只有一位，其他都没有摸过枪，更不知道如何指挥自卫队。现任东京都知事的小池百合子，就当过防卫大臣。小池是电视台新闻主播出身，对军事是一窍不通。2017 年辞职的防卫大臣稻田朋美，也是律师出身，她根本不知道枪是什么玩意儿。让外行领导内行，一定会出现许多政策判断失误。所以，政治家一旦当上大臣后，第一件事就是要与官僚，尤其是事务次官搞好关系，时刻提防官僚捉弄他和欺骗他。

日本政治家的培养与官僚的培养，是完全不同的两条线。政治家的培养，由各个政党自己负责；而官僚的培养，由内阁府人事院负责。也就是说，执政党管不了公务员的升迁，因此，公务员就不需要讨好哪一个政党，包括执政党。国家公务员只对国家负责，不对政权负责，因为政权是随着首相的更换而经常改变，但国家是永恒的。所以，日本的公务员必须忠诚于国家与国民，而不必忠诚于某一个政府。

人事院对公务员的培养，是按部就班的，除了常规性人事管理之外，也会根据国家未来发展战略和产业发展的需要来重点培养相关领域的人才。但是，即使是精英干部的培养，也是按照论资排辈的方式，不到 50 多岁，是当不上事务次官的。所以，公务员队伍少有你追我赶，大家的心态也比较平和，因为许多时候，削尖脑袋也是当不了大官的，因为还没有到时候。

日本的国家层面是由官僚和政治家管理的，到了地方，则是由地方公务员和地方议会议员们共同管理的。不同的是，无论是县知事（省长）还是市长，都是由当地住民直接投票产生，安倍首相和内阁对于地方行政长官没有任命权和罢免权，因此也使得日本地方城市实现了很大程度的自治，中央政府也变得轻松，不需要管那么多。

每个国家都有自己的国情，日本的这种模式在日本行得通，在别的国家就不一定行得通。但是，强化地方自治，的确是一个很值得参考的经验。

2. 新干线运营管理如何做到极致

2018年春天，我在东京接待了成都艺术城的董事长王强先生。王强先生是一位很有情怀的企业家，他觉得房地产开发公司不应仅仅建造冰冷的房子，还应该赋予业主们一种高尚的情怀，提升社区居民的文化与艺术的素养。两年前，王强先生特地邀请我去厦门的国际社区做了一场题目为《告诉你一个真实的日本》的演讲。他说，你得告诉我们社区的居民们，发达国家的和谐社会是怎样一个社会，它是怎样形成与建设的，从中去发现中日两国的差距，找到自己努力的目标。

这次，王强先生带了朋友，沿着我在喜马拉雅FM《静说日本》节目中特别介绍过的一条旅游路线，从京都到高山古镇，从世界文化遗产的白川乡到有"小京都"之称的金泽，又从金泽坐新干线沿着日本海到东京。他一路感慨万千，说没有想到日本的农村是那么整洁美丽，而日本新干线的内部装饰居然是如此的高雅，体现了浓浓的和文化情怀。于是他建议和我一起来打造一档专门介绍日本匠人文化的系列节目，我说："好啊，你出题目，我来做。"

王强先生给我出的第一个题目是：日本的新干线为何如此精致？

日本的新干线诞生于1964年，许多读者朋友可能还没有出生。这一年，日本承办了第一次东京奥运会。为了显示日本战后复兴的成果，日本用了4年的时间，建造了这条从东京到大阪的高速铁路的新干线。当时新干线的时速是200公里，对于还在乘坐时速30公里的绿皮火车的国家来说，日本的新干线已经属于"子弹列车"了。

为什么日本当时能够造出世界上最高速的列车？原因其实很简单，虽然日本在第二次世界大战中战败投降，而且日本列岛还被美军炸得一塌糊涂，但是人还在，技术没有灭亡。因此，在20世纪50年代开始进入经济复兴时期的时候，日本人首先想到的是，如何将东京首都圈和关西经济圈这两大日本的经济核心地区建立起最为紧密的联系？于是想到了建造高速列车。

东京到大阪的距离有515公里，当时坐夜行列车需要一个晚上。新干线建成后，东京到大阪只需要4个小时，提速之后，现在只需要2小时25分钟。

从1964年开通东海道新干线以来，到目前为止，以东京车站为枢纽，日本已经建造了8条新干线，从东京始发，可以穿越海底隧道，直接登陆北海道。也可以从东京出发，直接抵达最西南端的福冈市。现在除了冲绳县还没有新干线外，其他大部分地区都已经覆盖了这一高速铁路网络。

日本是一个多灾多难的国家，地震和台风频繁袭击日本列岛。但是半个多世纪以来，日本的新干线创下了两大奇迹：一是没有因为列车自身原因死过一个人；二是准点率以秒计算，东海道新干线的全年平均晚点时间在八秒以内。

为什么日本的新干线能够创下这两大奇迹呢？

日本的新干线从车辆技术到运营管理系统，都是日本自己研发并逐年提高的。长年的技术积累和坚定的安全经营意识，使得日本新干线始终以"安全"为第一考量，"速度"排在第三位，第二位是"经济利益的平衡"。

日本新干线在半个多世纪中，时速从最初的 200 公里到目前的 320 公里，只提升了 120 公里。而我们中国的高速铁路从日本和德国等国家引进才 10 多年，"复兴号"已经跑出了 350 公里，为什么日本的新干线跑不出 350 公里的时速呢？

其实，在中国还没有引进高铁的 1997 年，日本新干线 955 系列就已经跑出了 443 公里的时速。日本为什么硬是把速度降下来，始终控制在 300 公里左右呢？我采访了 JR 东海铁道公司的技术部长，他告诉我几个原因。

第一是出于运营安全的考虑。因为日本是一个岛国，大部分地区是丘陵地带，许多新干线线路是不断地穿越隧道的，当列车高速穿越隧道时，车头会产生压缩波，车尾会产生膨胀波，乘客坐在新干线列车上，耳膜会有一种压迫感，影响坐车的舒适度。因此，日本的新干线不宜开到时速 350 公里以上。

第二是为了防止地震导致的交通事故。日本各地经常发生地震，如果列车速度过快，在地震波来袭之前不能有效减速停驶，那么很可能会飞出铁轨，酿成重大灾难。

第三是出于经济利益的考虑。日本铁路公司经过测算，新干线时速控制在 300 公里以下，其轮轨的磨损率处于最经济、最合理的区域。如果时速超过 300 公里，磨损率会出现大幅提高，运营成本也会因此大大增加。

"我们不能因为早到十几、二十分钟而去冒这个险。"这是这位技术部长最后跟我说的话。

日本的新干线不在速度上忙活，那么这么多年来在忙活什么呢？他们在安全性能、减少噪音、提升稳定度和坐车的舒适度上下功夫。

日本新干线有几项特殊的技术，值得我们关注。

首先是遭遇地震时的瞬间紧急停车系统。日本的新干线大部分线路是在靠近太平洋一侧的沿海地区，这一地区是太平洋板块和菲律宾板块与欧亚大陆板块的交叠处，地震十分的频繁。2011年发生的东日本9级大地震，也是在这一沿海地带。当年地震发生时，在灾区奔跑的新干线列车就有20多列，最终只有一列新干线列车在高架桥上出轨，但是没有人员伤亡。为什么日本的新干线能在如此巨大地震来袭时，依然安然无恙？地震紧急停车系统发挥了很大的作用。当地震发生的瞬间，铁路公司就能在地震波尚未抵达铁路线的十几秒的时间里，通过这一系统实施紧急自动减速，当地震波来袭时，新干线已经处于减速运营状态，最大限度地避免出轨的危险。

新干线不仅设置了对各条线路上行驶的列车进行监视和远距离控制的中央控制系统，每条线路还安装了称为"ATC"的列车速度自动控制系统。这个"ATC"装置可以自动调整新干线列车的行驶速度或停止运行，并不需要驾驶人员操作。如果前方和后方列车接触距离接近1500米时，双方列车都会自动紧急刹车，避免撞车事故的发生。由此可见，日本新干线早已经可以无人驾驶。

　　日本新干线采用的是动力分散方式，以每节车厢的车轴作为驱动，不需要沉重的机车，由此车厢的轴重便可大大减轻，不仅易于加减速和在大坡度线路上平稳行驶，也降低了噪音和振动，大大提高了旅客的舒适性，同时，由于降低了对轨面的压力，既降低了建设成本又提高了经济效益。随着半导体技术的迅速发展和应用，新干线列车的制动系统由原来的空气制动改为电空联合制动与再生制动，使用再生制动的列车在制动时会将电机的接线反接，这时电动机就变成了发电机，将列车制动时的巨大动能转化为电能，从而节省了能源。日本新干线是目前世界上运营品质最佳的高速铁路。

　　我们中国是在2004年引进日本的新干线的，当时引进的新干线是奔驰在日本东北地区的"疾风号"新干线，最高时速为380公里，实际运营时速为275公里，目前的"和谐号"与"复兴号"列车，基本上都是在日本"疾风号"新干线的基础上提升创造发展起来的。

　　讲完硬件，我们来说说日本新干线的软件。

　　日本新干线车厢的整洁度，是世界一流的。车厢能够保持整洁，做到一尘不染，首先归功于清扫员。东日本铁道公司旗下的一家清洁公司——TESSEI，共有900多名员工，每天要完成150趟到达东京车站的列车清扫。即使在这么繁忙的工作下，清扫员们依旧要在列车到达前3分钟列队向下车乘客鞠躬，高声喊着"您辛苦了"。然后用5分钟的时间，打扫干净15节车厢。

其次要感谢乘客的素养。不乱扔东西，所有的垃圾在下车时自己带走，分类扔到站台上的垃圾箱里，大大减轻了清扫员的劳动强度，缩减了清扫时间。

最后是日本新干线的盒饭没有汤汤水水，而且搭配每个盒饭、每杯热咖啡，都有不同型号的塑料袋送给你，既便于处理吃剩的饭菜，又避免汤水弄脏列车的座椅和地毯，而且不会散发出异味。

日本新干线的舒适度不只是干净，还在于安静。日本新干线上有两条不成文的规定：一是禁止打电话，二是禁止大声说话，原因是为了不影响他人的休息。新干线车辆内始终是安静得没有其他的杂音，可以安安静静地看书、上网或睡觉。所以，上新干线时把手机调成静音，是许多日本人的习惯。万一接到必须接听的电话，也会离开座位去车厢连接处接听。

日本新干线的舒适度，还体现于车厢内的装饰。车厢内的灯光、座椅的色彩、地毯的颜色等，都是由灯光设计师和色彩设计师们共同研究打造的，体现出高级感、宁静感和舒适感。

一列新干线列车，一般都由15节车厢编成，大部分新干线列车都有商务座和绿色座（也就是一等座）、指定座、自由座。商务座的车厢，使用日本最贵重的桧树木做装饰材料，所有座位都使用做和服的高级面料"西阵织"，墙体上贴有金泽出产的金箔，营造出宽敞豪华的空间。在北陆新干线、山阳新干线和东北新干线上演绎得最为淋漓尽致。而车体也根据不同的路线，设计出不同的色彩与线条。

让你感到舒适的，还有列车服务员的笑容。无论是查票的列车长,还是推着小车的售货员,都面带笑容,轻声细语,离开一节车厢时,必须转过身来,向这节车厢的乘客鞠躬致谢,哪怕只有一名乘客也必须这样做。如果你手里有垃圾要扔掉,乘务员一定会接过你的垃圾捧在手里离开。

再说一说新干线的厕所。新干线的厕所在车厢的连接处,分成男厕所、女厕所和需要帮助人士专用厕所。坐便器是温水自动冲洗,专用的洗手间有宽大的镜子,放出来的水也都是温水;厕所干净没有异味,如同宾馆的洗手间。

全世界许多国家都在发展高铁,我们中国高铁的里程都已达 2 万公里,早已超过日本成为世界高铁第一大国。但是,如何做到最高品质的安全与精细化管理,如何提升高铁搭乘的最佳舒适度,如何将高铁的服务做到极致,日本在这些方面,比世界任何一个国家都做得到位。

目前,日本已经开工兴建从东京到名古屋的新一代高铁,也就是中央磁悬浮高速列车,试验时速已经创下世界最快的 603 公里纪录。日本一直在默默地往前走,而每一步的前行,都是独自的创新,都是整体技术的提升,这就是国家实力之所在。

如果读者朋友们去日本旅游、出差的话,一定要去体验一下日本的新干线,找一找中国高铁与新干线的不同之处。对了,顺便告诉大家,日本的新干线是没有候车室和安检的,随到随走。

3. 东京如何解决城市停车难问题

停车难，是世界各大城市的一个民生痛点，也是现代大都市面临的一个共同难题。面积只有 2190 平方公里、人口超过 1300 万的日本东京，机动车保有量却超过 800 万辆。与北京相比，人口密度是北京的 4 倍，人均汽车保有量是北京的 2 倍。

但是，东京的道路远没有北京宽阔，单向双车道就是城市主干道，更多的是弯弯曲曲的小路巷道。即使如此，东京也没有限制外地车辆进来。可以说，东京是典型的人多车多、地少路窄的大城市。

就这么一个国际大都市，有一个奇怪的现象，那就是：不堵车。同时，在马路上也几乎看不到一辆违章停放的车辆。

道路畅通，首先要做到道路上没有违章停车。那么，东京 800 多万辆汽车都停在哪里呢？

我们在东京坐出租车的时候，常常发现司机都是六七十岁的老大爷。我们的第一个反应是，日本的老人真辛苦，这么大年纪了还出来开车挣钱。但是，我们许多人可能就没有想到过另外一个问题：日本老人为何都会开车？

其实，日本老人开出租车的现象告诉了我们一段社会的发展史，那就是，日本比我们中国早 40 年进入了汽车时代。也就是说，我们小时候渴望买一辆自行车的时候，日本人已经开始买汽车了。

日本进入汽车时代是在20世纪60年代。喜欢按部就班做事的日本人，在汽车还没有普及的情况下，首先想到的是如何从法律层面上解决国民对汽车的渴望与城市交通管理之间的问题，以便建立起一个有序发展的汽车时代。日本人想出的办法是，首先要解决城市的停车问题，其次才鼓励市民买车。

早在1962年6月，日本国会就制定了一部《车库法》。《车库法》规定，汽车拥有者必须确保拥有固定的汽车存放场所，不准将道路作为汽车的保存场所，违者将受到重罚。

说得明白一点，就是你在买车前，必须先要确保有固定的车位。去警察署申请牌照时，必须提供停车泊位证明，并由警察实地调查确认后，方可登记发牌照。当然，固定停车位可以是自己拥有的，也可以是租借的。车辆购买后，停车位证明标志必须贴在汽车后挡风玻璃的左上角或右上角的醒目之处，以便随时检查。警察若发现伪造停车泊位证等现象，将罚款20万日元（约1.2万元人民币），并且在两年内不能申请买车。

当时，日本的经济界，尤其是汽车行业对于这部法律的出台提出了强烈的反对意见，认为将阻碍汽车产业的发展，影响日本国民尽快进入小康社会。但是，日本的执政者更多的是考虑到整个城市的有序发展，不能以城市堵车来换取一部分人实现拥有私家车的梦想。

这条法律颁布至今，已经过去半个多世纪，日本至今没有改动一个字，依然按照这部法律在实施。现在看来，《车库法》

的制定,是日本城市管理的成功之作,避免了后续"补课"带来的巨大经济损失与社会资源的浪费。

围绕停车问题,日本先后推出八部法律作出相应规定,其中《城市规划法》中有这么一条规定:在新建或改建建筑物时,必须按建筑物的使用性质配备相应数量的停车位。例如:东京市中心地区每250平方米建筑面积配1个车位,一般地区为每200平方米配1个车位,不足整数的按整数计算。另外,总建筑面积在2000平方米以上,位于市区的学校、图书馆等建筑物,每300平方米必须配备1个车位。周边地区每250平方米配备1个车位。如果不达标,不允许开工建设。

在一些特别繁华和拥挤的路段,日本政府倡导"小而分散"的原则,特别鼓励经营者多建立体式停车场,甚至鼓励私人将宅基地改建为小型停车场。我们亚洲通讯社办公楼边上,就有一个小型停车场,只能停3辆车,是一户人家搬迁后改建的。

从以上内容中,大家可以知道,日本政府解决城市停车问题是法律先行,并且严格执行。

那么,如果在东京违规停车的话,将会面临怎样的处罚?很简单,普通轿车违章一次就罚款1.5万日元(约900元人民币),并扣2分。大家要知道,日本第一年实习期的驾照只有3分,扣完重考;第二年开始才有12分。

那么,违章停车是由谁来检查处罚的呢?首先当然是警察。但是,东京都这么大的一个城市,警察不可能每天24小时去街头转悠。那怎么办呢?东京都警视厅组建了一支城管部队,这支城管部队不管别的,只管违法停车,正式名称叫"驻车监视员",

聘请的都是退休老人。他们身穿绿色制服，两人一组，配备数码相机和记录仪器，发现违章的车辆就拍照贴条，并且处罚是立即生效。

在道路上违章停车受到处罚，是可以理解的事。那么在小区的道路上停车，是不是不会受到警察的处罚呢？在中国也许可以，但是在日本，是绝对不可以的。一旦在小区的道路上长时间违章停车，小区居民可以直接向警方报警，警察依旧是按照《道路交通法》的规定，罚款1.5万日元，扣2分。如果小区的道路变成了变相停车场的话，那么，警察会依据《消防法》和《城市规划法》对小区的管理公司进行处罚。

东京警视厅公布的最新数据显示，自从组建"驻车监视员"部队，取缔违章停车政策施行11年来，效果十分显著。东京十条主要干道的违章停车现象减少了82%，平均每小时的堵车距离缩短了40%，平均每5公里的行车所需时间减少了11%，停车场的使用率也增加了21个百分点。对东京210个监测点的监测发现，市区的车辆时速能达到45公里。

对违章停车加大处罚力度，是强化城市交通管理的一个重要手段。但是，随着车辆的不断增加，作为政府也必须考虑到如何解决城市停车难的问题。

东京是一个寸土寸金的城市，银座的地价高达每平方米4032万日元（约237万元人民币）；东京不可能拿出太多宝贵的土地资源来建停车场。那么，东京都政府是怎么解决停车难问题的呢？

首先是利用地下资源。日本中央机关所在地霞关，有一个很大的城市公园，叫日比谷公园。这个公园的地下，几乎已经挖空，一部分作为地铁车站，另一部分作为一个巨大的地下停车场。

同样在银座，大型地下车库多达 21 座之多，总共有 4300 个停车位。

除此之外，在一些大楼里，还建设了不少智能型电梯式立体车库，这种立体车库节省空间，而且是自动停车自动取车，比地面停车还安全、便捷和智能。

日本政府近年来积极推广机械式立体停车场建设。东京都台东区于 2009 年建设了占地面积 5400 平方米、各层累积面积达到 1.5 万平方米、能停 500 辆车的立体机械式停车场。

在东京的一些购物中心，更是将屋顶建设成为停车场，以方便顾客来店停车。

东京停车场的收费是根据位置和需求多少来确定的。包租一个停车位，在市中心每个月花费六七万日元也不罕见（约

4000元人民币）；而在城市边缘地区，一般每个月只需两三万日元（约1500元人民币）。在东京市中心，有的停车场1小时需要1200日元（约70元人民币）；而在城区边缘，有的停车场1小时只需要200日元，也就十几元人民币。

当然，解决城市停车难问题，最根本的还是要大力发展公共交通。如果大批人无法利用公共交通出行，必然要开车，这不仅容易造成拥堵，还会导致停车困难。事实上，在经济高速增长期、国民都能买得起车之前，日本就建立了完善的公共交通体系。也就是说，日本是先发展公共交通，后发展私家车。

东京是亚洲最早拥有地铁的城市，第一条地铁建于1927年，距今已经有91年的历史。目前，整个东京都拥有34条地铁、轻轨线路，轨道交通里程全长2500公里，是北京的4倍，位居世界第一。如此密集的公共交通网络，使得市中心在10分钟的路程之内，都可以找到地铁、轻轨车站，而且地铁、轻轨绝对准时。

特别值得一提的是，作为日本的政治中心，东京集中了大量的政府机构。为了防止公务车辆给东京"添堵"，日本采取了一个简单干脆的办法：基本不配公务车辆。以东京都政府为例，只有都知事这样的级别才可以配专车。公务人员出去办事都选择轨道交通，然后实报实销。整个东京都政府上万名公务人员，公务车数量仅有10辆。而且政府不给机关干部提供任何免费的停车位，这就使得机关干部不会自己开车来上班，都是搭乘地铁、轻轨或者公交车来上班。不仅东京都政府机关如此，中央机关也是如此，各企业更是没人开车上班。这就大大减轻了城市上下班高峰期的道路交通压力，也解决了城市停车难的问题。

一位朋友来东京旅游，跟我说了这么一个感受：在银座、新宿、皇宫附近的繁华街区十字路口看到，只要红灯一亮，大小车辆规规矩矩停在停车线后一米开外，车距间隔五六米以上，即便三四道车流，也是一辆后面跟着一辆，没有变道穿插抢行，也听不到喇叭声催人让道；绿灯一亮，车流飞驰而过，很难见到拥堵的现象。放眼望去，车道边、人行道上见不到一辆汽车随意停放。无论大小车辆，都规规矩矩地停在收费的停车场、路边的停车格里以及自家小楼下敞开门的小车库里，一切井然有序。

东京之所以能够做到这一点，最重要的原因，是东京人讲究规矩和规划。正因为这"双规"政策，才解决了这座国际大都市的停车难、出行难的问题，使得东京始终能够保证整个城市的畅通无阻。

4. 日进百万人的东京车站为何井井有条

东京车站是日本最大规模的火车站。它位于东京最为繁华的市中心，附近是东京中央商务区的丸之内、皇宫和银座。

这座火车站建于什么时候？1914年，距今已有104年的历史，关键是这座百年建筑依然很新，还在使用。

东京车站有多大？经过扩建之后，上下四层，占地面积约为18.2万平方米，而中国的北京南站面积是它的6倍。

东京车站不仅是全国各大新干线（高铁）的始发中心，还交汇了多条城际铁路和地铁，总共算起来，有18条轨道交通线在这个车站始发与交汇，一天的始发与到达列车为4000趟，进出乘客总数为102万人（2017年数据，包含JR东海和地铁乘客数）。而北京南站在2017年国庆高峰期间的日进出站人数只有15万人。

如此古老拥挤的车站，如此繁忙的一个交通枢纽，是如何管理得井井有条的？

我夜里经过东京车站，里里外外细细观察了一番，总结出了以下几条管理经验：

第一，东京车站没有安检，也不查身份证。虽然列车上也发生过持刀行凶事件，但是，日本铁路公司坚持认为是偶发事件，不能因为偶发事件而给绝大多数的乘客带来乘车的麻烦。所以，东京车站的所有进出口都是自动检票，不搞安检。乘客只要提前 10 分钟抵达东京车站检票口，就可以顺利坐上新干线，而且还有时间买一份盒饭。

第二，东京车站没有候车区。各条线列车，包括新干线在内，均没有候车区，乘客是随到随走，就如坐公交车一般。目前只有在新干线列车的乘车区内有一个小小的候车室，只能容下 30 人左右。而且像购买新干线列车自由席车票的，不限车次，可以随时搭乘。这样做的好处是，可以省去像中国高铁车站那样巨大的候车空间，同时乘客可以算好时间，随时自由地乘车离开。

第三，新干线与城际铁路在同一个车站内自由换乘。比如，从京都坐新干线抵达东京车站后，可以在车站内自由换乘十几条轻轨线，去自己想要去的地方（新干线车票包含了抵达东京圈内各个 JR 线车站的车资）。而每条轻轨线都是紧挨着，走几步就到。出了检票口后，还有丸之内线、东西线等地铁车站相连，一天 100 多万乘客就这样瞬间疏散完毕。

第四，餐饮店集中在地下街。乘客进出站的主要区域（一楼），主要是出售盒饭与土特产的商店，餐饮都集中在地下一楼，不占用乘车区域空间，以保证乘客乘车通道的畅通。

第五，每个站台设有 3～4 个上下通道，并且都有自动扶梯，便于乘客搭乘与分流。每个站台上都有出售食品与日用品的小商店和自动售货机。

第六，东京车站有东西两面正门，西边为"丸之内"，正对皇宫和中央商务区。东边为"八重洲"，附近就是银座。东西两侧的乘车区相互贯通，地下还有人行道贯通，这样乘客可以选择任何一个方向进站乘车。东京车站还有 30 多个出口连接附近的百货公司、商业大楼和办公大楼。

第七，东京车站的出租车区域均在东西两侧的地面，因为有便捷的城际铁路和地铁相连，搭乘出租车的人很少，因此，一般情况下出租车的候车人数只有十几人。

第八，东京车站在八重洲出口处设置了全国长途汽车站，可以搭乘长途汽车前往大阪、京都和东北地区的青森、秋田、新潟等地（多为夜行客车）。这个长途汽车站没有候车区，就像路边的公交车站一样，到点来车，自由搭乘。新干线与长途汽车相连接的最大好处是保证乘客在没有夜行列车的情况下，可以搭乘夜行长途客车，在第二天早晨抵达自己想去的地方。

第九，东京车站内各种指示牌和标识十分醒目，而且标记明确，同时标注英文。即使是外国人，也能够在这个繁杂的车站里迅速找到自己的乘车站台。

东京车站的管理经验，如果简要概括的话，应该是这么几句话：不搞安检，自由进出；不必候车，随到随走；不拿设施赚钱，保证通道畅通；城际地铁兼容，疏散乘客为先。

5. 日本如何进行物业管理

凡是到过日本的朋友，一定有一个感觉，那就是日本的城市很干净，干净的不只是街道，还有房子，看上去是那么的一尘不染。你看日本的建筑，很难看出它的年份，因为10年前造的房子和30年前造的房子，从外表上看都差不多，跟新的一样。

为什么日本能够做到这一点，而我们中国在20世纪90年代建造的房子，不少已经成了危房，成了旧城改造的对象。秘诀只有一个，那就是日本恪守建筑物的维修保养之道。

东京有一家著名的房产中介与管理公司——暖灯国际地产。暖灯国际地产公司的老板是一位华人，出生在广西桂林，所以他的名字叫"桂小川"。桂社长说，当你晚上回家的时候，看到家里点着一盏灯，你的心会有一种温暖的感觉。于是，他把公司取名为"暖灯"。暖灯公司已经买下了东京首都圈十几栋大楼，同时也管理着200多栋房子，对于日本的建筑物，尤其是公寓楼的管理，有着丰富的经验。有天晚上，我跟桂小川社长一起吃饭，跟他聊起了这个话题：日本的房子为什么看上去总是新的？他给我讲出了这个秘诀。

一个人平时有没有使用护肤品，皮肤是不一样的。一个精致漂亮的女人，一定是一个善于保养的女人。房子也是一样，建造完成后，经过长期的风吹雨打和紫外线的照射，房子的外墙经过若干年之后，一定会出现风化蚀变。下水管道经过几年的使用后，一定会出现堵塞。中国的房子如此，日本的房子也是这样。那么，如何能够保证房子的外墙不过多地出现蚀变？如何能够保证整栋大楼的所有管道畅通无阻？这就需要定期的维修，而且是预防性维修，不是出了问题才维修。

那么，怎样保证整栋大楼能够维持长期的且又是经常性的维修呢？日本有一项法定的制度，那就是买了公寓楼的房子，就要缴纳维修基金。

维修基金的缴纳，是每位拥有房产权的人必须承担的义务，而且这项义务是依据"平等均分"的原则实施的。

首先在购买新房时，你必须缴纳一笔维修基金。一般三室一厅的房子，第一次需要缴纳大约150万日元，也就是10万元人民币左右。然后，每个月再缴纳1000～2000元人民币不等的物业修缮管理费。如果你是租客，那不需要缴纳这么多钱，只需要交相当于100多元人民币的管理费就行。

必须说明的是，开发商在卖楼时，也必须缴纳一笔维修基金，而且这笔维修基金，必须超过所有业主缴纳的维修基金的总和。

与中国不同的是，日本住在一栋楼里的所有业主，缴纳的维修费是平摊的。在我们中国，住在一楼的业主，不愿意承担电梯修理费用；同样，住在一楼的业主，也不愿意承担屋顶的防漏工程修理费用。一楼业主的理由也很充分：我住在一楼，又不用电梯；屋顶漏水跟我也没有关系，为什么要我承担这些不搭界的费用呢？

但是在日本，这种中国式的思维是行不通的。日本人认为，住在一个大楼里的所有业主，就是一个大家庭。整栋楼不是某个人的，而是大家共有的，大楼的生命，就是每户住家的生命。因此，所有的维修费用必须大家平均分摊，不能你多我少。正因为日本人有这种集体主义思想，或者叫从众思维，使得日本楼盘管理过程中，很少会产生业主之间的矛盾。

那么，业主缴纳的这笔维修基金是由谁管理的呢？不是由政府（房管所）管理的，而是由业主委员会和物业管理公司共同管理。钱放在哪里呢？放在银行里。需要使用时，由物业管理公司提出预算，业主委员会审核批准支付。政府无权、也不能介入此类民间事务。

东京虽然是一座有着1300多万人口的国际大都市，但是，主要的物业管理公司却只有四五家，当然都是有着半个世纪以上物业管理业绩与信誉的大企业。

从一栋公寓楼建成之后，这些物业管理委员会就会和业主委员会共同商定出一个长达50年的公寓楼维修计划表。什么时候修理屋顶防漏系统，什么时候修理外墙，什么时候疏通下水道，什么时候检查供水系统，什么时候检修电梯和更换电梯，都清清楚楚地写明具体的施工年份和施工时间并印成册子，业主人手一份。到维修节点时，由物业管理公司提前通知业主委员会开会审核，批准预算，并书面通知所有业主。

桂小川社长说，日本物业管理有一条不成文的规定，不管下水道有没有堵，每年必须使用高压清洗装置全部疏通一次。屋顶的防漏系统，一般是5年补修一次，10年大修一次。外墙一般是 10 年全部翻新一次。电梯是 3 个月检查一次，15 年更换一次。房间里面的消防探测系统是一年检修一次。

也就是说，日本的物业管理，不是管道堵了、设备坏了才去修理，而是完全按照预先制订的修理计划，进行预防性维护，以保证大楼和住户不会遇到生活上的麻烦。

在设备没有坏的情况下，就把自己的一笔钱交给业主委员会和物业公司去管理使用，会不会被挪用和乱用？这可能是许多人担心而不愿意交钱的原因。但是，日本是一个信用社会，业主们根本不会担心自己交的钱会被挪用和乱用。正因为业主与物业管理公司建立起了深厚的信赖关系，因此很少会埋怨物业管理公司或者更换物业管理公司。而物业管理公司也是根据自己长期以来管理楼盘的经验，预先就制订出详细而完整的大楼维修保养计划，并告知每一位业主，按部就班地进行几十年的大楼管理。而从事公寓楼管理工作的人，必须考取国家资格证书——公寓管理士。

在这里，我想强调的是，日本的物业管理公司的主要工作并不是负责大楼的安保或小区安全管理，而是专注于大楼自身的质量和品质的管理。原因在于，日本的社会治安普遍较好，很少发生入室盗窃事件。而且日本的小区本来就没有围墙，都是开放式的，只是大楼的大门有管理员或者有门锁安保系统。因此，物业管理公司几乎不需要雇用保安人员，而把主要的财力精力投入到大楼的日常管理中，比如清扫楼道，管理垃圾，擦洗门窗与楼梯扶手等。一般一栋 10 层楼的公寓，只有一个管理人员，而且大多数管理人员都是退休之后重新参加工作的老年人或者是家庭主妇。物业管理公司平时只是做一般性的巡查，只有等到定期维修时，物业管理公司才会有专门人员上门联系服务。

如果是高档小区，物业管理公司才会设置一个专门的办公室，派驻几名工作人员管理，负责大楼内外的每天清扫工作、处理业主的一些咨询业务、监管进出大楼的人员等。

日本真正有钱的人，是不住高楼的，都住在低层的高级公寓楼或者自己建的房子里。在东京的白金台、涉谷和麻布、六本木等高级住宅区，有许多4层楼、5层楼高的公寓楼掩映于绿树丛中。这些楼看上去很普通，但是价钱很高，住的都是有钱人。其他不说，单就维修基金和管理费用，一个月就要交纳1万多元人民币，因为一栋楼才十几户二十几户人家，费用平摊下来，数额就很大。所以，没钱的人是住不起这样低层高级公寓的。而住在高层公寓楼里的人，因为一栋楼里住户多，修理费用平摊下来就少，这也是在日本住高楼的好处。

所以，日本无论是公寓楼还是办公楼，建造了许多年，都不会给人一种破旧的感觉，原因是有一整套很好的维修保养管理制度。而这种制度的建立，首先要有开发商、业主和物业管理公司三者之间的信赖和相互依存协作作为基础，其次要有物业管理公司对业主与大楼高度负责的态度。

日本政府已经提出了一个"建筑物百年"的计划要求。以前，日本的大楼设计使用寿命都是在50年至70年之间。但是日本政府认为，这个寿命太短，必须能够保证使用100年。一方面是为了避免大楼的频繁拆建，导致大量建筑垃圾的产生，破坏环境；另一方面，大楼经常拆建，损害业主的经济利益，也浪费社会资源。因此要求新大楼的建造，从结构到管道，从墙面到内部设施，必须保证能够经受得住100年风雨的洗礼。而要实现这个百年梦，经常性的维修保养，就成了关键。东京的大楼物业管理业务为什么会集中在四五家大型物业管理公司手中，就是因为他们有历史、有信誉、有经验，更有管理实力。

为了保证百年大楼的建设质量，最近，日本的建设现场出现了一个特殊的现象：监理师中多了不少女性。监理公司起用女性监理师来负责现场的质量监理，一方面是因为女性监理师做事认真仔细；另一方面，她们很少抽烟喝酒泡酒吧，建设公司很难搞定她们。

暖灯国际地产公司的桂小川社长最后说了中国人来日本买房要注意的两个事项。第一，在看房子时，一定要观察公寓楼周边花丛修建是否整齐、打扫是否干净，这能够衡量公寓楼的管理水平。第二，要查看大楼的维修基金还剩多少。如果多的话，是好事；如果少的话，以后再平摊，会是一笔很大的费用。大家如果想在日本买房的话，可以上网搜一下暖灯国际地产公司，向他们咨询。

6. 日本如何管理民宿的"野蛮生长"

在日本,"民宿"由来已久。早在 100 多年前的明治维新时期,日本各地就开始发展民宿。在日本人的印象中,民宿就是家庭旅馆。留给人们最深的印象,应该是一对老夫妻将家里的一部分房子整理出来,弄成几间榻榻米房间,晚上安顿好客人,早上起来为客人们准备好烤鱼、纳豆和酱汤;客人离开后,老夫妻出门相送,相互鞠躬道别。

这样的家庭式旅馆的民宿,大多开在客人较少的偏僻农村和海岛,很少开在东京大阪和京都这样的国际大都市中。

2014 年,来日外国人总数突破了 1000 万人,尤其是在樱花盛开的春季和枫叶满山的秋季。东京、京都等一些旅游核心城市出现了一房难求的现象,引起了外国游客的强烈不满。加上 2020 年东京奥运会开幕在即,届时也将有大批外国人涌入。因此,日本政府想出了一个办法,鼓励人们把空闲的房子做成简易民宿,供游客居住。于是,日本各大城市涌现了大批简易民宿(称为"民泊"),大小房东摇身一变,全成了民宿老板。

但是很快,问题出现了。

深更半夜时,居民区里的居民们听到行李箱拖地的烦人噪声,马路边一群外国人用听不懂的语言在大声嚷嚷。

为什么会出现这样的问题？原因很简单，外国游客搭乘飞机飞到日本，拿个手机地图一路寻找，好不容易深更半夜地拖着行李箱抵达民宿的位置。因为日本的小街小巷很少有路名，每一户人家的门口也很少有门牌号码，因此要找到你要入住的那一间民宿，许多时候有一种瞎子摸象的感觉。情急之下就会敲错门，或者干脆敲开邻居的房门问路。深更半夜开门见到几位外国人，日本人一定十分紧张。而游客们好不容易找到钥匙走进房间，肚子饿了开始弄吃的，或者说话聊天，日本的老式木板房民宿隔音特差，隔壁邻居只听到叽里呱啦的外国人说话，就是不知道在说什么。

我在这里还需要给大家特别解释一个日本的"21点钟规则"，这一规则是不是法律规定的，我没有查实。但是，在日本社会有一个约定俗成的规矩，就是过了21时，你不可以给人家家里打电话，也不可以去敲门，除非遇到紧急情况。如果讨债公司在21时还去人家家里讨债的话，那么借钱没还的人只要报警，警察就会以"非法入侵住宅罪"将讨债人逮捕。

可事实上，不少外国游客找到自己要入住的民宿时，已经是21时之后。在这一时间段惊动邻居，尤其是行李箱摩擦地面的噪声在夜空中不断回响，自然会令民宿周边的人感到愤怒。

另外一个原因，是扔垃圾。由于许多的简易民宿，房主并不与客人居住在一起，因此要求客人离开时，必须自己把垃圾扔掉；而日本扔垃圾，每天扔什么是有明确规定的，垃圾必须分类。结果，不少外国游客离开时，直接将垃圾扔在门口，或者把酒瓶易拉罐和一般的生活垃圾混在一起，让社区的垃圾管理人员十分头疼；许多时候，这些管理人员不得不打开游客的垃圾袋，重新将垃圾进行分类处理。

问题还在于，投资经营简易民宿的许多并不是日本人，而是外国人；而外国人当中绝大多数又是中国人。这就使得日本民众对于外国人在他们的社区里经营民宿又不遵守基本的社区生活规则，产生了极大的不满。

这几年，在民宿里还发生过几起轰动日本全国的刑事案件。福冈县一名经营民宿的男子强奸了一名前来投宿的韩国女性；一个美国人在大阪租了一间民宿，杀死了一名日本女网友，并对她进行了分尸；东京新宿附近的简易民宿，成了卖淫女的情人小旅馆。

因为这些问题，大阪、京都的一些市民走上街头示威游行，要求政府禁止在居民区里经营民宿。甚至有一些市民直接跑到东京的国会议员会馆，向自己选区的议员们控诉。经过几次讨论，日本政府终于下决心整治民宿市场。日本国会在 2017 年 6 月通过了《民泊新法》，并在 2018 年 6 月 15 日实施。

日本的这部新法，对于简易民宿的经营有了一个明确的规定，就是一年当中只能经营 180 天，也就是半年，其余时间不得经营。还有一个规定，那就是民宿必须 24 小时有人管理，如果房主无法与客人同住，必须委托第三方管理公司进行管理。

除了以上这两条最基本的新规定之外，《民泊新法》还有一个重要的解释，那就是允许地方政府在这部新法的框架之内制定符合本地要求的实施细则。

于是京都府政府规定，京都府范围之内的民宿，一年只能经营两个月，并且规定时间是从 1 月 15 日到 3 月 15 日。这个时间段是新年刚结束，樱花还没盛开的旅游淡季，大酒店都接不到游客，民宿还有什么人去住呢？

在东京，涩谷区政府规定民宿经营只适用在寒暑假期间，其他时段全区禁止；东京都新宿区、中野区、杉并区、板桥区、练马区、足立区等区域则规定住宅区只能在周末和休息日经营。中央区和台东区更是作出了一个不可思议的规定：星期一到星期六早上不可以经营民宿。这就是说，早上别让我看到入住的游客，一旦看到，就是违规。这就是逼着游客必须在太阳出来，邻居出门之前赶紧溜。用一句中国的流行语叫"臣妾做不到"。这一规定，等于是变相禁止了简易民宿的经营。

问题还不仅仅是这些，现在在京都、大阪、东京、奈良、横滨、福冈等城市经营的各种大小新民宿有 1 万多家，由于《民泊新法》的出台，这些迄今为止无证经营的民宿，必须要向当地政府申请经营许可证。不然的话，2018 年 6 月 15 日之后就是非法经营，不停止营业的话，就面临吃官司。

根据日本观光厅公布的数据，从 2018 年 3 月开始申请，到 5 月中旬为止，日本全国获得经营许可证的民宿有 152 家。许多民宿经营者说，日本政府设定的审批条件实在太苛刻，而且审批速度特别慢，事实上就是拖过 6 月 15 日这一天，让你自己自然停业关门。神户市、名古屋市所在的兵库县政府干脆宣布，不仅全年禁止民宿，而且不会新批任何一家简易民宿。

日本政府严格限制和规范简易民宿市场，给整个民宿市场带来了极大的冲击。首当其冲的是民宿运营管理平台。

全球最大的民宿运营平台 Airbnb，截至 2018 年春季，在日本的房源约 6.2 万个，现在在该平台上搜索日本这一目的地，显示房源仅有 600 余间。而且为了应对这次的新法风暴，Airbnb 准备了 1000 万美元的违约赔偿金。

来自中国的民宿运营平台途家，于 2016 年将第一个海外子公司落地日本。随后，自在客、大鱼等也开始进入日本当地获取房源，椰子住宿也从当地向导服务渐渐转型为线下民宿运营商。

《民泊新法》实施后，这些运营平台全砸了，因为他们很难签约到合法的简易民宿，陷入了"开门关店"的尴尬状态。

同时受到冲击的，还有大批来自中国的个人投资者。他们原计划在日本的各大城市买房之后，通过经营民宿来回收投资成本。但是，这一计划可能落空。

《民泊新法》还将冲击日本的二手房市场。日本不动产研究所公布的一项调查报告显示，日本全国现有 2400 万户闲置房，而且随着少子老龄化问题的日益严重，处于逐年增加的状态。近年来，中国人等外国人成为日本二手房市场的主要买主。《民泊新法》的实施，将大大打击海外投资者的投资热情，也将导致二手房市场价格的进一步回落。

虽然简易民宿市场得到了有序整治，但是，来日外国人已经接近 3000 万人。东京将在 2020 年举办奥运会，届时将出现外国人来日高峰潮。如何解决这么多外国人的住宿问题，依然是日本政府必须面对的重大课题。

7．羽田机场国内线为何不查身份证

陪同中国来的一个代表团到日本各地访问，在东京羽田机场国内航线办理登机手续时，大家发现，羽田机场居然不查乘客的身份证件；进入候机楼，只检查随身携带的物品。大家感到很不可思议，如果乘客是冒名顶替，或者说他是一个在逃犯，那么如何保证乘机的安全呢？

羽田机场似乎并没有把问题想象得如我们那么复杂，他们只考虑如何让乘客搭乘飞机享受到像搭乘公交车一样的便捷，这才是机场应该提供的服务。

东京羽田机场是日本最大的机场，每隔3分钟就要起降一个航班，所以起降的密度也是日本最大的。这座建于东京湾海上的大型机场，有4条跑道，24小时起降，以国内航线为主，同时也开辟部分国际航线。2017年的客流量超过了8500万人次，并且每年以6%的速度增长。

那么，东京羽田机场管理公司是如何管理这座世界排名第四的国际机场的呢？

如果你有机会在东京羽田机场搭乘日本国内航线，会在机票上或者候机大厅的安检入口处看到这么一行字："请您在飞机起飞前15分钟通过安检。"

这句话是什么意思呢？就是说，你只要在飞机起飞前15分钟抵达安检处，就可以登上飞机，不会耽误你的行程。

那么，根据中国人的经验，如果在北京首都国际机场或者上海浦东、虹桥机场搭乘国内航班的客机，通过安检需要几关。第一关是核查乘客的身份，你得准备身份证或者护照，由安检人员查一查你的登机牌上的姓名和身份证件是否相符，你是不是司法部门通缉的罪犯，或者是不是一个被法院限制了高消费的"老赖"。如果没有问题的话，给你拍照留底，你才能进入第二关，那就是检查随身携带物品并且过安全门。不经过这两道关，你是绝对登不上飞机的。

那么在东京羽田机场，你需要经过几关才能登机呢？答案是：只有一道关。那就是只查随身携带的物品，不查乘客的身份。

在东京羽田机场登机，并不一定需要机票，如果你是用信用卡买的机票，只要用手机办理一下登机手续，要到一个座位号，然后刷一下信用卡，就可以进入候机大厅。或者你自己去打印一张登记卡要到一个二维码，在手机上保留这个二维码，并在随身携带物品的安检处扫一下二维码，安检处会马上打印出一张登机条给你，这样你就可以进入候机大厅，并凭这张登机条登机。

那么，羽田机场国内航线对于乘客随身携带的物品的安检，有什么讲究呢？很简单，简单到可以带矿泉水。

因为国际航线是根据各家外国航空公司的安检要求对物品进行检查的，尤其是美国的航空公司要求最多，因此对于随身携带的液体有一定的限制。但是日本国内航线的客机对乘客就没有这么多的限制和要求。在随身携带物品的安检处，有一台小小的液体检查器，你只要把一瓶矿泉水放在这台检查器上，不需要打开盖子，它就可以检查出里面是水还是汽油或者是其他危险品。所以，在羽田机场搭乘国内航线，是可以带矿泉水和灌满水的水杯登机的。

另外，你不需要掏出身上所有的物品，只要把大的金属品掏出来就可以。手机、照相机是必须要掏出来的，其他的像钱包、钥匙和硬币等，都不需要掏出来，因为机场安检的目的只是检查你有没有携带凶器等可能危及飞机安全飞行的物品登机，而不是检查你所有的物品。

东京羽田机场为什么要在这个"15分钟"上做文章？第一个目的，是与新干线竞争。因为如果你坐的是新干线的话，提前15分钟抵达东京车站就可以坐上列车。从东京车站的检票口到新干线的站台，一般来说需要走5分钟左右，自然是没有安检。也就是说，你提前15分钟抵达车站，还有时间买上一份盒饭，一罐饮料，然后拎着盒饭和饮料，稳稳当当地走进新干线站台，坐上新干线的列车。

东京羽田机场为了能够与新干线展开同一时间的竞争，就必须提供与坐新干线一样的便捷服务。也就是说，乘客如果没有托运行李，提前15分钟抵达安检口，就可以顺利登上飞机，这样就大大方便了拎着一个小包搭乘飞机的商务乘客。

羽田机场不设身份安检的第二大原因是减少机场的管理成本。当然这里面有一个很重要的社会背景，那就是日本是一个讲究诚信与信誉的社会，没有人会在搭乘飞机这件事上浑水摸鱼或者故意制造麻烦。至少羽田机场迄今为止还没有发生过乘客在飞机上闹事的案件。

事实上，东京羽田机场要核实乘客的个人信息与身份，存在着很大的难度。根本原因是日本社会没有建立起一套身份证制度，也就是说，日本国民迄今为止，没有全国统一的身份证。假如个人要去办理银行卡、购买机票，或者购买手机等，凭什么来证明其身份呢？日本基本上是看有个人照片的汽车驾照和护照，或者地方政府发行的健康保险卡。对于在日本的外国人，包括留学生，查看在留卡。

比如你在网上购买日本国内机票，所有的个人信息都是你自己填写的，而且不需要提供驾照、健康保险卡号码，唯一要求绝对准确的，是你的信用卡的账号与卡上的姓名。

日本人为什么没有身份证？首先是日本政府很想学习中国的做法，对每一位日本国民的身份实行编号，以便将个人信息进行统一的管理。但是，这一做法遭到了国民的强烈抵制和反对，因为这样做，政府很容易掌握国民个人全部的隐私，包括资产、家庭成员状况、婚姻状况、银行储蓄，尤其是个人行踪。日本人认为，政府强制实施身份证制度，侵害了个人信息保护权利。

其实，日本政府早在2003年就在国会通过了《住民基本台账法》，"台账"两个字在日语中，就是"流水账"的意思。根据这部法律，日本政府给每个国民，也包括给长期在日本生活居住的外国人进行编号，并发给一张带有芯片的住民卡。虽然为了防止个人信息的泄漏，这张住民卡上没有印刷身份号码，而且还可以自己设定使用密码，但是依然遭到了许多国民的抵制。公开的资料显示，目前各地方政府迄今为止只发行了800多万张住民卡，而日本的总人口是1.27亿人。

正因为不普及，这张日本版的身份证至今还无法在全国各个行业通用起来，也没有人要求必须出示这张住民卡，自然在搭乘飞机和新干线时，都没有人查看。日本人保护个人隐私的意识，比其他很多国家的民众都要强。

东京羽田机场国内航线不仅不查身份证件，还准备向一般的民众开放整个候机大厅，允许送客的人也进入候机大厅，把自己的亲朋好友一直送到登机口。

东京羽田机场认为，日本各地的新干线列车都允许非乘客民众购买一张进站票，就可以把亲朋好友直接送到列车上，或者到站台上迎接亲朋好友。那么，机场为什么就不可以这么做呢？

所以，东京羽田机场正在积极准备向民众开放整个候机大厅，送客的人可以通过安检与乘客一道进入候机大厅，可以在候机大厅里一起吃饭、一起购物，然后把客人送到登机口，看着客人登上飞机。

东京羽田机场之所以准备这么做，有一个很重要的考量，就是要把整个机场的候机楼都打造成一个机场商业中心。一旦送客的人可以进入候机大厅，势必会让候机大厅内的店铺生意好起来，里面许多空间都可以开发成餐厅或者商铺。而机场只要把控好登机口，就可以保证飞机的飞行安全。最终的目的是要让乘客们享受搭乘飞机的便捷；充分利用机场、利用飞机。

东京羽田机场这样做，难道没有维稳和反恐的压力？确切地说,这种压力不是很大。因为日本国民如果有什么不满,可以直接跑到首相官邸前去抗议。因为日本民族的单一性,国内没有民族冲突。总体来说,日本国民心态大多比较平和,整个社会讲究诚信,全体国民又享受统一标准的医疗、养老等社会保障待遇。因此,政府不需要投入很多的人力财力去管理国民,大大节约了整个社会的管理成本。

东京将在 2020 年举办奥运会,对于东京羽田机场来说,只要把控好国际航班进出的安检,国内航线的候机大厅就可以做商业中心,让机场成为人们休闲、购物的好场所。

8. 日本在拾金不昧问题上的制度设计

　　日本国立科学振兴机构（JST）邀请我做一场关于中国新时代的演讲。大热天到了 200 多人，真心感到日本社会对于中国未来的关切。

　　演讲结束后，我打车离开，发现西装上衣口袋里的钱包没了，所有的卡和身份证件全在里面。

　　这下可惊动了 JST 的工作人员，大家帮我一起回忆，估计会丢在哪里？

　　我说，来的时候，出租车直接把我送到大楼门口，我掏出钱包付车费，付完车费后拿了西装下车，在大楼一楼的沙发上坐了一会儿，然后工作人员接我去了会客室。

　　于是大家分头寻找，会客室、会场里都没有，问了大楼管理公司，也没有发现。

　　"会不会是有人捡到之后送到了总务部？"于是大家又急匆匆地赶到总务部，发现总务部的人都已经下班，大家一个个打电话联系询问。

　　忙活了一个多小时，还是没有任何消息。大家安慰我别担心，绝对不会丢，一定被谁捡到后放在了哪里。

　　这是我第二次在日本丢钱包，上一次应该是在 10 年前，把钱包落在了出租车上，最后司机给我送了回来。因为钱包里现金多，我给了他几万日元的谢礼。这次有点悬，因为钱包里现金只有2万日元，没啥油水。

最后大家建议，要不去附近的警察岗亭问问，是不是有人捡到送给了警察？

于是几个人陪我一起去市谷车站前的警察岗亭。

值班的警察告诉我，没有人送钱包过来。

这下，我可死了心。

不过，警察问我："钱包里有没有个人证件？"我说有，有在留卡。他打开东京警视厅失物招领网站，输入我的名字，结果居然看到我的钱包已经出现在"拾到物"的名录上。根据网站的提示，我的钱包目前保管在麹町警察署，编号是2538。

从丢失钱包到看到捡到信息出现在网上，前后是3个小时，这个速度已经够快。但是这位警察说，一般情况下，如果有人把捡到的东西送到警察岗亭或警察署，只要有名字可以确认，都会在第一时间直接登录失物招领网站。他说："丢失东西的人一定很着急。"

这位警察马上打电话到麹町警察署，但是警察署告知，保管钱包的人已经下班，钱包被锁在保险柜里。

没办法，只能等过了周末再去领。看来，保管的人不着急。

离开岗亭时，警察问我："口袋里有没有车钱？"我说："你借给我？"他说："如果没有的话，我们有制度，岗亭可以借钱给你。"

警察的话，让我产生了好奇："是什么制度可以借钱给我？"

他从网上调出了一个网页,上面写着:公众接遇赔偿费制度。这项制度是在1963年开始实施的,距今已经有半个多世纪的历史。

警察说,这项制度是警察对遭遇特殊困难的人实施的一项紧急资金救助措施,主要应对四种情况:第一,外出时钱被盗,或者遗失者无交通费;第二,对于失踪者实施保护时所需要的应急费用;第三,对于倒在路上的病人的保护费用和遭遇交通事故等负伤者的救护时所需要的应急费用;第四,其他认为有必要实施救助的费用。

我问警察:"你能借给我多少钱?"他回答说:"一般来说,是1000日元(约60元人民币)。但是如果是在外地,所需路费较多的话,只要情况属实,也可多借。"

借了警察岗亭的路费之后,怎么归还?他说:"只要还到东京警视厅范围内任何一个岗亭和警察署就可以。在外地的话,可以通过邮局邮寄。"

"假如说借了钱不还的话,会怎样处罚?"

他说,这笔经费属于国民税金(国库资金),借了不还的话,原则上是犯了诈骗罪。第一次的话,警察不会追究;如果多次借钱不还,那么警察就会采取行动。

网上有消息显示,2012年,东京的一位57岁的无业老汉多次以"无钱回家"为由向警察岗亭借钱不还,结果以"诈骗罪"遭到逮捕。

警察借出去的钱,归还率有多高?

2015年的东京警视厅的数据显示,一年中有13998人借钱,借出去的金额为6887346日元(约40万元人民币),归还率是78.6%。这一数据比2009年的64.3%有了很大进步。但是也可以看出,超过20%的人还是借钱没还。

当然我没有向警察叔叔伸手借钱,前来听我演讲的《日本经济新闻》的中泽先生已经塞给我1万日元。但是,我真心觉得,公众接遇赔偿费制度是一项好制度。

周一上班,我去了东京警视厅麴町警署领钱包。第一次走进警局,还挺紧张。

警署不查身份,没安检。门口的值班警察直接告诉我:去四楼的会计课。

坐电梯时,进来两名挂手枪带手铐的警察,挤在一起,气氛极度异样。

大楼太旧,估计已经有30多年的历史。会计课在四楼的一个角落,上面贴有两块牌子,右边一块写着"失物招领",左边一块写着"手续费"。里面坐的都是女警,穿着没有肩章的制服,有点像大公司的事务小姐。

看到"手续费",我问领取失物是不是要交钱?女警说:"那是交驾车违章罚款的。"

原来,捡钱和交钱是在一起的。

女警从保险柜里取出我的钱包,用一个木制的托盘放到我的面前,托盘上还垫了一块黑色的绒布,像是为了防止我的钱包被划破。

钱包里的2万日元现金,是另外用密封的塑料袋保管的。

我领回了钱包,里面的卡和现金都没少。我说了不少感激的话,问女警:"有没有捡到钱包的人的信息?"她说:"有,她希望你能够跟她联系。"

说完,她递给我一张打印好的纸,上面写着捡到钱包的人的姓名、地址与电话。

这是一位女性,名叫石川,是埼玉县一家百货公司的职员。

我打过电话去致谢,她说话很亲切,说:"没有丢失,实在是太好了!"听声音,应该是一位中年女性。她告诉我,钱包是在我那天做演讲的日本科学技术振兴机构的一楼沙发上发现的,因为没有看到大楼管理人员,所以直接就送到警察署了。

我对她说,我想谢谢她,不知是现金好,还是礼物好?她回答说:"什么都可以。"

我问女警:"我该给她多少谢礼?"女警说:"一般是现金或等价商品的5%～20%。"

我回到办公室,写了一封感谢信,并夹了1万日元和一张名片。秘书看了我一眼,说:"你是准备与她交往吗?"

名片最后没夹。

我突然感悟到日本文化中的那种微妙的距离感……

9. 日本是如何处理疫苗问题的

疫苗造假问题，成了2018年中国社会的一大热点问题。独生子女家庭的孩子，如果因为注射疫苗而导致残疾、痴呆甚至死亡，对于整个家族来说，会有一种绝望的感觉。我们无法想象疫苗制造企业经营者是如何昧着良心做出这种伤天害理的事情。

那么，日本在过去有没有出现过类似的疫苗问题？他们又是怎么处理的呢？

我查阅了大量的资料，发现从20世纪80年代开始，日本也出现过类似的疫苗问题，并造成了严重的后遗症。

20世纪90年代初，日本爆发了一起乙肝疫苗事件。一些注射了疫苗的人，不仅没有得到预防，反而染上了肝炎病毒。

为什么会出现这样的问题呢？第三方机构对此进行了调查，发现制造这些疫苗的企业主要是一家名叫"绿十字制药"的公司。这家公司使用未经过加热等方式进行灭活处理的凝血因子制剂，导致部分疫苗接种者感染了肝炎病毒。

后来还发现有一家叫作"化学及血清疗法研究所"（简称"化血研"）的机构，所生产的疫苗占日本流感疫苗市场份额的三成。

调查委员会发现，化血研公司早在1974年起就开始违法制药，包括加入肝素做抗凝血剂，或是为了效率省略部分工序等，至少有31项生产程序未经政府审批。调查报告指出，化血研公司这些行为在20世纪80年代末到90年代初最猖獗；而包括现任董事在内的高层知情却袖手旁观。

调查报告还指出，化血研公司为了掩盖违法制药行为，于1995年开始伪造记录，还用紫外线照射纸张，令文件看起来更陈旧，以伪装成过去的公司记录文件。

这家制药公司生产的疫苗，不仅让部分注射疫苗的人感染了乙肝病毒，有的还感染了艾滋病毒。

为什么会出现双重感染的问题呢？因为制作疫苗所需要采集的血清制品，日本国内不够，需要化血研公司大量从海外进口。而海外的捐血人员中，有艾滋病病毒携带者和乙肝携带者。用这些人的血液制成的乙肝疫苗，就这样被用在了日本人身上，直接结果是造成一大批注射了乙肝疫苗的人患病。

最初发现这些问题疫苗的是东京大学附属医院，这是日本国立的医学权威机构，在发现问题之后，居然没有立刻提出异议并向政府报告。而且在这个疫苗制成到事发的两年多时间内，日本政府的厚生省（相当于中国的原卫生部）也没有进行有效的监管。甚至政府官员和制药公司联合起来力图掩盖真相，导致更多接种者成为无辜的牺牲品。

理论上来说，决定新药与疫苗生死的权利在厚生省的官僚以及大学和大学的附属医院人员手中。厚生省在审批新药和疫苗时，一般都会听取国立医疗研究所以及国立大学附属医院研究所的报告，之后才会对新药和疫苗发生产或临床使用许可证。

但是制药公司很会来事，设置了不少专门跑各个大学医学部或国立医院研究所的"外交员"，定期向他们提供各种便利与好处。比如研究室的研究费用，医院的工程款等；甚至大学的医学部毕业生的分配也会尽力帮忙。厚生省的一些官僚，在退休之后也跑到制药公司去当董事或顾问，这样就产生了一个官民结合的利益链。

面对这么一个掩盖疫苗问题真相的利益链，日本的患者是如何抗争的呢？他们选择起诉。不仅起诉制药企业，而且起诉注射疫苗的医院，还有肩负监管责任的政府。

从1992年开始，几千名艾滋病患者和乙肝患者联合起来，在东京、福冈、大阪等地法院提起集体诉讼，整个事件引起了全社会的广泛关注。

但是，日本政府一直推卸自己的责任，并对一审法院的赔偿判决提出了抗诉。政府的这一行为激起了民众更大的愤慨，一些受害者不断到首相官邸和国会前抗议；日本主流媒体也公开批评政府的无情无理。

1996年，当时的日本厚生大臣力排众议，第一次承认了国家在这次疫苗事件中负有责任，并且举行记者会，宣布政府放弃对日本法院要求国家予以赔偿的抗诉。

政府的这个行为也成为新一轮日本医疗领域打假扫黑的开始。原东京大学副校长、东京大学附属医院院长安部被起诉，原日本厚生省管理疫苗官员松村被逮捕起诉，原绿十字制药公司董事长、原脏器制药公司董事长等都被逮捕起诉，受到应有的惩罚。

这是日本政府第一次承认在疫苗监管问题上的过失。然而，这仅仅是一个漫长诉讼的开始。

2002年，大阪地方法院开庭审理一起涉及1.7亿日元损失的医疗纠纷。3名原告称，他们在生病住院期间因使用医院有问题的血液制品而被感染乙肝。

事实上，很多感染乙肝的患者都是在多年后才知道，感染背后的原因可能是源于早年注射的乙肝疫苗。

而这个影响不只是一代人。来自九州地区的谷口三枝子在得知自己患有乙肝后，在医生的建议下，带着一双儿女去医院做了检查，结果发现两个孩子都是乙肝携带者。

儿子乙肝发病后，曾对母亲说："都是因为妈妈，我才得了乙肝。"

谷口哭着对孩子说："妈妈对不起你。"

2006年，日本各大电视台播出一条新闻：17年前，北海道5名乙肝感染者将厚生省告上了法庭，他们认为自己的乙肝是小时候接种疫苗时感染的。

谷口终于找到了生活的勇气。

1989年的这起北海道乙肝诉讼案经历了三次判决。一审原告全部败诉；二审3人胜诉2人败诉。胜诉者没有去厚生省领取赔款，而是陪着败诉者一起上诉。

这场历时17年的漫长诉讼，终于在2006年终审获得了全部胜诉，获赔2750万日元（约161万元人民币）。

到2007年11月为止，陆续有将近1000名乙肝疫苗感染艾滋病的患者联合起来提起公诉。日本政府扛不住了，当时担任日本首相的福田康夫在首相官邸，代表政府向受害者及其家属正式道歉。

在诉讼中，有一位名叫福田依里子的女孩子，她是在刚出生不久接种乙肝疫苗后得了乙肝，直到20岁才知道感染的真相。知道真相后，她立志要揭露医疗黑幕，成为了九州地区乙肝疫苗公诉代表。随后她还当选为众议院议员，与肝炎受害者联合向厚生省和药厂提起赔偿诉讼，带头推动制定《药害肝炎救济特别法》。最终，乙肝疫苗的原告人数达到了40万人。

2011年1月，迫于压力，厚生省对40万名原告进行赔偿，根据病情轻重就补偿金额达成一致：死亡、肝癌、重度肝硬化者得到赔偿3600万日元（约211万元人民币），轻度肝硬化者得到赔偿2500万日元（约147万元人民币），慢性肝炎者得到赔偿1250万日元（约73万元人民币），乙肝病毒携带者得到赔偿50万日元（约3万元人民币）；乙肝病毒携带者日后做检查产生的医疗费和交通费由国家负担。

这起乙肝疫苗诉讼案，日本最高法院判决日本政府共赔偿32000亿日元（约合1882亿元人民币），成为日本历史上涉及人数最多、金额最高的国家赔偿案，从而也迎来了日本疫苗管理新法律的出台。

当时的日本首相菅直人，把乙肝诉讼案的原告代表们请到首相官邸，低头赔礼道歉。

而作为日本血液制剂与医疗垄断巨头的化学及血清疗法研究所，被勒令停业110天。虽然开出了史上最长时间的停业命令，但与受害者所受到的伤害相比，这样的处罚平息不了民众的愤怒，也挽回不了老百姓的信任。

正当人们以为一切终于画上了句号时，另一起疫苗案又拉开了序幕。

2016年7月，63名接种了宫颈癌疫苗的女性被害者成立了"全国宫颈癌疫苗被害者联络会"，向东京、名古屋、大阪、福冈等多地地方法院提起赔偿诉讼。

为什么会出现这一问题？原来在2013年，日本政府对小学六年级到高中一年级的261万女孩进行免费宫颈癌疫苗接种，两个月之内严重副作用的报告激增，出现不良反应的人数有2584人。提起诉讼的63名原告平均年龄只有18岁，她们都是在打过1~3次疫苗后出现的不良反应，包括头疼、记忆障碍、四肢不受控制、月经异常等多种症状，严重者最后无法行走，

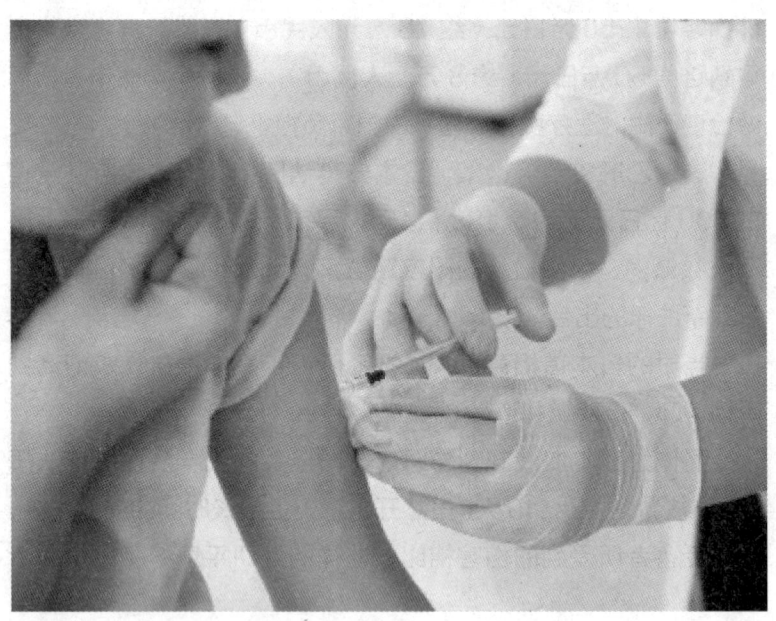

只能靠轮椅才能行动，疫苗的接种造成多名少女残疾。

厚生省虽然暂停了推广宫颈癌疫苗的接种，但是认为疫苗与副作用的因果关系不明确，目前正在委托专家委员会进行调查。因此，这一新的疫苗诉讼仍在进行中。

在日本，发生任何一起重大疫苗事件，都会有处罚企业、逮捕经营者、追究政府监管官员的法律责任，最后由政府承担最终责任的过程。而在这一过程中，起决定性作用的，是公民的意志和公正的法律。同时我们也看到，每一次事件之后，都会有一项旧的法律法规被重新修改或者新的法律诞生。国民与政府最终合力解决疫苗问题带来的后遗症，并因此推动社会的进步，这是一个成熟社会的标志，这一点也很值得我们中国学习与参考。

10. 日本人凭什么比中国人多活八年

日本人有一个特点——长寿。联合国卫生组织的统计数据显示，日本人现在的平均寿命是 84 岁，其中男性约 81 岁，女性约 87 岁。而且，目前日本已经进入 4 位男性当中有 1 人、2 位女性当中有 1 人能活到 90 岁的时代。日本是世界上最长寿的国家；而我们中国人的平均寿命虽然逐年增长，目前还只有 76 岁。

日本社会最近有一个话题，就是"人到底能够活到多少岁？"医学专家们估计，到 2045 年，也就是再过 27 年，日本女性的平均寿命将达到 95 岁，男性也将达到 90 岁，而现在出生的"10 后"的孩子，将有可能迎来百岁人生的辉煌时代。

日本人凭什么可以比我们中国人多活 8 年呢？

我觉得有这么几个重要的因素：

第一，日本是一个岛国，十分重视环境保护，空气十分干净。在东京这样一个国际大都市，大气中 PM2.5 的数值很少超过 30 微克／立方米，晚上都能够看到天空中的星星。

第二，日本四季分明，春天看樱花，夏天看大海，秋天看枫叶，冬天看雪景。这种四季的鲜明变化，有助于人的新陈代谢。

第三，日本饮食清淡，每天摄入的盐量不到中国人的一半。

第四，日本人很少吃保健品，但很喜欢吃生菜和鱼，特别是深海鱼类。深海鱼类不仅可以降低胆固醇，还可以减少心血管疾病达52%以上。

第五，日本人讲究卫生，不管在东京这种大城市还是在乡村小镇，街道永远是干干净净的。

第六，日本很讲究食品安全，牛奶的保质期只有一个星期，而且必须放在10度以下的冰箱中保存。在日本买不到可以常温保存的牛奶，因为常温保存的牛奶必然会加入许多添加剂。

第七，日本社会宁静，没有各种喧嚣和嘈杂。因为噪音污染会导致血压升高，甚至直接对心血管造成损害。

第八，作为汽车大国的日本，人们却很少开车，喜欢乘坐地铁、轻轨等公共交通工具出行。很多日本人也会选择自行车作为自己的日常交通工具，既是锻炼也是放松。

第九，日本政府制定法律，对国民身材苗条提出明确要求。要求男性腰围不要超过85厘米、女性腰围不要超过90厘米，如果超过的话，血糖、血压、血脂其中有一项不合格，就要在三个月内自行减肥，并将减肥纳入医保范围。

第十，我觉得也是最为关键的一点，就是全体国民的定期体检。

前几天，我收到一条东京都港区政府发来的手机短信，通知我尽快去医院做一年一度的定期体检。因为区政府发给我体检表和体检通知已经过去一个多月，还没有我去做体检的记录。

同时，我还收到东京商工会议所寄来的一个大信封，里面是前列腺癌、肺癌和胃癌专项检查通知。因为我们亚洲通讯社是东京商工会议所的会员，一年交相当于2500元人民币的会费。

无论是东京都港区发给我的催促通知，还是东京商工会议所发给我的专项检查通知，都告诉我一句话：体检是免费的。

为什么我的体检是免费的？因为我加入了国民医保，同时我们单位也给东京商工会议所交了会费。

日本政府规定，每位国民每年必须参加一次体检；同时，男性和女性的体检内容，除了共性部分的检查项目外，还有性别因素的专项检查。此外，根据年龄的不同，还会增加新的检查内容。比如，男性过了45岁就必须参加前列腺癌的检查，而女性过了40岁则必须参加乳腺癌的检查。

我没有参加港区政府和东京商工会议所通知的检查，因为这些检查都是基本体检。日本还有一种体检，叫"人间ドック"，翻译成中文，就是"精密体检"。

日本的基本体检，也是从抽血、检查粪便和尿液、胸透、腹腔检查开始，常规内容都有。但是人到中年，综合体质出现下降，我更倾向于做精密检查，这样可以知道自己的身体到底处于什么样的状态，需要注意什么问题。这样的精密检查，我一年做一次，但是它不列入医保范围，需要自己掏腰包，一般的检查费用在10万日元左右（约6000元人民币）。

做精密体检，必须提前预约，一般需要提前一个月。

能够做精密体检的医院，在东京到处都有。按照我们中国人的概念，三甲医院都有精密体检部，有些二甲医院也有。当然，日本的医院没有一级、二级、三级之分，只有国立、公立、私立之分。你信任哪家，就去哪家。有些医院看上去不大，但是它在某个领域却是权威。比如脑部精密检查，并不是所有大医院的强项，东京做得顶尖的也就四五家。所以，东京的精密体检，有百货公司类型的，也有专卖店类型的，可根据自己的身体状况做出选择。

我选择的体检医院是东京有明医院，这家医院是日本最有名的肿瘤治疗专门医院，早在100年前这家医院就开始了癌症治疗。

体检是一个月之前就预约好的。在体检前一周，我收到了医院寄来的一份快递，里面包含了问诊表、检查说明、粪便尿液采集器、咳痰容器等一整套体检材料。粪便尿液采集方法有详细的图文说明，即使你不懂日文，也能够看懂。

粪便尿液和痰必须采集3天，然后还要填写厚厚几页的"问诊表"。这里面有对体检者身体状况、病史、家族病史、服药情况等上百条的询问，还包括吃不吃早餐、一周喝几次酒、每次的酒量是多少，运动出不出汗等，把细节问到了极致。好在询问都是对"是"和"不是"进行打勾，老年人都可以独立完成。这份表格会在医院存档，以方便今后对体检者的持续跟踪。

日本的体检比较温馨。首先是体检区的环境，设计得跟宾馆一样，不会让你感觉是到了医院。在各个检查室边上，有众多的沙发和椅子，还有各种杂志可以看。医生和护士们都会冲你微笑，说话声音很轻柔，氛围很轻松，尤其是像我懂日语，还能跟医生护士开几句玩笑。

2018年的体检，我是第一次做胃镜。预先在填写问诊表时，就有一项内容，就是问你在做胃镜前，是希望使用镇静剂还是不希望使用镇静剂？我不清楚用与不用到底有什么区别，于是在体检前护士——与我确认检查内容时，问她使用镇静剂有什么好处？她告诉我，镇静剂其实就是短效麻药，让人在短时间，也就是在做胃镜时失去知觉，以减少胃镜对人体器官的刺激所带来的痛苦。我问她："失去知觉的时间大概是多长？"她说："大约 30 分钟。"我想充当一次英雄好汉，知道一下做胃镜到底有多难受，所以没有选择注射镇静剂。

轮到我做胃镜时，医生又问了我一次："要不要注射镇静剂？"我说："没关系，我想试一试。"那位女医生说："其实并不十分难受，稍微忍耐一下，就可以过去。10 个人中，大概有 3 个人选择不使用镇静剂。"

给我做胃镜检查的医生就一个，另外还有两名护士。医生与一名护士操作胃镜和观看彩色的显示屏，另外一位护士充当"老妈妈"的角色，不断地轻揉我的背和肩膀，安慰我说："再一下下就好，稍微再忍耐一下。"

做胃镜检查，最难受的是管子通过喉头的时候，会有一种本能的呕吐感。进入胃部之后，竟然没有什么感觉了。我盯着显示屏，也是第一次看到自己身体器官的内部情况，倒有一种新鲜感。

整个检查大概五六分钟的时间，医生说："很健康，没有什么问题。"离开时，护士一个劲地鞠躬，说："您辛苦了"。

我在中国做过一次 B 超，刚好是冬天，做 B 超检查使用的啫喱是冰冷的，抹在肚皮上特别的不舒服。但是这次在有明医院做检查，啫喱竟然是温热的，涂在身体上完全没有任何不舒服的感觉。医生对腹部的每一个脏器进行检查,屏气、呼气、放松,反复检查了十几分钟。检查完之后,护士不是用餐巾纸,而是先用温热的湿毛巾帮我擦干净身上的啫喱,再用干毛巾帮我擦一遍。

我跟有明医院体检中心的田中部长挺熟,体检完后,他过来看我。他说:"从目前的检查结果来看,你身体没有什么大问题,但是腰围和体重超标。体重必须减去5公斤,腰围减去7厘米。"

我说,从明天开始减肥。

在有明医院做体检有一个好处,那就是如果在检查过程中发现息肉之类的东西,一般就可以帮你直接拿掉。同时,如果发现有癌细胞的话,就直接住院做手术,比较安心。

体检结束后,一位医生跟我谈了20多分钟。除了血液、粪便、尿液检查还需要一些时间,只能日后邮寄告知之外,其他的检查结果都一一跟我解释,并指出我平时饮食与生活习惯的问题,最后也是一句话:"减肥,减去5公斤。"

体检的最大好处是能够了解自己的身体状况,及时发现问题。所以,日本这个国家不流行吃补药,人参和冬虫夏草在日本是买不到的。而且也不注重"食补",在中国流行的煲汤、药膳,在日本是看不到的。日本的国民只是注重于吃新鲜的鱼、新鲜的蔬菜,喝新鲜的牛奶,再加上全民体检,就足以保证国民的健康长寿。

其实对于日本政府来说,全民体检并不仅仅是为了每一位国民的健康,同时也是为了节约政府的医疗费支出。国民一旦进入中老年之后,身体变得越来越差,那么政府的医疗负担也会越来越重。因为日本的国民医疗保险，政府要承担 70%，并且包括癌症治疗。不会出现进口药或者高级药不列入医保范围，需要病人自掏腰包的事情。所以，早体检、早发现、早管控，也有利于政府减轻负担，真是一举两得。

大家每年一定要做一次体检，不要讳疾忌医。财富对于一个人固然重要，但是最重要的是健康和生命！

11. 日本采取哪些政策鼓励多生孩子

生儿育女，本来是人类繁衍的一种本能，用不着别人说三道四。但是现在到了非说不可的地步，因为越来越多的人不愿意生孩子，也不愿意养孩子。

许多人放弃自己生育下一代的权利，原因有很多，而且各个国家都有各自不同的烦恼。但是，有一个普遍的原因，那就是人们的生活压力太大，导致精神压力超出了正常。当一个人都没有心思静下心来，在月光底下好好地想一个人，并把自己满怀的思念写在纸上，他(她)还有什么欲望去追求更多的情爱？

所以，我觉得"90后""00后"的孩子们，人生最大的悲哀，可能是从来没有收到过一封感天动地的情书，也从来没有给自己心爱的人写过一封情书。手机丢了，所有的爱情记录也就没了。

日本也遇到了这个问题，年轻人不仅把结婚的平均年龄推迟到了30岁，而且结了婚之后，也不想生孩子。导致日本的出生率年年下降，孩子的人数年年减少。如此一来，日本人开始担心：日本会不会真的变成一座荒岛？

我们也许认为，日本人的担忧是那么的多余，因为在我们许多人的印象中，日本民族是一个很色的民族，日本人是一群很热衷于性爱的人。看看日本AV产业如此发达，就可以得出这一结论。

但是，现实情况又是如何呢？

我们来看一组数据。日本国立社会保障与人口问题研究所发布的一份调查报告显示，日本18～34岁的女性中，有39%的人还是处女；这个数字足以让我们许多中国男人感到惊讶。还有一个数据，同样会让人感到吃惊，在18～34岁的日本男性中，"童子身"的比例也高达36%。

调查报告还显示，18～34岁的女性中，有一半没有男朋友。而在35～39岁的年龄段中，有26%的女性和28%的男性从未有过性经验。

34岁以下的女性的处女率近40%，这个比例就很能说明日本女性并不是像AV片中渲染的那样开放与随便。但这一数据也说明，日本社会确实已经进入了"无欲望社会"，或者说是"低欲望社会"。

这种无欲望社会，直接导致的问题就是年轻人不想结婚，不愿结婚。

日本年轻人的晚婚率有多高？日本厚生劳动省的调查显示，目前日本男性平均结婚年龄为31岁，女性为29岁，这两个数据均创下了历史最高纪录。

日本国立社会保障与人口问题研究所在2015年公布的"终生未婚率"的调查数据显示，50岁之前从未结过婚的日本男性比例约为23.4%，女性比例约为14.1%，创下历史新高。这意味着，日本男性每4人中就有1人、女性每7人中就有1人终生未婚。

这一结果，导致日本出生率年年下降。在 20 世纪 60 年代，一个育龄女性一生生育孩子的数量，一般是 3 个以上。现在是多少呢？日本政府最新公布的数据显示，是 1.43 个。在日本 47 个都道府县中，出生率最高的是冲绳县，为 1.94；而出生率最低的是东京都，只有 1.21。

为什么会出现如此低的出生率？育龄女性人口的减少，是一个客观原因。也就是说，做妈妈的人越来越少。

第二大原因，是结婚人数减少。也就是说，越来越多的年轻人不愿意结婚，自然也就不愿意生育。

那么，日本的年轻人为什么越来越不愿意结婚？首先是因为这些年轻人看到父母如此辛劳地工作与生活，其实也没有什么太大的幸福感，依然会遇到争吵、冷战、离婚的情况，于是就扪心自问，结婚到底是为了什么？自己有没有必要去走父母的老路？

另外，现代生活的快节奏和生活与工作的压力，导致年轻人找不到自己的人生价值。男人们觉得自己婚后就像一部挣钱的机器，每天拼命努力，还满足不了一家人美好生活的愿望。而日本女人们也觉得结婚生子，整天待在家里伺候孩子、伺候老公，失去了自身的价值。这种"恐婚症"的出现，也导致许多年轻人更愿意去享受一种自由自在的单身生活。

生活与工作压力导致精神压力过大，加上现代信息社会有更多的东西与机会可以分散人的注意力，由此还导致日本社会没有性生活的夫妻越来越多。日本 NHK 电视台做过一次问卷调查，结果显示，30 多岁的年轻夫妻中，一年中只有几次性生活，或者根本没有性生活的比例高达41.6%。而过了40岁，这一比例更是高达63%。

上述这些原因，直接导致日本出生率的持续下降。而出生率的下降，会产生一系列的社会问题。首先是劳动力不足；其次是养老和医疗压力，也就是说，缴纳社保基金的人越来越少，拿用社保基金的人越来越多；最后是民众消费能力下降，使得经济增长失去动力。

根据日本政府的估算，到2050年，日本人口将从现在的1.27亿下降到1亿左右，减少幅度高达15%。这样一来，日本的国家根基很可能发生动摇。所以，日本首相安倍晋三把出生率低下的问题，称为"国难"。

国难当头之时，日本政府是如何应对的呢？

具体措施有这么几项：

第一，生孩子的费用由政府承担。日本政府规定，女性生孩子，政府一次性补助42万日元（约2.5万元人民币）。我做过一次调查，这笔钱到底够不够支付生孩子的费用？如果顺产的话，自己还需要贴20万日元。如果难产动手术的话，因为属于医疗保险，自己可以赚一半。这笔钱可以直接去市区政府领现金，也可以直接从给医院的住院费等里面扣除。

第二，给每个孩子每月发奶粉钱。日本政府规定，孩子出生之后一直到初中毕业，每个月都可以领到1万日元（约600元人民币）的奶粉钱。如果你生了二胎，那么两个孩子的奶粉钱每月增加到3万日元（约1800元人民币）。这笔钱，市政府每个月会定时汇到相应的银行账号上。

第三，生孩子给奖金。这项政策虽然不是全国性的，但是比较普遍。日本半数左右的地方政府，给每个生孩子的家庭赠送5万~10万日元（约3000~6000元人民币）的慰问金，有的是送一年的大米或牛奶。

第四，产假补助。一些福利比较好的公司，职员因为生孩子而请假，也可以照常拿全额工资。但是如果有些公司经营困难，只发70%的工资，那么政府会提供补助。补助金额是按照休息的时间来计算的。如果休假98天，那么每天给8000日元（约480元人民币），三个月合计补助52万多日元（约3万元人民币）。

第五，育儿补助金。从孩子出生后到未满一岁期间，如果在家休息养育孩子，也可以从雇用保险中获得补助。补助金额为原来收入的50%。比如之前每天收入8000日元（这是饭店端菜员的8小时工资），休息10个月，可以拿到约121万日元（约7万人民币）的补助。那些起点工资高的人，每个月最多可以拿21.5万日元（1.2万人民币）。这一补助政策也适用于请假在家养育孩子的爸爸。

第六，不育症治疗补助。当夫妻有一方或者双方进行不育症治疗（体外受精和显微受精）的时候，因为不能使用健康保险，所以政府会给予额外补助。每年最多可以拿两次补助，一次15万日元（约9000元人民币），也就是如果5年一直持续治疗的话，可以拿到150万日元（约9万元人民币）的补助。

以上这些措施，是日本政府的常规性鼓励政策。这些政策不只适用于日本人，也同样适用于在日本生活的外国人。但是，这些政策实行了许多年，依然难以扭转出生率下降的趋势。那怎么办呢？

日本政府还实行了一项新的国家战略政策——"造人革命"计划。这一造人计划，也有三项内容。

第一，计划在3年内，让全国所有3到5岁的儿童免费上托儿所和幼儿园。

第二，对于年收入不足260万日元（约15万元人民币）的低收入家庭，0～2岁儿童上托儿所的费用也由政府承担。

第三，孩子生下之后，无论是爸爸还是妈妈，只要停职两年在家照顾孩子，政府给予特别的育儿补助。

以上三项措施，就是要打消许多年轻人生了孩子无人养的顾虑，同时采取"政府包养孩子"的方式，以减轻年轻人的生活负担。

这三项措施推出后，日本国民还是感觉不过瘾。政府把托

儿所和幼儿园的费用负担起来了，那么孩子长大之后，上大学的费用怎么办？

于是在2018年6月，日本政府宣布准备推出一项新的政策，只要家庭年收入在380万日元（约23万元人民币）以下，孩子上大学的学费全部由政府承担。这一政策让单亲家庭喜出望外。在日本，一般的私立大学一年的学费都需要8万元人民币左右。

日本已经完全实现了从小学到高中的12年免费义务教育制度，如果加上低收入家庭大学也免费的话，那么，日本真正实现了某种意义上的"教育无偿化"。

其实，日本政府是一个很贫穷的政府，一年的国家预算是95万亿日元，但是一年的财政收入只有50万亿日元，也就是一半的钱是需要靠发行国债等手段筹措的。在本就困难的国家财政体制之下，日本政府还要拿出大笔的钱用于鼓励大家生孩子，而且不分日本人和外国人，可以说，日本政府为了化解人口危机已经拼了老命，并且摆出了一副举全国之力来保障日本未来的架势！

出生率低下的问题，不仅是日本的问题，也是我们中国现在面临的大问题。日本育龄女性人均生育率是1.4，而我们中国育龄女性人均生育率只有1.2，情况比日本还糟糕。所以，日本鼓励家庭多生孩子的各种做法，也值得我们中国学习和参考。

12. 日本为何要将退休年龄延长到七十岁

　　交纳社保基金的人越来越少，领取社保基金的人越来越多；日本整个国家的社保体系正在崩溃的边缘。

　　如何解决这个问题？日本政府最近动了一个脑筋，就是将企业员工和机关干部的实际退休年龄延长到70岁。这样能够保证相当一部分老人在领不到政府养老金的情况之下，还能够通过自己的劳动来维持正常的生活。

　　这一想法看起来有些残酷，但是，也是没有办法的办法。

　　我们来看一组数据，就可以知道日本的"老龄化"问题有多严重。日本全国总人口是1.27亿人，根据2017年的统计数字，65岁以上的老年人已经占到全国总人口的27%，其中75岁以上的老年人已接近14%。而国际上通常将65岁以上老年人占总人口数7%作为老龄社会的标志。日本其实已经进入了"老老龄化时代"。

　　对于日本政府来说，高兴的是，国民健康长寿，年年获得"世界最长寿国家"的称号，男性平均年龄81岁，女性87岁。发愁的是，领取养老金的年数越来越长，社保基金年年亏损。

　　日本副总理麻生太郎说过一句令日本老人们极不愉快的话，

他说:"日本老年人活得越久,政府医保负担就越重。"结果这句话被在野党议员抓住把柄备受指责,麻生最后不得不做出道歉。

事实上,由于医疗保障制度的完善和日本环境、食品的安全保障,日本的长寿化进程不断推进。据日本厚生劳动省统计,目前,女性每4人中就有1人能活到95岁,男性中每4人中有1位能活到90岁。随着医疗技术的发展,健康的人口不断增加,享受生活的人也不断增多,活到100岁已不再稀奇。

再看一组数据:1963年时,日本百岁以上的人口只有153人;而在2017年,已经增加到约6.8万人,最长寿的人已经有117岁。日本国立社会保障与人口问题研究所测算,到2050年,日本百岁人口将超过50万人。而在2014年出生的人口,将有一半会活到109岁。这意味着,日本已经开始了"百岁时代"。

国民健康长寿本来是一件很值得欢天喜地的事情,但是日本政府开始头疼了。

因为在20世纪60年代制定养老金制度时,国民长寿年龄是以平均75岁设计的,而现在平均年龄已经84岁,比原先设计的多出了9岁。如果再过几十年,平均年龄跨入100岁的话,那么活着的老人要比原先政府设计的死亡年龄多25年,也就意味着他们要多领25年的养老金。日本政府开始扛不住了!

在日本,每年9月的第三个星期一,是日本的敬老日。从1963年开始,日本政府会在当天为满百岁的老人准备银杯、银盘等礼物以表敬贺。最初政府只要准备153份,但如今,这个数字已经超过6.8万人,再这样增加下去,政府将不得不取消送银杯、银盘的庆贺制度，只怕是送不起了。

2017年，日本新生婴儿的出生人口已经跌破100万人，而65岁以上的老人，已经有4000万人。到2050年，日本的劳动力人口预计将从1955年巅峰期的8700万人减少到5500万人左右。这意味着，今后缴纳养老金的人越来越少，而领取养老金的人会越来越多，社保基金的窟窿只会越来越大，不会变小。

我们来看看，日本政府目前用于社会保障的支出，每年花了多少钱？

根据2018年度国家财政预算执行计划显示，全年度国家预算总额为95万亿日元（约5.7万亿元人民币），但是用于养老和医保等领域的支出，已经占到了国家预算总额的三分之一，达到了32万亿日元。这就意味着，国家三分之一的钱用于国民的养老和治病等民生领域。

刚才我已经提到，日本政府在20世纪60年代制定养老金制度时，日本人的人均寿命只有65岁。所以，日本政府乐观估计，将来日本人平均寿命能够达到75岁，那已经是万事大吉了。于是就将养老金的最终领取年龄，设计为75岁。

根据这一设计，日本人在60岁退休后，即可以领取养老金。但是以目前的状况来看，政府的社保基金已经难以支撑60岁领取养老金的制度。所以从2018年开始，领取养老金从60岁开始推迟到62岁开始。而日本的养老基金机构估算，到2030年，领取养老金的年龄要延长到67岁。

那么问题来了，60岁退休之后到67岁开始领取养老金，这7年的时间里，日本老年人靠什么活下去？

过去人们常说，日本最富裕的是银发阶层。因为一名企业员工或者机关干部，在 60 岁退休之后，可以从企业和机关领取一份数目可观的退职金。根据企业的经济状况和本人在企业的工作年数、职务等，一般都有 1500 ～ 2500 万日元（约 90 ～ 150 万元人民币）。但是中小企业有的只有几百万日元，甚至没有。如果按照老夫妻一个月 25 万日元的生活费支出标准，有 1500 ～ 2500 万日元的退职金，能够支撑 5 ～ 8 年的家庭开支。

退休人员除了这笔退职金之外，每个月还可以领取 20 万日元左右的政府养老金。所以，退职金和养老金加起来，老夫妻的日子还比较好过。但是，如果今后的养老金要从 67 岁开始领取的话，那么用这笔退职金填补这六七年的收入空白，可能还不够。

怎么办？日本政府早在 2013 年就动了一个脑筋，那就是将实际退休年龄延长 5 岁。

这一年，根据日本政府的提议，日本国会通过的《高年龄者雇用安定法》，要求企业原则上将员工雇用到 65 岁，并作为企业的一种义务规定下来。

这部法律规定，日本政府机关和企业员工，原则上 60 岁退休。但是国家建议将 60 ～ 65 岁之间作为"继续雇用年龄"，要求企业继续雇用这些超过退休年龄的员工。这就意味着，政府的社保负担开始要求企业一起来承担。

针对政府的这一要求，日本各大企业还是拿出积极合作的态度，开始改革人事制度，规定到了 60 岁退休年龄的员工，如果本人愿意继续留下工作，那么除了不能担任领导与管理工作之外，工资待遇为原工资的70%左右。

但是这一法律实施了仅仅5年，日本政府就发现不对劲了。因为延长5年还是解决不了问题。2018年9月3日，日本首相安倍晋三在接受《日本经济新闻》采访时透露，政府正在考虑将实际的退休年龄从目前的65岁提高到70岁。他说，政府会采取发放雇用补贴和减税等政策，积极鼓励企业将雇用年龄提高到70岁，以保证老年人的收入不受养老金制度改革的影响。

那么，一旦政府修改法律，将雇用年龄延长到70岁，将养老金开始领取的时间改为67岁，也就成为了必然。

日本政府还在动一个脑筋，就是将消费税从目前的8%提高到10%，将增加的2%消费税填补到社保基金中去。但是，日本国民对于提高消费税的做法，抵触情绪很大。前几年将消费税从5%提高到8%，使得日本整个消费市场低迷了4年，至今还缓不过来。

日本老年医学会最近有一个建议，将年龄结构进行一次调整，规定20～50岁为"青年"，51～74岁为"中年"，75岁以上为"老年"。因此，75岁以下的人都可以参加工作。

日本出租车行业协会最近也有表态，说日本老年人到了75岁还精力充沛，思维敏捷，因此建议各出租车公司将司机的雇用年龄延长到75岁，同时允许私人出租车司机可以开到85岁。

说到底，政府管不了老年人的晚年生活，老年人只能靠自救。日本社会学家野尻先生出了一个馊主意，他说：假设退休后夫妇两人一起生活到95岁，即使生活费比退休前下降了三成，除养老金以外仍需要约 6000 万日元（约合 350 万元人民币）来维持生活。为了控制生活费的支出，建议老年人离开东京、大阪、横滨等大都市，搬到地方城市去生活。老人们到地方城市生活之后，如果从事些轻松的农活等工作的话，一个月的收入也可达到 20 万日元左右，而且地方城市房租和物价都便宜，很适合养老。

　　日本 NHK 电视台拍过一部纪录片，叫《老后破产》。这部纪录片讲述了 69 岁的河口先生的晚年生活。河口先生年轻时是一位年收入一度超过 1000 万日元的精英中产，最后也沦为老后破产大军的一员。在这支大军中，年轻时开着居酒屋、宠物店，自己当老板，遥想"金钱自由"而老后破产的人，更是数不胜数。

　　年轻时经济向好、年年涨薪，以为生活总会越来越好，因而购车买房、投资生意，没有多少固定存款，结果因为经济下行而投资失败、生意破产，到了晚年入不敷出。

　　"我认为自己一直都是认认真真地工作，可万万没想到，

会成为今天的样子啊。"这是大多数日本中产变成破产人士的感叹。

问题还在于，当自己年老破产时，还需要赡养八九十岁仍旧健在的父母，资助因经济影响失业在家的子女，真可谓苦不堪言。

虽然日本拥有相对健全的福利保障体系，破产老人只要向政府申请就能够得到生活救济，不至于饿死和病死，但是随着社会老龄化程度的加深、劳动人口减少，国家用于养老的资金池本身就在日渐萎缩，更无力雇用更多的人员去帮助日益长寿的老人。这才是日本社会的真正危机。

13. 日本社会的"十五分钟原则"

大家有没有注意到 2018 年上半年的一条日本新闻：连接东京市中心与北郊茨城县筑波科学城的筑波快线列车，原定于上午 9 点 44 分 40 秒发车，由于操作员的失误，列车没有按照原定时间准时出发，而是提前了 20 秒驶离了车站。虽然没有乘客落下，也没有人发现提前"20 秒钟"，但是，铁路公司还是郑重其事地在网站上发布了一份道歉声明。

这份道歉信，在日本网络上并没有引起太大的反响。因为很多日本人认为严格遵守时间、承认错误是日本的传统美德，铁路公司的做法没有什么可大惊小怪的。但是这一道歉声明，引起了海外媒体的关注，像英国的 BBC、美国的《纽约时报》、俄罗斯的卫星网，还有中国的网络媒体，纷纷予以转发报道。尤其是列车经常晚点的欧美国家，网友们甚至将这份道歉信转给当地的铁路公司以表示自己的不满。

日本铁路公司为什么会如此重视这"20 秒钟"？因为"准点"一直是日本铁路公司的追求，不仅要求准点到达，还要求必须是准点出发。一是为了避免出现铁路交通事故；二是为了避免因为不准点打乱整个公司列车的运营计划；三是为了避免耽误乘客的出行；四是为了体现铁路公司严谨安全的管理理念。

日本社会为什么在时间问题上会表现出如此的苛刻？

在日本，朋友之间约一个饭局一般是提前一个月，最少也得提前一个星期。如果提前一天或者当天约饭局，日本人的第一反应是："你遇到了什么难处？"第二反应是："太失礼了。"

日语中有一个单词，其实是汉字，叫"约束"。虽然是汉字，但是意思与现代汉语的"约束"有一定的差异，日文中的"约束"翻译成中文，应该是"约定"。

在日本，约定的事是不能随意更改的，除非遇到家人生病、地震台风或者自己中暑倒下。为什么不能更改？因为对方为了与你的约定，可能已经推掉了其他的安排，或者已经预定了饭店，心理上已经做好了与你相聚的准备，甚至已经为你买好了礼物。所以，能否如约，便成了一个人的信用问题。在日本社会，一旦失去信用，那么朋友之间的关系就会疏远，而公司之间的生意关系也会因此受影响。

也许有读者朋友说，我可以跟对方说，我们单位突然开会、领导突然找我谈话、公司突然通知我出差。这些理由在日本是很难成立的，因为公司要开会，一般也都是一个星期前定下来的，除非公司遇到了很大的危机需要你处理。出差也不可能不提前几天告诉你。所以，当天要取消饭局，在日本是一件很困难的事。即使提前几天要取消，也要千万个道歉。

我遇到一件令我感动的事情。我的朋友森山博之，是日本最大的精细化工企业之一的旭化成公司前驻北京总代表。他应我的邀请参加了8月下旬在东京举行的纪念周恩来总理诞辰120周年的大会。会议结束后晚餐，没有找到他。看手机，才发现他给我留了一个短信，说接到夫人的电话，女儿在医院里马上要生孩子了，叫他赶紧赶过去。等他匆匆赶到医院不久，女儿生下了一个男孩，他高兴地又给我发了一条留言，说："我做外公了。"

纪念周恩来总理诞辰120周年大会的参加者有300多人，不缺他一个。但是森山先生认为，既然已经答应要出席，那么，即使女儿进了医院，他也要履行自己的诺言，赶来参加大会。

这说明什么？说明"守时守约定＝信用"，这在日本社会是一条铁的法则。

日本社会还有一个法则，那就是"15分钟原则"。就是你去别的公司拜访客户、去会见朋友、去拜见政治家或名人，像我们记者要去做专访，都必须提前15分钟抵达对方公司或者约定的场所，然后根据约定的时间准时敲响对方的门。

比如，我要去拜访一家公司的社长，约定的时间是上午10点钟，那么我就要在上午9时45分赶到这家公司的附近，或者进入这家公司的一楼大厅。在9时55分时，通知前台或者打电话给对方的秘书，告诉对方我已经到了，随时可以上楼拜访。

不要小看这15分钟，在这15分钟里，你可以静静地准备自己要谈的内容，整理一下自己的思路与心情。最为关键的是，你能够保证自己不迟到，让对方公司觉得你是一位守时、靠谱、有信用的人。也许这15分钟就可以让你与对方建立起一种信用，谈成一笔生意，成为贸易伙伴。

如果是跟朋友约定在哪里见面，你算好时间准时赶到，在日本社会还有一条法则，就是"准点等于迟到"。为什么有这条法则呢？因为你虽然是准点赶到，觉得自己并没有迟到，但是你的朋友或许已经等了你 10 分钟甚至半小时，事实上你已经做了一件很失礼的事情。

那么，万一发现自己要迟到的话，该怎么办？日本社会的常规，是至少 30 分钟之前通知对方，并明确告诉对方大概要迟到多长时间。

日本人一般都会说"没关系，没关系"，但心里还是有关系的，因为你给别人添了麻烦。

在通知对方自己要迟到时，一般不要解释迟到的理由，比如堵车了、开会晚了。在东京，没有人会自己开车去赴约，而且东京一般也不会堵车，大多数人是坐地铁、轻轨，都算得准时间。迟到就是迟到，向对方道歉，让对方有一个思想准备，可以利用等你的时间来做其他的事情。

日本社会不仅是个人守时，企业也努力守时。世界航空数据公司 OAG 发布了《2018 年准点率综合报告》（*The OAG Punctuality League* 2018）。这份报告汇总了 2017 年全年近 5700 万条航班数据，评估了全球最大的航空公司和机场的准点率情况。结果显示，日本航空公司、东京羽田机场和大阪机场的准点率分别荣登超大型航空公司、超大型机场和大中型机场类别的全球第一。

日本航空公司是日本最大的航空企业，服务全球 229 条航线，同时也是世界第三大航空公司，日本航空的准点率是多少呢？高达 98.28%，到达平均延误时间仅为 3 分钟。全球准点率第二名，也是日本的航空公司，叫全日空，全日空的准点率是97.03%。而中国四大航空公司中，表现最好的是海南航空公司，其准点率为65%，可见二者之间的差距有多大。

我曾经采访一家日本航空公司，问他们如何能够保证这么高的准点率？他们说了三个秘诀。

第一，专门航线要有专门的飞机，不能一架飞机一天时间里跑几个城市，换几条线，搞疲劳战术。这样的话，哪一条线出了问题，都会影响到这架飞机后续执飞的航班。当然，这里有一个前提，就是日本航空公司要有足够的飞机储备。对于日本航空公司来说，为了保证准点率，多买几架飞机也在所不惜。

第二，乘客办理登机牌和托运行李，是随到随办，没有规定"两个小时之前才能办理"，虽然这样做，地面工作人员要随时在柜台上值班，比较辛苦，但是这样就避免了集中办理登机牌导致乘客登机延误。

第三，飞机起飞前30分钟一定会开始办理登机手续，并通过机场广播，反复催促乘客登机。最后，由地面工作人员拿航班指示牌，去外国游客比较多的免税店一一招呼，以保证乘客准时登机，客机准时起飞。

不仅是航空公司，日本的铁路公司也是如此。也许在世界上的其他任何地方，一辆火车仅仅晚点90秒钟，都会被视为极为准时，但在日本却并不适用。日本铁路的准点率每年都保持在97%以上，铁路服务人员通常会为短短的1分钟的延误反复道歉。

日本人追求极致的时间观念，很多人认为这与日本人的性格以及国民性有关。其实，日本人原本对时间的概念和意识也是比较宽容和淡薄的。明治时代初期,日本的火车和现在的欧美国家一样,晚点30分钟也是常有的事情,上班迟到也是正常现象。

为了改变这种拖拉的情况,日本在明治时期,也就是中国的晚清时代,导入了西方的24小时时间制,并加强钟表的普及。在公共场所,诸如公园、店铺和大厦等醒目的地方设置时钟以提示时间,日本人才开始有了明确的时间概念。明治之后的大正时期,日本政府规定每年的6月10日为"时间纪念日",号召民众加强守时意识。经过不断努力,守时观念逐渐渗透到日本国民心中。日本在学习西方科学管理方式的同时,将时间管理发挥到如此极致,也是欧美国家意想不到和艳羡不已的事情。

日本社会的时间观念,给整个社会带来了什么样的变化?

首先，日本人从守时中学会了守约和讲信用；其次，培养了一种做人做事的认真作风；最后，提高了整个社会的管理效率。精确到几时几分的时刻表在日本是随处可见的，列车运营公司按时发车到站，乘客按时等候、乘车，这样就形成了一种良性的互动关系。乘客根据列车时刻表提前知晓发车时间，可以合理地安排自己的行程。长期处于如此精准和精细的社会里，你不得不融入并适应其中，一旦脱离日本社会的规范，那么会给生活带来很多麻烦和混乱。

　　日本社会因为守时进入了一个守规则、讲信用的时代，一个社会也因此进入了一个良性循环的状态。

14．日本为何要打开移民之门

2018年10月从中国访问回来，安倍首相张罗着要修改一部法律——《出入国及难民管理法》。为什么要修改这部法律？因为安倍首相认为，日本的劳动力严重不足，需要引进外国人到日本工作，得创设新的名目的外国人居留签证。于是，有许多人担心，这样一来的话，日本不就成为移民国家了吗，大和民族的纯真性是否会遭到破坏？

要国家的持续发展，还是要大和民族的纯真性？成为日本社会目前争论最热烈的一大话题。而对于我们中国人来说，涉及一件大事，那就是普通的中国人是否也有可能到日本去工作，甚至可以长期定居拿绿卡办移民？

日本少子老龄化问题日益严重。日本目前育龄女性的生育率只有1.4。虽然这一数字比中国的1.2还高，但是，日本政府已经明显地感觉到严重的危机，根据日本国立社会保障和人口问题研究所的推算，到2048年时，日本人口总数将从目前的1.27亿人减少至9913万人。到2060年时，人口更是将减少到8674万人，与日本现在的人口数相比，将减少三分之一。虽然这是几十年以后的事情，但是因为日本各地区状况不同，其实一部分地方城市已经开始出现严重的劳动力不足的问题。

11月,我到东京北部的栃木县日光市访问。日光市是一座著名的温泉旅游城市,不仅温泉多达20余种,而且山顶还有一个美丽的中禅寺湖,周边枫叶红得正是时候,漫山遍野的绚丽,是日本观赏红叶的四大名胜景区之一。日光市还有一处世界文化遗产——东照宫,埋葬着江户时代叱咤风云的大将军德川家康。

我与日光市旅游协会会长交谈的时候,他告诉我,日光市虽然距离东京坐火车才两个小时,但是因为人手不足,许多温泉酒店找不到工作人员,还有千年历史的温泉旅馆因为后继无人,不得不宣告关闭。

为了解决人口减少、劳动力不足这一问题,日本政府这几年不断扩大输入外国人技能研修生到水产加工厂、农庄、制造工厂、建筑工地等处工作。但是,外国人研修生制度是以研修为名义的制度,外国人最多只能待5年,不仅拿不到工作签证,而且所谓的工资也只是一些补助,还没有正儿八经的社保,从

事的又都是最艰苦的体力活，因此，联合国人权组织批评日本的外国人研修制度是"现代奴隶制度"。

根据最新统计，到2017年为止，在日本国内居住的外国人总数为391万人，占日本总人口的3%。而其中在日本工作的外国人为127万人。中国人是日本最大的外国人种族，总人口达到73万人，如果加上加入日本国籍的华人，华侨华人的总数接近100万人。

外国人基本都集中在日本的大城市里，其中东京23区高居榜首，其次分别为大阪市、横滨市、名古屋市、神户市、京都市等。除了三大都市圈以外，九州地区的福冈市、静冈县滨松市等地方城市，外国居民人数也很多。大阪市生野区的外国人占比已经达到21.4%，也就是说5人中就有1人是外国人。以"多文化共生"为口号，积极引进外国人在当地工厂工作的群马县大泉町，外国人的比例也达到15.58%。

这么多的外国人生活在日本各地，到底会给日本的经济与社会带来什么样的影响？日本经济新闻利用全国人口调查和劳动力调查的政府统计资料，对各行业和都道府县对外国人的依存度进行了调查，结果显示，2017年，日本全国范围内外国劳动者的占比约为1/50，也就是50个劳动者中有1位是外国人。而在广岛县从事渔业生产的外国人，在2015年达到573人，也就是每6个渔民中就有1人是外国人。

在农业领域，茨城县对外国劳动者的依存度最高，达到每21人中有1名外国人的比例。茨城县号称东京的"菜篮子"，农业劳动力严重不足，现在有3700多名来自中国和印度尼西亚等国的研修生在种各种蔬菜。

现在东京很多饭店、24小时便利店,打工的80%以上都是外国留学生。比如很有名的"王将饺子"连锁店,90%的员工都是留学生等临时工。而法律规定,留学生一周的打工时间不得超过28小时,也就是一天最多只能打工4个小时,因此根本无法解决东京这样的大都市的劳动力严重短缺的问题。

一方面,日本急需要大量的外国劳动者;另一方面,又必须摘掉"奴隶国家"的不光彩帽子,日本政府于是开始动脑筋,准备修改《出入境与难民管理法》,开放外国人到日本来工作。

2018年7月,日本政府首次召开了"关于接纳外国人才、共生的相关阁僚会议",讨论了创设新居留资格、扩大引进外国劳动者的法律与政策问题。新制度计划把护理、农业、建筑、住宿、造船5个领域首先向外国劳动者开放。随后将逐步开放制造业、食品加工业和渔业等领域,最终开放接纳外国劳动者的行业可能达到14个。

日本政府在11月2日正式向国会提出了《出入国与难民管理法修正案》。

这个修正案提出,日本政府将新设两类签证:

第一类是,特定技能1号签证:包括建筑、农业、护理、造船等14个领域;

第二类是,特定技能2号签证:以上14个领域中的建筑业、造船等4个业种。

这两个特定签证,就是为了引进外国劳动者而量身打造的。因为在日本要拿工作签证,必须要有专门学校,也就是中专以上学历。而这次新设立的两个特定签证，像建筑工、护理、渔农业劳动人员等单纯劳动者，中学毕业也可以到日本工作。而且不需要工作经验，也不需要日语考试资格证书，具备一点简单的日语会话能力就可以，工资福利待遇与日本人一样。总之，条件要求很低。第一号签证，可以签5年。5年之后，达到一定条件者，比如你工作很努力，没有犯罪记录，或者能够在日本考取一个国家资格证书，那么就可以长期留在日本，还能把自己的爱人以及孩子带到日本来一起生活，享受日本普通的国民福利待遇。

日本政府的这项新的吸引外国劳动者的制度，计划在本届国会中寻求通过，从2019年4月起开始实施。第一年计划引进4万名持有这样签证的外国劳动者。到2023年，日本将接收25万名这样的外国劳动者，包括饭店的洗碗工、酒店的清洁工。

日本政府的这项新的外国劳动力引进制度，也遭到了在野党和日本民众的批评与担忧。日本法务省提供的数据显示，2018年上半年，已经有4000多名外国技能研修生成为非法居留的黑户口。那么，低学历的外国劳动者大量涌入，不仅会使得日本社会的治安恶化，同时，也有可能拉低日本社会的文明的素质。更有日本人担心，如果这些低学历外国人与日本人结婚的话，长此以往，将会导致大和民族素养的降低。

当然，日本人的许多想法有其相当大的保守性和狭隘性，也将阻碍日本社会国际化的进程。但是，对于单一民族的日本来说，大量外国人的涌入，虽然能够解决一部分劳动力不足的问题,自然也会伴随因为生活习惯、价值观不同导致的文化冲突。所以,在鸡和鸡蛋之间,该如何做出选择,对于日本政府、日本社会来说,也是一种考验,而这种考验更多的是一种文化的忧虑。

在我们中国周边国家中,距离我们最近、社会发达程度与文明程度最高的,是日本。而且日本四季分明,环境优美,收入又高,使用部分汉字,自然是移民的好去处。从上海飞日本福冈机场,只需要1个半小时的时间,比飞北京还近。但是,迄今为止,日本一直拒绝像美国、加拿大、澳大利亚那样的投资移民。因此你再有钱,也无法通过投资的方式直接在日本拿到绿卡,获得永久居留权。

那么,日本政府此次修改法律,开放外国劳动者到日本就职工作,是不是开启了移民国家之路?日本政府自然不会承认。但是,面前明摆的问题是,日本未来30年中,缺少900万人的劳动力。虽然也可以考虑部分行业由机器人代替,但是,传统的服务行业还是需要大量的人去工作。因此,大量引进外国劳动力成为日本政府无可奈何的选择。这就使我们中国人,尤其是低学历劳动者通过去日本工作,在几年之后获得日本的绿卡,达到一家人长期定居日本的目的,成为可能。

而中国的富裕阶层自然不愿意去日本充当一名劳动者,但是,又期望获得绿卡,那最好的途径是在日本投资开设一家公司,自己当老板或者股东,通过拿几年日本的"经营管理"签证,或者"就职"签证,在规规矩矩纳税之后,便可以获得日本的永久居留权或者申请加入日本国籍。这个途径,目前已经在实施,比较切实可行。

  毫无疑问，日本政府对中国人的签证要求条件会越来越宽松，同时，给予中国人长期居留日本的机会也会越来越多。今后，只要中国人在日本的口碑不是越来越差，中国人规模性移民日本的可能性会越来越大。说白了，日本周边国家中，也只有中国人最愿意花钱，也最爱考虑移民，而且中日两国文化和人种上也有许多相通之处，经济与市场的融合度最高，日本政府不会更多地拒绝中国人的到来。

  所以，你真想移民的话，日本是一个不错的选择。当然，最好把移民看作一种选择居住地的行为，别扯上爱不爱国的大问题。

15. 东京为什么有那么多米其林餐厅

1900年的万国博览会期间,法国米其林轮胎公司的创办人米其林兄弟看好汽车旅行的发展前景。他们认为,如果汽车旅行越兴旺,他们的轮胎就会卖得越好,因此,他们将餐厅、地图、加油站、旅馆、汽车维修厂等有助于汽车旅行的资讯聚集在一起,出版了随身手册大小的《米其林指南》一书。随后被收录在《米其林指南》里的餐馆,就可以被称作"米其林餐厅"。

1926年,《米其林指南》一书开始用星号来标记餐厅的优良等级,"米其林星级餐厅"就是从那时正式开始的。

日本人一直对于"米其林星级"评估不屑一顾,一直到米其林星级餐厅诞生81年之后的2007年,才开始接受米其林星级的认定。为什么开始接受呢?原因是日本政府推行"观光立国"的政策,大量的外国游客开始涌入日本,而日本的和食料理,也开始申报世界非物质文化遗产。

那么,东京目前有多少家米其林餐厅呢?

2017年12月,《米其林指南》总部公布了"2018年东京米其林餐厅"名单,入选的各类餐厅共有512家,比2017年的542家减少了30家,但其中却有82家新店,这是让人十分期待的名单变化。米其林指南国际总监迈克尔说:"今年有82

家新餐馆被列入米其林指南，反映出东京的饮食界拥有杰出的才能和技巧。而指南中包括寿司、法国餐、意大利餐、天妇罗、居酒屋、拉面店，丰富的餐馆类型证明东京在餐饮领域丰富多彩的能力。这是一个连拉面店也可以问鼎米其林星级的城市，真是令人兴奋与鼓舞。"

虽然入选的餐厅有500多家，但是，星级餐厅只有227家，其中一星级餐厅为161家，二星级餐厅只有54家，而最高品位的三星级米其林餐厅的数量却是雷打不动，依然是12家。其中寿司之神"数寄屋桥次郎"等4家店是从2011年开始一直保持至今的三星级米其林餐厅，他们的含金量是其他餐厅无法比拟的。这也是人们渴望去小野二郎先生的寿司店里去坐一坐的原因。

日本的米其林星级餐厅是怎样评选出来的呢？东京电视台曾经播过一个节目，说《米其林指南》在日本组织了一个评审团，两人一组，就作为普通的食客预约、排队，然后去品尝。店家是根本不知道有评审员来吃。整个评审打分的项目共有24项，用10分制的方式打分，而且是每年评审一次。去年是三星级，也许今年就会降为二星级。但很有趣的是，东京有不少的名店拒绝接受米其林三星级餐厅的评定，比如像"京味""瓢亭"等，可《米其林指南》公司还是会硬给的，以体现其公正性和全面性。

根据《米其林指南》的统计，东京是全世界米其林三星级餐厅最多的城市，数量超过巴黎，巴黎仅有10家，而东京有12家。如果算上一星和二星，东京的数量要超过巴黎的8倍。

为什么东京有这么多的米其林餐厅？

第一是餐厅的数量，东京明显领先于巴黎。东京首都圈共有近3000万人口，有各种餐厅16万家。而巴黎只有1.3万家餐厅，连美国的纽约地区也才有2.5万家餐厅。东京发达的餐饮业为优秀餐厅提供了生存土壤。

第二是日本厨师的工匠精神。就像小野二郎先生那样，很多日本名厨几十年如一日兢兢业业钻研手艺，而且毫不张扬，这种精神造就出各自特色精美的佳肴。

第三是善于改良，精益求精。东京这227家星级餐厅中，有不少是法国、意大利和中国的菜肴，日本对于引入的外国料理，会进行改良，用日本人的审美观和味觉要求，对外国料理进行改造提高，做出与外国本土不一样的味道来。拉面就是一个典型。这种源自中国的面食经过日本人改造后，衍生出许多风味的拉面。在全世界米其林星级餐厅中，唯一一家拉面店，就是东京的"茑"，这是一家只有9个座位的小店，每天却有几十人在外面排队。

第四是日本料理本身的理念或与米其林评审产生了较强的共鸣。日本料理看似简单，但是特别讲究食材原味的体现，也讲究时令，力求遵循自然的规律发掘每个季节食材的最佳本味。在日本高级料理店里，你是找不到一粒味精的，所有的鲜度都来自于食材的本身，这个健康理念在当今社会是很受欢迎的。

当然，最后还有一点，那就是日本是一个富裕的国家。名义上GDP仍居世界第三，人均GDP却达到3.8万美元。所以，多数日本人吃得起，消费能力相当强。

我和朋友在寿司店看着小野二郎先生吃寿司时，聊到一个问题:"中国菜肴如此强大,餐厅也越来越精致,为什么自己不搞一个中国版的米其林餐厅指南呢?"

朋友告诉我,中国正在搞,大众点评已经发起了一个"黑珍珠餐厅指南",邀请知名美食家、烹饪专家、美食研究者和美食文化传播者去店里匿名试吃,然后打分,评审委进行共同评选,引进第三方公证,最终认定发布,考核评审程序比米其林餐厅还严格。据悉,"黑珍珠餐厅指南"已经在中国15座城市和东京、巴黎、纽约、曼谷、新加坡五个海外城市进行评审,并发布了指南。希望"黑珍珠餐厅指南"能够打造出一个源自中国的国际美食公信力新品牌,提升中国餐饮文化的国际话语权。

16. 日本征收个税，有哪些人性化政策设计

从 2019 年 1 月 1 日开始，中国实施新的个人所得税制度。新的个税制度，是不是给自己带来了好处？这是大家比较关心的问题。于是一些网友把注意点转移到了日本，问我："日本的个人所得税制度是什么样的？"

日本的个人所得税的征收范围，不只征收个人工资部分，还包括其他的个人收入，包括利息所得、分红所得、不动产所得、薪金所得、退职所得、事业所得、转让所得、山林所得、临时所得、其他所得，等等。

举一个例子，比如我，我的个人收入除了每月工资之外，还有一些额外的收入，比如版税收入、讲演收入、稿费收入等，都必须计入我的个人收入当中。而且炒股、投资、房屋出租等的收入，也必须计入到个人收入当中。所以，个人所得税的征收范围，是算年度的总收入，而不只是单纯的工资收入，副业收入也必须计入，不然就是偷逃税。

由于大多数企业，还有政府机关，到目前为止，还是禁止员工从事副业，因此，日本的工薪阶层一般很少有副业收入，不可能下了班再去马路边摆个摊开一个小酒馆，或者去开一家网店。在日本，开网店也要纳税，包括消费税和个人所得税。

所以，个人所得税的征收范围，对于绝大部分的工薪阶层来说，就是自己的工资收入部分。

但是，日本的个人所得税征收制度，实际上不是按照你的个人总收入来征收的。所得税的起征点，是扣除你依据税法可以扣除的部分，剩下来的钱才是征税的对象金额。

那么，日本的个人收入中，有哪些项目是可以避开征税范围的呢？按照日本的税法，有14个扣除项目可以不用交个人所得税。这14个扣除项目是：

第一，基础扣除。不管你一年的收入是多少，38万日元的收入是属于人人有份的扣除对象。

第二，社会保险费扣除。包括你的家庭全部成员，一年中缴纳的全部的社保费用，都属于免交个人所得税的范围。

第三，配偶扣除。配偶的年收入在150万日元（约9.3万元人民币）以下的，可以扣除38万日元。比如，一位家庭主妇她不工作没有收入，或者她只是打一点零工，每月收入不到12万日元（7500元人民币），那么，她的丈夫的年收入中，可以扣除38万日元免交所得税。

第四，配偶特别扣除。如果配偶有工作，但是年收入只有150万至201万日元（也就是年收入在12万元人民币以下的），也可以扣除3万至36万日元不等的收入。

第五，抚养对象扣除。日本税法中，抚养对象所指的不只是妻子、儿女和父母，还包括直系和旁系的亲属，也就是说，兄弟姐妹都可以列入抚养的对象范围。当然，也要看抚养对象的收入情况。这一项目的扣除金额，有四个分类：年龄在16岁以上的，扣除 38 万日元。年龄在 19～22 岁的，也就是读大学的孩子，可以扣除 63 万日元。与自己同居的 70 岁以上的亲属（包括自己的父母和岳父岳母），扣除 58 万日元。不是同居的，就像我们这种在日本工作的外国人，父母在中国国内生活，没有和自己居住在一起，也可以扣除 48 万日元。

第六，勤劳学生扣除。这一项目是针对勤工俭学的学生，也就是说，如果孩子从高中开始，读书之余自己还去打工，只要他的年收入是在 130 万日元以下（约 8 万元人民币以下），他父亲的年收入中还可以扣除 27 万日元。理论上来说，孩子勤工俭学是增加了家里的收入，不应该列入免税的范围，但是日本政府显然是为了鼓励年轻人去勤工俭学，培养勤劳的品德与减轻父母经济负担的一种责任感，只要家里有孩子勤工俭学打零工，在父母的收入中也扣除一部分纳税额。

第七，生命保险费的扣除。如果你加入了生命保险或者护理医疗保险、个人养老保险等，最多可以减免 12 万日元的纳税额。

第八，医疗费扣除。如果一年的医疗费超过了 10 万日元（约 6000 元人民币），那么医药费可以扣除一部分，这个计算方式是：医药费减去一年的所得收入 ×5%。

第九，损失扣除。如果你遭遇天灾人祸，那么，你损失的部分可以减免。具体的计算方式是：损失额减去一年的收入所得 ×5%。

第十，地震保险费扣除。凡是加入了家庭财产地震保险的，一年可以减免 5 万日元的保险费。

第十一，丧偶或离婚者扣除。如果离婚或者夫妻一方死亡，一般可以减免 27 万日元，最多可以减免 35 万日元。

第十二，小企业退休保险金扣除。凡是加入"小企业退休保险"的人，其所缴纳的退休保险金全额扣除。

第十三，捐赠扣除。凡是向国家、地方政府和非营利团体捐赠的钱款，最多可以减免其 40% 年收税款。

第十四，残障者扣除。本人或者家属属于残障人士，一般可以扣除 27 万日元，特别残障者可以扣除 40 万日元。

从以上这 14 项可以扣除的项目中我们发现，日本政府制定的纳税制度中反映了两个精神，那就是：一是纳税人有义务纳税，二是纳税人有权力不纳税。

那么，我们说了这么多个人所得税可以扣除的项目，具体落实到一个普通的白领身上，他一年实际要交多少个人所得税呢？我跟大家一起来算一笔账。

比如，中国留学生在日本大学毕业后参加工作，一年的工资加上奖金，收入是 300 万日元（约 18 万元人民币），这 300 万日元，基本上是日本大学生或硕士毕业生毕业 5 年之内的年薪。

税前年收入是 300 万日元的话，社保每年要交 40 万日元，没买商业保险。已经结婚有配偶，还有 1 个孩子，没有老人同居，那么如何计算所需缴纳的个人所得税呢？

首先，我们来看个人所得税的起征金额（日语称为"给予所得控除金额"）。一个人的收入，并不是征收个人所得税的全部金额。日本的个人所得税征税的起征金额，是根据你的收入多少来设定的，不是一刀切。日本税法规定，年收入在360万日元以下（约22.5万元人民币以下），他的个税起征范围金额是按照这个公式来计算的：收入金额×30%+18万日元。

按照这个公式，年收入是300万日元的人，他的收入中属于纳税范围的金额只有192万日元，也就是收入的三分之一是不属于纳税范围的。

那么，192万日元的纳税金额范围内，有多少是可以依法扣除的呢？

（1）基础扣除：38万日元。

（2）社会保险料扣除：40万日元。

（3）抚养亲族扣除：101万日元。

也就是说，单是这三项内容，就可减免179万日元。这样一来的话，他的实际纳税范围金额只剩下13万日元，13万日元的个人所得税税额是1.3万日元，再加上必须缴纳的东日本

大地震复兴特别所得税 2.1%，300 万年收入的一位公司员工，他实际缴纳的个人所得税只有 13273 日元，相当于 830 元人民币。按照中国的概念，年收入 18.8 万元人民币，结了婚有一个孩子，他一年所交的个人所得税，只需要 830 元人民币。如果你再生一次病，遇到点什么不顺利的事，到年底结算时，税务局还要倒贴你一笔钱。

  日本的个人所得税，是从 1887 年开始征收的。个人所得税的收入，占到了国家税收总额的三分之一，是第一大税种。

  日本的个人所得税法规中，并没有"高收入人群"的定义，也没有采取"一刀切"的税率，而是采用了较为合理的累进税率制度。根据日本现行的个人所得税法，"纳税范围金额"在 195 万日元（约 12.6 万元人民币）的部分，税率为 5%；195 万～330 万日元的部分，税率为 10%；330 万～695 万日元的部分，税率为 20%；695 万～900 万日元的部分，税率为 23%；900 万～1800 万日元的部分，税率为 33%；1800 万～4000 万日元的部分，税率为 40%；4000 万日元以上的部分为 45%。这种分阶细化的个人所得税率，就是为了体现"多收入多交税"的原则。

  日本长期以来就是通过这样的税法制度，让穷人不缴税或少缴税，让高收入人群多缴税，以此来寻求社会最大的公平，因此，日本是世界上贫富差距最小的国家之一，它的个人所得税制度在调节民众实际收入方面发挥了重要作用。

  日本的个人所得税的征收，税务局有一套完整的制度设计。员工的工资必须通过银行转账发放。为了进一步加强监管，日本还于2015年推出了"个人号码制度"。其实，这种制度不仅是"一人一号"，每个企业还有一个号码。个人与企业的任何一笔收入，都需要登记在"个人号码"下，否则就是违法。打个比方，去金融机构需要个人号码开户，在任何地方工作需要个人号码领工资，证券交易需要个人号码来交易……只要涉及金钱来往，这就是你的"终身代号"，类似于我们中国的个人身份证编号。不严格执行个人号码制度将涉嫌"偷税漏税"，会被处以刑事处罚。目前，日本对偷税罪所处的最高刑期是5年。而且，一旦被税务部门起诉就等着坐牢吧，定罪率接近100%，5年间被法院判决无罪的案件只有一起。所以在日本，遵纪守法、自觉纳税是每一个公民，包括在日工作的外国人都必须承担的义务。

当然，如果你需要缴纳的个人所得税太多，而手头又没有现金，你可以跟税务局商量，实行分期缴纳；也可以用信用卡支付。这也体现了日本征税制度的人性化。

我感觉，我们中国新推出的个人所得税的改革制度，在一定程度上也参考和吸收了日本个人所得税的设计制度，当然更具有中国的阶段性特色。

17. 寻找住友集团410年长盛不衰的秘密

日本有一家企业，在400多年的历史发展过程中，一直能化险为夷，绝处逢生，如今已经发展成为世界最大的国际商社之一，这家公司就是"住友集团"。

日本有五大国际商社，分别是住友商事、三井物产、三菱商事、伊藤忠商事、丸红。这5家国际商社中，历史最为悠久的要数住友商事集团。

住友集团创建于17世纪初，相当于中国明末清初时。在1610年前后，一位名叫"住友政友"的和尚在京都创办了一家出售"书和药"的商店，叫"富士屋"。不久，住友政友的姐夫苏我理右卫门在京都创办了铜产品的加工店——"泉屋"。后来这两家公司合并。从1885年开始，"泉屋"的标志正式成为住友集团的注册商标，直到今日，仍是住友集团各核心企业的徽标。

据说，整个住友集团大大小小的公司，员工共有30万人。而其最核心的企业，是"住友商事"，这是在1919年，中国"五四"运动发生时成立的一家贸易公司，到现在刚好满100岁。

我带领20多位来日本研修考察的"深圳商业联合会访日团"成员，走进了住友商事总部，与该公司环球调研机构副社长小岛弘敬先生和贞川晋吾、森川麒三两位部长举行了座谈，集中听讲一个问题：住友集团发展410年，经历了那么多时代的磨难，如何越做越大？

住友集团的创始人住友政友先生，是一位很有思想和原则的人，早在400多年前，当住友集团还只是一家小小的商店时，他就写了一份《文殊院旨意书》，给自己立了几条做生意的规矩。

旨意书的开头是这样写的："无论对什么事都不能疏忽大意，所有的事情都应小心谨慎，保持慎重的努力""要明白来历不明的东西是赃物""不要轻易借宿，不要替人保管东西""不赊账"。

住友先生写的这几条经商规则，被住友集团当作"家训"长久地保留并恪守起来。

到了1882年，住友集团（时称"住友家"）根据200多年经营的经验与家训，将创始人制定的家训进行了细化与修正，制定了一部《住友家法》，作为子孙后代与企业经营者必须遵守的铁原则。

家法里详细记载了"经营宗旨"。"经营宗旨"的第一条：我们的经营，要以诚实守信为根本理念，以此使住友家坚如磐石，日益繁荣昌盛。第二条，我们的经营，要考虑时代变迁与理财得失，并以此来决定事业扩张、收缩、创业、废业；不得追求浮华的眼前利益，不得草率盲进。

这两条经营法则，作为家法的核心，放在了《住友家法》的最前面。延续这么多年，这一家法始终是住友集团各公司的经营指针，也成为"住友人"身上不可磨灭的遗传基因。

小岛副社长说，自己是在1979年大学毕业后进入住友商事工作的，上班第一天，当时的社长给100名新员工上课，讲的第一课就是《住友家法》。所以从那个时候开始，作为一名"住友人"时时记着三句话：第一，诚实守信；第二，不追求浮华的眼前利益；第三，领先于时代的进取精神。

那么，如今的住友集团的经营方针是什么呢？有七条：

第一，根据住友的事业精神，遵循经营理念，诚实做事。

第二，遵纪守法，保持高尚情操。

第三，注重透明度，积极公开信息。

第四，高度重视地球环保。

第五，作为良好的企业公民，积极贡献社会。

第六，通过充分沟通交流，发挥团队精神和综合能力。

第七，提出明确目标，并以满腔热情付诸行动。

住友集团应该是日本传统跨国企业中，第一家引进职业经理人管理公司的企业。因为发展到明治维新时期，住友家族已经没有合适的事业经营继承人，因而在1877年设置了职业经理人制度来管理公司，这位职业经理人称为"总代理人"，所有的经营业务交由这位总代理人负责，住友家族的人不再参与直接的经营，形成了"虽然在位，但不实施统治"的立场，这也是日本商业史上较早的所有权与经营权分离的成功案例。

住友集团从一家经营图书和药房的小商店，逐步发展成为拥有钢铁、机械、化工、商社、银行等诸多产业的大财阀，与一位中国人是分不开的。

贞川部长向我们介绍说，1691年（清朝康熙三十年），住友家开始开发铜矿，叫"别子铜山"。当时这个铜矿的矿石中还含有丰富的金银。但是因为冶炼技术落后，往往把金银含量很高的铜块直接卖给中国商人。而中国商人把这些铜块运回中国后，凭借先进的冶金提炼技术，将铜与金银分离，获得了巨大的利益。住友家后来知道了这事，但是苦于没有金银提炼技术，只能哑巴吃黄连。

后来，一位名叫"白水"的中国人来到日本，他懂得金银提炼技术，应住友家的请求，白水先生对住友家的炼铜工艺进行了改进，有效地实现了铜和金银的分离。这一伟大的技术创新革命，给此后的住友家带来了极其丰厚的利益，也因此奠定了住友家后来发展成为日本最大财阀的基础。所以，住友集团各公司，至今对于中国依然充满感激。像住友商事，每年都拿出一大笔资金，资助中国留学生，感恩中国人白水先生对住友集团发展做出的重要贡献。同时，住友商事早在1979年，就在中国设立了第一家办事处。目前，住友商事在中国投资的项目达130多家，包括钢铁、化工、机械、电子、纺织、物资、物流、IT等各行业，3万多名员工中，懂中文的日本员工达到2700余人。

1945年，日本战败投降，所有财阀集团被以美国为首的联合国军命令解体，住友财阀也因此解散，各所属企业作为各自独立的经营体继续经营。到目前为止，住友集团的核心企业有19家，这19家企业大都是世界500强企业，比如：住友商事、住友三井银行、住友金属、住友金属矿山、住友化学、住友重机械、住友电工、日本电气（NEC）、朝日啤酒、住友水泥、日本板硝子、住友生命保险、住友海上火灾保险，等等。

这19家核心企业均属于兄弟关系，没有上下隶属。但是为了维护住友集团的血脉与精神，这19家核心企业的社长们组建了一个松散型的联谊团体。这个团体不叫"住友会"，而叫"白水会"，以纪念改变住友命运的白水先生。这些社长们每月聚会一次，除了交流各种信息，也讨论经营问题，以此来维护作为"住友家"直系成员的团结体制。

住友集团中，最核心的也就是长子企业，是住友商事。

住友商事的前身是1919年成立的大阪北港株式会社，从事大阪北港的不动产经营。1945年，由于日本战后物质极其贫乏，公司决定涉足贸易事业，结果房地产开发业务日益萎缩，贸易事业越做越大，贸易部门成为公司大幅盈利的中心，经营的品种及领域不断扩展。

进入20世纪60年代，在日本经济的高度增长和国际化的背景之下，住友商事开始从一家主要做国内贸易的公司，实现了向综合商社的转型。由此，经营的商品也逐步扩展到钢铁、有色金属、电力和电子产品、机械、农水产品、化学品、纤维产品、天然资源和不动产等领域。并且，还将业务范围扩大到资源开发和成套设备、建设、合资企业、金融以及投资等高度事业领域。2018年，公司利润额突破了4000亿日元（约35亿美元），在世界500强企业中排名第250位。

住友集团从创业到今天，走过了400多年的历程。这期间经历了无数次的大地震、大海啸等自然灾难，同时也经历了被解体、被禁止联合的痛苦，更经历了多次的世界石油危机、经济危机、金融危机，还有日本侵华战争与太平洋战争的打击，经历如此沧桑岁月，住友集团至今依然是日本百年企业中的常青树，靠的就是恪守了几百年的家训家法。

所以，住友商事的森川部长给我们说了一句话，住友商事三件事情坚决不做——第一不做卖人生意，第二不做毒品生意，第三不做军火生意，其他什么都做。之所以能坚守400多年依然蓬勃发展，最核心的还是坚守了八个字："遵纪守法，诚信经营"。这是住友商事的家法核心，这一核心也构成了住友这一松散型的集团团结合作、携手共进的生命纽带。

18. 日本出租车市场为何管理得井井有条

上海大众交通集团、北京首汽（集团）股份有限公司邀请我讲演，讲什么呢？讲日本的出租车市场为什么会管理得那么井井有条？日本人打车都打什么车？

我跟他们说了一个理念，叫"相棒"，这两个汉字是日文汉字，翻译成中文的话，就是"搭档"。日本出租车行业之所以能够做到世界第一，一个很重要的原因，是每一位司机都把自己的车看作有生命的物体，把它当作自己工作与生活的搭档，所以，他一定会很爱惜自己的车，始终让它保持干净。

坐过日本出租车的读者朋友，对于日本出租车的宽敞与干净一定有印象。确实，日本是全世界公认的出租车服务最好的国家。

2016年，日本评选出三家服务最好的企业。第一家是东京迪士尼乐园，整个乐园整洁且井然有序，而且每一位工作人员都是面带微笑，百问不厌；第二家是东京帝国饭店，它是东京最资深的五星级酒店，服务一流；第三家是东京MK公司，这是一家出租车公司。

出租车公司成为全国的服务标兵，它是怎么做到的呢？

每天早上5点钟出车前，MK的司机要拿着手电筒把座位的每一个角落照一遍，哪怕是一根头发丝都要找出来。你可以想象，出租车会有多干净。

东京MK出租车用的都是丰田的阿尔法商务车，车身永远是一尘不染，发出油黑的亮光。而司机是一身标准制服，无论刮风下雨，一定会在车外恭候乘客的到来。不仅要给乘客开车门，还要拿行李，轻声细语，始终微笑。乘客下车的时候，也一定下车跑过来给乘客开车门。车厢内备有矿泉水、口香糖、雨伞、充电器、餐巾纸，客人有可能需要的东西都准备得十分齐全。

日本并非所有的出租车公司都能够做得像东京MK公司那么好，但是，出租车宽敞干净，司机服务态度好，是一个普遍的现象。

日本的出租车公司，有全国统一的行业服务标准，那就是四个字："安全，舒适"。

什么是安全？

第一，驾驶要安全，首先车子要开得平稳、匀速，无论是在市区还是在高速公路上，做到不超车、不变线、不抢道、不提速、不急刹，更不能接打电话。

第二，要给乘客心理安全：司机要穿戴整洁，给乘客一个好印象。乘客上车时，要回头与乘客照面问候，要让乘客看清自己的脸，让乘客知道是什么样的人在为我开车，增添一份安心感。

那么如何做到"舒适"呢？

第一个"舒适"不是司机自己舒适，而是要让乘客感到"舒适"，因此，在硬件上，要给客人提供宽大型的汽车、舒适干净厚实的座椅。日本的出租车，除了个人出租车之外，日本各出租车公司几乎都使用丰田汽车公司制造的皇冠牌轿车。最近也有使用雷克萨斯和日产的混合动力汽车的。皇冠车车体宽，前后空间大，上下车十分方便。从 2019 年开始，丰田汽车公司又推出了新一代的出租车，车门是前后自动移动，车的门槛距离地面只有 20 厘米，非常方便老年人及行动不便者上下车。

第二个"舒适"就是车内环境要舒适，也就是要干净，不要让乘客感觉到脏乱。所以，坐垫一定是使用白色的座套，车厢内不能出现任何的破损痕迹。同时，司机必须每天洗澡，并穿戴整齐，一般都穿西装或者公司制服，车厢内不能有异味，包括没有体臭、口臭和烟味等。

日本的出租车行业一直在强调一个概念，那就是出租车不是运送货物的交通工具，而是运载生命的交通工具，因此除了安全驾驶之外，更重要的是，驾驶汽车的人必须是一位经验丰富、遵纪守法的安全驾驶员。

那么，在日本什么样的人才可以成为出租车驾驶员呢？

日本法律规定，一个人要成为出租车司机，必须具备三个条件：

第一，必须要有 3 年以上的开车经历。

第二，过去 3 年内没有严重的违章和交通事故记录。

第三，必须考取出租车司机特别驾驶驾照。

除了以上三个条件之外，在东京、大阪、京都、福冈、仙台等大城市当出租车司机，还必须参加地理地形考试，而且这种考试的合格率一般只有 40%，一般需要考三次才能过关。在东京如果想当一名出租车司机，需要自己开车把整个东京的每一条道路都兜熟了，才有可能获得 90 分以上的过关成绩。

如果要申请个人出租车营业执照的话，还有两个更为苛刻的条件：第一，必须在同一城市里当过 10 年以上的出租车司机；第二，从申请日开始之前的 10 年间无违章无事故。

所以，在日本开出租车，并不是你有驾照就可以开，而是必须要考取专门的出租车专用驾照，同时必须具备较好的驾车技术，并且严格遵守交通法规，这样的人才有资格去承担运送生命的工作。

我有一次在东京坐出租车，发现司机的驾驶座边上放着东京都出租车管理中心颁发的一块小奖牌，上边写着"优良驾驶者，30 年"。我问司机，拿这块奖牌需要什么条件，老先生告诉我："30 年无违章记录无事故发生。"我说："你是车神"。

这块小小的奖牌，不仅是日本出租车行业的一枚勋章，更是日本工匠精神在这个行业的美好体现。

这几年，我们中国的出租车开始走下坡路，网约车逐渐成为人们出行的主要交通工具。但是，从理论上来说，出租车公司有专门的运送客人的营业执照，而网约车平台都没有这样的营业执照。没有出租车营业执照的公司，能否经营出租车业务？从现行的法律角度上来说，这是违法的。但是，网约车公司也有一个辩解，说我只提供互联网约车的服务，不管司机有没有驾驶出租车的资格。也就是说，它是互联网服务公司，而不是出租车公司。事实上，谁都知道，网约车其实已经是出租车。

以上海为例，实际运行的出租车只有 3.5 万辆，而加盟各网约车平台的车辆达到了40万辆，是出租车的10倍以上。老百姓的出行是方便了，但是出租车开始走向死亡。据说，这40万辆加盟的网约车中，有上海市交管部门颁发的网约车营运证的，只有1万多辆。

那么，日本社会是否允许中国式的网约车存在？绝对不允许，因为法律规定，从事人员收费运送的，必须要有营运许可证，不然就是违法。

我们中国有一家旅行网约平台，叫"皇包车"，这家公司在日本设立了分公司，把中国那套网约车的做法拿到日本，签约了一批没有出租车营运许可证的私家车，向到日本旅游的中国游客或去日本出差的商务人士提供运营服务。结果，这家公司被控违反日本道路运输法，日本分公司被警察搜查，社长被逮捕。

我们将没有出租车营运许可证的车辆称作"黑车"，日本的叫法正好相反，叫作"白车"。2019年，至少有10名在日本开"白车"到机场接人的中国驾驶员被日本警方逮捕。

看到这里，一定会有读者朋友问：滴滴不是在日本已开了公司，它的叫车软件不是也可以用吗？这一点没错，滴滴通过这几年的努力，已经在日本的12个城市开展了叫车服务业务，但是，滴滴在日本绝对是遵纪守法的，它签约的车辆都是日本的出租车，没有一辆是私家车。滴滴再牛，也不敢在日本碰触法律的红线。

但是滴滴在中国却完全不一样。比如在上海，滴滴并没有获得上海市政府的运营许可证，但是它照样在上海开展叫车业务，而且几乎是上海地区最大的网约车平台。

因为日本法律禁止私家车从事出租车业务，因此，日本有网约车平台，但是没有网约私家车，所有你通过网约平台打车，打的只能是正规的出租车，而不会有私家车开过来。这样一来，日本的出租车市场保证了良好的发展秩序，没有出现中国式的网约私家车围剿出租车的现象。同时，网约平台又为人们的出行提供了叫车的便捷。

日本管理出租车市场与网约车平台的做法，值得我们参考。中国需要在出租车与网约车之间找到一个市场与价格的平衡点，而不是相互排挤甚至相互残杀。只有这样，才能给大家提供更安全、更规范、更便捷的出行服务。

19. 日本为何少有医患纠纷

北京民航总医院急诊科副主任医师杨文医生，在自己的工作台上被病人家属残忍割喉，我看了这段视频，感觉浑身发抖。救死扶伤的白衣天使，最后却被杀死在自己工作的医院里，这一悲剧，不仅会让大批的孩子们不敢报考医科大学，就连当班的医生，都会对自己的职业产生一份忧虑。

医患问题由来已久，最核心的问题是缺乏相互间的信任。而这份缺乏，并不仅仅存在于医生与病人之间，而是存在于社会的各个角落。社会越来越进步，日子越来越富裕，人与人之间却越来越不信任。为什么会出现这样的局面？需要反思的东西很多。

杨文医生用自己的生命给我们敲响一个警钟：建设一个人性善良的社会，从某种意义上来说最为重要！

一名读者给我留言：徐老师，我是三甲医院肿瘤科的医生，近几年频发医生被杀事件，您能给我们讲讲日本的医患关系吗？

我答应他写这篇文章。

在讲日本的医患关系之前，我先来讲一个自己亲身经历的故事。

我在上海的一位朋友的妻子，得了脑瘤。我把她接到东京，联系了一家著名的医院。动手术前，医院提出要与病人和家属举行一次手术说明会,第一是说明病情,第二要解释整个的手术流程。病人家属起初感到很为难,因为一直将病情瞒着病人,生怕她绝望。但是,医生要我翻译一句话给她的家人听:治病最好的药,是来自病人自身的信心,一种强烈的求生欲望。医生决定给她动手术,这就意味着,医生有把握拯救她的生命!

那天下午,参与手术的医生都来了,有脑外科、神经外科、整形外科、眼鼻科,还有麻醉科的医生,朋友的妻子坐在会议室,第一次听说自己得了癌症,眼泪哗哗地流。但是,当听完主刀医生有关她病情的诊断分析,尤其是看到每个学科医生在电子板上画出的一张张手术示意图,给她介绍手术的每一个细节,每一个步骤,她不哭了,因为她相信,医生有很大的自信与把握来完成这台手术。

当医生回答完病人家属的最后一个疑问时,我看了一下手表,整个手术说明会花了 40 分钟的时间。

说明会结束时,每位医生最后跟病人说的都是一句话:我们一起努力,手术一定会成功!

动手术的那一天,医院特别给病人的家属在手术室不远处安排了一间休息室,准备了茶水,打开电视机,让病人家属休息等待。病人家属依然有很大的不安,问我要不要给医生塞一点红包?我说,日本法律禁止给医生送红包,严重违反者要被吊销医生执照。

整个手术采用微创方式,持续了整整 6 个小时。每一位医生做完手术后,都会来到休息室,向病人家属介绍手术进展情况,请家人安心。

手术已过去半年多,这位病人牢记着医生的一句话——"要像正常人一样生活",现在恢复得很好,已经回单位上班。

我是第一次亲历日本医生对待病人的全过程,虽然患者是一名中国人,但是我相信,日本医生对待本国国民也一定是同样的态度。

那么,这个事例给予我的最大感悟是什么呢?是医生与患者之间构建的一种信赖关系。病人将自己的生命托付给了医生,是因为对医生充满了无限的信任。而医生接受病人的生命寄托,感悟到的是一份责任,必须对病人的生命负责。

信赖是日本医患关系的根本!而这一根本,来自一种大环境的熏陶,那就是日本整个社会都讲究信任与责任,很少有相互欺诈和相互提防的动机。

良好的医患关系,还体现在医院对于病人的护理上。

日本不管医院大小,都有一个最基本的原则,就是病人家属不许陪护。我们会想到一个问题:医院不许病人家属陪护,那病人由谁陪护呢?答案很简单:由护士陪护。

护士能否做到像家人一样的贴心服务?我再给大家讲一个故事。

我在日本的一位好朋友,开车时不小心撞了,结果多处骨折。被送进医院之后,吃饭上厕所都成问题,又刚好是夏天,自己无法洗澡。

于是日本女护士给他喂饭,扶他上厕所,最为关键的是,女护士还天天帮他洗澡,换内衣内裤。住院半个多月,我那位朋友居然爱上了这位女护士,他说从来没有遇到过如此温柔体贴的女人。出院后,这位老兄就频频约女护士吃饭,最后娶了她,如今两人已经生了两个孩子。

当然,这样的中日联姻应该属于个案。而这一个案诞生的背景,是日本社会的一个基本认知,那就是:专业的事情,应该交给专业人士来做。所以,在日本的医院里,没有中国那样的护工,都是一些经过专业训练、拥有国家资格证书的护理人员。医院每天的工作都是在医生、护士及患者之间连绵不断的问候声中开始,一举一动体现着对生命的敬畏。

就像日本将医院称为"病院",而不叫"医院"一样,"病"和"医"一字之差,体现着日本医疗机构的理念:治疗的场所要以病人为中心,医护人员是帮助病人康复身体。

日本的病人与医生之所以能够培育起良好的信任关系,还有一个客观原因,是日本健全的医保制度。

日本医保制度有一个核心规定,凡是政府批准可以投入临床治疗的所有医药品(据说有1万多种),全部适用于医保,也就是65岁以下的人,个人只需要承担30%;75岁以上的老人,个人只需要承担10%。而日本的大病救济制度,又有一个很好的保证:你一个月的医药费如果超过了8万日元(根据个人收入,上下有浮动),即大约5000元人民币,那么,不管总额是几百万还是几千万日元,超过的部分全部由政府买单。

其次是医药分离,除了急救和住院病人,一般病人的治疗都是医生开药方,患者可以到日本全国任何一家医院去取药。医院不赚病人的药钱,只赚病人的诊断治疗费。

最后是医生的收入,只拿基本工资,不与医疗行为挂钩,所以不会出现过度检查过度治疗的问题,更不会出现医生抢病人的问题。

日本的这一医保制度的最大好处,就是病人和病人家属不用担心医生乱开药、乱用药、乱治疗。

除了以上这些原因之外,医生这一职业,在日本备受全社会尊重,也是一个很重要的原因。

在日本,能够被人称为"先生"(相当于"师")的人,只有四种:一是教师,替你解惑;二是医生,替你治病;三是律师,替你维权;四是议员,替你诉求。其他的人,包括大公司社长、著名艺人,都没有资格被称为"先生"。

在日本的各个大学中,医科大学的学费是最贵的,有些专业甚至比一般的学科贵一倍。而且报考的门槛很高,公立大学的医学系,一年往往只招几十个人,竞争异常激烈。像东京大学医学部,是全日本最牛的医学部,每一年,一个县(相当于中国的一个省)能够有一位孩子考上东京大学医学部,就已经是出了"状元"。所以,能够学医的年轻人,都是考分最高、智商最好、学习最为努力的人,因为本科就要读 6 年。

为了写这篇文章,我微信采访了一位在日本做医生的中国朋友,她是东京一所著名医院的医生,已经在日本行医 11 年。她告诉我一个事例:在日本买房子,你是外国人,工资也不是很高,但是银行一听你是医生,尤其是一名外国人拿到日本的医师资格,会对你肃然起敬,会毫不犹豫地贷款给你。

她还说,在日本当医生,从来没有患者或患者家属要你私人电话,晚上咨询你病情。当然不会把检测单和 CT(电子计算机断层显像）结果直接发到你的微信上，问这样的病该怎么治。尊重医生，相信医生，是日本社会的一个基本约束，没有人会因为不相信医生而走进医院。即使遇到医疗事故，病人家属也不会到医院来吵闹，因为大家知道，这样做违法，最好的办法是请律师交涉。

虽然日本的医患关系较为良好，但也常有医疗事故发生。这些事故发生的原因也是多种多样的：有的因为医生责任心不强，忙中出错，如日本新潟大学医学系附属医院 34 年前为一名男性患者做心脏手术时，将一根长 1.2 厘米的缝合针遗留在患者体内，后来才被发现；有的则是误诊造成的，如广岛一家医院把患者的乳腺增生误诊为癌症，将患者乳房切除；有的则因为医疗方法不当，医学存在很多未知领域，不易全知全觉，而医疗方法不当经常会导致医疗事故。

按照规定，发生医疗事故后，医院要向政府部门报告，并要

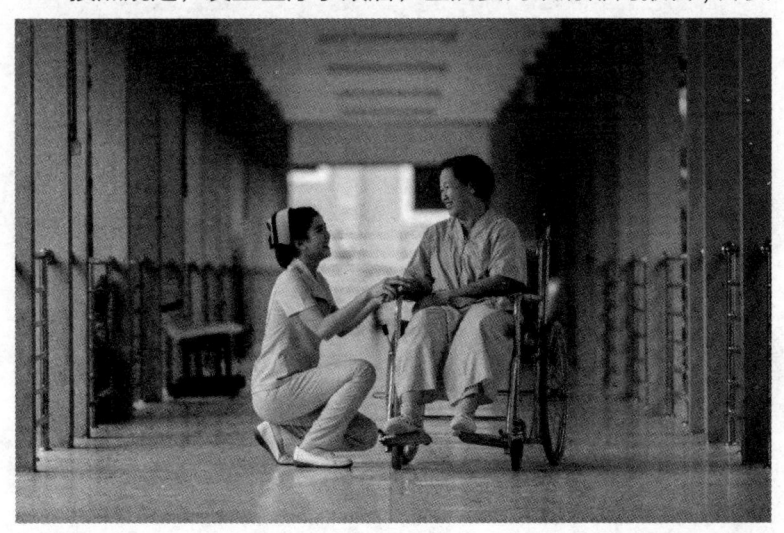

由医院向病人家属作出解释。属于医院方的错误，医院要真诚道歉，并在经济上给予赔偿。

我们在日本电视上有时也会看到，遇到重大医疗事故发生的时候，医院院长都会举行记者会，向病人和家属以及社会各界道歉。之所以由院长亲自道歉，一方面是为了保护当职医生，另一方面也是为了表示医院对于事故的重视，不会推卸任何的责任。

如果医患双方对责任承担问题存在争议，可以诉诸法律，由第三方机构进行调查，根据调查结果进行处理，触犯刑法的还将被追究刑事责任。

日本政府的厚生劳动省也建立了医疗事故数据库，成立了由医生、律师、民间组织代表参加的医疗事故信息研究会。研究会的主要任务是对全国医疗事故有一个准确的把握，研究如何预防事故、查明事故原因以及发生重大事故时如何应对。

日本政府希望通过这种方式把医疗事故的个案变成全社会的财富，让人们以当事人的身份从中吸取教训，在日常工作中加强责任心，在容易发生事故的环节多加注意，不要重犯别人的错误。

良好的医患关系，需要整个社会的共同培育，也需要进行必要的医疗制度改革！

让我们一起哀悼杨文医生，期望我们的身边不再发生这样的悲剧！

20. 凋零的日本照相机产业如何转型

数码相机的诞生，灭了胶卷公司；高清手机的普及，灭了照相机公司。这一血腥的产业拼杀，只用了20年的时间。

日本是数码相机的大国，从老牌的专业相机公司佳能、尼康、奥林巴斯，到后来居上的索尼、松下、富士、卡西欧，在过去10年间称霸世界，让欧洲老牌的莱卡相机都找不到北。

数码相机产业一度成为与汽车产业并举的日本支柱产业。

英雄也有垂暮时！6月28日，奥林巴斯公司宣布，将数码相机事业打包出售给日本产业合作伙伴机构（JIP）。

奥林巴斯（OLYMPUS）是一家致力于光学与成像的百年企业，创建于1919年，总部位于东京。

1936年，奥林巴斯研发出第一台照相机。20世纪70年代，该公司生产的精细化、小型化单反相机风靡世界。1996年奥林巴斯推出了第一款数码相机。

但是，在智能手机日益普及，手机相机像素与画质不断逼近单反相机的背景下，奥利巴斯的照相机事业遭受了前所未有的打击，经营也陷入了困境，奥林巴斯的数码相机事业连续3年出现赤字，2019年度的亏损额更是高达104亿日元（约6.82亿元人民币）。

奥林巴斯出售相机事业，只是日本数码相机产业凋零的一个象征。比奥林巴斯规模更大的尼康公司,其映象事业部门在2019年度出现了171亿日元(约11.22亿元人民币)的赤字,而在2018年是220亿日元的黑字。尼康公司已经开始实施生产基地重组与人员削减计划,希望在2021年度达成削减500亿日元事业经费的目标。

比尼康规模更大的是佳能,佳能的状况如何呢?

佳能在2019年度的营业利益大幅减少了62%,为482亿日元(约31.62亿元人民币)。

而卡西欧照相机已经在2018年宣告撤退。

日本的照相机产业已经开始奏响"黄昏颂"。日本照相机映象机器工业会的最新统计称,日本照相机产业在高峰期的2010年时,年产量达到了1.21亿台。但是在2019年滑落到1500万台。2020年受新冠病毒疫情的冲击,1~4月的产量只有263万台,比上年同期减少了44%,日本照相机产业要在2020年寻求翻身,已经根本不可能。本来还寄希望于东京奥运会举办时能够多卖几台相机,但时运不济,只能独自悲叹。

日本的照相机产业奏响"黄昏颂"的原因,不能全怪智能手机的兴起,其中一个很大的因素是企业之间的过度竞争。索尼收购美能达公司之后,日本出现了10家数码相机制造商,这种企业之间的相互竞争,直接导致了日本产数码相机每年以10%的价格比例下降,同时由于各公司不断推出新款相机,使得相机的淘汰周期大为缩短,企业的投资回收能力减弱,经营出现恶化。

佳能在积极寻求转型。除了收购东芝的医疗仪器事业,把照相技术用于 PET-CT 等精密医疗检查仪器生产上之外，还将图像处理系统技术用于机器人生产系统管理与自动驾驶等新兴领域。世界工业用机器人市场规模一年高达 15000 亿日元（约 983 亿元人民币），佳能开始与安川电机、发那科以及丹麦的优傲机器人（UR）等公司合作，扩大佳能照相技术在工业机器人领域的使用。

佳能公司还充分利用人工智能技术，将一部分生产线转而生产工业用照相机，这些工业用照相机将用于施工现场的品质自动检测、隧道桥梁的裂缝自动检测。

而佳能最大胆的转型，还是向宇宙工业领域迈进。佳能利用高超的照相技术制造的低轨卫星，已经在 2017 年发射升空，佳能期望在未来世界低轨卫星产业中占据一席之地。

佳能凭借其强大的资金与技术实力，或许能够实现完美转型。但是，其他的数码相机制造企业并不会如此幸运。日本的数码相机产业将会加速重组！

21．日本小城市的垃圾如何处理

在东京都西边，有一座城市，叫青梅。青梅市因为有大片的梅花林而著名，但是人口只有 13 万，属于东京都下面的一个小城市。

青梅市一部分是城区，但是也有一部分是丘陵山区，因此，该市如何搞好垃圾分类处理，引起了我极大的兴趣。

接待我的是青梅市副市长池田央，这是一位资深的政府官员，他跟我聊起了东京垃圾处理的历史。

池田副市长说，在 20 世纪 70 年代，日本经济高速发展，于是大量人口从地方涌入东京，包括青梅市在内，人口急剧膨胀。这么多人带来的消费规模也急速扩张，每天产生的垃圾，以 1971 年为例，东京 23 区的日均垃圾数量达到 14 万吨，比 7 年前增长了 76.78%。在东京街道随处可见丢弃的纸张、塑料、玻璃瓶以及生活垃圾，臭味扑鼻已到无法忍受的程度。

如何处理城市垃圾问题？1999 年，日本国会通过了一部《循环型社会形成推进基本法》，首次提出了"3R 理念"：Reduce、Reuse、Recycle（减量化、再使用、循环利用）。

这一理念有五大核心原则：

第一，从源头减少垃圾的产生量（倡导断舍离式生活方式）。

第二，增加物品的使用寿命。

第三，废物利用（资源再生）。

第四，无法利用的废物转化成能源（倡导垃圾发电）。

第五，无法变成能源的垃圾要适当处理。

池田副市长说，1999年，对于日本的垃圾处理来说，是一个重要的转折性年份，因为制定了这部法律，日本才建立起了现在这样对垃圾的精细化分类。

青梅市的生活垃圾，基本上按照四大类来分，一是可燃垃圾，二是不可燃垃圾，三是泡沫塑料盒与塑料片之类的垃圾，四是资源类垃圾。

为了让市民们能够分清垃圾，并按照市政府的规定在指定的时间里扔好垃圾，青梅市采取了垃圾袋分色表示的做法。绿色的可燃垃圾袋（主要是厨房垃圾）、黄色的不可燃垃圾袋（主要是生活垃圾）、玫瑰红色的是超市包装盒和塑料等不宜分解的垃圾。

他说，颜色是最容易让人分别的视觉感受，尤其是对于孩子与高龄老年人来说，把什么样的垃圾扔到什么颜色的塑料袋里，比单一色彩的垃圾袋更容易分类。

从分色垃圾袋开始，青梅市政府又印制了一年中每月每周的扔垃圾年历表，分送到每一户市民的家庭。而在垃圾表上，每天扔哪种垃圾，并不是用文字来表示，因为孩子与老人并不一定看得清这些细小的字，于是就用有色垃圾袋进行表示的，也就是说，今天扔什么颜色的垃圾袋。这样表示一清二楚，你只要瞟一眼就可以知道。

这些垃圾袋都是"有料"（收费）的，而且价格不同，玫

瑰红的最便宜，每一只7日元（约0.4元人民币），而绿色垃圾袋的价格则翻了一倍，每一只达到14日元（约0.8元人民币）。

  市财政一年用于垃圾处理的支出是27亿日元（约1.77亿元人民币），其中卖垃圾袋的收入是2.8亿日元，相当于减少了10%左右的财政支出。这些垃圾袋在超市、24小时便利店甚至市政府大楼服务大厅等处都可以买到。

  收集上来的垃圾如何处理？青梅市的垃圾处理基本上还是分成三种，一种是可燃垃圾的焚烧发电，另一种是不可燃垃圾的填埋分解，还有一种资源类垃圾，像书报杂志、易拉罐、塑料瓶等，则实行回收再利用。

  青梅市的人口只有十几万，自己建一座垃圾发电厂，没有这么多的垃圾可以处理，于是与相邻的其他两个市共建了一座垃圾发电厂。池田副市长说，他们的垃圾发电站已经做到了"零排放"，就是垃圾燃烧后产生的残渣清理出来之后，也会做成人行道地砖或者道路铺设的建筑材料。

填埋的垃圾都是不可燃垃圾，但是在填埋过程中添加了可以分解塑料薄膜等物质的微生物菌，通过5年至10年的努力，让这些微生物菌将这些不可燃垃圾慢慢吃掉。

池田副市长说，为了减少垃圾的填埋量，日本政府致力于减少一次性塑料垃圾，打算在2030年以前减少25%；同时倡导使用生物塑料制品，用植物原料做成生活用品，让原本的不可燃垃圾变成可燃垃圾。为此，日本政府已经制订了一个"生物塑料"的生产计划，把生物塑料使用量从目前的10万吨增加至2030年的200万吨，在日常生活中，基本消灭工业塑料制品。

青梅市是如何培养市民良好的垃圾分类习惯的呢？他们的基本做法是三条：

第一，从幼儿园开始就进行垃圾分类的学习，小学生要定期参观垃圾处理厂，了解垃圾处理的艰辛。

第二，在街头取消垃圾桶，让市民们养成"把垃圾带回家"的习惯。

第三，通过购买专用的垃圾袋，让市民们认识到扔垃圾需要付出经济代价，因此要尽量减少垃圾的产生。

22. 日本人生大病为何不会倾家荡产

2020年5月，日本政府宣布的一项决定，引爆了网络世界：日本批准价值1.67亿日元（约1107万元人民币）的一款进口新药列入普通医保范围。

这款新药号称"世界最贵的药"，名叫"Zolgensma"，由瑞士制药巨头诺华制药生产与销售，专治"脊髓性肌肉萎缩症"，在美国治疗一次的费用超过2亿日元。

脊髓性肌肉萎缩症是由于特定基因功能缺失导致肌肉力量下降的疑难病症。幼儿期之前的发病率为每10万人中1～2人。据称，如果出生后不久就发病，若不使用呼吸机，许多患者会在一岁半之前死亡。Zolgensma通过静脉注射导入正常基因，可以恢复运动功能。

在日本，幼儿患者的公共保险医疗费窗口自付比例为两成。由于中央及地方政府有各项大病补贴制度，事实上，患者家庭最终承担的费用只有几万日元（约几千元人民币）。

这不是日本政府第一次同意昂贵的进口药用于普通国民的生命救治。在2019年，日本曾宣布一款专治白血病的进口药列入普通医保范围，患者只需治疗一次即可痊愈。

白血病被称为史上最难治愈的疾病之一，20世纪80年代的日本电视剧《血疑》，当医生的父亲看着女儿患白血病死去，也是束手无策。

　　日本政府批准这两款天价药给国民几乎免费治疗，确实让我们看到了日本医疗制度完善且人道的一面。

　　治愈白血病只需要打一针，但是这一针的价格需要3349万日元（约226万元人民币），按照国民医疗保险的规定，患者个人需要承担30%，政府需要承担2232万日元（约150万元人民币），如此巨额的医药费，一般国家的政府是无法承担，也不愿意承担的，自然也不会批准这一昂贵药品列入医保范围。

　　但是，日本政府批准了！白血病患者接受治疗，几乎可以做到免费。虽然从理论上来讲，个人还要承担三分之一，但是日本有一项特殊的制度，可以让病人享受接近免费的医疗保障。

　　这项制度叫作"高额疗养费制度"。

　　当病人每月的治疗费超过了他的收入能够承受的比例，那么，超过的部分可以予以减免，这就是"高额疗养费制度"。

　　减免的金额，也就是病人个人需要承担的金额，是根据年收入和年龄来进行计算的。比如，按照国民医疗保险制度的规定，一个月的医药费是300万日元，个人需要承担30%，也就是90万日元（约6万元人民币）。那么，根据"高额疗养费制度"的规定，如果你的年收入是370万日元（约24.94万元人民币），那么你个人最高只需要承担4.44万日元（约2990元人民币）。

　　也就是说，在日本动一次大手术，病人个人只需要承担约3000元人民币。

　　如果是家庭主妇、没有工作的抚养对象，那么，这个承担额还要少，是2.46万日元（约1658元人民币）。如果是孤寡老人，承担的金额更少，只需要1.5万日元（约1010元人民币）。

根据日本厚生劳动省的统计，日本公司员工的平均年收入是420万日元。也就是说，年收入在370万日元以下的员工，最多占比是30岁以下的年轻人，或者是合同工临时工。

即使是年收入在370万~770万日元之间（24万~52万元人民币）的人，他需要支付的最终医疗费用也只有8.01万日元（约5390元人民币）。哪怕是你每个月都需要花费100万日元的医疗费，这一金额每月也是不变的。

好，我们再回过头来看一看新近推出的白血病治疗问题。

2019年5月，日本厚生劳动省所属的中央社会保险医疗协议会批准将治疗白血病的新药"Kymriah"纳入医保适用范围。该药只需要使用1次，可以直接将白血病原本只有20%的治愈率提高到80%，治疗一次的价格为3349万日元（约226万元人民币）。

其治疗的原理是这样的：通过取出患者体内的"T细胞（一种淋巴细胞）"，加入能够攻击癌细胞的基因后再放回患者的体内，以此达到清除癌细胞的目的。在这个治疗过程中，最关键的是Kymriah制剂。这一治疗方法叫"CAR-T细胞疗法（嵌合抗原受体T细胞免疫疗法）"，通过简单的静脉注射就可以实施。

Kymriah对于目前治疗效果不大的白血病患者，尤其是B细胞急性淋巴性白血病、弥漫性大B细胞淋巴性白血病患者，有显著的疗效。

那么，使用Kymriah新药治疗疑难白血病一次需花费

3349万日元,按照医保规定,个人需要承担30%即1116万日元(约75万元人民币)。但是依照"高额疗养费制度"的规定,年收入在24万元人民币以下的患者,最终个人只需要承担3000元人民币。也就是说,226万元人民币的医疗费,基本上都由国家来负担。

所以,在日本生活的每一位中国朋友,包括刚到日本的留学生,一定要在第一时间加入日本的医保系统,并充分利用日本的医保制度,不可掉以轻心。

文化底蕴

1．日本人为何对万物有敬畏之心

周日休息，去超市买菜。因为从小生长在海边，所以食性与日本人相同，喜欢海鲜，因此买了新鲜的鱼、对虾、牡蛎。新鲜的鱼是超市自己加工的，已切成块，并用塑料盒包装。对虾也是。牡蛎是从广岛空运而来的，已是密封包装。这三样东西，不强烈冲击，一般都不会漏水。但是，到了收银台，收银员又用塑料袋给这三样东西一样一样再包裹一层，防止漏水透湿其他商品。

当然，我家附近的超市属于社区超市，服务于周边的居民，所有的塑料袋都是免费供应，你多要几个都没有问题。甚至一大卷的小塑料袋还放在店门口，你要拿多少，自个儿取去。

如何减少使用塑料袋，避免影响环境，尤其是影响鱼类生活，在日本也是一个话题，电视上也经常会有节目讨论。但是，许多的社区超市坚持塑料袋免费，原因只有一个，那就是便民。同时，也相信顾客回家之后，一定会对这些塑料袋认真分类，作为资源类垃圾细心处理，不会让它们满天飞。

去超市买东西，还有一个感动，那就是，收银员在过检每一件商品时，不会把商品扔在收银台上，让你自个儿捡起来，而是用另外一只购物篮，把商品分门别类，一件一件地摆放整齐。

比如，生鲜食品要放在一起，大葱、韭菜要竖起来放，防止压坏。一个小小的购物篮，最终演绎成完美的商品摆放艺术。

我随后去家附近的药妆店买东西，收银员也是按照商品的属性把大大小小的商品一件一件地分类摆放在购物篮里。与超市收银员摆放不同的是，药妆店里的收银员是把所有的商品都竖起来放，因为大多数是液体。而且像瓶装的健康食品，都不会倒扣着放。

另外，涉及个人隐私的商品，如卫生巾、避孕套、生发剂等，都会用单独的纸袋包装起来，避免让人看到。

这些超市和药妆店的收银员大多数是附近的家庭主妇，还有女大学生，也就是说，她们都是"临时工"。为什么临时工都能够把商品摆放得如此规矩？除了上岗前的培训之外，还有一种发自内心的原动力，那就是对于物品的敬畏之心。

我与我们社里的董事木村先生聊起这些事情时，他给了我一个解释。说日本是一个重佛教的国家，佛教教义认为，万物皆生灵，所有的东西都有生命。比如药品，别看它是一颗小小的药丸，但是，当你吞下它之后，药丸里的生灵就会展示其特殊的生命力，把你身上的坏细胞杀死，把细菌赶走。再比如一把椅子，如果你经常使用，经常擦洗，不断地与它交流，那么，这把椅子就会展示其美好的生命力，好好伺候你；如果你长久冷淡它，弃之一边，那么过不了多久，它就会坏。就像一栋房子，有人住，它就有生气、有活力。没人住，过不了多久，它就会倒塌。

还有一个原因，日本是一个多灾难的国家，地震、海啸、台风等自然灾害经常袭击这个岛国。所以，日本佛教与神道教中的"报应"思想，也导致日本人对于万物有敬畏之心。也就是说，你不厚待万物，皆有可能遭到大自然的报复。

发动侵略战争也是一样，最终日本这个国家自己也遭到了战争的报复，还死了230多万人。

所以，当收银员的心里想到这些商品离店之后将进入千家万户，去侍奉人的身体，服务人的生活，那么，自然而然就会产生一种"敬畏之心"和一份"感恩之心"。

日本人对万事万物的"敬畏之心"与"感恩之心"，已经作为日本的一种传统的思想文化，渗入血液之中，并体现在收银台这个小小的生活舞台上。

2. 日本什么样的人才能称为"先生"

我去东京都文京区的"日中友好会馆"的后乐寮，给中国的留学生们做了一次演讲，题目是《我们应该如何理解日本？》。在演讲中，我说道，汉语传到日本之后，因为岛国的封闭性和对于传统文化的重视，许多日语词汇保留了古汉语的意思，同时整个社会也保留了中国儒学中臣臣子子，上下有序的等级与礼仪的规程。我举了不少的例子，其中也说到一个词，叫"先生"。

"先生"这个词是汉语，中日文通用，但是在具体的使用中，两国却有微妙的不同。

在中国，"先生"这一称呼，最早见于《礼记·曲礼上》："从于先生，不越路而与人言。"汉代经学大师郑玄做了注解，说"先生，老人教学者"。后来，三国时候的著名史学家韦昭，注解说："古者称师曰先生。"

孔子的《论语》，不仅是我们中国国学的经典之作，也是日本人必读的一本教科书。

《论语》中对"先生"是怎样解读的呢？是把它当作"父兄"来解读的。在《论语·为政》中，我们可以看到这样的句子："有酒食，先生馔。"魏朝吏部尚书何晏对《论语》的"先生"二字，做了这样的解读，说"先生，谓父兄"。我们可以推断，以《论语》作为国学教材的日本人,是应该明白中国古汉语中"先生"的这些用法,是指"父兄""师长"。

但是随着时代的变迁,在中国,先生这一概念,与古汉语相比,发生了变化。《现代汉语词典》中,是这样解释"先生"这个词的:第一,老师;第二,对知识分子的称呼;第三,对别人的丈夫和对别人称自己的丈夫;第四,方言中称呼医生;第五,旧时称管账的人;第六,旧时称以说书、相面、算卦、看风水等为职业的人。

比如在民国时期,一般称老师为"先生"。鲁迅先生在《从百草园到三味书屋》中写道:"第二次行礼时,先生便和蔼地在一旁答礼。"这里的"先生",就指私塾的老师。

在古代,因为男尊女卑,女性是不可以被称为"先生"的。但是"五四运动"之后,由于新思想的涌入,对于德高望重的女性,也开始称之为"先生",比如称孙中山的夫人宋庆龄为"宋庆龄先生",称女作家冰心为"冰心先生"。

但是到了解放初期,尤其是"文化大革命"时期,因为"先生"这一称呼太缺乏革命性,而且带有资产阶级的色彩,因此一律改称为"同志"。而"文化大革命"结束之后,改革开放初期又把中国香港人、中国台湾人介绍自己的老公为"这是我家先生"的称谓方式引入大陆。于是大陆开始流行"你家先生可好"的说法,"先生"成了"老公""丈夫"的代名词。而现在,"先生"这一称呼,又成了称呼男性的专用词。

那么,日本对于"先生"这个词,是作何解释的呢?我们来看看日本著名的词典《广辞苑》,这部词典出版于1984年,它是这么解释的：第一，父兄，比自己先出生的人；第二，有高尚学德的人、能够成为自己老师的人；第三，学校的老师；第四，对医生、律师等具有指导立场的人的尊称；第五，对于自己敬重的人的称呼。

在日语中，"先生"是一个相当尊敬的称呼，一般人是无法享用的。比如同样是在大学里，并不是所有的老师都被叫作"先生"，享用这一尊称的只有大学的正教授和副教授，助手就轮不到了。那些办公室的事务人员，更是没有资格享用。如果在教授面前，称呼事务人员为"先生"，他一定会立即辩解说："啊，对不起，我不是先生。"

那么在日常生活中，日本社会有几种人是被称为"先生"的呢？第一，是学校的老师，从幼儿园开始到大学，老师都被称为"先生"，男女不分；第二，是医院的医生，一般的护士还没有这个资格；第三，是律师；第四，是国会议员和政府机关中的高官，一般的干部还没有资格享用；第五，是作家、画家、书法家、作曲家等艺术家，一般很少称歌手为"先生"，除非他教你唱歌；第六，是一些拥有指导立场的人，比如电视台的评论嘉宾、做演讲的专家等。

我们再来看看普通的日本人，比如同事之间、朋友之间又是如何称呼的呢？

一般是在你的姓之后，加一个"さん"。这个"さん"是没有汉字的，在日语中的发音，跟汉字"桑"有点相近，所以，我们中国人也习惯用这个"桑"的汉字来表示，譬如称呼老奶奶为"欧巴桑"。

因为日本没有像中国那样"老王""小李"这样的称呼，所以，单位同事之间称"さん"，其实就类似于我们"老王""小李"这样的意思。比如铃木叫"铃木さん"，渡边叫"渡边さん"。中国人的姓，因为是汉字，汉字在日语中都有特殊的发音，所以比如我姓"徐"，这个"徐"在日语中的发音，是"じょ"，所以大家叫我"じょさん"。如果姓"王"的话，叫"おうさん"。姓张的话，叫"ちょうさん"。姓孙的话，叫"そんさん"。就是姓李和姓刘，这个姓的发音，日语和中文很相近，所以，就直接叫"りさん、りゅうさん"。

"さん"这一称呼是一个中性称呼，男女都可以用，而且可以用于口语，也可以用于书面语。

那么，比"さん"更有档次的尊称是什么呢？是"様"。这个"様"就是我们中文繁体字中什么样子的"様"。它在日语的语系中，是介于"先生"与"さん"之间的一个称呼，属于尊称。

比如你去市政府办事，就像去我们中国的办证中心办事，政府公务员喊你名字的时候，一定是用"様"，而不会用"さん"。为什么政府官员称呼去机关办事的老百姓"様"呢？因为你是他尊贵的服务对象，不是同事，更不是他的部下，所以，必须要用尊称"様"。

给客户发邮件也是一样，一定要用"様"，比如写给我的，一定是要写成"徐静波様"，而不能写成"徐静波さん"，除非两个人关系相当亲近随意。

那么，假如给对方公司社长、部长发邮件或写信，抬头除

295

日本的底力

了称呼其职务之外，后面也要加一个"樣"，比如"徐静波社长樣"。但是如果同事同学之间、亲朋好友之间用这个"樣"的话，关系就显得生疏了。

大家有没有看到过，日本人在颁发的任命书和奖状中，不用我刚才说的"樣"称呼，而是用一个特殊的汉字"殿"。

"殿"这个字也是尊称，但是在使用中有严格的规定，只能用于上级对下级、组织对个人的关系。比如公司董事会任命你担任营业部部长，在任命书中，一定会写成"徐静波殿"。

在观看日本电影和电视剧时，我们也常常听到，日本人称对方为"君"。这个称呼是人们对于男性的一种亲热的叫法，但使用时也有严格的规定，一般多在同辈同龄的男性之间使用，用得最多的是同学之间。还有一种用法是，大学老师在招呼学生时，也会用这个"君"字（很多时候还男女生不分）。那么，"君"在日语中念什么呢？念成"君"，比如我以前在日本读研究生时，我的导师就叫我"徐君"。

还有一种情况，就是在日本国会，前辈国会议员招呼后辈国会议员或者同辈议员时，也会使用这个"君"，有一种同朝为官，却又长幼有序的意味。我们平时在日本看电视直播的国会答辩时，担任预算委员会委员长的主持人，叫大臣站起来回答问题时，就会说："福田君，请你回答。"

对男性亲密的叫法叫"君"，那么对女性的亲密叫法，叫什么呢？叫"ちゃん"。这个"ちゃん"没有汉字，我们中国人给它造了一个字，是酱油的"酱"。这是一个对女孩的昵称。

这个"ちゃん"的用法与对男性的"君"的用法，有一个

比较大的区别。那就是"君"一般是用于称呼姓，而不是名。比如这个人的名字叫"铃木英雄"。你只能称呼其为"铃木君"，而不能称呼其为"英雄君"。但是，称呼女性什么什么"ちゃん"的时候，却不能称呼其姓，只能称呼其名，而且大多数是取其名字的其中一个字的发音，以显示亲热。比如这个女孩子的名字叫"中野良子"，"中野良子"日文的读法是"**なかの　りょうこ**"。但是如果要给她取一个昵称，不能叫"**なかのちゃん**"（中野酱），而是取其"良子"中的"良"的读音，称呼其为"良酱"。

那么，用"酱"来称呼女孩或成年女性的话，也有一个严格的规定，那就是两个人关系很亲近，比如父母叫女儿、爷爷奶奶叫孙女、男朋友叫女朋友、同学朋友之间相互称呼，那是

可以的。但是在一个单位里，如果老板称自己的女秘书或者女部下叫"XX 酱"的话，周围的人绝对会竖起耳朵，怀疑秘书或女部下跟老板有一腿。

所以，在单位里面称呼女孩子一定要用"さん"，而不能用"ちゃん"，这是一个原则。至于像乒乓球选手福原爱，日本国民喜欢叫她"爱酱"，是因为她从 6 岁参加比赛，几乎每次都哭鼻子，实在是太可爱了，成了一位"国民女儿"。据说自从结了婚之后，爱酱的普通话，已经被老公从沈阳腔改造成了台湾腔。

看了以上文章，大家一定了解了日本社会对先生、さん、殿、君、ちゃん的不同用法和使用规则。以后到日本的时候，不能乱用，以免闹出笑话或者做出失礼的事情。我告诉大家一个秘诀，如果实在搞不清分不清的话，关系远的用"様"，关系近的用"さん"，男女通用，一般不会出大错。

3. 日本人为什么还在用手帕

回国内出差，遇到两件事。

一件事是从济南坐高铁到上海，上了一趟洗手间，发现洗手间里满地是水。而刚刚从厕所里出来的一位男士，拼命地甩手，把过道上的地都弄湿，还把水甩到了我的脸上。我当时的第一反应是：你为什么不用手帕把手擦擦干净？转眼一想，是啊，中国人已经不用手帕了。所以，厕所里满地是水，也就不足为奇。

另一件事是我在上海与朋友们一起喝酒，一位女士不小心打翻了酒瓶，我本能地掏出手帕递给她，她的第一反应是："你怎么还有手帕？"第二个反应是没有伸手接，她可能觉得餐巾纸比手帕更卫生。

我为什么会把这两件事连在一起想，是因为看到中国人几乎都不用手帕，而在日本，几乎是人人都带手帕，有的还不只一块。

在纸巾十分普及的背景下，日本人为何还坚持使用手帕呢？这其中就涉及日本的手帕文化和日本人的生活姿态。

日本是一个现代化程度非常高的发达国家，早在 20 世纪 80 年代就已经普及了纸巾。可是为什么到现在日本人还在用手帕？究其原因，主要有两点：

首先是日本人的环保意识。因为纸巾是用树的木浆为原料制作而成的，日本人认为，过多地砍伐木材做纸巾，不仅浪费资源，还破坏环境。这种对大自然的负疚感甚至一种罪恶感，使得日本人尽可能地不使用纸巾，而是使用手帕。因为手帕只要清洗，便可以反复使用。

其次是使用手帕给人以一种优雅、细腻的感觉。虽然日本包装用的方巾的历史已经有 500 多年，至今在京都和东京的许多地方，都还可以看到各色方巾包裹的礼品。但是，日本人将方巾做成缩小版，变成手帕，还是明治维新之后的事。英国和法国的许多贵族都用手帕作为男士西装上衣口袋的装饰，女性也将手帕作为随身携带的擦手布。在日本人的眼里，使用手帕是有身份、有教养的象征。

那么，日本人使用手帕的频率有多高？东京的一家生活杂志社对 6.4 万人进行了一项调查，结果显示，一直随身携带手帕的人为 70%，经常携带的人是 15%，偶尔携带的人为 9%，从来不携带手帕的人只有 1.7%。可见手帕是绝大多数日本人出门时的必需品，如同手机一般。

许多中国留学生到日本之后，最吃惊的事不是日本公共交通的便捷，也不是社会秩序的良好，而是每一位日本人，无论男女，都会随身携带手帕。这对于习惯用纸巾，甚至从没有用过手帕的中国年轻人来说，像是一个天方夜谭般的发现。

有一次，一位刚到日本不久的中国女留学生和同学一起在大学的洗手池里洗完手，别人都纷纷掏出手帕擦手，只有她提着两只湿手尴尬地站在那里，不知道是该甩干还是在衣服上抹干。一个日本男同学临走时对她说了一句话："不用手绢的女生我还是第一次见到。"这位中国女留学生张大嘴巴愣在那里。放学后,她就毫不犹豫地走进了百货公司,买了人生的第一块手帕。

日本人使用手帕的习惯是从上幼儿园的时候开始培养的,孩子出门的时候,妈妈会给孩子的衣服上别一块小手帕。日本的《小学生守则》里,也明确规定学生每天必须携带手帕和纸巾。老师每天要例行检查清洁,以此来督促孩子们养成使用手帕的习惯。

正因为从小养成了携带手帕的习惯,因此,手帕也成了日本国民的生活标配。我问了我们通讯社里的员工,平均每人有五六块手帕,有位女记者,大大小小的手帕居然有二十几块。我自己数了一下,也有8块手帕。

日本人使用手帕,也使用纸巾,但是二者有严格的分工。手帕只用于擦汗、擦手、擦眼泪,像吐痰、擤鼻涕,都是使用纸巾,不会使用手帕。所以,最大限度地保持手帕的干净,是每位日本人的行为素养。

日本手帕的款式,是男女有别的。一般来说,女性的手帕大,男性的手帕小。为什么女性的手帕比男性的大?因为女性使用手帕的功能要比男性多。比如夏天穿短裙坐在办公桌前,或者在餐厅里用餐,为了避免被人窥视内裤,日本女人们大多会把手帕展开来盖在膝盖上,这样就可以阻挡对方的视线,既优雅又不失礼貌。同时,还可以防止食物掉落弄脏自己的衣裙。长头发的女性,有时候会用手帕把头发扎起来。遇到清扫卫生时,不少日本女性用手帕当头巾，把自己的头发包裹起来，防止沾上灰尘。

而对男人们来说，与女友约会时，掏出手帕铺在公园的椅子上，可以显示自己的体贴；遇到女孩子流泪时，掏出手帕给对方擦泪，可以演绎无限柔情。

日本手帕的材质，很少使用丝绸，因为丝绸不吸汗也不吸水，使用最多的是棉质。棉做的手帕，不仅柔软而且吸水，也不容易起皱。而这种棉做的手帕又分成两大类：一类是薄薄的手帕，放在衣服口袋里；还有一类是四方小毛巾，主要是夏天时擦汗用的，一般都放在手提包里。

日本人放手帕，男女也有讲究。绝大多数男人都把手帕放在裤兜里，而且以左侧的裤袋为主，只有少数人放在上衣口袋里。到了夏天，也有一些人将手帕放在裤子的屁兜儿里。而绝大多数女性是把手帕放在包里，很少有人放在裤兜里。因为放在裤兜里鼓鼓的，不好看。

日本人不仅要天天带着手帕，还要保持干净平整，当众掏出皱巴巴的手帕，是件很失礼的事情。所以辛苦了日本的家庭主妇：每天要将一家老小的手帕洗干净、熨平、叠好。

手帕一般都很耐用，用惯了反而不愿意轻易扔掉，加上偶尔会收到别人的赠送，所以买手帕给自己用的时候并不多，尤其是女孩子。在我们中国，情人节这一天大多是男人送玫瑰花或者巧克力给女人。但是日本不一样，日本在2月14日这一天，是女人买巧克力送男人。看上去是男人受到追捧占了便宜，其实，日本社会为了显示男女公平，在一个月之后的3月14日，又设定了一次情人节，这次的情人节，是男人向女人还礼。还什么礼呢？最多的就是手帕，而不是巧克力与玫瑰花。所以，这一天，百货公司的手帕柜台前，挤来挤去的大多是男人。所以像我们通讯社的那位女记者，拥有二十几块手帕，其中的原因也是不言而喻。

除了情人节外，日本人在各种红白喜事及人情世故时，收到贺礼和钱财之后都有回赠礼物的习惯。此外，到了一个新的环境，比如搬家或调动工作，人们也会向左邻右舍或周围的同事送上一点薄礼以表示"请多关照"。这种时候，各种款式的手帕往往因为价格适中、轻重得体而成为答谢礼品的首选。手帕的花色或风格别有情致，精心挑选一块符合对方心意的手帕，也包含了送手帕的人那一种"勿忘我"的情意。有的厂家还给免费刺绣名字。

日本一块普通的手帕，500日元（约30元人民币）就可以买到。但是一块高级手帕的话，价格一般是1500日元左右（约100元人民币），贵的也有3000多日元（约200元人民币）。

手帕既然是必不可少的日用品，因此在日本随处可以买到，不论是大型百货商店还是连锁超市，都设有手帕专柜，各种款式花色的手帕琳琅满目。有日本国产的品牌，也有像紫罗兰、巴宝莉等国际品牌。我前不久去东京银座三越百货公司的一楼手帕柜台，看到手帕的品种多达50种，女性用的色泽鲜艳，男性用的以深色为主。

在日本生活得越久，越能感受到手帕无处不在。电视直播日本国会的议员答辩时，也能够常常看到日本首相掏出手帕擦汗。就连电视剧里都常出现这样的情景：女主角痛苦地在雨中走着，男主角及时出现并掏出一块手帕为其擦去脸上的雨水；之后女主角将手绢洗净熨平，然后再以"要将手帕还给你"的名义与男主角约会见面，演绎一段浪漫的爱情故事。

我小时候看过一部日本电影，叫《幸福的黄手帕》。男主角的名字叫勇作，由著名影星高仓健扮演。女主角，也就是勇作的妻子，由著名女影星倍赏千惠子扮演。这部电影的情节是这样的，在北海道的煤矿里工作的勇作，由于自己的莽撞，一怒之下失手杀人。入狱后，勇作和妻子提出了离婚，从那之后，两人的爱情似乎画上了句号。出狱时，勇作无处可去，于是给前妻寄了一张明信片，写了这么一句话："我出狱了，如果你还是单身，而且现在还在等我的话，就在家门前那个旗杆上，挂上黄色的手帕。"

虽然明信片寄出了，但是勇作还是没有勇气回家。他很担心，前妻已经嫁人，成了别人的太太，而自己将会落得没有脸面生活下去。就在勇作犹豫之际，他遇到了一对来北海道旅游的年轻人，在他们的开车护送鼓励下，勇作终于回到了家。可是已经走到自己家门前了，勇作也依然不敢抬头，在两个年轻人的鼓励下，他终于睁开了眼，看到门前飘舞的那么多黄手帕，他一切都明白了，妻子依然在家里等待着他的归来。妻子跑出来，静静地望着他，还是像以前那样，说了一句"**おかえりなさい**（您回来了）"。当温柔动人的声音在耳边响起，勇作僵在那里，妻子的善良与温柔感化了他那颗孤独的心，妻子扑在他的怀里哭了。

过去这么多年，电影中那串黄手帕像万国旗一样迎风飘扬的镜头，依然深深地印在我的脑海里。我想，看过这部电影的朋友，也一定不会忘记那份感动，因为它定格了一对恋人重逢的幸福。黄手帕也因此成了日本社会一个"幸福"的象征。

　　高仓健先生已经去世，我接下了他生前的办公室作为自己的办公室。高仓健先生生前交往的一位画家特地给我送来了一幅画，画的就是电影《幸福的黄手帕》的定格镜头。所以，每每看到这幅画，我就会想起那部电影，想起自己青春的一丝回忆。

　　文章最后，我有一个小小的呼吁：所有阅读这篇文章的朋友，去买一块手帕，因为这块小小的手帕能体现一个人的优雅与品位。

4. 日本人教育孩子的几个原则

2018年的上海书展，华文出版社安排我做一次演讲，演讲的主题是《日本人如何教育孩子？》

我觉得，中国的教育和日本的教育在理念上存在着较大的差异。中国有句很流行的话，叫作"不能让孩子输在起跑线上"。但是在日本没有这句话。为什么？因为中国实施的是竞争教育，孩子必须从幼儿园开始在好的学校、好的班级里读书，成绩考得要比其他同学好，才有希望，或者说才有可能出人头地。至于其他方面的能力，比起一张漂亮的成绩单来说，都是次要的，或者是可以忽视的。

而日本实施的是能力教育，培养每个孩子具备生活、学习、工作以及与他人友善相处的综合能力。学习成绩好的学生，可以去考东京大学；学习成绩一般的学生，可以参加工作或者自己开店。日本社会不会觉得你考上了东京大学就是人才，当厨师就不是人才。所以"行行出状元"是日本教育的一个追求。也正因如此，日本的孩子不会挤在"华山一条道"上。

在谈日本人如何教育孩子之前，我先来说一件事情。来上海演讲前，我接到了一位网友的留言，告诉我他的女儿在东京留学，得了严重的抑郁症。他希望我能够帮他们一起来开导他的女儿,因为他的女儿也喜欢收听我的喜马拉雅FM"静说日本"节目。

当这位网友与妻子来到东京,带女儿来我办公室时,我发现这个女孩很优秀,也很漂亮,在国内是北京超一流的大学毕业生,在东京一所著名的国立大学里读博士。

在许多人的眼里,这个26岁的女孩是一位高不可攀的公主。但是她却在异国他乡得了严重的抑郁症,几次逃离学校,还有过一次自杀行为。学校很担心,父母更担心,就这么一个孩子,万一有个三长两短该怎么办?

我和女孩用日语交谈,我想她更愿意把自己内心的苦楚跟我说,而不想让父母知道。她告诉我,学习和精神的压力太大,她承受不了,想逃离这个世界,但是又无处可躲。我问她,你的压力来自哪里?她说自己从小学习成绩很好,在班里都是第一或第二名。但是到日本以后,她发现研究室的同学都比自己出色,自己很努力地在实验室里做实验,总得不到好的成果,以往的那种灵性的成就感再也找不到了。逐渐地,她对一切都失去了信心。

我终于明白了,这个女孩从小就是个学霸。一直到大学毕业,在同学、老师和亲戚朋友面前,她始终是一个聪明而骄傲的公主。但是到了日本留学之后,没有了众星捧月的感觉,她一下子就失去了自我。朋友圈里,高中与大学同学不断晒出谈恋爱结婚、出国旅游、买房买衣服的信息,而她不仅每天待在实验室里,而且到现在还没找到男朋友,忽然发现自己活得很窝囊,精神一下子陷入崩溃的状态。

学校很重视这位中国女博士的心理治疗，给她介绍了最好的医院，同时也安排老师同学与她沟通交流。但是她的病情时好时坏，最终不得不中断学业，随父母回国治疗。

女孩走的那一天，我的内心感到十分的惋惜。我觉得这个学霸型女孩子，学业上一直是成功者，但是在人格教育上存在许多的缺陷。她的内心缺少一份坚强，容不得委屈，经受不住打击，甚至容不得别人比她好。之所以造成这个悲剧，我们的家庭教育与学校教育都存在问题，或许我们的社会也应该承担相应的责任。

我为什么要讲这个故事，就是我感到日本在教育孩子自立、自律、自强，学会忍耐和承受打击的过程中，有一套独有的方法可以供我们中国的父母参考。

我在上海书展的演讲中，和到场的 300 多位听众朋友说过一句话：教育孩子，首先是教他们"自立"！

不知大家有没有看过一张照片，就是日本皇太子的女儿爱子公主第一天上小学的照片。这张照片中有三个人，皇太子爸爸、雅子妃妈妈，还有爱子。但是爱子的书包不是爸爸妈妈帮她拿，也不是警卫帮她拎，而是她自己背着。

日本人看到这张照片，觉得很正常。但是我们有些中国网友却把它当成了一件大事，因为居然没有人为这位 6 岁的小公主拎书包。

从这件事中我们就可以发现日本人教育孩子的一项内容，那就是自己能做的事情，一定要自己做。孩子的事情，一定要让孩子自己做，父母不要代替。

正因为如此，从小培养孩子自立的精神，不给别人添麻烦，包括不给爸爸妈妈和爷爷奶奶这些最亲近的人添麻烦，也成了日本人与日本社会的一个基本的教育与行为准则。

在日本的教育当中，动手能力也是一项很重要的内容。日本有一个规矩，孩子不管学习多忙，也要帮助妈妈做家务，比如帮助妈妈叠衣服、倒垃圾、整理玩具、打扫房间等。吃完饭，碗筷必须自己收拾好拿到厨房里去，不能放在饭桌上一走了之。

日本孩子的这种良好生活习惯的形成，与日本政府的一项规定有很大的关系。这项规定就是：小学生都必须在学校里吃午餐，而且必须自理。

日本各个学校的午餐不是去食堂里吃，而是在教室里吃——中小学只有厨房，没有专门的食堂。几位值日生去食堂把饭菜

抬到教室里，然后分给每位同学。而每位学生吃完午餐后，必须做两件事：一是自己把托盘和碗筷送到洗碗池里清洗干净，包括把牛奶纸盒拆开冲洗干净，然后把碗筷归类放好；二是全体同学搬开课桌，光着脚翘着屁股手拿毛巾擦地板，把整个教室与走廊擦洗一遍。

这个行为教育，就是让孩子们明白一个道理：你要得到，就必须付出，天下没有不劳而获的好事。

日本教育孩子，还有一个原则，叫"3+2原则"。这个原则就是父母和老师在教育孩子时，他做对了5件事，你只能表扬他3件，另外2件，你要提出批评，指出其不足。让孩子知道，在成功的背后，还有自己的短缺，在渴望得到表扬和奖励的时候，也会面临批评与打击。

这个"3+2原则"，就是为了培养孩子们不翘尾巴、不骄不躁、不自满的品德，培养一种从小能经受打击的坚强心理。

日本教育孩子，还有一个"一岁原则"——孩子长到一岁的时候，父母就不再给他喂饭，孩子必须自己学习吃饭。

在日本的超市里，有专门的婴儿用具货架，这些用具按年龄的不同分成不同的大小规格，最小的是1岁孩子用，最大的是5岁孩子用。也就是说，1岁的孩子，有专用的小筷子、小勺、小碗、小牙刷。

而在一般的家庭用餐厅，都有婴儿专用的座椅，有专门的儿童套餐，无论是拉面还是面包、米饭，都让小孩子自己吃。有时候看到小朋友吃咖喱饭，把自己的脸和衣服抹得五彩缤纷，但是爸爸妈妈还有店里的营业员就是无动于衷，任凭孩子自己胡乱地吃，以此来培养孩子一种独立自理的能力。

日本的父母经常跟孩子说的一句话就是"我慢しなさい"，这句话翻译成中文，就是说"你要学会忍耐"。在日本超市或者玩具店，很少看到日本孩子因为父母不给买东西而躺在地上耍赖哭闹的事情。因为父母从小教育他，必须要学会忍耐。你想要的东西，并不是唾手可得的，必须通过自己的劳动来获得。比如在家里每天帮妈妈洗碗、打扫卫生，一个星期之后，爸爸妈妈再答应给孩子买想要的玩具。

日本人培养孩子忍耐力的还有"寒冷教育"。冰天雪地里穿短裤和短裙上学，在瑟瑟发抖中锻炼孩子的忍耐力和坚强意志。

从小培养孩子自立的品德与精神，最大的好处是日本人的动手能力比较强。自己盖房子，自己做家具，自己修汽车，在日本男人中是常事。无论男生还是女生，没有人会在结婚的时候要求父母给自己买一套房子、一辆汽车。有钱的话，自己买；没钱的话，租房子结婚，不会因为自己的婚事而去给父母添麻烦。所以，在日本年轻人中，"啃老"被认为是一种不道德的行为，也会被人瞧不起。

总体来说，日本家庭、学校与社会对孩子的教育，追求的目标就是六个字——自立、自律、自强。在这种目标的追求中，社会不会只是把博士当作人才，捏寿司、做拉面也是令人尊敬的职业。更因为孩子们从小受到很好的磨炼，心智比较成熟，整个社会也会更多地呈现一种祥和的氛围，至少看不到日本人在街头打架对骂。

当然，日本社会也有得抑郁症的孩子，也有自杀的孩子，但是每次这样的事件发生，社会舆论，尤其是电视、报纸等媒体都会进行分析和反思，问题出在哪里？谁该承担责任？哪些地方还做得不够？哪些领域还需要改正与完善？……让全社会来关爱这些孩子，避免悲剧再次发生。

所以，健康人格的培养，有时比敦促孩子考高分更为重要！

5. 日本足球为什么比中国足球厉害

为了一个世界杯，我灌了好多啤酒，小肚子明显长起来了。

因为中国队与世界杯无缘，所以我关注的重点都转移到了日本队身上。日本队的第二场比赛是对非洲"黑马"塞内加尔队。我早早地跟几位朋友一起聚在东京车站前的体育酒吧观看比赛。

塞内加尔是一支"神秘之师"，曾在2002年的世界杯中杀进世界8强。这支球队的特点是：球员个人能力出众、身体素质出色，但战术乏善可陈。而日本队员身材矮小，身体条件和速度远远难敌这支非洲劲旅，但是日本队自成竞技体系，战术打法成熟，技术细腻，多数球员都在欧洲顶级联赛中效过力，有很多的大赛经验。

开赛前，我乐观预估，这场比赛的结果会是日本2：1塞内加尔。结果日本是以2：2与塞内加尔战平。

身材矮小的日本队员，在两球落后的情况下，与强壮的塞内加尔队员拼了技术，还拼了体力，以冷静沉稳的球风最终把比分追平，为我们亚洲人赢得了自尊！

对于日本队的努力，塞内加尔队教练西塞在接受媒体采访时一脸赞赏："日本队跟我想象的一样，是一支技术能力很强的球队，竞技的质量也很高。在速度、射门方面，日本选手十分出色。"

虽然日本队最终没有取得完胜，但因为随后的哥伦比亚与波兰之战中，哥伦比亚以3：0大胜，而日本队在第一场比赛中击败了哥伦比亚队，因此，日本队有了小组出线的希望。

比赛结束，回家的地铁已经没了，于是大家继续喝酒，话题从俄罗斯聊到有13亿人口的中国人，为什么就踢不好足球？

我没有吭声，因为我不懂。

一位朋友是做体育经纪人的，他把中国优秀的足球选手送到日本的足球队来踢球，很会比较中日两国球员的不同。他说了一句很有趣的话："中国的足球都被外卖给毁了。"

我不理解这句话的意思。

他解释说，中国球员与日本球员的一个很大差异在于体能。虽然都是亚洲人，但是日本球员的体能明显比中国球员好，为什么？因为日本球员在参加集训的那一刻起，每天的饮食都是严格根据营养师制订的餐谱用餐，禁止外食。这样做，一方面是为了增加营养，保持最好的体能；另一方面是防止在外面吃坏肚子，影响比赛。而在中国，球员宿舍里来的最多的人是送快餐的，虽然中国球队也有营养师，也有定餐，但是许多球员挑三拣四，在食堂里吃一点后就自己叫外卖，结果体能跟不上。

另外一个不同是，即使在没有比赛、没有集训的日子里，日本球员的妻子或者母亲会每天考虑丈夫（儿子）的饮食，严格按照营养师的指导对球员进行日常的饮食管理。而中国球员一旦回家就开始大吃大喝，很少有家人对他进行饮食管理，因为大家根本不懂。

日本前国家队教练冈田武史，曾经被杭州绿城队聘为教练，但是冈田中途就提出辞职。回到日本，他在接受媒体采访时，对中国的球队做了这样一个评价："中国人打球，就像打工。"

冈田为什么会对中国球队有这样的评价？

参加聚会的小杉，是冈田的老助手。他说，冈田在绿城当教练时，感到最不可思议的是，如果规定早上7时进入球场训练，日本球队队员的话，一般都会在6时多就提前到场，自己先热身。但是中国球员能够准时到场的，已属不错。即使到了，也是坐在球场一边玩手机，教练不下命令练球，谁都不动，好像打球不是为自己，是在替教练、替老板打球。

让冈田感觉到最为伤心的是，当他宣布离职，召集队员最后一次训练，算是与大家告别时，还是有3名队员迟到半个多小时。"这在日本是不可想象的事。"小杉说。

这场比赛，小个儿日本队连续打了两个平局，之所以能够抗住强悍的塞内加尔队，按照教练西野朗的总结性说法，是因为整支球队具有高度的凝聚力和良好的团结协作精神。

一支国家球队的组建，最终是由日本足球协会进行认真的考核挑选，临时组建的。所以，获选队员都会很珍惜参赛的机会。而一旦球队组建成功，就很自然地会按照先辈后辈的顺序，自动找到自己在球队内的位置。而像本田、长谷部这样的老将，也就很自然地担负起照应后辈的责任，整个球队很快会形成团结协作之风，"你不服我，我不理你"的勾心斗角的情况基本不会出现。

和中国一样，日本球队参赛，谁进了球，谁就是英雄。但

315

日本的底力

与中国不同的是，日本球队在分发奖金时，并不因为你是进球英雄，就可以获得特别多的奖金。所有球员的奖金都是一样的，因为大家认为，没有其他球员的配合，一个人是踢不进球的。所以，胜利是整支球队的胜利，不是一个人的胜利。因此在比赛中，球员们的心态就比较端正，会很注重相互配合，而不会有人故意抢球进球。

小杉说，在中国，不少球队为了刺激球员的积极性，对进球的球员会给特别高的奖金，这种做法自然鼓励了个人英雄主义意识的抬头，影响团队协作。

"日本许多人是因为喜欢足球而踢球，而中国有些球员是想赚大钱而踢球。在踢球的敬业意识上，两国的球员存在着比较大的差异。正因如此，当自己的目标无法实现时，有些中国球员就会表现出一种急躁，甚至是一种戾气。"小杉说得很不客气。

不知道这几位日本人说得对不对，也许是他们单方面的偏颇认识，我们仅作参考。不管怎么样，中国球队如果能够在上述几个领域提升自己的意识与觉悟，我想，至少会比现在踢得好。

6. 日本的"凄美文化"来自何处

日本的樱花,是从南开到北。东京的樱花已经谢了,位于日本东北地区福岛县的樱花,才刚刚绽放。

出差回到办公室,宅急送公司给我送来了一个大纸箱,里面是一支尚未绽放的樱花枝,还附有一封信。

寄信人叫山田忠信,是福岛县一家食品加工企业的社长,他们家做的虾干,个个红艳,是佐酒的佳肴。

山田先生在信中说,今年家里的樱花花蕾特饱满,一定是美丽的一年。

这是我第6年在樱花时节收到山田先生送来的樱花枝。

对于日本来说,漫山遍野的樱花枝,不怎么值钱。但是我特别珍惜,也年年期盼山田家的樱花枝,因为这樱花枝代表着一份真情。

2011年3月,福岛县近海发生了9级大地震。大地震没有震倒多少房子,但是随之而来的巨大海啸却席卷了许多沿海城市。一瞬间,整个城市没了,汽车被扭曲得像绞过的毛巾,2万人遇难。

大地震、大海啸发生时,我刚好在北京采访"两会"。福岛县有我们不少《中国经济新闻》的读者,其中包括山田先生。

编辑部联系了几位读者，都无法打通他们的电话。我从北京直接拨打了山田先生的手机，仍处于"无法接通"的状态。

我赶回日本的第二天，就要赶往灾区。但是所有前往灾区的道路都已中断，机场也停飞。日本航空公司给了我特别的帮助，让我搭乘救灾运输机飞往东北内陆地区的花卷机场。在那里，也有我们的一位读者，叫木村清且，他开了一辆越野车送我去福岛灾区。

山田先生的食品加工厂就在相马市的海边，那里不仅遭受了海啸的袭击，还遭受了福岛核电站核泄漏的污染。越野车兜了好几条山路，终于赶到相马市附近时，道路已经崩塌，无法前行。登上高坡远望相马市渔港，什么都没了，只有几堵水泥钢筋的矮墙，露出在如同沼泽一般的城区中。

"完了"，这是我当时的念头。

第二天，我继续拨打山田先生的手机，算是对他的悼念。

没有想到，居然有人接听，还是山田先生本人。"你还活着？"这是我对他说的第一句话。

海啸来袭时，山田先生刚好外出，工厂被卷走了，员工也牺牲了好几个，包括他的儿子。他的家在一个高坡上，30多米高的海啸奔腾而来，刚好淹到了他家的一楼，好在房子没有倒。

地震后，山田先生带着老母亲、妻子到内陆的福岛市避难。我在一个体育馆里，寻到了他。

50多岁的男人，满脸的胡子和杂乱的头发，显得异常的沧桑。见到我，他嘴巴抿动了一下，什么都没说。他的夫人哭了很久，说："山田这几天，一直在废墟里寻找儿子，但是一直没有找到。"

我把车上所有的方便面、水和口罩都留给了他，还把5万日元塞到他的手里。来回推诿了几下，他终于抱住我哭了。

半年后，我收到了山田先生的一封信，说已经从避难所回到了家。房子也重新修整了一下，还能住。本来一直担心院子里的樱花树被海水泡过会死掉，但是，依然枝叶茂盛。末了，他提了一句："儿子还没找到。"

我以前听山田先生说起过这棵樱花树，那是他父亲与母亲结婚时栽下的纪念树。他出生后，就在樱花树下玩，每到春天，就盼着樱花开，因为樱花开了，就可以上学了。儿子生下后，也是周而复始着他的童年生活。这棵樱花树，是山田家所有感情与生活的寄托。

第二年春天，我收到了山田先生寄来的樱花枝，一米多高的花枝，长满了含苞欲放的花蕾。我把矿泉水的大塑料瓶剪掉一半，然后灌满水，把樱花枝插在其中，放在办公室靠近阳台

的地方。三天后，花蕾开始绽放。五天后，变成了满枝粉红。于是，我的办公室也变成了赏樱处，总是有许多的朋友前来坐一坐，喝一杯茶，聊一聊中国和日本的故事。

可惜一周之后，樱花开始凋零。每天上午到办公室，我干的第一件事，便是"葬花"。

日本人的情怀之中，总是把樱花视作最为浪漫与凄美的物种，短暂的美丽之后，又归于沉寂的大地。但是，第二年春天她依然会回归人间，展示自己的美丽，陪伴人们的欢乐与眼泪。

我想，山田先生赠我樱花，不只是一份感恩，还把自己对于亲人的一种缠绵的情感分享给我，给他牵挂的人们：春天，那个樱花浪漫的时节，我们相互思念！

7．日本人为何对西安情有独钟

到千年古都长安（现陕西省西安市），西安市委书记王永康给我讲了一个故事。

716年，一位名叫阿倍仲麻吕的日本青年冒着身沉汪洋之险，随同遣唐使来到中国，经过长达半年的长途跋涉，走到长安城下时，正是九月中秋。

仲麻吕当时只有18岁，他考入当时唐朝最高学府——国子监太学，然后一举考中进士，历仕玄宗、肃宗、代宗三代皇帝，备受厚遇，官至左散骑常侍(皇帝的参谋)兼安南都护，荣达公爵。

仲麻吕不仅学识渊博，才华过人，而且感情丰富，性格豪爽，取汉名为"晁衡"，是一位天才诗人。他和唐代著名诗人李白、王维等人交往密切。入唐37年，未曾回过日本。唐玄宗感念他仕唐几十年，功勋卓著，家有年迈高堂，割爱允求，任命他为唐朝回聘日本使节。任命一个外国人为中国使节，这在历史上是罕见的，说明仲麻吕得到了朝廷的器重和信任。

753年，55岁的仲麻吕归国，传闻他在海上遇难，李白听了十分悲痛，挥泪写下了著名诗篇《哭晁卿衡》："日本晁卿辞帝都，征帆一片绕蓬壶。明月不归沉碧海，白云愁色满苍梧。"

幸好船只漂流到越南，两年后辗转回到长安。直到72岁终老时，仲麻吕也未能回归故土。

王书记说，仲麻吕的故事，说明两点：一是大唐的开放与包容，能够容纳外国人做高官；二是中日交流源远流长。

2018年是长安城建城1400年，王书记与日本大富电视台社长张丽玲共同策划了"2018回望长安——中日文化交流活动"。作为千年古都，西安要亮出中国最绚丽的文化名片。

西安市政府在9月22日晚，于古城永宁门前举行了一场隆重的迎宾入城仪式，以大唐迎宾礼仪，厚待来自日本的艺术家们，庆贺"回望长安"中日文化交流周开幕。

而这个隆重的礼遇，在1992年10月日本天皇与皇后访问西安时，都没能享受到。

西安仿古迎宾入城仪式在西安古城的南门，也就是永宁门举行。永宁门，建于隋初开皇二年（582年），取永保安宁之意，是西安城墙各城门中历史最久、沿用时间最长的一座，也是历代皇帝出巡和迎接重要贵宾来访的御用之门。

迎宾入城仪式参照古礼中的宾礼和盛唐时期的《开元之礼》仪规，并融入古代民间的礼仪内容创意策划而成，堪称"天下第一礼"。先后以此礼迎接过美国前总统克林顿、俄罗斯总统普京、印度总理莫迪等外国领导人。

我也位列其中，在悠扬悦耳的大唐礼乐伴奏下，在美女歌舞与武士阵列之中，与各位嘉宾一起走吊桥、入城门，体验了一把"有朋自远方来，不亦乐乎"的大唐情怀。

川井郁子是日本当代最著名的小提琴家，按照日本人的说法，属于偶像级美女演奏家。曾就读于东京艺术大学，维也纳音乐学院，与新日本爱乐交响乐团、华沙爱乐交响乐团等知名乐团长期合作演奏。同时她还作为影星，出演《绊》《爱在天空的另一端》等电影，获得过日本奥斯卡最优秀音乐奖和电影批评家大赏新人奖，目前还是大阪艺术大学教授。

当川井登上西安古城墙时，一轮皓月高悬箭楼。她望着明月对我说："终于走进了遥远的长安！1300 年前，当阿倍仲麻吕来到长安城时，明月也是这样高悬城头。1300 年后，我也来到这里，也是明月当空，而且还在古城里举行演奏会，真的很不可思议。"

这是川井第二次来中国，上一次是在她读高中时，去了北京。

与川井一起登上西安古城的，还有日本驻中国大使馆公使滨田隆。二十多年前，他来过一次西安，那时滨田还是一名留学生。过去这么多年，他还念念不忘西安羊肉泡馍的味道。

抚摸着城墙，滨田说："我们从唐朝学到了文字、学到了政治制度、学到了科学技术，成就了日本。当年从日本漂洋过海来长安，需要半年时间，现在只需要 5 个多小时的飞机。时空的距离缩短了，但是文化的渊源依然是那样的漫长。西安，是日本人的文化故乡。"

坂井音重是日本国宝级的能乐大师，他主演的《杨贵妃》是日本经久不衰的能乐节目。2012 年，为纪念中日邦交正常化40 周年，他在国立能乐堂为访日的中国领导人主演了《来自中国大陆之华》的能乐大荟萃。

已经 78 岁的坂井先生，这次也千里迢迢来到西安演出。他说："我终于来到了杨贵妃的故乡！我一生最大的愿望，就是能够到长安古城。我相信，日本的能乐雏形来自于中国这座美丽的古都。"

坂井先生带来的能乐剧，就是《杨贵妃》。而这次西安公演，他与陕西传统艺术秦腔表演艺术家侯红琴同台表演，一个演日本的能乐杨贵妃，一个演秦腔杨贵妃。

2018年是日本大富电视台成立20周年，张丽玲创立的CCTV大富频道，实现了将中央电视台的节目落地日本全国，还开创性地对《新闻联播》节目进行了日语同传翻译。与张丽玲一起"讲中国故事"的大富股东中，有稻盛和夫这样的经营之神，也有富士电视台、索尼、电通这样的传媒与企业巨头。

张丽玲有一个想法，她想重续中日两国千年文化交流的渊源。她说，西安是中国文化的门户，对西安最情有独钟的是日本人。而中国传统文化中，许多丢失的东西，在日本都有完整保留。借助于两国关系的改善之力，中国重振传统文化之风，让"2018回望长安——中日文化交流活动"能够成为一次连接历史与未来，展现中日文化艺术魅力，展示新时代西安风采的盛会。

在西安市政府的大力支持下，这场中日艺术盛宴的开幕式，就在古城的瓮城里举行。

让川井的小提琴与中国音乐学院教授章红艳的琵琶一起演奏中国名曲《天山之春》，是张丽玲的奇想。而这一奇想在西安瓮城中奏响时，悠扬的小提琴曲与珠落玉盘般的琵琶声，加上手鼓伴奏，演绎出一幅骏马奔驰辽阔草原的美景，赢得了全场热烈的掌声。

据说，川井此次带来西安演奏的小提琴，是一把有几百年历史的古董级艺术品，身价不菲。她还与日本尺八演奏家长须与佳一起演奏《时光的彼岸》，古朴幽雅的琴乐声，让人回望到1300多年前的长安。

青年指挥家葛亚南、著名打击乐演奏家王建华、魏然，青年琵琶演奏家刘小菁以及中央音乐学院弹拨乐团等中日艺术家联袂演出了"国色""彼岸""流光""和鸣""回望"五个篇章，共演出了《西域流光》《夜宴》《风吹过》等十余首曲目。章红艳教授与中央音乐学院弹拨乐团合奏的琵琶名曲《十面埋伏》，把开幕式音乐会推向了高潮。

最让西安的年轻人兴奋的是，这次活动还请来了日本最走红的美少女演唱组"乃木坂46"。按照张丽玲的说法，是要让中日两国年轻人的心走得更近。这场于24日晚在大明宫遗址公园举行的演唱会，拉开了"乃木坂46"在中国首场演出的序幕。

一身特别的中国红，可爱清纯的笑容，让西安的年轻人陶醉。当这群日本女孩用刚刚学会的中文说出"友谊永存"时，西安的年轻人挥舞着不知从哪里弄来的粉丝巾，高喊着女孩们的名字，这份热情与真诚，让人们看到了中日友谊的新希望。

王永康书记在开幕式致辞中谈到西安与日本的渊源时说："京都和奈良都是千年古都，最初建设的时候，就学习借鉴了唐长安城的规划布局和建筑风格，也就是九宫格局、棋盘路网，还有东市、西市、朱雀街、朱雀门、太极殿等地名。"

他表示，西安是古丝绸之路的起点，是中日友好往来的重要城市，也是"一带一路"重要枢纽城市。回望历史，五千年西安最中国；展望未来，新时代西安最机遇。一轮明月已经映照千年，一座"长安"把中日紧紧相连。真诚希望与日本各界朋友进一步加强交流合作，共享发展新机遇，推动两国长久友好！

开幕式那天，正好是我的生日。皓月当空，我在长安古城上，接受大家的祝福，聆听生日之歌，应了西安市领导的一句话："你一辈子不会忘怀！"

"真期望中日友好永远停留在这个美丽的中秋夜。"在演出结束的庆贺会上，川井把着一杯红酒，倚在城墙上，对张丽玲说。

8. 日本人离开座位时最在意哪个细节

因为工作的关系，我要经常接待一些来自中国的政府官员和企业家，并安排他们去日本政府机构或企业参观访问。每次会谈结束后，日本人都会很关注我们中国人的一个细节，那就是在离开座位的时候，会不会把椅子推回原位，重新靠在会议桌边上。

为什么日本人会特别在意我们中国人的这个细节呢？因为在日本，开完会后将椅子推回原位是一个基本的常识，或者说是作为公务人员和商务人士的基本素养。当然，日本人出于礼仪，绝对不会提示中国人该怎么做。但是，如果你在起身后把椅子推回到原位的话，他会觉得，你是一位很有教养的人。反之，日本人心里会嘀咕半天。

虽然这只是一个小小的细节，但对于日本人来说，这个细节似乎十分重要。

阅读这篇文章的朋友，不知有没有坐过中日航线的客机？如果坐过的话，不知有没有注意到一个细节，那就是：在飞机上用餐时，如果是日本航空公司或者全日空公司的客机，空姐在送餐时一定会把各种餐盒摆放得整整齐齐，然后用双手递给你。而中国航空公司的空姐们，大多数是在盘子里胡乱地放下餐盒，基本上是一只手递给你。

　　为什么日本航空公司客机的空姐和中国航空公司的空姐在递送餐盒的时候，表现出的态度与礼仪会不一样呢？原因很简单，因为日本空姐在将餐盒递给乘客的时候，她想到的是"这是粒粒皆辛苦的食物"，所以必须以敬畏之心用双手递给乘客，请乘客享用。而中国的空姐们，大多数时候只是感觉在完成一项分发任务，根本就没有想得那么远。

　　我不是在刻意地褒扬日本的空姐，贬损中国的空姐。其实在日本的客机里，也有不少空姐是中国人，为什么这些中国空姐做的也跟日本空姐一样？因为她们接受了日本航空公司这种对食物敬畏的教育，知道做人必须遵循这一最基本的思想行为规则。而我们中国航空公司对于空姐们的培训事项中，估计没有这条"食物必须摆放整齐，然后微笑着双手递给乘客"的要求。

　　虽然"粒粒皆辛苦"这句话源自中国，但很多时候，我们确实缺乏对食物的敬畏感。日本人在用餐之前都习惯于合起手掌，有的还会认真地闭上眼睛，低下头说一句"いただきます"，然后才开始动筷子。"いただきます"这句话，在动漫片中往往被翻译成"我要开动了"，其实这个翻译是不对的，在日语的语境中，这句话所表达的意思是"感谢神赐予我食物"，表示一种对食物的敬畏与感恩之心。而我们中国就没有这种习惯，或许以前也有过。

　　当乘客在飞机上用餐完毕，如果你细心留意一下的话，会发现一个有趣的现象：日本乘客会把盘子里的大小盒子整理一遍，小盒子叠在一起，或者把饭盒的锡纸铺平，重新盖在饭盒上，或者把餐巾纸叠成方块,盖在用过的餐盒上,然后整整齐齐地递给空姐收走。而我们中国乘客,大多没有这个习惯,往往会把吃得乱七八糟的盘子直接递给空姐。

在全日空公司做空姐的一位中国女孩,曾经这样跟我说:如何区分这个人是日本乘客还是中国乘客,用不着听他的语言和看他的衣着打扮,只要看他用过的饭盒,一般都可以轻易地区分出来,除非这个中国人长期生活在日本。

这两天,我陪几位日本的酒店管理专家在成都考察,跟他们聊起这个细节,他们说,这主要是教育的问题。这种教育来自于两个方面,一个是家庭,另一个是学校。

日本父母对孩子吃饭用餐的习惯,说得最多的一句话就是"綺麗に食べなさい",翻译成中文就是"要吃得干净漂亮"。

日本是一个岛国,鱼是日本人吃得最多的食物。日本父母要求孩子在吃鱼时,不仅要吃得干干净净,而且吃完之后还要求保持鱼的骨架不走形,也就是所谓的"干净漂亮"。对于一个孩子来说,这是一个挑战,但是必须这么做。只有做到"干净漂亮",才能对得起这条奉献了生命的鱼。而吃完之后,孩子必须将饭碗和盘子拿到厨房的洗碗池里放好,甚至有的家庭要求孩子必须自己把碗洗好。

日本从幼儿园到初中,都实行学校午餐供应制度。午餐是一个套餐,有各种各样的小盘子。孩子们从小接受这样的教育:吃饭前要说一句"いただきます",所有的食物必须吃完。除非你身体不好,事先向老师说明。吃完之后,饭盒和菜碟都必须回归原位。然后自己端到洗碗池里把它们洗干净后,再根据要求分别放到不同的地方。

正因为日本人从小养成了这样的习惯,他们不仅对食物会产生一种本能的敬畏感,同时对自己使用过的碗和盘子、吃过的食物,一定会整理收拾干净。这种习惯也表现在,在飞机上用餐后很自然地把吃过的盘子整理干净,日本人把这种习惯称为"收纳"。

比如,你走进中国的肯德基餐厅与走进日本的肯德基餐厅,会发现一个很大的不同。在中国的肯德基餐厅里你会看到,用完餐之后,鸡骨头、盘子统统放在桌子上,客人拍拍屁股就走了,让服务员来收拾吃过的东西。而在日本的肯德基餐厅,客人吃完东西后,都是自己把吃过的东西和杯子等端到垃圾箱前,根据可回收垃圾和不可回收垃圾的分类,放入不同的垃圾箱里。而服务员最多抹一下桌子就可以安排新客人入座。

所以,这种"收纳"文化使得日本人习惯于把自己吃过用过的东西归位到指定的地方,留下方便给服务员和后来的客人。而一些中国游客到日本,因为不知道日本的这种规矩,还是用在中国肯德基餐厅的习惯,吃完之后不收拾就走了,因此也常常引起日本服务员的不满,认为中国游客没有素养。其实在我们中国,只是没人要求或者教育你,必须把自己吃过用过的东西整理干净,因此也没有这种"收纳"的习惯。

我们回到文章开头时说过的椅子的问题。到日本企业或政府机构去拜访的中国人,大多是政府官员、企业家或者企业高管。在日本人的眼里,这是中国最有品位和最有文化素养的一个群体,但确确实实没有人告诉中国官员和企业家:"当你结束会谈离开座位的时候，必须要把椅子推回原处，不能拍拍屁股就走。"

日本人认为，离开时把椅子推回桌子前面，恢复它原来的样子，这样会使会议室在瞬间就变得十分整洁，不用麻烦别人打扫会议室，同时也给后续的使用者提供一种便利。所以，日本人看中国人，就看能不能做到这个细节，如果你做到了，他们会认为你有素养；没做到的话，他们嘴巴上也不会说，但是心里一定会犯嘀咕。

前几天，我与上海杂技团的几位艺术家们一起吃饭聊天。这些艺术家们从20世纪90年代开始就到日本演出，他们给我讲了一个细节——他们在日本各城市巡回演出时，往往是一天换一个城市。让他们感动的是，不管演出多晚，日本的演艺公司总是连夜拆台，然后连夜运到下一个城市去。到了下一个城市，你会发现，在前一个城市的舞台上，演出的道具放在哪个位置，到了下一个城市的剧场，这个道具也一定是放在哪个位置，绝对不会错放。对演员来说，他们赶到一个陌生的新舞台，不必去寻找自己的道具，也不必去重新规划舞台的布局，上一场怎么演，下一场也就怎么演，因为日本的演艺公司已经把整套演出做出了一种固定的模式，让演员们始终能够在一种熟悉的、习惯了的环境里进行表演。而日本演艺公司之所以能够做到这一点，就是坚持了"收纳"的文化，这种"收纳"文化，使得一切变得严谨和有序，保证了演出不会出错。

从一个饭盒到一把椅子，虽然只是两个小小的细节，但是却表现出日本社会的一种秩序与素养，一种不给别人添麻烦的自律。所以，大家以后去日本的时候，无论是去日本企业访问还是在餐厅用餐，请一定记住：当你起身离开时，最好把椅子轻轻地推回桌子边，让它回归原位。让日本人知道：这种基本的礼仪，我们中国人都懂。

9. 日本人过年如何发压岁钱

在我们中国，有关压岁钱的来历，有这么一个传说。在北宋神宗年间，有一年春节夜晚，有个名叫王韶的副宰相，他的小儿子南陔跟随大人在街头观灯游玩时，不料遭到歹徒的绑架，歹徒想勒索王韶一笔钱财。歹徒绑架南陔逃跑时，正巧遇到朝廷的车子经过，于是南陔大声呼救，歹徒只得放下南陔仓皇逃跑。后来，皇帝宋神宗得知此事，就赐予南陔一些钱，给他压惊。从此"压岁钱"在民间流传开来。

压岁钱是汉族人过年时的习俗，寓意是辟邪驱鬼，保佑平安。人们认为小孩容易受鬼祟的侵害，所以每年在春节拜年时，长辈要将事先准备好的压岁钱放进红包分发给晚辈们，用压岁钱压祟驱邪，帮助小孩平安过年，祝愿小孩在新的一年健康吉利、平平安安。

以上是中国有关"压岁钱"的说法。那么在日本，压岁钱有什么来头呢？

根据日本民俗史料记载，日本压岁钱的起源可以追溯至神话时代。自古以来，每到新年的时候，家里人会一起做年糕放在神坛上，献给"年神"，就是"新年之神"，以祈祷无病无灾地度过新的一年。这些沾了神气的年糕，之后会分给大家品尝。

在过去食品贫乏的年代，新年能够得到一块年糕，对孩子们来说是欢天喜地的事情。后来，随着时代的变迁，这些年糕就变为"新年的礼物"。进入昭和时代，这些新年礼物就演变成了孩子们的压岁钱。

日本的压岁钱不叫"压岁钱"，它有一个很有意思的名字，叫"年玉"，念成"おとしだま"。为什么叫"年玉"？因为在中国古汉语中，有"琦年玉岁"的说法，是指如花似玉的年华，即人生最美好的青春岁月，属于"芳华"。所以"年玉"的意思，就是祝福孩子们健康成长，度过如花似玉的年华。

虽然中日之间有关压岁钱的来历、传说有所不同，但是，新年给孩子压惊与祈福之意，中日同源。

我们中国人给孩子们压岁钱，基本上是根据关系的亲疏来确定金额的。如果是自己的孙子孙女，那自然要给多些。如果是一般亲戚的孩子，就给少些。

但是，日本人在给孩子压岁钱时，亲疏关系考虑得比较少，而孩子的年龄成为分发压岁钱的一个关键性考量因素。孩子岁数越大，给的钱就越多。日本人说，这符合小孩子越大用钱越多的自然规律。

在日本发压岁钱，有一件事必须注意。就是你到上司家或身份比自己高的人家去拜年的时候，不能给对方孩子压岁钱。这是为什么呢？

因为压岁钱本是神的赐物，演变到后来则成了长辈的赐物。如果到上司家给小孩压岁钱，实际上是把自己当成了神，当成了长辈和恩赐者，上司家则成了被恩赐的世俗对象。这对上司无疑是极大的侮辱与嘲弄。所以，日本的这一观念与中国有所不同。

但是，日本有不少长者会给邻居的小孩发压岁钱。一方面是感觉到孩子的可爱；另一方面也可以增进邻居之间的感情。

在日本分发压岁钱，是有讲究的。

首先，必须要将压岁钱装在"红包"里。在色彩审美方面，日本人喜爱质朴自然的素色，日本人觉得"神道认为凡是带色彩的都是不洁净的，只有白色是一种神仪的象征"。所以用于装压岁钱的"红包"实际是"白包"。虽然是白包，但是款式多种多样，图案题材也十分广泛，春节多用梅花、樱花、招财猫等素材。另外也有较多的花草、动漫形象和传统节日风物，如鲤鱼旗、人偶、风筝、月兔、宝船等图案。

其次，在红包的正面要写上赠送的孩子的名字，背面注上自己的姓名。因为当小朋友们同时从很多亲戚或者大人那里得到压岁钱的时候，会搞不清楚这个到底是谁给的，没法向父母交代。

最后，放入红包袋里的钱带有对孩子的祝福，因此，必须用新钱币。长辈们在过年前要早早地去银行换新钞票。一些银行也会在年末的自动取款机里全部放上新钞票，供人们发压岁钱使用。

那么，日本人给孩子压岁钱，是按照什么标准给的呢？

在日本社会，其实存在着一个压岁钱的量化标准。这个标准大体有两个计算公式，第一种量化标准计算公式是：孩子年龄÷2×1000日元＝压岁钱。比如：4岁孩子÷2×1000日元=2000日元，约120元人民币；5岁孩子÷2×1000日元=2500日元，约150元人民币；第二种量化标准计算公式是：孩子年龄×500日元=压岁钱。比如：6岁孩子×500日元=3000日元，约180元人民币；7岁孩子×500日元=3500日元，约215元人民币；8岁孩子×500日元=4000日元，约240元人民币。

其实，这两种计算方式大同小异。

日本的压岁钱，一般是从幼儿园开始，也就是从孩子知道钱是怎么一回事开始给，给到孩子读大学。与我们中国不同的是，对于幼儿园之前的孩子，基本上是不给压岁钱的，日本人认为孩子太小还不会用钱，没有必要给。

日本住友信托银行曾经以3000余名顾客为对象进行过一次有关压岁钱问题的调查。

第一个问题是："你有没有给压岁钱的打算？"72%的人回答"有"。

第二个问题是："打算给几个人发压岁钱？"回答最多的是"3个人"，达到28%。其次21%的人回答是给"6个人"。

第三个问题是："你准备发多少压岁钱？"回答"1万日元以上"（约600元人民币以上）的占24%；回答"2000～3000日元"（约120～180元人民币）的占16%；回答"4000～5000日元"（约240～300元人民币）的15%；回答"1000～2000日元"（约60～120元人民币）的占11%。

这项调查结果显示，绝大多数人认为，给1万日元（约600元人民币）的压岁钱是最高标准，不能再给更多的钱，而且 1 万日元只能给高中生和大学生。初中生的话，给 5000 日元（约 300 元人民币），小学生的压岁钱，普遍的标准是 2000～3000 日元（约 120～180 元人民币）。幼儿园小朋友普遍是给 1000 日元（约 60 元人民币）。

　　一般来说，日本人的平均工资高出中国人平均工资的七八倍，所以从工资比例来看，日本人发压岁钱，总体上还是比较小气的。

　　那么，新年期间，爷爷奶奶有钱，趁机给孙子多一点压岁钱行不行？如果给多的话，那就要缴纳赠与税。赠与税的纳税条件是超过 110 万日元（约 66000 元人民币）。而且严格说来，这 110 万日元也可以算一年之内从长辈手里拿到的钱财的总额。比如压岁钱拿了 50 万日元，生日时收到 50 万日元，上学时拿到 20 万日元，那么超过 110 万日元的部分，也就是说超过的 10 万日元，要缴纳 10% 的赠与税。

　　那么，日本孩子过年一般能够拿到多少压岁钱呢？日本玩具公司博品馆调查了 900 名中小学生及其家长。结果显示，日本中小学生人均收到的压岁钱为 24424 日元（约 1500 元人民币），其中小学生人均为 21382 日元（约 1300 元人民币），中学生压岁钱略多，人均为 35070 日元（约 1900 元人民币）。

　　拿到压岁钱之后怎么用？38% 的孩子表示要把压岁钱"存起来"，28% 的孩子表示要购买游戏机和游戏软件，还有孩子表示要买文具、书、衣服和零食。不过，能够自由支配全部压岁钱的中小学生，只占 35%。而 8 个孩子中就有 1 人回答：自己的压岁钱全给妈妈没收了，自己根本没拿到。

至于大学生，一般过年都可以拿到4万日元（约2400元人民币）以上的压岁钱。大多数大学生认为，大学时代是自己获得压岁钱的最后机会，所以要存起来，作为和朋友出去旅行的费用。也有部分大学生用压岁钱购买个人电脑和手机等电子产品。

日本这个民族受自然环境和外来文化的影响，形成了自己独特的文化，而这种文化渗透到生活的方方面面，塑造出了日本民族独有的性格特征，以至于日本的新年红包文化也呈现与中国截然不同的形态和习俗，处处体现出日本人注重礼仪人情和讲究细节的特点。所以，研究日本的文化，既可以看到中国古代文化的影子，又可以看到日本文化与众不同的一面。

10. 日本为何还坚持使用汉字

在古代东亚，曾经存在过一个"同书同文"的汉字文化圈，包括现在的朝鲜、韩国、越南与日本（及琉球）。其中，朝鲜半岛与越南都与中国接壤，在历史上两地的北部也都曾是中原王朝的郡县，唯有日本孤悬大海之中，游离于以中原王朝为中心的朝贡体制之外，却同样引入了汉字。

汉字是何时进入日本的？按照古代日本史籍，全部用汉字写成的《日本书记》的说法，"上古之世，未有文字，贵贱老少，口口相传"。到了应神天皇（270—310年在位）时代，朝鲜半岛上的百济国派阿直岐到日本，为太子菟道稚郎子的老师，教读经典；次年又有儒学博士王仁带来《论语》十卷和《千字文》一卷，是为日本接触汉字之始。

今天看来，《日本书记》所说的这个年代，既早也晚。说它早了，是因为《千字文》是南朝梁人周兴嗣编写的儿童识字课本，成书于6世纪上半叶。故而在应神天皇统治时期绝不可能传入日本。说它晚了，是因为1784年在福冈县志贺岛挖出了一枚刻有篆文"汉委奴国王"的金印。根据中国史籍记载，这应该就是东汉光武中元二年（57年）倭奴国向东汉遣使朝贡时，光武帝赐予的印。也就是说，至迟在1世纪中叶日本人就已经接触到了汉字。

　　起初，日本掌握汉语文的人还很少，仅限于掌管大和朝廷记录事务的史部人员。这些人多数是通晓汉字汉文的"渡来人"（4～7世纪从朝鲜半岛和中国来到日本列岛的移民）及其子孙。二十四史之一的《宋书》在《倭国传》里收录了478年倭国雄略大王致宋顺帝的一则表文，开篇就是"封国偏远，作藩于外"，行文流畅，文辞得体，显然是当年留日中国人的杰作。

　　到了7世纪，为了直接吸取中国的先进文化，日本先后向中国派遣了"遣隋使"和"遣唐使"。加之百济、高句丽灭亡后，又有大量"渡来人"移居日本列岛，进一步促进了日本人汉字能力的提高。圣德太子在604年所制定的日本法制史上第一部成文法典《十七条宪法》，就全以汉字写成，第一句就是"以和为贵、无忤为宗"。

　　话说回来，汉文对于大多数日本人而言，仍旧是一门难学的外文。8世纪时，日本空海和尚从中国留学后回到日本，仿照汉文的草字体创制了草书字母——平假名。日本政治家吉备真备到中国朝圣后，也利用汉字的偏旁结合日语的发音，创造了楷书字母——后来被用于拼写外来语的片假名。二者的产生，标志着日本本土文字的出现。

　　在盛行汉文学的平安时代，使用汉字是有教养、有学问的表现，也是男子的专利。女性则使用平假名书写和歌、书信等。平安时期，贵族男女之间已经常通过书信往来，既然女性不通汉字，为了交流方便男人写给女人的信也会使用平假名。同期，使用平假名书写的和歌也大量流行，扩大了平假名的使用范围，从而慢慢形成了日本独特的文章书写方式——汉字假名混写体，汉字在日本的一统天下也因此宣告瓦解。

日本人跟我开过一个玩笑，说："你们中国的《人民日报》一半的文字是日文。"我开始时听到这句话时，还无法理解。《人民日报》都是汉字，怎么会是日文呢？但是日本人告诉我，《人民日报》中出现频率很高的单词，比如革命、社会主义、共产党、干部、中央机关等，都是日本人造出来的文字。因为在明治维新时期，日本从欧洲引进了大量的英文、德文等书籍进行翻译，必须要找到相应的汉字，因此翻译家们在翻译过程中，往往都选用意思相近的汉字来进行表示，因此创造出大量的日文新汉词。《共产党宣言》最初是由日本人从德文翻译成日文的，后来担任过复旦大学校长的陈望道先生，早年留学日本早稻田大学，日文功底很好。他在1920年将日文版的《共产党宣言》翻译成了中文版，同时将原来日文版上的汉字原原本本地翻译到了中文版上，因此出现了看似汉字，其实是日语汉字的词语。

在日本，废除汉字的呼声早在明治维新之前就出现过。到了明治维新之后，日本的精英们意识到西洋列强的先进，社会上下刮起了西化之风，政界、经济界和文化界精英们痴迷于从衣食住行到文学艺术等一切的西化。到了1945年，随着日本的战败，日本汉字迎来了最大的一次危机。主持战后对日改造的美国人建议日本废除汉字，使日语罗马字化。其背后的动机是："禁止汉字在公文中使用，易于控制日本人的思想，更严格地监督日本政府官员之间的书信往来。而且可以使日本人不被战前的宣传物所熏染，培养思想纯净的新一代。"

但是，当时的日本政府罕见地拒绝了占领军的意志，日本政府认为汉字是日本国家的文化之根本，必须与天皇制度一起保留。

1946年，日本政府公布了1850字的《当用汉字音训表》，一举将法律条款、公用文书和媒体用语纳入了国家规定的"汉字假名混合文体"的轨道。到了20世纪80年代，随着汉字输入计算机这一技术难题的解决，认为汉字很难适用于印刷、通信的观点不攻自破。目前，日本文部省规定的小学毕业生要求认识的汉字是1006个，到初中毕业时，必须记住1850个常用汉字。

就这样，日本成为除中国以外，世界上唯一一个保留汉字的国家。

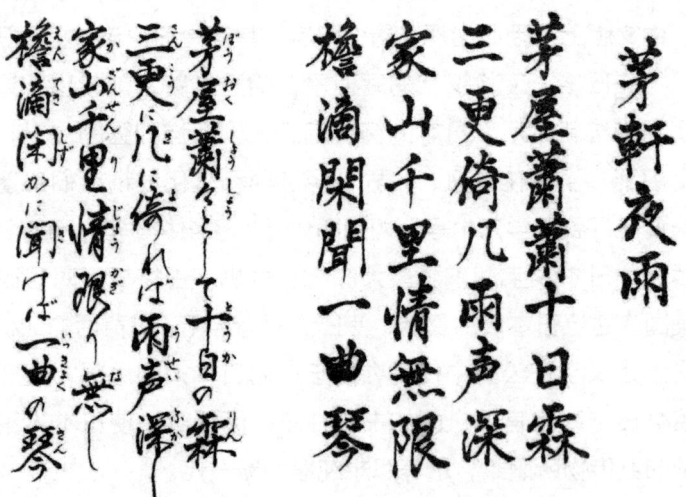

11．日本酒获金奖为什么不印在瓶子上

在日本人的印象中，中国人每天的早餐都是小笼包。而在中国人的印象中，日本人每天晚上都在喝清酒。事实究竟如何呢？中国每天吃小笼包的人，1000人当中估计只有1人。而日本人中，每天喝清酒的比例，估计100人中也只有1人。

为什么日本人喝清酒的比例没有中国人想象得那么多呢？因为日本年轻人认为喝清酒是中年油腻男干的事，年轻人才不喝那玩意儿。就像现在中国的年轻人也会认为喝黄酒是中老年人干的事一样。

那么，日本的年轻人平时喝什么呢？喝得最多的是啤酒，其次是各种果酒。中老年油腻男喝什么呢？第一是啤酒，第二多数是烧酒加水，因为烧酒含糖量低。这说明，正儿八经地喝清酒的日本人是越来越少。正因如此，日本各地的清酒酒厂开始遇到一个问题，那就是日本国内的清酒市场出现了萎缩，销售量急剧下滑。接下来，日本清酒该卖给谁呢？许多日本酒厂看中了中国市场，把希望寄托在了中国人身上。

前不久，我接待了一位来自日本东北地区新潟县的企业家。我们亚洲通讯社在日本发行了一份日文报纸《中国经济新闻》，专门报道中国经济。这位企业家名叫高桥，是一家酒厂

的老板，也是我们报纸的读者。这次到东京来参加一个活动，顺便来看我。

高桥给我拎来两瓶他的酒厂酿的清酒，并告诉我，这款清酒在不久前举行的全日本清酒评选中，获得了金奖。

我很为他高兴。因为这是高桥的酒厂第三次获得全国的清酒金奖。

日本全国的好酒大多产自新潟县，因为新潟县有两个宝。一是新潟县是日本最好的稻米产区，著名的"越光"牌大米，原产地就在新潟县。二是新潟县有冽的雪山水。因为到了冬天，靠近日本海的新潟县的降雪量会达到四五米厚，所以新潟县的地下水都是雪山水。用这种雪山水酿出来的清酒，可以说是雪山清酒。

中国社会现在很流行日本的一款叫"獭祭"的清酒。"獭祭"是安倍首相的老家山口县出产的清酒，山口县位于京都以西的地方，也产稻米，但不是最好的"越光"米。

在日本人的传统印象中，日本数一数二的清酒品牌，第一是"八海山"，第二是"久保田"，这两款酒都是产自新潟县。为什么这两款酒在我们中国不出名呢？是因为在 2011 年时，日本发生了东日本大地震和海啸，导致福岛第一核电站的核泄漏；新潟县虽然不是灾区，而且也远离福岛，但是和东京一样，也属于日本东部地区，说不定也遭到了核污染。因此，许多国家对日本东部 10 个县，也包括东京出产的食品，都实行了进口禁止令。因此"八海山""久保田"这样的好酒就无法出口，影响力就大大降低了。相反地，安倍首相用家乡的"獭祭"清酒宴请美国总统奥巴马和俄罗斯总统普京，一下子为这款清酒做了广告；连我们中国人也知道，日本有一款清酒，味道不错，价格很高，名叫"獭祭"。

高桥社长的酒厂，已经有 300 多年的历史，他是第 11 代传人。这次也是他第三次获得全国清酒的金奖。他这次来看我，想跟我探讨一个问题，就是如何能够把自己的清酒卖给中国的消费者？

我跟他说，中国政府目前对于日本东部地区的食品还没有解除进口禁止令。因此，通过正规渠道出口到中国，理论上是不可能的。但是如果把自己的酒放到机场免税店的话，中国游客就会买。因为酒重，游客一般都不会预先买好酒后随身带着去各地旅游，大多数会选择在机场免税店里买。

我还告诉他，中国人其实对于日本清酒的品牌都不熟悉，不知道买哪款好，所以在购买时，第一是看酒的包装的品位，第二是看这酒得过什么奖。比如我们中国人最爱喝的一口，就获得过"巴拿马金奖"。

高桥社长听了我的话，连忙说了一句话："酒酿出来后，都已经开始卖了，获奖的标签来不及印刷。"

我说："那你以后就可以印上去啊？"

他说："以后印上去的，就不是获奖的酒了！"

我开始听不懂，获奖的就是你们酒厂的酒，为什么获奖以后，就不能说获奖呢？

高桥社长跟我讲了这么一个道理："清酒是大米酿成的酒，日本的水大多是软水，因此，清酒不适宜长期保存。与中国的白酒和黄酒不同，清酒越新，味道越鲜美。因此日本的清酒是没有五年陈、十年陈的。清酒都是一次性酿成的，所以不可能将原酒长期存在酒库里，基本上酿成后就罐瓶封存。所以，拿当年酿成的新酒去参加全国的评奖，获奖的时候，酒已经上市销售，我们能够做的事，就是临时印刷一些获奖的标签，给每瓶酒贴上标签，但是销售点太多，无法一一去贴，基本上也就无法告诉消费者，这酒获得了全国金奖。但是，在以后生产的酒瓶或者包装盒上印上获得金奖的消息，是不能做的事，因为获奖的是那一年的酒，不是以后酿造的酒。也就是说，2017年酿成的酒获得了金奖，并不意味着2018年酿成的酒也是金奖酒，这完全是两码事。所以，如果在2017年以后酿成的酒的包装上都印上'这酒获得过金奖'，那就是欺骗消费者。"

听完高桥社长的话，我愣了老半天，觉得这个道理有点难以理解。我们中国的一些名酒，即使是100多年的事，也要挖出来，贴在商标上，告诉人家我这酒在1915年获得过巴拿马国际博览会金奖。根据日本人的思维，这么做就是错误的。因为1915年酿的酒获得金奖，跟现在酿的酒根本不搭界。现在酿的酒没有获得过巴拿马国际博览会的金奖，就不应该拿老祖宗的东西来说现在的事。现在酿成的酒，或许比100多年前的金奖酒还好，但两种酒不是一回事。

我觉得高桥社长是死脑筋，在包装上印上1979年获得过全国金奖、2001年获得过全国金奖、2018年获得过全国金奖，这是事实，有什么难为情呢？

他说："这样做在酿酒行业会被人笑话的。因为过去获的奖只能证明你过去取得过的成绩，而不是现在取得的成绩。拿过去的东西来包装自己，就有掩饰自己产品品质的嫌疑。因为你现在酿成的酒，不一定能够绝对保证就是当年获得金奖的那款酒的味道，就像葡萄酒，每一年的味道是不一样的。所以，欧洲的葡萄酒酒庄，不管多么有名，也很少在酒瓶子上印上获得什么奖的标签。道理是一样的，酒是靠品牌来造就信誉，而不是靠获奖的标签来愚弄消费者。而维护品牌的信誉，是需要几十年几百年的品质和信誉保障，不是靠几块奖牌就可以维护得了的。"

高桥先生的最后一句话，打动了我的心。一款清酒的品牌，要靠几十年、几百年的精心打造和磨炼，这需要几代人孜孜不倦的技艺传承与默默无闻的努力。从高桥社长的身上，我们看到了日本人的那份匠心精神，还有一种谦虚内敛、自知之明的人生姿态。

我很好奇，日本全国清酒有上万种，这金奖到底是如何评选出来的？

高桥社长告诉我，首先是各地的酿酒协会推荐本地有资格参选的好酒，然后推举出200多种酒进行第一轮的品尝评比。实行淘汰制，最后剩下20款清酒参加金奖决赛。为了防止品酒师们打印象分和关系分，每款酒都没有任何的包装和标签，完全就是一个透明的玻璃瓶子，只是酒瓶前面无规则地放了编号，品酒师们看了瓶子之后，无法知道这是属于哪家公司什么品牌的酒。

最后10名品酒师根据口感、味道和色泽等给各款酒打分，得分最高的酒获得金奖。今年，高桥社长的酒捧得了金奖。

　　高桥社长得了金奖，自然是十分高兴的事情。但是，如何将金奖转化为酒厂的销售利益，他却感到困惑了。从他的困惑中，我们也可以看出，日本传统酿酒产业的匠人们善于全身心地投入酿酒的技艺，而很少有人去思考如何把酒卖出一个大市场。所以，重技术、轻市场，也是日本企业的一种通病，又恰恰是中国人搞经济的一种优势。所以我一直认为，世界上最美好的生意组合，是日本人的技术研发能力＋中国人的市场开拓能力。这种1+1的合作，不仅仅是等于2的结果，或许会等于6、等于8，甚至更多。所以中日两国要多一点合作，少一点竞争与对抗，只有这样，才能赢得两国互惠互利的未来。

12. 日本人为什么喜欢打高尔夫球

在中国人的印象中，日本是一个小国家。但是，日本人觉得自己不小，因为在这个小小的岛国上，有着 1.27 亿人口；在西方国家里，仅次于美国，排名第二。

不管怎么说，日本是一个典型的人多地少的国家，人口密度是中国的 2.5 倍，国土面积是中国的二十五分之一，其中 70% 还是山地。像这样土地资源极其紧缺的国家，按中国人的习惯性思维，第一，要严格控制人口；第二，要保护耕地，尽可能把土地用于多种粮食，保证米袋子、菜篮子。

但是日本人没有这么去做，不仅没有控制人口生育，居然还把紧缺的土地大量用于高尔夫球场的建设。那么，日本这个弹丸之国，到底有多少个高尔夫球场呢？全国居然有 2600 多个，数量占到了全世界高尔夫球场的十分之一，是美国以外拥有高尔夫球场最多的国家。而我们中国目前合法与非法的球场加在一起是 600 个左右。

正因为高尔夫球场数量多，日本的高尔夫运动非常普及。日本全国 1 亿多人口，有多少人能打高尔夫球呢？居然有 1300 多万人，占总人口的 10%。所以，从普及的程度上来看，高尔夫球与棒球一道，已经成了日本的全民体育运动。

那么，日本人是从什么时候开始打高尔夫球的呢？是从1901年开始的，距今已有117年的历史。

高尔夫原本是欧美的一种体育文化，明治维新时期，由于日本打开国门，与各国通商，不少欧美人涌入日本，也因此把高尔夫带入了日本。

1901年，英国茶商格鲁姆躺在病床上，回忆起自己来日本已经33年，竟然没有好好打过一场高尔夫，心中颇有遗憾。于是，他自己动手在神户市的六甲山修建了一个只有4洞的私人球场，两年后扩建为9洞。这就是日本的第一个高尔夫球场，也就是今天的神户高尔夫俱乐部。格鲁姆在1903年5月的英文报纸《神户纪事报》上登出消息，宣布将在自己的新球场上举办一场比赛。这场比赛当然没有日本球员参加。在最开始的几年里，高尔夫也只是西方人寄托乡愁的一个工具。但在这场比赛后的第二年，已经扩建成18洞的神户高尔夫俱乐部就有了171位会员，其中包括7个日本人。

格鲁姆证明了高尔夫这项运动可以在日本的土地上生根发芽。1904年，横谷附近出现了一座球场，即使冬天也可以在这里打球。两年后，横滨附近的英国人在根岸也修建了球场。日本人也逐渐开始加入进来，有的是从为西方人做球童开始的。但要想在这个精英世界里变得有竞争力，路还很长：日本的第一场全国高尔夫球赛开始于1907年，但直到1916年，才有第一位日本本土的球员参赛。

对日本人来说，1918年发生的一件事很具有历史意义：一个叫井上诚的日本人，居然赢得了日本全国高尔夫赛事的冠军。

他的胜利表明，高尔夫完成了从外国精英到本土精英的交接，日本高尔夫走向了本土化。在第二次世界大战结束前，飞速发展的日本高尔夫已经成为上层人士的必备生活方式。截至1940年，全日本境内共有71座球场，打球人口接近11万人。此时离格鲁姆和他的第一座球场只过了30多年，这样的发展速度只能用"惊人"二字来形容。

但是，打高尔夫球毕竟是有钱人玩的事情，即使在20世纪50年代，一套球具外加一堆球的成本就差不多相当于一个普通工人的全年工资。所以在很长一段时间内，高尔夫只是日本政治家和企业老板、高官们的高雅运动，一般人只能望球兴叹。

直到20世纪80年代，日本进入经济高速发展时期，同时也出现了经济泡沫。日本的这一时期，与现在的中国有许多的相似。一些城市精英走进了球场，这些城市精英不只是企业家和官员，还有不少企业的管理人员，甚至是女性白领。当这些上班族开始成为中产阶层，也拿起球杆结队出行时，日本高尔夫开始了大众化的进程，其中女性的比例达到了两成。

女性对高尔夫突然产生的浓厚兴趣被称为是一个时尚阴谋。高尔夫产业给时装品牌和时尚杂志投入了大量资金，直接瞄准那些连推杆都不知道是什么的日本年轻女性。他们把高尔夫包装成与优质男人浪漫邂逅的必要手段，这样女孩们就不得不去买一套套全新的可爱衣服。日本市面上甚至出现了以指引女性高尔夫穿着为唯一内容的专门杂志。

我与日本国会议员山本先生聊高尔夫球问题。山本先生是从22岁开始打高尔夫球的，那年他大学毕业后，被分配到一家国际商社工作，从事粮食的进口业务。日本的粮食和农副产品65%以上都是依靠进口，因此，山本先生经常需要跟欧美国家的客商打交道。他说："一到休息日，这些客商就去打高尔夫球，不跟他们一起玩，往往感情上难以沟通。"于是，山本开始自己学打高尔夫球，刚开始时，在公司附近的练习场里打，稍微有些把握后，开始跟着这些客商一起去球场打。山本说："与客商一起打高尔夫球，不仅可以增进相互之间的友情，更重要的是，许多生意都是在打球时相互的调侃之中达成协议的，高尔夫是日本人与欧美人交往的融合剂。"

在山本35岁时，一个偶然的机会陪一名自民党的元老打球，这位元老喜欢上了山本，一定要山本作为他的接班人参加国会议员的竞选。结果在第二年，山本继承了这位政治大佬的票田，当选为众议院议员。此后，他就凭借自己的球艺混入了政治大佬的圈子里，如今当上了中央省厅的政务官。

可以说，你要在日本政坛里混，不会打高尔夫球，一定会失去许多成功的机会。日本首相安倍就很清楚这一点。

在特朗普刚刚宣布当选为美国新总统、还没有走进白宫时，安倍就带了一套镀金的高尔夫球杆来到纽约，亲自送到特朗普的手中，并告诉他："不要在驻日美军的经费问题上对日本施加压力。"这套高级球杆似乎很起作用，特朗普从此就没有再提要求日本增加驻日美军费用承担的问题。不仅如此，安倍与特朗普每见一次面，都要一起打一场高尔夫球。2017年，特朗普第一次访问日本时，一下飞机，就坐了直升机飞到东京北部郊区的埼玉县的高尔夫球场，两人打了一个下午的球。两个人球打得越多，日美同盟的关系似乎也越来越紧密。这是安倍最感到自豪的。

只是安倍首相自己也没有注意到，他送给特朗普的那套日本国产的球具，它的老板早已经悄悄地换成了中国人。

安倍首相送给特朗普的球杆，是日本本土的品牌"HONMA"，汉字写作"本间"。20世纪50年代，本间兄弟开设了第一家高尔夫练习场，并负责修理球杆，后来慢慢演变成生产和制造，使用HONMA球杆的选手在日本高球比赛中屡次获胜，因此口碑越来越好。过去半个多世纪，HONMA在高尔夫球具行业中有着尊贵的地位，是全球顶级高尔夫品牌之一，也是日本民族工业的骄傲。

HONMA球杆坚持纯手工打造，以精工细作为本，每名工艺师都不断传承前辈的精湛手艺与创造力，特有的高技术含量的制造与研发，赋予球杆极为精确的运动性能。日本人把匠心精神最大限度地用于高尔夫球杆的制作上，令日本的高尔夫球具在世界上占据了重要的位置。

中国有不少高尔夫新手选择球具，大多是选择美国的大牌子，如泰勒梅、卡拉威。但是，这些所谓的大牌子球具，不少都是在发展中国家生产加工的，有时会发现球杆的硬度不适合，杆头的触球感觉比较差。所以，日本人买球具大多会选择像HONMA这样国产的球具，因为日本国产的球具更适合亚洲人的身材。

文章读到这里，大家一定会问一个问题：中国人到日本打球是否可以？我在2018年已经接待了五批来自中国的高尔夫球爱好者。大家的梦想，是在富士山脚下打一场高尔夫球。其实那个球场也是安倍首相经常去的球场，临时去打一场球，价格也不贵，一般是3万日元（约1800元人民币）。如果在一般性球场打的话，有的以小时计算，每小时2000日元左右，也就是120元人民币一小时，与中国价格不差上下，有的比中国的球场还便宜。

  因为日本的高尔夫球场边上，大多有温泉酒店，因此打了一天的球，泡一泡温泉，然后吃一顿日本美食，已经成为不少中国中产人士来日本打高尔夫的选择。

13. 日本人演戏为何要戴面具

能剧，日文中念作"NOU"，"能"具有才能或技能的意义，能剧在日语里的意思就是"有情节的艺能"。能剧是一种结合了舞蹈、戏剧、音乐和诗歌等的舞台美学表演，是日本最具有代表性的传统艺术形式之一，也是世界上现存最古老的专业戏剧。

能剧的产生可以追溯到8世纪，随后的发展又融入了多种艺术形式，如杂技、歌曲、舞蹈和滑稽戏等，今天已经成为日本最主要的传统戏剧。10世纪后，中国散乐的输入，促进了日本杂耍艺术的发展。到12世纪末，每逢宫廷举行祝贺仪式或各大寺院、神社举行法会，都要举行演艺大会，在此基础上就产生了一种带有一定情节的歌舞剧——猿乐能，后简称为"能"。在民间，农民庆丰收时也举行艺能表演，称为"田乐能"。到14世纪初，全国出现许多能剧团，他们一般都有贵族的赞助，并在寺庙、神社和节庆场合巡回演出。京都一带出现了四大剧团，其中以"结崎座"剧团势力最大。

14世纪，有一位出色的戏剧作家兼演员观阿弥，将猿乐改革成为能乐，他创设的表演形式基本上被沿袭至今。

室町幕府倒台之后，能乐得到军事领袖丰臣秀吉的赞助。

17世纪，能乐成为德川将军一家的官方财产。到了明治维新时期，能剧在一批优秀的艺术表演家的执着坚持以及不少贵族的赞助下，得以继续发展下去。

今天，人数不多但是非常热忱的观众继续支持能剧，相当数量的业余爱好者通过交纳歌舞学费继续支持能剧的发展。日本有专门的国立能乐堂来定期上演能剧。而不少著名的表演艺术家获得了"人间国宝"的称号，在政府的资助下继续弘扬这一传统的戏剧艺术。

能剧表现的是一种超现实世界。其中的主角是以超自然的英雄化身形象出现的。由他来讲述故事并完成剧情的推动，加上伴奏唱念及奏乐，构成了一部高雅的音乐剧。

能剧的最大特征，是演员戴面具表演，面具是能剧中一个

非常特殊而又关键的道具，有一个专业的名称，叫"能面"。

能剧的面具基本上分为五类：老人、男人、女人、神以及妖怪，五类之中又各有变化，用于同一个角色的面具也有不同的等级。面具上所绘的面貌也较为风格化，同一面具还可以表达多种情绪，如欢乐和悲伤的情绪都可以通过一个面具来表现。可以说，能剧的面具将人活生生的表情全部否定掉了，将人物的内心逼真地刻画在假面"脸"上，而不再有其他表情，这既是"无表情"又是包括了喜悲美丑等的"无限表情"，在这种对立统一的关系中，能剧也就产生了不一样的美感。

能剧面具对于能剧表演者来说是十分重要的，他们表演时穿的衣服、袜子等都可以给人看，唯独面具像珍宝一样放在铺上锦布的木盒中，别人不可以随便看。

能剧即将上演的时候，由于表演时穿的衣服十分宽大，需要别人帮忙穿，假发也需要别人帮忙戴好并系好，但是面具绝对要表演者自己戴上。他们相信，一个面具是独一无二的一个角色的灵魂，不能让别人侵犯。戴面具的时候，表演者会小心翼翼地从木盒中取出面具，两手捏着面具的两侧，把面具的正面对着自己的脸，说："我要演你了。"这是千百年来的传统，每个能剧表演者在表演前都会这样做。说完，就小心翼翼地把面具反过来戴好。

作为一项完善而独立的戏曲艺术形式，能剧的演出有其一整套规范的要求。演出的舞台、服装、角色、道具、剧本和最为核心的展示过程的表演等，都有其独特之处和自身的讲究。

能剧的舞台简洁而有特定分工，本身就是艺术品，它由正台、后座、地谣座、桥廊四个部分组成。正台是主要的表演场地，是一个类似亭子的正方形建筑物。

能剧的舞台没有幕，舞台上唯一的一堵墙，也是唯一的背景，就是后座尽头画有一棵松树的板墙，叫作"镜板"，俗称"松壁"，所有的剧都用这个背景。地谣座，又称为"右廊"，在正台的右侧，是突出于台柱之外的一道窄廊，能乐中的合唱队一般安排在这里。后座和地谣座总体来说是为演出服务的场所。

整个舞台很开放，观众在任何角度都能很好地观看表演。舞台上的陈设也极为简单，通常而言，极少同时出现两个以上的道具，而这少数的一两个道具也都各具风格。

与能剧光秃秃的舞台形成鲜明对比的，是能剧鲜艳奢华而又不落俗艳的演出服装。服装色彩艳丽，图案考究，多半为丝质，精工刺绣。由于穿着十分复杂，演员穿戏服通常需要二至三人协助。这套行头，再加上某些演出中还要戴上红色或者白色的假发，舞台上的视觉效果可想而知。

与多数戏剧角色众多的特点不同，日本能剧的角色比较少。一般一出戏只有两三个演员表演。在能乐的表演中还存在着"间"的角色，他们的作用是帮助观众了解故事背景，并使剧情顺理成章地过渡，他们只道白而不歌舞，所以被称之为"狂言"，类似于我们中国京剧中跑龙套的角色。

能剧的脚本叫"谣曲"。谣曲是日本最早的表演戏曲剧本，它有对白，也有唱词；唱词大多引用自日本的和歌或汉诗。谣曲的文体兼用韵文和散文，对白部分都是散文，这些散文很讲究节奏，剧本所采用的语言均为中世纪时的口语，都具有高度的语言艺术水平，是日本古典文学中的瑰宝。

　　能剧在今天的日本社会中遇到的最大威胁，就是年轻人对古老戏剧失去了兴趣。为了唤起年轻人对能剧的兴趣，在动画片《奥特曼》第37集中，奥特曼和巴扎拉斯星人的战斗场面就是通过能剧这种形式来体现的。在2003年名侦探柯南剧场版《迷宫的十字路》中，凶手西条大河也是戴着能剧表演用的面具来遮住自己的面容犯案，杀死盗贼团伙的成员，妄图占有宝物。

　　2001年5月，联合国教科文组织公布世界第一批入选《人类口头和非物质遗产代表作名录》名单，日本的能剧就已经成功入选。日本政府也已经把能剧列入"文化财产"之列，"人间国宝"们从此得到了全方位的保护。

　　那么，日本的能剧与歌舞伎有什么区别呢？

　　区别还是很大的，能剧是日本最古老的戏曲，诞生于京都，至今已有900多年的历史。歌舞伎是在江户时期兴起的市民艺术，距今才有300年历史。歌舞伎与能剧有个很大的不同，就是观众对象和地域的不同。歌舞伎发源的中心是江户，也就是现在的东京，而能剧则诞生于京都。能剧的观众以前大多数是贵族，而歌舞伎的观众大多数是一般的市民。

　　能剧的演员是戴面具的；但歌舞伎的演员脸上是化妆的，大多数时候男性角色脸部化妆越白，表示这个角色的身份越尊贵。由于是市民艺术，歌舞伎的地位以前远没有贵族艺术的能剧那么高，但受众范围和受欢迎程度却比能剧高。所以就生命力而言，现在歌舞伎已经超过能剧，可以说是日本传统艺能的代表。

14. 日本男人结婚后为何多戴戒指

经常有读者跟我说，徐先生，你的发型太日本化了，得改一改，理得短一点。其实，我的头发没有发型，很随便的那种打理。不过到了休息日，我还是跑到家附近的理发店去理发。

理发师是一位40多岁的男子，名叫木村，已经给我理了5年的头发。在理发时，刚好有我的一位同学发来一条微信，说他的一个朋友得了大病，做手术缺钱，希望大家一起捐款。于是，我从微信给他汇了1000元人民币。

木村虽然看不懂中文，但是看得出我是在汇钱，于是问我给谁汇钱。我说了原因，他感到很惊讶，说你为什么要帮同学的朋友呢？这个人又不是你的朋友。

我说，在中国，朋友的朋友就是你的朋友，朋友的朋友遇到困难的时候，你也得帮。这不仅是情义的问题，更是面子的问题。

木村于是问1000元人民币相当于多少日元，我说是1.6万日元。他说，你捐得不多啊！我问他："如果是你很要好的朋友得了大病，他需要钱治病，你一般会给他多少钱？"

他犹豫了一下，说："一般会拿出半年的工资。"这次轮到我吓一跳，按照日本白领平均年薪来计算的话，半年的工资大概是200万日元（约12万元人民币）。我说，你为什么要拿出半年的工资帮他呢？木村解释说，在日本，如果买结婚戒指的话，标准是三个月的工资。也就是说，如果你的月薪有30万日元的话，那么就应该买90万日元（约5.5万元人民币）的结婚戒指。如果你的月薪是100万日元的话，那么就得准备300万日元的戒指。这在日本，是一个基本的标准。比结婚更为重要的是救命。因此帮朋友治病，拿出半年的工资，是合理的。

听他这么一说，我来劲了。于是我和他的话题就从捐款聊到了结婚戒指和日本人戴戒指的习惯。

日本人找对象结婚，无论有钱也好，没钱也好，一般来说都需要准备两只戒指，一只是订婚戒指，一只是结婚戒指。订婚戒指的价格，一般来说，相当于一个月的工资，也就说，28岁左右的公司白领，月工资如果是30万日元左右（约1.8万元人民币），那么订婚的时候，至少需要去买一个30万日元的订婚戒指送给未婚妻。

结婚的时候，戒指的价格就必须要买更贵一点，这个价格就是三个月的工资。

总体上，日本年轻人的工资收入都不是很高。因此无论是百货公司还是珠宝店，结婚戒指的价格通常是在50万～100万日元（约3万～6万元人民币）。

结婚为什么要买戒指？这里有一个说法，说世界上第一个把戒指用作订婚信物的人是奥地利国王麦士米尼。1477年，麦士米尼在一次公开场合认识了一位叫作玛丽的公主。她美丽的容貌和优雅的举止使麦士米尼为之倾倒。麦士米尼虽然知道玛丽早已许婚于当时的法国王储，但是为了赢得她的爱情，麦士米尼还是决定试试运气。他命人专门打造了一枚珍贵的钻石戒指送给玛丽。面对这只精雕细刻、闪闪发光的钻石戒指和麦士米尼的热烈追求，玛丽终于改变了初衷，与麦士米尼幸福地结合了。从此，以钻石戒指作为订婚信物，便成为西方人士的一种传统。

日本人在过去也没有结婚送戒指的习俗。明治维新之后，西方的婚姻文化也传入日本，于是日本人结婚也开始流行送戒指。

日本人的婚礼，大多为西式的教堂婚礼。虽然新郎新娘根本不是基督徒，但是大家喜欢这种教堂婚礼的仪式感。也有许多人的婚礼并不是在教堂里举行的，而是在五星级酒店或者专门的婚庆场所里举行的。酒店也好，婚庆场所也好，结婚现场都是布置成教堂模样，都有十字架，主持婚礼的神父绝对是真家伙。

还有一种是在日本传统的神社里举行的神社婚礼。新娘子戴上洁白的帽子，穿上洁白的日本式婚礼服，也是别有一种风情。

无论是教堂式的婚礼，还是日本传统的神社式婚礼，有一个仪式是一致的，那就是在神父或者神主的主持下，新婚夫妇在上帝或者神面前交换结婚戒指。

在许多日本人的意识中，交换结婚戒指，是一种实实在在的结婚的感觉。一旦戴上戒指，就意味着两人正儿八经地结为了夫妻，只要婚姻存在，这戒指就不能摘下来。

因此我们可以看到，无论是到中国出差的日本男人，还是在日本街头看到的日本男人，戴着结婚戒指的还真不少。有一次我在东京地铁上，细细观察了坐在我面前的5个男人，发现有3个人的手指上都戴着结婚戒指，而且都是白金戒指。

日本《日刊现代》杂志曾经报道说，银座一家婚戒制作公司调查了已婚客人有多少人戴着结婚戒指，结果发现，有55.2%的男性在结婚后都戴着戒指，女性也占了51.2%。其中，更有九成夫妇说，戴上戒指感觉生活很美满。

我们中国男人似乎不怎么习惯戴戒指，所以多数人会买戒指，也会在婚礼上交换戒指，但是回到家以后，大多会把戒指摘下来锁到抽屉里。

我们暂且把它理解成是中日两国男人们对于戒指的不同认识，而不是对婚姻的不同认识。对中国男人来讲，也许戴戒指好像有点太张扬，有点铜臭气，甚至有种难为情的感觉。

可是，日本男人为什么结了婚以后，多数人会把戒指一直戴在手指上呢？

这里面有三个根本原因。

第一个原因，是戴上戒指就意味着结为夫妻，而且是在上帝或神主的面前交换的，因此就是一种对上帝或神主的承诺，只要婚姻还在存续，手里的戒指就不应该摘下来。

第二个原因，是男人戴上戒指，就是告诉社会，我已经结婚了，我已经有妻子，我已经有家庭，对自己的言行起到一种很好的约束作用。

第三个原因，是日本社会有一种普遍的认识，觉得一个男人有了家以后，他才会有一种责任感。因此，如果你手上戴上一枚戒指的话，那么说明你对家庭承担着相当的责任，你的公司、你的客户，会认为你是一个有责任心的男人，这样的话，容易获得客户的信任，在公司里，也容易得到好评，容易得到提升的机会。

但是戴了婚戒并不意味着男人们从此不花天酒地。在日本，戴着戒指泡酒吧的男人也很多。这说明什么呢？说明日本男人把对婚姻的忠诚和在外面的吃喝玩乐是做了一个严格的区分。也就是说，对家庭、对妻子的感情是真的，而在外面，对陪酒小姐是虚情假意的。所以背着妻子去喝酒玩乐，心中也就没有太多的愧疚感。

虽然日本丈夫们大多戴了戒指上班，但是医院的医生、餐厅里的厨师是不戴戒指的，原因是避免让病人和客人产生一种不清洁感。另外，从事快递、建筑作业的人，也是不戴戒指的，原因是避免戒指划伤商品，或者在建筑工事中弄丢戒指闹出危险。

日本男人戴戒指的来龙去脉讲完了。大家读了之后，不知有何感想？也许对于婚姻，仪式感固然重要，但是更为重要的是一种责任感。而戴上结婚戒指，自然能增添这种责任感。要不要回家后，把锁着的戒指找出来，再戴上？

15. 渡边淳一的《失乐园》与"不伦文化"

我去看了一部电影,这部电影刚刚剪辑完,还没有公开上映,讲述的是一个家庭的故事。男孩在父母离异后,一直遭受母亲的蹂躏。16岁时,这个男孩离家出走,边打工边读通信制大学。一直到工作后,对母亲依然充满仇恨。但是在得知母亲生病后,毅然回到母亲的身边,一直陪伴母亲到老。电影拍得很感人,很催人泪下。扮演母亲的是日本著名的演技派影星吉田羊;电影的编导叫渡边直子,她是一位很知性的女性。渡边直子的父亲是日本著名的作家渡边淳一。

渡边直子是我认识多年的朋友,电影结束后,我请她来我办公室小坐,与她聊起了她的父亲和她父亲的代表作《失乐园》。刚好,我去青岛的时候,还与《失乐园》的翻译者林少华教授聊了一个下午。我想从这两位渡边先生最亲近的理解者的口中去挖掘一些有关渡边淳一和《失乐园》的故事。

在渡边淳一先生的眼里,渡边直子是最能够继承他文学事业的女儿。但是,直子女士只是继承了父亲的艺术细胞,并没有继承父亲的那支笔。

在女儿的眼里,父亲是一个极为浪漫,也极其深沉的男人。渡边淳一于1933年出生于北海道。从小具有很高的文学天赋,理科和文科成绩都很好。但是考大学的时候,渡边淳一却报考了札幌医科大学。

直子女士告诉我,爸爸小时候的梦想是当一名记者,因为很能写文章。在报考大学时,很想读文科,但是妈妈让他读医科,觉得当一名医生社会地位高,收入也可观。渡边淳一很听母亲的话,一读就读到医学博士毕业。

1964年,博士毕业以后,渡边淳一留校担任了整形外科医师。

虽然当了医生,但是依然不愿意放弃自己写作的梦想。当时札幌医科大学有一位很著名的心脏专家和田寿郎,和田教授在大学里实施了日本第一例心脏移植手术,轰动了日本列岛。渡边淳一根据这次心脏移植手术写了一篇小说《心脏移植》。没有想到,这篇小说中的某些表述令和田教授很不高兴。在札幌医科大学,和田教授是一言九鼎的大教授,而渡边淳一是一位刚留校不久的讲师,小说发表后,他受到了学校内部的各种压力。不愿屈服的渡边淳一,一气之下辞去大学的医师工作,撂下妻子与女儿,独自一人来到东京,当起了一位"东漂族"。那一年,直子才1岁。

"所以,"直子女士说,"如果没有那次事件,父亲可能一辈子都是一名医生,而不会成为小说家。"

在东京简陋的公寓里,渡边淳一以日本首相寺内正毅为原型,创作了长篇小说《光与影》。当年,这部小说就获得了日本最著名的文学奖——直木奖,那一年,他37岁,开始了专业作家的生涯。

1980年,渡边淳一的《远方的落日》获"吉川英治文学奖"。渡边淳一先生一生写下了100多部小说和散文集,其中最有影响的作品,是恋爱小说《失乐园》。

1995年,渡边淳一先生应日本经济新闻社的邀请,开始在《日本经济新闻》上连载《失乐园》。两年后的

1997年,讲谈出版社将连载汇集成单行本出版,立即轰动了日本社会。这部长篇小说分上下两卷,一年的时间发行了300万部,并被改编成电影,由宝塚歌舞团出生的影星黑木瞳和男影星役所广司主演。这部电影上映后,创下了23亿日元的票房纪录,拿下了1997年国际戛纳电影节的金奖。黑木瞳的出演费也因此翻了一倍。随后,这部小说又被拍成12集电视连续剧,创下了27%的超高收视率。"失乐园"不仅成了日本社会的一大话题,同时也成了日本社会的一个现象——婚外情的"不伦文化"的蔓延。

《失乐园》是日本现代文学史上一部划时代的杰作，自然也是渡边淳一先生的主要代表作。这是一部什么内容的小说呢？

《失乐园》讲述了一对中年男女因婚外恋而双双殉情的故事。这个故事，成为日本现代"不伦文化"的经典之作。

男主人公久木55岁，是一名出版社的资深编辑，就在他事业如日中天之时，突然莫名其妙地从出版部部长的岗位上被贬到调查室工作，成了每天张望窗外而无所事事的"窗边族"。久木因此变得十分的消沉，感觉到一种从未有过的无助。于是，久木开始重新思考自己的人生，感悟到自己人到中年，却好像从来没有过真正的爱情，虽然结婚已经多年，还有了一个女儿，但是与妻子之间早已经没有爱情，只剩下一份左手握右手般的亲情。

小说的女主人公，名叫凛子，38岁，是一位医学教授的妻子，平时在一个文化中心教书法，十分温柔美丽。凛子与丈夫没有孩子，但在别人的眼里，这是一个十分幸福的家庭。但事实上，凛子的丈夫在性生活上对凛子特别冷漠，可以称得上是一个"无性家庭"，多年来，两个人维持着不冷不热的关系，形同路人，是一对假面夫妻。

在一次偶然的聚会上，久木和凛子邂逅，并迅速坠入爱河。凛子从与久木的性爱中感受到了女人从未有过的快感和叠加的高潮，并因此而无法自拔。两人悄悄地在涉谷租了一套公寓，过起了隐秘的爱情生活。但是，这种婚外恋却为各自的家庭和亲人所不容。两人各自走出自己的家庭，并寻求重新的组合。重组家庭看似很顺理成章，但是久木与凛子的爱已经到达了巅峰,如果重组家庭,再美的爱情终会归于平淡,这是两人都无法接受的。如果让凛子再次面对乏味的人生,那无异于慢性自杀,她宁愿选择在激情中消逝。

这种感觉使得他们认识到人世间没有永恒的爱情,要想使对方永远属于自己,唯一的办法就是和对方一起结束生命,于是他们选择在爱的极致时双双服毒殉情,演绎了一出爱情的悲剧。

这部小说之所以能够引起日本社会强烈的共鸣,是因为小说出版时,日本社会正处于一个十分动荡的时期。有一篇评论这样写道:20世纪90年代初,日本泡沫经济崩溃,社会危机产生,失业人口增多,工作难以带给人们安全感,男人将情绪带到婚姻生活中,致使无性婚姻在日本家庭中比重增大,一部分在婚姻生活中得不到慰藉的女性开始走向社会。在这种社会背景下,人们压抑已久的人性迫切需要心灵上的抚慰,人与人之间需要肉体上的相互温暖来确认自我的真实存在。作者敏锐地捕捉到了这种不安社会背景下人们内心的焦虑与空虚,感觉到了现代社会夫妻间普遍存在的问题,并试图通过自己的作品来慰藉人们情感上的荒芜。

渡边淳一先生曾经承认说:"我在写《失乐园》这本小说时,也正在谈恋爱,所以说这部小说是梦和现实相交织的产物,加上过去体会的恋情,以及回想那时听到的音乐和情景,使我进入了不可抗拒的恋爱状态,沉浸在其中。"

说到创作动机时,渡边淳一先生表示:"我之所以要写《失乐园》,是因为我有一种很深的危机感。我觉得,与现代社会的高度文明相反，我们人类终归还是动物，与地球上的其他生物没有任何区别，都是由雌性与雄性构成的，可惜我们已经丧失了这个最基本的认识。"

《失乐园》被翻译成20多种语言在世界各地出版。在中国，这本书最早是由珠海出版社出版的，出版时间是1998年；翻译者是国际关系学院日本近现代文学教授竺家荣先生。1998年，文化艺术出版社也出版了谭玲女士的翻译本。但是，这两本中文版的《失乐园》，因为受到时代的局限，有关性爱方面的描写，有的没有翻译，有的就直接简化，所以，这两个版本都存在一定程度上的不完整。

最近，青岛出版社买下了渡边淳一先生的著作版权，请了一位日本文学翻译大师林少华先生翻译。林少华先生毕业于吉林大学研究生院，曾经在日本长崎大学教书，现在是中国海洋大学外国语学院的教授，也是中国日本文学研究会的副会长。

我熟悉林少华教授，是从村上春树的作品开始的。村上先生的中文版作品，几乎都是林少华先生翻译的，先后翻译了27本。所以，正因为有了林少华教授，我们才有机会读到村上先生的许多作品。

上个月，我去青岛拜会林少华教授，我们喝了一个下午茶。在接到青岛出版社的翻译邀请后，林教授有过一段时间的犹豫，因为渡边淳一先生的作品风格与村上春树的作品风格有很大的差异，尤其是在语言风格上。村上春树长期研究欧洲文学，同时在美国大学里做过长时间的客座教授，因此他的语言中掺杂了许多英语和法语的表达方式，形成了自己独有的语言风格。

而渡边先生并非文学系的科班出身，语言风格更多地体现了日本传统文学的表现手法。翻译惯了村上的小说，能否翻译好渡边的作品？一直富有挑战精神的林教授，最后接受了青岛出版社的邀请。

我问林教授："翻译《失乐园》最难的地方在哪里？"林教授说，最难的是性爱的描述。可以说渡边先生在《失乐园》里，对于性爱的过程是进行了赤裸裸的描述，如何完整而忠实地表述好这部分的内容，同时又不淫秽，又能表现出性爱的美丽，这个拿捏和语言的表达，让林教授掉了不少的头发。

当翻译完最后一页，林教授把笔扔在地上，说了一句："我再也不愿翻译了，太痛苦了。"因为《失乐园》的最后是两份尸检报告，真实地展现了久木和凛子在爱的高潮过后，身体依然相融在一起，却已经变成了一尊相拥而死的雕塑的细节。

林少华版《失乐园》的责任编辑杨成舜先生对我说，《失乐园》的版本已经有17年没有更新了。他们邀请林教授重新翻译，不仅是全译本，同时获得渡边先生家人的支持，在书上还附上了一部分渡边先生的《失乐园》手稿。

我想，这是对已故的渡边先生的最好的纪念。

16. 日本人中秋节为何不吃月饼

有朋友问我,日本人过不过中秋节?我说:"过啊。"中国有许多的传统习俗依然在日本社会保留着,比如端午节、七夕节、孟兰盆节等。可以说,日本是保留中国传统文化和习俗最好的国家。甚至有些传统习惯在我们中国已经消失,但是在日本依然保留着。

中秋节过的是农历八月十五,日本虽然在明治维新时期已经开始使用西方的公历,但是过去了150年,至今还保留着中国农历的计时习惯,只是日本不叫"农历",而是叫作"旧历"。

中国2018年的中秋节是9月24日,日本的中秋节也是9月24日。只不过,同样是过中秋节,中日两国的方式有许多的不同,内涵也不一样。

在我们中国,中秋节的习俗,据说起源于3000多年前的周朝,固定于1300多年前的唐朝。

周朝是中国历史上继商朝之后的第三个王朝。在《周礼》一书中,我们第一次看到了对"中秋"这个词的记载。后来贵族和文人学士也效仿起来,在中秋时节对着天上的明月观赏祭拜,寄托情怀。这种习俗就开始从宫廷传到民间,形成一个传统的活动。到了唐代,这种祭月的风俗更受人们重视,中秋节才成为固定的节日,《唐书·太宗本纪》当中,就有"八月十五中秋节"的记载。

日本从中国输入文化,大多是在唐朝。当时,日本先后派了十几批派遣唐使来到中国,学习中国的政治、科学和文化,其中也把中秋节的习俗带回了日本,并一直保留至今。

但是,现在的日本人过中秋与中国人过中秋,有两大不同。

第一,中国人过中秋节讲究"吃",也就是要吃月饼。但是日本人过中秋节讲究"供",也就是祭月亮,吃是次要的。

第二,中国人过中秋节,必须吃月饼。不吃月饼,就意味着没过中秋节。但是日本人过中秋节,不吃月饼,吃白面团子。

我想,祭天、祭月亮应该是过中秋节的本意。你想想,当自己沐浴着明月之光,抬头仰望夜空中一轮皓月,是什么感觉?一定会有一种神圣的感觉。所以,感谢月亮之神赐予我们美好的时光,应该是古人过中秋节的初衷。

祭拜月亮之神自然要有供品,于是就产生了月饼。也就是说,月饼首先是用来供的,供完之后才可以吃。而我们现在很少有人知道这个含义,把中秋节整成了一个"送月饼、吃月饼"的日子。

日本人应该是保留了唐朝时最原始的过中秋节的习俗,所以,日本的中秋节首先是从祭供月亮开始,把中秋节变成一个供养神明保佑五谷丰登、家庭幸福美满的节日。

那么,日本中秋节祭供月亮的供品有哪些呢?主要有三种,白面团子、芦草和白面小白兔。日本人说,白面团子看上去就像圆圆的月亮,而芦草是守护着作物和子孙繁荣的月亮神的信物。除了白面团子和芦草之外,还要摆放一只用白面做的小白兔。这三件宝是不是出现在中国祖先的菜单中,不得而知,只是感觉很正儿八经。尤其是把白面团子与芦草放在一起,多少有一些"苍月"之感。

白面团子的摆设有特别的讲究。白面团子必须准备15颗,象征八月十五之夜。15颗的摆放,底层是9颗,中间一层是4颗,顶层是2颗。

除了白面团子和芦草这两样东西之外,日本人还会供上去皮后的芋艿。

中秋时节,正好是芋艿的收获时节,去皮后的芋艿,白白净净,就像天上的明月。所以,一家人团圆在一起,中秋之夜吃芋艿料理,也是日本人过中秋节的一道很有象征意义的名菜。

那么,日本人为什么在中秋节不吃月饼,而是吃白面团子呢?理由很简单,日本没有中国那样的月饼。或者说,中秋节这一习俗在唐朝从中国传入日本时,还没有现在这样的月饼,只有白面团子。

这一说法是有根据的。

日本平安时期,也就是中国的唐朝,有一篇文章叫《新猿乐记》,里面就写到,遣唐使从中国带回来一种团子,这种团子是将稻米浸水之后捣碎,然后做成圆形的东西用火蒸熟,叫团子。古代日本人把这种团子叫作唐团子,也就是说,是从唐朝传过来的团子。

日本盛产稻米,很少有麦子。因此,客观环境也使得日本做不出中国那样的月饼,而是一直使用稻米磨成粉做成白面团子。

现在的日本社会，把唐团子取了一个更为美丽形象的名字，叫月见团子，就是看上去像月亮一样的团子。

虽然中秋节的习俗早在1300多年前就已经从中国传入了日本，但是基本上在皇宫贵族社会中流行，真正在民间开始流行并成为一个固定的传统习俗是在江户时代，也就是中国的清朝。据说一个很重要的原因是明朝灭亡时，大概有5万多明朝的臣民漂洋过海逃到了日本，那种"举头望明月，低头思故乡"的情怀使得他们在中秋之夜带着"国破家亡"的悲情，举行祭祀活动，让日本社会原本就已经拥有的八月十五赏月的习俗，开始在民间流行起来。

江户时期，东京花柳街有了一种八月十五喝花酒的习俗，叫"半月"。也就是说，农历八月十三的晚上，艺伎们招呼男人们先到花柳街玩一次，这叫"赏半月"。到了八月十五之夜，男人们再到女人的地方去喝点花酒，叫"赏满月"。日本人从古到今做生意就是这般精明。由此也可以理解，为什么"情人节"到了日本就分成2月14日的"女人情人节"和3月14日的"男人情人节"。一个东西分成两片，生意也就变成了两回。

日本人过中秋节，最热闹的不是家里，而是神社。在八月十五这一天，日本各大神社都会举行赏月晚会，叫"祭月"。晚会上会表演传统的歌舞，比如巫女们表演嫦娥奔月。因此，许多人都会去神社参加祭月活动，观看歌舞表演。

德岛县的德岛市每年都在中秋节这一天举行"明月与阿波舞"的大型表演。日本古都——京都的许多著名寺院，每年也都要在这一天举行赏月会,除品茶之外,还给参加者分发月见团子。

2017年中秋节期间,我在东京成田机场坐飞机时居然发现候机楼大厅的正中央摆着一个很大的中秋节的祭台。在异国他乡看到"中秋节"的影子,我颇为震撼。祭台用金箔涂抹的"金屏"围起来,中间摆放着一大束秋日的鲜花。鲜花前,供奉着一盆雪白的月见团子,边上放着用竹篮装起来的红薯、柿子和板栗。祭台上还有一块用日文和英文书写的说明书。

说明书的大意是:旧历(农历)八月十五的满月之夜,供奉芦草、农作物、月见团子等物以表示对于丰收的感谢,这是日本传统的仪式。在古代,到了中秋之夜,赋诗吟唱是中国贵族们的一种游艺活动。平安时代(中国唐朝时)传入日本后,在室町时代开始形成了赏月的习俗。

我感叹日本人会在日本最大的航空港最中心的位置,摆上这个祭台,这不仅告诉世界各国的游客,中秋节就要到了,这是日本的节日。同时也告诉人们,这一中秋习俗来自于近邻——中国。

不管如何,我们中国人在日本,中秋节还是喜欢吃月饼,而不是月见团子。

那么在日本,哪里可以买到中国月饼呢?在横滨、神户、长崎的中华街都可以买到。像横滨的一些中国老饭店,还可以自己制作月饼。

在东京的话,可以去池袋车站的北口,那里有许多中国食品店,应该也可以买到月饼。另外,还可以去银座或新宿的中村屋，中村屋是日本最有名的糕点作坊，是日本最早做豆沙面包的公司。他们在中秋节期间，也生产少量的中国月饼，但是我看到的只有红豆和五仁这两种。大家如果特别想吃的话，可以去银座的中村屋买，就在三越百货公司的对面。

社会规则

1. 日本女孩为何在冰天雪地里光腿

中国人有一个习惯，天冷了不能受寒。受寒的话，一方面容易感冒；另一方面会冻伤关节，年纪大了，会走不了路。这个观念根深蒂固，代代相传。所以，中国人在下雪天绝对不会让孩子光腿，如果谁家的孩子光腿，那就有虐待儿童的嫌疑。

但是在邻国日本，大雪天依然可以看到街头有不少穿着短裙光着腿的女孩在风雪中徐步前行。许多人都惊讶：这么冷的天，还光着腿，这些日本女孩估计是疯了。

日本女孩在冬天光腿不是现在的事，至少在我26年前到日本留学时已经看到。这么多年来，日本女孩为什么还坚持穿短裙光腿呢？

日本的每所中小学都有校服，而且款式各有不同。校服不是运动服，而是西服。小学男生的校服，一般都是西装上衣加西装短裤，冬天也是一样。到了中学，才穿长裤。而日本的小学女生和中学女生，则上身是西服，下身是短裙，女孩子的校服是没有长裤的，即便冬天也是如此。

日本中小学生上学，必须穿校服。于是就出现了下雨天、大雪天，一群孩子光着腿背着书包上学的风景。

日本女生穿短裙有一个规则，年纪越大裙子越短。小学女生的短裙，长度要求过膝。但是到了中学，女生的短裙的长度普遍在膝盖之上，看上去非常青春靓丽。像东京的女生，一般都是就近上学，或者坐地铁、轻轨上学，很少有骑自行车上学的。所以，校服的短裙要比地方城市那些骑自行车上学的女生的裙子要短。为了避免走光，东京的女生们在上楼梯时习惯于用书包遮住自己的臀部，以防止后面的人看到内裤。

所以，裙子的长短也成了判别一个女生是东京女孩还是地方女孩的重要参考依据。

那么，在大雪纷飞，气温已是零下几度的寒冷气候条件下，日本女生为何还要穿短裙光腿上学呢？

为这事，我去问了我的小邻居——一位在东京都港区念初中二年级的女孩玲子。玲子告诉我："因为是学校的校服，所以必须这么穿。"那冬天的校服为何不配长裤呢？玲子回答说："校服从建校开始，就是这个款式，好像有80多年了，一直没有变过。"我发现玲子的学校真够顽固的，80多年来，居然一直让女学生在冬天光腿，不知已经光了多少代了。

我认识东京都教育委员会的一名干部高岛先生，分管小学业务。我问他为什么冬天要让孩子们光腿？他的解释是："首先是为了锻炼孩子们坚韧不拔的意志。"

高岛先生说，日本列岛靠近日本海，冬天常常遭遇来自西伯利亚寒流的袭击，北海道、东北地区和靠近日本海的沿岸，一般从11月开始下雪，一直要延续到第二年的3月，最厚的雪会达到5米以上。因此，日本的冬天是很寒冷的。过去，日本人生活不富裕，冬天能够穿的衣服不多，所以，从小就必须养成耐得住寒冬的身体素质。后来发现，凡是在北海道与东北地区这些雪下得最多的地方出生的人，意志特别坚强。因此，日本从明治时期开始，陆军官兵大多起用东北地区出身的人。包括这几年派往伊拉克、阿富汗和南苏丹的日本自卫队维和部队，都是日本的东北兵。

这种耐寒意志的训练大多从幼儿园就开始了，幼儿园的孩子们大冬天穿着短裤和背心跟着老师到户外锻炼，甚至在雪地里光着身子去做体操。

日本的新年是过元旦，元旦期间也是日本最冷的季节，不少寺院神社都要举行传统的耐寒活动，比如泡冰水、入海念经、在瀑布底下光着身子去接受冰水的冲淋。通过这样的仪式，锻炼人们的意志，净化人们的心灵。

日本社会的普遍规律是：年纪越小，穿得越少。襁褓中的婴儿，两只小脚丫总是光溜溜地露在外面。

之所以这么做，是因为日本人有一种认识，认为每个孩子身上有许多潜能，如果你不给他一个环境把这种潜能激发出来，可能一辈子都无法拥有这种潜能，抗冻耐寒就是一种潜能。这种潜能一旦被激发出来，就不容易感冒，同时体质也会变得健壮。事实也是如此，这么多的孩子在冰天雪地里冻着双腿去上学，一代又一代，也不见关节炎成为日本的"国民病"。相反地，日本人的平均寿命始终排在世界第一。

此外，高岛先生还说，把女孩子的校服设计成短裙，也是为了展示女孩子的清纯可爱，女生该有女生的形象。

我问玲子："这几天下雪，光着腿上学真的不冷吗？"她说，腿是冷,都冻得发红,但是身子不冷。为什么呢?她说有暖宝宝。

日本生产暖宝宝的厂家是很有创意的,原先暖宝宝只是为了让人们护腰取暖之用,后来看到女生冬天光着腿上学,于是开发出了一系列供女生使用的各种形状各种尺寸的暖宝宝。玲子每天上学要贴6个暖宝宝,腰部一个大的,腹部一个中号的,两腿的腿根两侧再各贴两块小的。还有两块鞋子专用的暖宝宝,薄薄的两片,分别放在鞋子的前半部分,以保证脚尖部分也不冷。这样的全副武装,即使穿短裙光着腿,也不会感到十分的寒冷。

除了暖宝宝之外,日本还有一种能够发热的润肤膏,直接抹在腿上,可以抵御一部分寒冷。另外,日本的内裤厂家还使用特殊的保暖纤维开发出一种厚实的保暖内裤,使得女生即使在大雪天气里穿着短裙,下半身部位也能保持一种温暖,不会过多地受凉。

当然,女孩子在冰天雪地里敢穿着短裙光着腿上学,客观上还因为日本冬天有良好的取暖环境,使得日本孩子露腿的时间有限。日本的室内供暖绝对充足,只要进了室内,不管是商场还是车站,小卖店还是饭馆,第一感觉就是温暖如春,干燥、暖和,几乎没有什么阴冷的感觉。更何况,现在日本的教室里都有空调,农村的中小学也是如此。因此,孩子们露腿的时间,也只有从学校走到家里的这一段路,这么十几分钟半小时的路程,忍一忍也是能够对付得过去的,况且老师总是在提醒孩子们:这是一种意志的锻炼,必须坚持!

不管怎么说,按照中医的说法,孩子光着腿受寒,对关节一定会有影响。这一说法在日本不怎么被承认,但是,日本家庭冬天泡澡的习惯,事实上起到了活血祛寒的作用。

日本几乎家家户户都有浴缸，每到冬天，日本人一家老小都有轮流泡澡的习惯。因此孩子们即使白天腿部受了风寒，在40度水温的浴缸里泡上十几分钟半小时，所受风寒自然也会被祛除，恢复一个健康的肌体。

　　日本的女生冬天可以光腿，那么中国的女生是不是冬天里也可以光腿呢？我觉得理论上是可以的。我认识的几位在日本的中国小孩，虽然出生在日本，但是父母都是中国人，是标准的中国孩子。当他们上了小学、中学，也和日本的孩子一样穿短裤短裙，并没有得什么病，也一样适应。所以说，适应环境是人的本能，与国籍没有任何关系。我们把孩子捂得严严实实，孩子的体能得不到锻炼，很容易感冒。

　　所以，是让孩子们在温室里长大，还是在冰天雪地里经受锻炼，体质可能会有些不一样。从日本女孩冬天穿短裙光腿的事例中，或许可以改变一些中国人传统的养生理念。

2. 日本企业为什么不太喜欢硕博生

对于许多日本人来说，4月是新年的开始。首先是因为日本的财政年度是从每年的4月1日开始到第二年的3月31日结束。正因为如此，日本许多公司的决算，也是到3月31日结束，4月1日开始。

真正让日本的普通民众感知到4月是新年开始的是，日本的学校教育制度。因为日本大中小学生都是4月上学，3月毕业。

4月伊始，东京街头最浓烈的色彩，不是樱花的粉红色，而是黑蓝色。为什么是黑蓝色呢？因为大学毕业之后新参加工作的年轻人，无论男女，都穿一套黑色或深蓝色的西装，这似乎是日本社会多年来的一种规矩。所以在东京街头，看到一群穿着黑蓝色西装，手拎公文包的年轻人，都是4月1日进入公司工作的大学毕业生。

日本社会有一个有趣的现象：一般的企业和政府机构都不硬性招收硕士生和博士生，除非是研究机构和大型跨国企业。多数企业认为，年轻人读完大学本科，已经有了一定的专业知识，足以参加工作，具体的工作经验是需要在工作环境当中培养起来的，而不是在学校里面可以学到的。正因为日本社会有这么一个普遍的认识，所以，从中央机关招收国家公务员到一般的企业招工，对年轻人没有学历要求，只要大学毕业，就可以应聘。

正因如此，日本 95% 以上的大学生在大学三年级会开始找工作，而不是想着去读研。因为在日本还有一个观念，读研的学生都是想当教授或者去搞研究当工程师、当学者的人。非科技研发性企业，不怎么喜欢接受硕士或博士毕业的年轻人。一方面企业认为，让这样高学历的年轻人去从事一般性的工作，是对知识的浪费；另一方面企业也认为，高学历的年轻人，往往会眼高手低。

看到这里，许多中国留学生一定担心：那我在日本读完硕士研究生，岂不是找不到工作了？事实也并非如此，不少高大上的企业还是希望招收外国的硕士、博士毕业生，以作为开拓国际市场的后备军。

日本社会是一个讲究论资排辈的社会。因此，大学毕业生参加工作进入公司之后，一般都比较谦虚，而且必须谦虚。因为日本社会有严格的先辈与后辈之分，你的同事比你早进公司一年，就是你的先辈，你得尊重先辈，乖乖地听先辈给你的吩咐指导，而不能表现出我比你懂的架势。

对于刚刚走出校门参加工作的年轻人，日本社会还给他们取了一个绰号，叫"新米"。就是刚刚收割上来的新米，还来不及加工。正因如此，对于刚刚录用的新员工，公司往往会把他们派到基层部门或第一线去锻炼。工厂的话，一定是派到车间，从打扫厕所开始干起。如果是搞销售的，就从跑客户开始。

我这几天，办公室的门已经被年轻人敲开三次，都是穿着黑色西装的年轻人，恭恭敬敬地给我递上一张名片，然后递上他们公司的资料,说一句:"我是刚参加工作的新人,请多多关照。"最后,一定要向我讨一张名片。我问他们,为什么一定要我的名片?他们回答说,讨到多少张名片,就意味着你跑了多少家公司,回去必须交账。

所以,日本大学毕业生参加工作,直接进入公司总部的还是比较少的。你必须去基层或一线锻炼,然后凭自己的业绩与能力,再一步一步地往上爬,最后爬到公司总部,成为公司的栋梁之才。因为实战经验比学历更重要。

所以,日本多数企业更愿意招收大学本科毕业生,而不会刻意招收硕士研究生、博士研究生,因为学历并不等于能力!

3. 日本大学生都找哪些公司就职

"日本的大学生找工作，都找哪些企业？"

日本的人才中介公司 Recruit 就上述问题，对东京大学、早稻田大学等日本知名大学 2017 年 3 月毕业的学生的就职单位进行了一次调查。发现年轻人最期望进入的企业有两大类：一是大型国际商社，二是制造企业。

我们来看看日本大学生就职企业人气排行榜：第一位是三菱商事，第二位是三井物产，第三位是伊藤忠商事。这三家都是日本赫赫有名的国际大商社。第四位 JR 东海铁道公司，就是经营从东京到大阪新干线列车的铁路公司。第五位是住友商事，第六位是丸红。这两家也是国际商社。第七位是丰田汽车公司，是日本制造业的代表。第八位是东京海上日东火灾公司，是日本最大的财产保险公司。第九位是三得利公司，是做威士忌酒和饮料的公司，它在大学女生中的人气排名第一。第十位是三菱地所，是日本最为老牌的商业地产公司。

从这份就职人气企业排行榜上可以看出，前十名企业中，商社占据了一半。而从就职的志愿人数来看，有 35% 的大学毕业生期望进入商社工作，在以东京为中心的关东地区，这一比例更是高达 44%，可见商社的人气度是最高的。

日本年轻人为什么喜欢进入国际商社工作呢？主要原因有三个，一个是国际商社的舞台大，它在全世界各地都有分支机构和营业所，业务遍布世界各地，是一个国际化程度很高的职业。还有一个原因，国际商社涉及的领域广，适合各种专业的大学毕业生工作，因此对于年轻人来说，舞台大，领域广，发挥自己才能的机会也就更大。另外一个原因，是国际商社相对来说，工资要比一般的企业高，30岁左右的员工在一般企业里，月薪只有30万日元左右（约1.8万元人民币），但是在国际商社里工作的话，月薪可以达到50万日元（约3万元人民币），甚至更多一点。这是国际商社备受年轻人喜爱的一个很重要的原因。

但是进入国际商社之后，中途跳槽离职的比例也很高，为什么这么好的单位还有人离开呢？原因在于国际商社的加班是无穷无尽的，因为世界各地时差的关系，许多时候业务上的联系是黑白颠倒，所以加班到深夜十点在国际商社是正常的事。因此，有不少人讨厌这种生活，最终选择离开。

从人气企业排行榜的前30位来看，以丰田汽车公司为代表的日本制造企业，是大学毕业生最愿意去工作的第二大人气行业。

索尼、日本电气、松下等最具代表性的电子制造型企业以及许多钢铁重工业、汽车制造业等企业，都是日本年轻人渴望进入的企业。

日本的制造企业为什么如此受年轻人的欢迎，原因在于日本一直是一个强调"技术立国"的国家，把制造业看成是一个国家的根本，所以制造企业在日本社会备受尊重。如果你是在丰田汽车公司、索尼公司或者是三菱重工工作的话，大家都会对你肃然起敬，认为你能够进入这样的大公司，一定会是一个很好的工程师，是一位优秀的技术专家。对技术的尊重，也导致日本年轻人对制造企业的尊重。所以学理工科的，很自然地会去投身于制造企业。

　　日本社会有一点比较好，就是父母对孩子的人生期望并不是那么高，只要孩子喜欢，做什么工作都可以。找对象也不一定非要大公司好单位，只要有稳定的收入，人品好，就可以。因此，大学毕业生的就业范围相对来说比较广泛，从大企业到小企业，甚至有些年轻人愿意从东京去小城市工作。

　　日本的大学毕业生创业的比例很低，因为创业需要资金、经验、人脉，而这三大要素，都是年轻人最缺乏的。因此，我们很少听到日本的大学毕业生走出校园后去创业办公司，基本上都是先工作，慢慢地培养工作经验，以后再寻找机会。相对来说，日本年轻人对于金钱与财富的欲望并不强烈，更多的是希望自己过一种平淡的生活，因为当老板需要承担许多的企业责任与社会责任，而这些责任并不是许多年轻人能够承担和愿意承担的。

4. 明治维新到底是怎么搞起来的

开始新年假期前，我突然想找一个地方静一静，总结一下一年来自己走过的路，做过的事。

日本前众议院议员中森福代女士给我推荐了东京的一个小寺院——全生庵，说这个寺院不大，但是很受欢迎，日本首相从中曾根康弘到安倍晋三，都喜欢去那里坐禅。她很热情地帮我联系了当家和尚平井正修先生，刚好寺院的禅堂上午有空，于是我去了全生庵，不仅坐了一次禅，还了解到了一件事：日本的明治维新到底是怎样搞起来的。

全生庵位于东京老街浅草寺的附近，建于明治时代的1883年，历史并不悠久，但是历史背景十分深远。大家一定听说过日本的明治维新运动，明治维新运动对于日本来说，有两个重大的意义：第一是日本结束了将军统治日本的时代，德川家族将国家统治权奉还天皇，由明治天皇来管理国家；第二是日本结束长达数百年的闭关锁国的历史，打开国门，全面向西方学习。对于中国等亚洲国家来说，明治维新带来了日本国力的强盛，也萌发了军国主义思潮，最终走上了殖民朝鲜半岛和侵略中国之路。

而日本能够顺利结束德川家族时代，和平开启明治时代，全靠"江户不流血开城"。

"江户不流血开城"是怎么回事呢？要说清这件事，我们得追溯到 800 多年前的日本幕府时代，也就是中国的宋朝。

日本古代有军人长期干政的历史，军事强人以"成为征夷大将军"为志向，开设幕府，为军人的最高指挥机构。形式上取得天皇授权，实际上是以军事力量"挟天子以令诸侯"。日本幕府时代，开始于 1185 年，终结于 1867 年，期间共经历了 682 年。在这期间，日本的实际统治者是武士阶层的代表征夷大将军。天皇成为傀儡，国家管理权和统治权都归大将军所有，而且是大将军家子孙代代相传，实际上，大将军就成了日本国家的最高统帅。

在这 682 年之间，日本共经历了三个时代。

第一个时代是镰仓幕府时代。那时候的大将军是关东地区的武士首领源赖朝，他把自己的将军府设在神奈川县三浦半岛的镰仓，因此称为"镰仓幕府"。镰仓幕府时代存在了 144 年。后来因为后醍醐天皇举兵倒幕，当时有一位名叫"足利尊氏"的贵族起兵响应，镰仓幕府时代结束。

第二个时代是室町幕府时代。1335 年（中国元朝顺帝元统三年），足利尊氏不满后醍醐天皇轻视武士利益的政策，起兵反叛，并于次年攻占京都，立光明天皇为傀儡，在京都开设了幕府，开始统治国家。

但是在室町幕府后期，由于各地诸侯势力的日益强大，日本进入战国时代。地方领主与武士彼此混战，农民的反抗也更加激烈。16 世纪中叶，日本出现了封建割据，出现了一些势力强大的地方诸侯，如武田信玄、德川家康、织田信长、毛利元就等。他们在自己的领地里组建武装家臣团，积极发展工商业，积蓄经济力量，颁布法令，直接统治农民，形成割据势力，而幕府的控制范围仅限于近畿一带。在角逐中，织田信长的力量逐渐超过其他战国大名，1568年进入京都，1573年灭亡室町幕府，日本从此走上统一的道路。

织田信长死后，他的部将丰臣秀吉继承其事业，在1590年完成统一日本大业。但丰臣秀吉并未开设幕府，只是被天皇任命为关白，类似于总理大臣。1598年，丰臣秀吉病死，德川家康推翻丰臣政权，重开幕府政治。于是日本进入第三个时代——江户幕府时代。

为什么叫江户幕府呢？因为德川家康的幕府建在"江户"。"江户"是哪里呢？就是现在的东京。现在日本的皇宫，就是当年德川家康的将军府。

1603年（中国明朝万历三十一年），德川家康被任命为征夷大将军，在江户设幕府，至第三代将军德川家光时，幕府领地约占全国土地四分之一，其余由各地诸侯领有，这些诸侯管理的地区，称"藩国"。德川幕府共传承了15代，前后延续了264年。

19世纪中叶，英、美、俄等国舰队不断攻击日本，就是历史上所谓的"黑船事件"。这些世界列强迫使日本签订许多不平等条约，打开国门实施国际贸易。同时，民族矛盾和社会矛盾激化，实行封建锁国政策的德川幕府统治动摇，具有资本主义改革思想的地方实力派萨摩藩和长州藩两藩，在"尊王攘夷""富国强兵"的口号下开始了打倒幕府的起兵运动。萨摩藩就是现在的鹿儿岛县一带，萨摩藩出兵攻打琉球王国，并且吞并了琉球王国，把这个古老的岛国变成了日本的冲绳。而长州藩，就是现在的山口县一带。

明治维新之前，萨摩藩就是打倒幕府运动的策源地，仁人志士辈出。维新后，萨摩藩掌握了日本的海军，而长州藩则掌控了日本的陆军，因此日本有"长州的陆军，萨摩的海军"的说法。

明治维新之所以发生，是因为萨摩藩和长州藩的维新斗士们积极主张推翻幕府恢复天皇制，并起兵攻打幕府军。尤其是长州藩还派出了一批有志青年前往欧洲留学，学习西方先进制度，成为日本社会近代化的先驱者。这其中包括提出"一君万民论"的著名思想家吉田松阴、策划侵略朝鲜和中日甲午战争的"明治宪法之父"伊藤博文、号称"日本陆军之父"的山县有朋、指挥日本军在中国旅顺港打败俄罗斯沙皇军队的将军乃木希典等长州藩出身者。萨摩藩出身的维新斗士，有号称"明治维新三杰"的西乡隆盛、大久保利通，还有"一杰"是长州藩出身的木户孝允。

这些维新斗士要求废除封建割据的体制，建立统一的中央集权国家，恢复天皇至高无上的统治，开放国门，发展资本主义。自然，这些要求得到了天皇的赞同和支持。1867年，日本孝明天皇死去，太子睦仁亲王即位，取年号为"明治"，明治天皇因此诞生。在各方舆论的压力下，德川幕府的第15代将军德川庆喜在京都二条城举行会议，决定将国家统治权归还给天皇，以结束长达 682 年之久的幕府时代。现在我们去京都的二条城参观，还可以看到举行"大政奉还"会议的房间。

德川庆喜虽然把国家管理权交了出去，但是他依然想当即将成立的全国诸侯会议的议长。这一要求不仅遭到了维新斗士们的拒绝，同时还要求德川庆喜辞去官职，归还领地。当时逃回江户城的德川庆喜拒不辞职，于是奉命追讨德州庆喜的政府军包围了江户城，决定于 3 月 15 日发动总攻。

江户城当时人口已经有 100 万人，政府军一旦对江户城实施攻击，不仅德川庆喜性命难保，更为重要的是，江户城将会陷入战火。就在这危急关头，在德川幕府军担任教头的山冈铁舟，独自一人奔赴静冈县的政府军驻地，面见政府军司令西乡隆盛。西乡隆盛提出了交出江户城，放下武器投降，拘禁德川庆喜等

五大要求。但是，这五大要求遭到了山冈铁舟的拒绝。他对西乡隆盛说，如果我是德川庆喜的话，也无法接受。西乡隆盛敬佩山冈铁舟一人独闯军营的勇气，最后只要求和平移交江户城，保证德川庆喜将军的性命。于是几天后，江户城和平开城，避免了一场流血战争。

与长州藩和萨摩藩的维新斗士不同，山冈铁舟就出生在江户城，从小练剑，是一名优秀的剑客，在加盟德川幕府军后，成为近卫军教头。德川庆喜将军被赶出江户城后，山冈铁舟伴随德川庆喜移居到静冈县。为了救济落寞的德川家臣们，山冈积极建议在静冈县种茶叶。山冈铁舟对于德川庆喜的忠诚，也感动了西乡隆盛，西乡隆盛盛情邀请擅长剑术的山冈担任明治天皇的侍从。山冈答应了西乡的要求，但只同意做10年。10年后，山冈辞去了天皇侍从的职务，回到民间，创建了自己的武道馆。1888年，山冈因患胃癌久病不起，在知道自己行将离世时，面朝皇宫，盘腿端坐在房间，不久便停止了呼吸，终年53岁。明治天皇得知山冈铁舟去世的消息后，特别要求出殡时，让山冈的棺木在皇宫外停留片刻，让他目送山冈远去。

山冈在去世前5年，于东京都浅草寺附近的谷中，建造了一座小庵——全生庵，以供奉和祭奠在明治维新中死去的斗士。而他自己去世后，也被安葬在全生庵，下葬时，有5000余人送别，更有多名弟子殉死。

以上的这段历史，是我在结束全生庵的坐禅之后才了解到的。我也因此理解了日本历代政治家，包括中曾根康弘前首相在内，为何喜欢到这座小庵里来坐禅。尤其是安倍首相，据说一年有四次来这里坐禅，尤其是当他要做出什么重大决策时，喜欢来全生庵待上几个小时，与其说是坐禅，还不如说是为了与明治维新的斗士们进行灵魂的交流。

因为对于安倍首相来说，明治维新对于他具有特殊的意义。安倍首相是山口县人，他一直以自己是长州藩的后人而感到自豪。他说过这么一句话，150年前，长州藩的先辈们拥立明治天皇，实施了明治维新运动，使得日本成了亚洲第一强国。50年前，同样是长州人的安倍首相的外祖父岸信介首相，让日本与美国签署了《日美安保条约》，使得日本结束了战后被以美军为首的联合国军占领的历史，建立起了日美同盟关系。

而150年后的2018年，安倍首相作为长州人的后代，将要实现修改宪法之梦，让日本成为一个"正常国家"，摆脱作为战败国的所谓的"屈辱"。作为长州人的后代，安倍首相继承乡贤的精神与勇气，来实现国家的振兴，这值得肯定。但是我们同时也要请安倍首相记住，150年前的明治维新，也导致日本野心狂妄，最终走上了扩军侵略的道路，不仅给中国、给亚洲人民带来了深重灾难，也给日本自己带来了战争的灾难。如果不吸取这一历史教训，一味地扩军修宪，对于日本来说，并非好事。

5. 只有十三名学生的偏僻小岛小学是什么样

有一句话，叫作"再穷也不能穷教育，再苦也不能苦孩子"。

这句话说起来很容易，但是做起来很难，因为不仅需要钱，还需要一颗真正为孩子、为国家的未来谋利益的真诚之心。

我去了日本的一个小岛——冲岛，这个岛位于日本最大的淡水湖——滋贺县琵琶湖的中心，是日本唯一一个有人居住的湖中岛。整个岛只有1.5平方公里，上岛必须坐船。这个岛的居民只有270人，但是，居然有一所十分漂亮的小学校——近江八幡市立冲岛小学校，总共有13名学生，其中岛上学生是2人，其他11名学生都是从岛外慕名前来入学的。

这是一所什么样的小学呢？这所小学创建于1875年。1875年是中国光绪皇帝即位的元年，距今已经有143年的历史。目前的木结构校舍诞生于1909年，也已经快110岁了，但是依然十分的结实。有几代人在这个学校里读过书？岛民们告诉我，他们的爷爷的爷爷的爷爷都是从这个小学毕业的，算起来至少有7代人。

这所小学学生最少的时候，只有6名。但是就这么一个小岛小学，看看都有哪些设施设备？

1. 拥有电子化的教室，不仅有电子黑板，还有投影仪，52英寸的大屏幕电视机。

2. 拥有一个室内体育馆和室外运动场。

3. 拥有一个50米长的标准游泳池。

4. 拥有6台显微镜和一台高倍天文望远镜的科学实验室。

5. 拥有钢琴的音乐教室。

6. 拥有一个5000册藏书的图书馆。

7. 学校边上还有一个小小的农场。

就这么几个学生，居然配备如此齐全的现代化教学设备，是不是有点浪费？答案只有一个字："不"。因为根据《日本教育法》，公立小学的设施设备的配置，必须做到全国统一标准。也就是说，大城市小学有哪些设施设备，偏僻的农村和海岛小学也必须配置同样的设施设备，不能因为农村的孩子少，就省略一个。

不仅是设施设备，教师的配备也必须是按照各学科的标准实施，所以这所目前只有13名学生的小学，有4名教师。这些教师是不是都是临时工？校长告诉我，这里的每一位教师都是大学毕业拥有国家教师资格的正式教师，都是根据市教育委员会的调配来岛上工作，一般工作3～5年，有的教师已经在这所小学工作了十几年。

日本政府规定，日本的小学都要给学生们提供午餐，必须给予孩子们充分而均衡的营养，让他们健康成长。所以，这所学校有专门的营养师，还有孩子们的厨师，每天的菜单都是不一样的；自然，还有食堂。

每年春天和秋天举行学校运动会的时候，所有的岛民都会来一起参加，给孩子们助威，因此每一次的学校运动会，都变成了岛民运动会。几代人一起读过书的这所小学，是整个岛上的教育中心、文化中心和娱乐中心，寄托了整个岛上所有居民的一种人生记忆与梦想。

校长说，岛上没有汽车，只有三轮车，虽然交通有些不便，但是岛民的生活富裕，无线网络系统也十分畅通，与大城市没有什么区别。整个学校的经费来自于中央政府和地方政府的双重拨款，十分的充裕。教职员工的工资由都道府县（即省级政府）负责发放，中央财政根据实际情况负担三分之一。

日本是一个讲究"公平教育"的国家，不管是城里的孩子，还是乡下海岛的孩子，都有享受同等的受教育机会和受教育的权利，同时也享受同等的教育待遇。城里的孩子有什么教育设施，乡下的孩子也必须有什么样的教育设施，缺一不可。而且日本没有政府指定的重点学校。所以，"公平教育"在日本不是一句空话废话，而是一个实实在在、受到法律保护的行动。

日本的"公平教育"还体现在教师对待学生的态度上。日本的中小学校禁止实施精英教育，所以没有快慢班之分，也没有尖子班，所有学生都在同一种班级里面接受同样的教育。至于自己想进一步去努力，放学以后可以自己花钱去校外的私塾参加各种补习，但是禁止教师收取学生或学生家长的钱后给个别学生开小灶，否则就会受到处罚。教师必须公平地对所有学生负责，不能有意偏爱或冷落某个学生。

同时，日本农村的孩子，只要愿意，随时可以搬到东京的任何一个地方去读书，因为日本的户口可以随便迁移，户口所在地的学校都有义务接纳学生，哪怕是刚刚搬过来的学生。当然，东京的孩子们也可以到乡下的学校去读书，没有任何的限制。包括外国人的孩子，"就近上学"是一个最基本的原则。

日本的小学也是六年制，儿童满6周岁入学，12周岁毕业，属于义务教育阶段。新学年4月开学，多数小学采用三学期体制，三学期之间分别为暑假、寒假和春假。

日本小学的教育目的是适应儿童的身心发展。《日本教育法》中，对于小学的教育目标，有如下的规定：

1. 以学校内外的社会生活的经验为基础，使学生正确理解人与人之间的相互关系，养成合作、自主和自律的精神。

2. 引导学生正确理解乡土和国家的现状与传统，并进而培养国际协作精神。

3. 使学生具有日常生活所必需的衣、食、住和产业等方面的基础知识，并掌握基本技能。

4. 使学生能正确理解日常生活所必需的国语，并形成使用国语的能力。

5. 使学生能正确理解日常生活所必需的数量关系，并形成处理数量关系的能力。

6. 培养学生科学地观察和处理日常生活中自然现象的能力。

7. 培养学生健康、安全和幸福生活所必需的习惯，并力求使学生的身心得到和谐发展。

8. 使学生基本了解丰富的音乐、美术和文艺等，并形成相应的技能。

小学的教育课程由各学科、道德和特别活动三部分组成。教学科目包括国语、社会、算数、理科、音乐、图画、家政、体育。

那么，小学道德教育包括哪些内容呢？有四项内容：

1. 培养自身的道德素养。
2. 理解他人。
3. 了解自然，具有高尚的情操。
4. 理解自己与团体、与社会的关系，锻炼与人交往沟通的能力。

道德教育的目的，在于培养学生尊重他人，重视生命，为创造民主社会和国家的发展而努力，为促进国际和平做贡献。但是没有"爱国主义"四个字。

日本的《小学生守则》也非常具体，如放学必须走规定的路线，马路上必须靠右行走，不许闯红灯，遇到长辈老师必须问好等。

所以，日本的小学十分尊重学生的自主性和主体性，重视培养学生的集体意识和社会适应能力，建立良好的人际关系，让学生学会尊重生命，形成善恶判断力和规范意识，养成乐观向上和顽强不屈的性格。

提高全体国民的综合素质，是日本中小学教育的根本。我看到过一个数据，说是在1935年，我们中国的文盲比例高达95%，但是日本人初中毕业的比例已经达到75%。这是80多年前中日两国的教育差距，也是国民素质的差距。80多年后，这个差距已经大大缩小，但是，差距依然存在。

日本现在依然实行学生的综合素质教育，我们中国还保留着竞争教育。日本从幼儿园开始没有小红花、没有优秀学生的评定，包括学校运动会都没有个人项目，全是团体项目。削弱个人英雄主义色彩，强调集体主义和团队精神，追求平等公正，不让一个学生掉队，是日本中小学的教育规范。虽然这种规范不利于激发学生的竞争意识，也不利于人才的精英化，但是，日本的岛国文化决定了它始终愿意遵循这个规范原则，而不愿意引入竞争机制，破坏团队精神。

　　日本的这种教育，是好是坏，各有立场观点，难以准确评说。但是城乡统一、全国统一的学校教育设施的配置原则，很值得我们中国学习。

6. 在东京生活每月得花多少钱

在中国国内出差，被问得最多的问题是"在东京生活的话，一个月得花多少钱"？因为在大家的眼里，东京是全世界物价最高的城市之一，生活成本一定不低。准备送孩子去日本留学的，一定在盘算得准备多少钱。而准备在日本买房子的人，自然也关心买了房子之后如何在东京生活。

那么，东京的物价到底高到多少，花多少钱可以在东京生活下去呢？

2012年，瑞典银行公布了全球71个城市物价和收入调查表，东京排名全球物价最高的城市。但是，到了2017年，经济学人集团根据全球133个城市里的160多件商品价格，综合评选出消费成本最高的前20个地区。其中，新加坡排名第一，中国香港和瑞士苏黎世紧随其后。东京排第4位，中国上海排第16位。

不管怎么说，东京给人的印象，就是一个没有很多钱就没法活下去的城市。

那么，东京人一年的收入是多少呢？我们按照日本政府公布的统计数据，公司员工的平均年收入是420万日元（约26万元人民币）。而上海的公司员工的年平均收入是多少呢？根据上海市人力资源和社会保障局公布的 2016 年的数据，平均工资为 7.8 万元，月平均工资为 6500 元。也就是说，东京人的年收入高出上海人近 4 倍。

但是，上海人比较了东京的物价后，听听他们怎么说呢？

在东京，如果想在上海嘉定这样的地段买一套二层独栋别墅的话，约 3000 万日元（约 180 万元人民币），相当于东京一位普通公司员工 7 年的工资。

那么，如果在上海的嘉定要买一套二层独栋别墅的话，最便宜也要 800 万元人民币（约 13.6 亿日元），相当于一位上海普通公司职员 102 年的工资。房价高出东京 4.5 倍，如果按照工资收入来计算的话，是东京的 14 倍！

另外，在东京买一部 256G 的 iPhoneX 手机，价格是 8.6 万日元（约人民币 5000 元），占月工资的 23%。而在上海，同样的手机要卖 1.1 万元人民币，是东京价格的两倍，占月工资的比例，高达 180%，是东京的 8 倍多。也就是说，东京人花四分之一的月工资可以购买一部 256G 的 iPhoneX 手机，上海人则需要花费近两个月的工资。

在东京，看一场电影，是 1500 日元（约 88 元人民币），占月工资的 0.3%。而在上海，看一场电影，大约 50～100 元，占月工资的 3.3%～6.7%，是东京的 9～18 倍。

在东京，市内中档地段，租一间一室一厅一卫的房子，月租金约 8 万日元（约 4800 元人民币），占月工资的 21%。但是在上海，在市区租一间一室一厅一卫的房子，月租金起码 6000 元人民币，占月工资的 90%，是东京的 4.3 倍。

在东京买一辆雷克萨斯豪华版的轿车，只需要800万日元（约48万元人民币），相当于一个普通员工两年的工资。但是，买同样的车，在上海最起码需要100万元人民币（约1700万日元），相当于上海人12年的工资。

于是，上海人得出结论：上海才是世界上物价最高的城市。

话是这么说，我们还是有必要来具体看看东京人的生活状态。

在东京挣钱最少的是打零工的人：小饭店里的洗盘工、超市里的洗菜工、打扫车站的清洁工等，大约每小时收入800～1000日元（约50～60元人民币）。

这一个小时的收入是什么概念呢？

可以在东京的超市里买到4瓶2.5升的食用油，或70个鸡蛋，或4公斤面粉，或4公斤大米，或4升牛奶，或1公斤猪肉片。

以上虽是流水账，但不难看出这一小时的收入是可以解决一天基本生活所需的。如果将以上物品的单价折合人民币，与中国的同类物品单价相比，虽然略高，但考虑到日本人均最低月收入也有约30万日元（约1.8万元人民币），这样的收入支出比也算是合理的。

东京的生活成本，主要包括房租、水电煤气上网费、伙食费。

第一大生活开销是房租。在东京自己租房子的话，一个房间另外带小厨房、整体卫浴，月租费大约在5万～8万日元（约3000～4800元人民币）。如果带家属的话，两室一厅一卫，大约是10万日元（约6000元人民币）。如果你愿意每月花20万日元（大约1.2万元人民币）的话，那么可以租到市中心高级的二室一厅公寓楼。

顺便说一句，日本的房子，基本上是不配家具和家电的，都需要自己买。

所以，即使是一名饭店里的洗碗工，按每天工作8小时计算，每天的收入为6500～8000日元，每月收入不少于20万日元（约11700元人民币）。如果租用稍微远离市中心一点的房子，比如像上海的松江地区，一半的工资可以租到很好的两室一厅的房子，剩下的一半的工资，可以解决衣食住行等其他的日常开支。

第二大生活开销是水电煤气通信费。根据日本总务省的家庭生活调查数据显示，一个人在东京生活，一个月的水电煤气费用如下：电费5565日元（约330元人民币）、煤气费3307日元（约200元人民币）、水费2029日元（约120元人民币）、无线上网费5400日元（约320元人民币），再加上一部手机的通讯和上网费，一般是1万日元左右。总费用是2.63万日元（约1940元人民币）。

第三大生活花销是伙食费。伙食费的开销是因人而异。东京人一般都是自己做饭，除了偶尔的朋友应酬外，绝大部分时间是在家里吃饭。日本总务省的家庭生活调查数据显示，一个人的伙食费，大概一个月是3.85万日元，折合人民币2500元。这是维持基本生活的一个数据，相当于工资的十分之一左右。

如果一个人一日三餐全在外面吃，家里不开火的话，早上快餐店的套餐是400日元，中午套餐是800日元，晚上快餐店套餐500日元，一天的餐饮费是1700日元（约100元人民币），

一个月是5.1万日元（约3000元人民币）。

如果去超市买菜自己做的话，那就相对便宜。日本政府统计，2500元人民币左右的支出，已经足够。

如果你天天出去大吃大喝，还经常去酒吧里喝酒的话，那么，一个月花掉几万元甚至几十万元人民币，都是正常的。

第四是养车的费用。首先需要说明的是，东京人一般不买车。一方面，东京人不会把有车没车看成是有钱没钱的象征，在他们的眼里，汽车只是一个代步的工具，跟电冰箱洗衣机等家电产品没什么两样；另一方面，城市公共交通极其发达，东京有33条地铁、轻轨线，可以说是四通八达。住在市中心和住在郊区，只是多坐二三十分钟的地铁，况且每月的交通费，所有的公务员和公司员工，包括临时工都是实报实销，个人不需要负担上下班的交通费，因此谁都不会傻乎乎地开车去上班。因为没人会补贴你汽油费和停车费。

所以，东京的汽车真的很便宜。像在中国卖20几万元人民币的丰田汽车，在东京只卖10万元多一点人民币。二手车更便宜，旧车市场上随处可见跑了3万公里的车，不到3万元人民币就可拿下。有的跑了10万公里的车，只要掏5000元人民币，就可以买下。日本道路环境好，开了几万公里的二手车，性能都不会有损伤。

第五大开销是购物与娱乐。东京的商品价格，尤其是世界名牌包包和时装，总体上要比上海、北京的专卖店更便宜。即使在银座的一些高级百货公司买衣服，一般的女性时装也就两三千元人民币。日本男人穿的最多的西装的价格，是28000日元以下的西装，换算成人民币，也就是1700元左右。因为2.8万日元的价格，是日本西服店出售公司白领们上班用西服的标准销售价格。这个价格以上的西装，一般都属于"礼服类"的高级西装，不是上班穿，而是参加婚礼或晚宴时才会穿。

对于普通的日本人来说，一般的生活日用品，像化妆品、沐浴液、洗发水等，都是在家附近的药妆店去买，如果按照同类商品的进口价格进行比较的话，那自然都要比上海、北京出售的便宜。像著名品牌的沐浴液、洗发水等，一瓶的价格也就是二三十元人民币，比一瓶矿泉水的价格大约高1～2倍而已，对于收入都是在1万元人民币以上的日本人来说，都属于毛毛雨。

但是，如果你一个星期要去温泉旅游地泡一次温泉，吃一顿美食的话，那么开销就上去了。比如从东京去富士山，在温泉旅馆里住上一个晚上的话，一个人少说也要花费2000元人民币。所以，一般的东京人，一年也就会带家人泡温泉旅游两三次。如果是单身贵族的话，约上小姐妹一个月去泡一次温泉，也是可能的。

总体来说，如果一个人在东京生活的话，每月正常的生活开支，包括房租，有1万元人民币已经生活得可以了。如果想买房子的话，整体房价也要比中国的北上广深地区便宜三分之一以上。

7. 日本年轻人为何不愿意结婚生孩子

日本是一个大国，还是小国？

拿人口数来说，日本总人口是 1.27 亿人，在全世界的人口排行榜上，排名第十。相对于中国与印度来说，日本是小国。但是在欧美国家中，日本是仅次于美国的人口大国。

中国人称日本是"小日本"，日本人则称自己是"大日本"。

就这么一个国家，目前面临的最大问题，还是人口问题——年轻人不愿意结婚生孩子！

我们来看一组数据：2017 年，日本出生的婴儿为 94.1 万人，比历史最低值的 2016 年还减少了 3.6 万人，连续两年跌破 100 万人的大关。而在第二次世界大战后，日本出现过一年诞生 270 万个婴儿的最高纪录。

日本年轻人的爷爷和爸爸这两代，在"做人"的事业上，是努力的。

日本战后的第一次生育高峰，是在第二次世界大战结束之后的 20 世纪 40 年代末 50 年代初。大批军人回到了国内，虽然每天都过着食不果腹的生活，但是并不影响他们的生命力，大批的孩子在这一时期出生，一家生下四五个孩子不算是稀罕事。这次生育高峰，使得日本在进入 20 世纪 70 年代经济高速发展期时，有了大批年轻的而且受过中高等教育的劳动力，助推了日本成为世界第二大经济体。

日本战后的第二次生育高峰期，是在 20 世纪 80 年代。那时日本经济处于最好的时期，战后出生的那批孩子开始当爸爸妈妈，于是日本在 20 世纪 80 年代的出生率，也保持了 3.2‰ 的高比例。

但是，在 20 世纪 90 年代泡沫经济崩溃之后，强大的经济压力和互联网的发达，导致年轻一代婚姻观的改变和兴趣的多样化，最终结果是日本社会出现了年轻人"不想留学、不想买房、不要汽车、不想结婚、不想要孩子"的"低欲望"问题。这个问题直接导致情人旅馆倒闭、婚庆公司破产、家电销量下滑，整个消费市场处于低迷状态。唯一火爆的，只有手机上网费月月攀升。

主管生育问题的日本厚生劳动省分析称，单身贵族的增加是主要原因。越来越多的日本女性在互联网的吹拂下出现了一种意识的觉醒，她们对于传统的家庭模式开始感到厌倦，越来越多的人不愿意做家庭主妇。而男性觉得婚后自己像是一部挣钱的机器，辛苦挣来的钱，不仅要供养全家，还要应酬各种亲朋好友。所以，无论男性还是女性，更多的年轻人愿意享受单身生活的自由自在，做自己想做的事情，过自己想要的生活，这已经成为日本社会的主流。

有一个数据比较能够说明问题：2017 年，日本结婚的情侣比上年减少约 1.4 万对，创下战后新低。而且平均初婚年龄大大推后，男性为 31.1 岁，女性为 29.4 岁。

在我们许多人的印象中，日本是一个 AV 大国，在性方面应该最开放。但是，日本国立社会保障与人口问题研究所的调查报告却告诉我们：找处女，得上日本！

这份 2017 年发布的调查报告显示：日本 18～34 岁的女性中，有 39% 的人还是处女。而 18～34 岁的男性中，有 36% 的人还是"童子身"。18～34 岁的女性中，有一半人没有男朋友。在 35～39 岁的年龄段中，有 26% 的女性和 28% 的男性从未有过性经验。这足以说明：日本的男女并不像 AV 片中那样激情奔放，恰恰相反，他们越来越无欲无求。

不想走进"围城"的人如此，那么，走进了"围城"的人在"欲望"领域又表现如何呢？"日本人性生活调查"数据显示，一个月中没有性生活的夫妻比例创下了历史新高，达到 47%，说明有一半的夫妻过着无性的生活。问题还在于，收入越高的家庭，没有性生活的比例也越高，似乎与"IT 男"无关。

除了以上种种原因之外，日本人不愿意结婚生孩子还有一个很大的原因，是他们担忧养育孩子的负担太重。现在日本一个孩子从幼儿园到大学毕业的平均教育费为 1300 万日元（约 78 万元人民币），虽然理论上只是一位普通公司职员 3 年的收入。但是日本人普遍认为教育费太高，养不起孩子。

诸多原因导致日本的生育率年年下降，目前只有 1.4‰，比中国的 1.2‰ 略微高一些。

如此下去，日本的未来堪忧。

国立社会保障人口问题研究所发表的一份《未来人口预测》调查报告说，日本的总人口预计到 2040 年为 1.0728 亿人，比现在减少2000万人以上。而到2050年,总人口将跌破1亿大关,约为9700万人,比现在减少30%。

出生人口的减少,将威胁到社会的发展。首先是劳动力人口不足,导致潜在增长力的降低和国内生产总值的缩减。其次是养老金等社会保障体制难以维持,降低国民生活水平。像日本一些城市,由于人口减少导致人头税收入减少,地方政府可能会面临存亡的危机。

如何应对年轻人不愿意结婚生孩子问题,日本政府已经十分头疼,但是至今还找不到"良方"。有人建议开征"单身税",你觉得这主意如何?

8. 日本的和尚为何能够结婚生子

我有一位要好的日本朋友，名叫石原，东京郊外的千叶县人。他在东京的一家贸易公司当部长，每天要坐一个半小时的列车上下班。石原个儿很高，有1米8左右，但是很精瘦，头发理得很短，看上去像个精干的企业战士。

石原先生的太太是一位很和蔼的传统型的日本女人，见过两次面，说话永远是细声细语。两个孩子都在读大学，石原先生说，现在是自己最"压力山大"的时候。

到了这个年纪，中日两国都一样。

有一次，我约他去居酒屋喝酒，他酒量比我好，喝了三杯生啤后，说要早点回去，第二天要做法事。我问他家里遇到了什么不幸？他说："不是，我要替人家去念经。"他这么一说，吓了我一跳，我问他："你会念经？"他说："我从小就会念经，我是和尚。"说完，从口袋里掏出一张我从没见过的名片，上面写着"善光院住职"。日文"住职"的意思，就是"住持""当家和尚"。

我无论如何难以将一位"贸易公司部长"与一位"当家和尚"联系在一起。石原先生说，"善光院"是祖传的小寺院，已经有600多年的历史，传到他手里，他是长子，理应继承，但是，寺院收入很少，要维持就必须出来工作，他大学毕业后，就边做和尚边工作。于是我问他："日本和尚都可以结婚生子吗？"他说，为了传承。

不知大家有没有看过一部日本的电视剧，叫《5時から9時まで》，中文翻译成《朝五晚九》，也被翻译成《帅气和尚恋上我》。

这部电视剧是在2015年播放的，著名影星山下智久扮演的男主角是一位30岁的和尚大叔，他爱上了一位28岁满怀少女之心的英文老师樱庭润子。

这部电视剧在日本上映后风靡亚洲。高学历、高颜值、高收入的高富帅和尚俘获了众多观众的心，大家一边欣赏，也一边好奇地问：日本和尚真能结婚吗？

其实，这个疑问由来已久。在我们中国人的心目中，做和尚有五戒。这五戒是：一不杀生，二不偷盗，三不邪淫，四不妄语，五不饮酒。以前我们看电影《少林寺》时，印象很深的一个画面是小和尚出家受戒，老和尚给他讲了出家人的"五戒"，最后问小和尚一句话"能持否？"小和尚的脑海里浮现了自己相爱的女友，但是坚持说出了一句"能持"，于是受戒成了六根清净的僧人。

但是，佛教传入日本，这"五戒"好像不灵了，我们看到和尚基本上都结婚，而且还喝酒吃鱼吃肉，就像我的朋友石原先生那样，不仅工作还当部长。日本和尚为什么会变成这样？

这件事，我们得从佛教传入日本之后的演变开始说起。

6世纪，佛教从朝鲜半岛传到日本，在短时间内迅速发展。

日本人民参与佛教热情如此之高，倒不是因为都有"慧根"，而是当时日本的国家政策的鼓励。那个时期，日本推行"大化改新"，系统性地向我们中国的唐朝学习，推行名为"班田收授法"的税收制度。想法很好，但由于日本当时农业生产力不行，唐朝的税率照搬到日本后一下子变得让人难以承受，而敬崇佛教的推古天皇曾经下令僧人可以免税，这么一搞，觉悟不高的日本老百姓恨不得全体都出家了。到了 8 世纪，朝鲜半岛的高句丽王国的使者访问日本，看到的已经是"僧尼半天下"的奇观。如此庞大的僧众群体，滥竽充数者当然甚多，大量动机不纯的"出家人"在寺里喝酒吃肉，僧尼合宿，尼姑怀了孩子就回家待产，等喂完奶后就回来继续念佛，这样可以躲税。

日本的禅宗和净土宗是在宋朝时传入日本的，而真言宗是在唐朝时，由日本和尚空海传入。这些来自"中土上国"的宗派，在传统意义上被分为"严肃佛教"，对于佛教的"五戒"采取的是严格遵守的态度。

但是日本后来派生出一个"净土真宗"。"净土真宗"是谁创立的呢？它的开山法师是镰仓时期（中国元朝）的亲鸾上人。

亲鸾上人是何许人呢？资料显示，亲鸾的父亲在宫中做官，母亲是武士贵族源义家的孙女。按理说，亲鸾也属于官家豪族出身，但是当时正值日本处于动荡时期，频繁的战乱让人人都以为世界末日即将来临，无论是贵族还是官僚都过着朝不保夕的日子。于是年仅 9 岁，亲鸾就被送进了京都青莲院，成为了一名小沙弥。

亲鸾的修行悟道过程颇为传奇。据说亲鸾在 29 岁时，在一次参禅中眼前突然出现了化身成救世菩萨的圣德太子的形象。圣德太子是日本历史上一位伟大的君主，曾学习中国隋朝的律法，制定了日本历史上第一部《宪法》。

圣德太子给亲鸾留下了四句偈语："行者宿报设女犯，我成玉女身被犯，一生之间能庄严，临终引导生极乐。"

这四句偈语的意思是：如果修行者因为前世的因果报应，导致现世跟女人在一起，那么就请把那位女性当作我的化身来对待，清净庄严地度过一生，在死前我就会来引渡你前往极乐世界。

听到圣德太子的这四句话，亲鸾马上娶了日本宰相（当时官名叫"关白"）的女儿。

然而好景不长，因为亲鸾的恩师法然和尚设立"只管念佛"的净土宗，遭到了当时日本佛教两大势力——京都比叡山和奈良兴福寺的同时打压。法然和亲鸾分别被判流放。由于不舍得女儿也受流刑之苦，亲鸾被宰相流放至新潟，并被迫还俗。在新潟，亲鸾又娶了他的第二任妻子。

史料显示，亲鸾与两任妻子间共生有 4 男 3 女。虽然过着流放的生活，但亲鸾一直在新潟持续着布道的生活，直到 62 岁才获准返回京都。亲鸾死后，他的小女儿觉信尼根据父亲的思想创立了"净土真宗"，在当时被称为"本愿寺教团"。

本愿寺教团与其他佛教组织不同，由开山祖师传下来的"结婚（妻带）"制度，使得一族的血脉得以延续。到了第八代传人——本愿寺莲如的时代，日本进入战国时代，各地的豪族与传统贵族之间争斗不断，民众苦不堪言，于是莲如和尚借机大肆宣传净土真宗的教义，形成了一股潜在的半农半兵的武装势力。

史料记载，虔诚的佛教信徒德川家康终结战国乱世、开创江户幕府时代之后，开始反思净土真宗因为"结婚（妻带）"制度惹下的大乱，觉得虽然要支持佛教，但是纪律还是要强调一下的。在整个江户幕府时期，日本逐渐形成了一套严格的"檀家制度"，一方面佛教普及度在该制度下获得了极大的提升，达到了"一村一寺"的程度，平民百姓婚丧嫁娶都要到当地寺院去办手续；但另一方面，"檀家制度"要求各派寺院严持本门戒律，将军本人都带头吃素，和尚娶媳妇什么的就别想了。当然，净土真宗还坚持着自己的"妻带"传统，其代价则是被幕府想尽各种方式打压。

在幕府将军的扶持与规正之下，日本和尚规规矩矩地过了200年的日子。但随着德川幕府的倒台，风气又为之一变。明治新政府上台后，极力扶持本土的神道教，打压佛教。1872年，明治新政府颁布了《肉食妻带解禁令》，宣布"僧人今后无论蓄发、娶妻、生子、食酒肉，皆听从自便"，但同时政府不再发放给各寺庙补贴。同年，日本政府追加了一条通告，僧侣的名字要与一般国民的名字一样，国家不把僧侣当作特殊群体对待。

为了巩固政府的《肉食妻带的解禁》法令，明治政府还允许僧侣可以继承，当破戒生子以后，孩子可以继承父业成为日本职业僧侣。虽然日本佛教界起初对这条法令非常抵触，但在长时间的国家严格法令管理下，对自己严格要求，作为一种修行的苦行僧，在管理放松后，很多僧侣高兴于还俗娶妻生子，大口喝酒，大口吃肉。因此，日本的和尚都基本遵守了明治政府的法令，娶妻生子、喝酒吃肉成为日本僧侣（和尚）的一个独特的标志。当然，依然有很多僧侣坚持自我修行，坚守五戒。

我的朋友石原先生，就是在这样的和尚家庭里出生的。

正因为日本有不少的寺院由兼职和尚管理，因此进入 21 世纪，日本新一代的和尚弘扬佛法的点子也越来越花俏，有人把寺庙改建成摩登的建筑，有人用计算机管理寺庙，更有人开起酒吧。最近日本"和尚酒吧"人气越来越旺，吸引了大批国内外游客。比如位于东京新宿区的"和尚酒吧"就很热闹。这家"和尚酒吧"自 2000 年 9 月开张以来，知名度越来越高，上门的客人不仅有上班族、大学女生，还有许多慕名而来的外国客人。

和尚店长说："当你人生彷徨苦恼时，请随时到这里来吐露心声，我们都是可以让你放宽身心轻松诉说的对象。"许多客人因此喜欢坐在吧台上，对着和尚吐露自己的心事和烦恼。

所以，日本宽松的传教环境也使得佛教文化在这一岛国代代相传，香火延盛。

相比之下，我们中国的佛教恪守传统，比日本清净和严谨。

9. 日本社会的小偷为什么那么少

一卷卫生纸，在日本只卖 30 日元，约合 1.8 元人民币。30 日元在日本能干什么？什么也干不了，因为小朋友的一颗棒棒糖，也要卖 80 日元。

但是，日本岛根县一位老大爷，就因为在厕所里拿了一卷卫生纸，结果遭到警察的逮捕，罪名是"盗窃罪"。

激动之前，我先来跟大家聊聊到底是不是大爷得罪了警察叔叔？

日本新闻网 9 月 10 日报道说，岛根县隐岐岛警察署发表消息，9 月 3 日，一名 64 岁的男子进入当地的一家医院厕所，偷走了一卷卫生纸。警方根据报警和厕所外面的监控录像显示，对这位男子进行了行李检查，结果从他随身所带的包里，发现了标有医院名称的卫生纸。

为什么卫生纸标有医院的名称？这是因为从 2018 年 6 月开始，当地的酒店和医院的厕所里的卫生纸经常遭窃。警察接到报警后，为掌握证据，在卫生纸的内芯上标注了酒店和医院的名字。结果这位大爷就这么撞上了。

仅仅顺手牵羊一卷卫生纸，而且盗窃的金额是微不足道的 30 日元，教育一下放了吧？警察叔叔说，那不行，必须逮捕！

结果，众人相求也没用，大爷双手被铐上手铐，押上警车，驶入警局，关进监牢。

老大爷偷卫生纸的故事，让我想起了十几年前在东京发生过的一起"盗窃案"。一位从大阪来东京出差的男性公司职员，出了地铁站，发现手机没电了。

因为急于和客户联络，这位男子急得满头大汗。他看到一家餐厅，立马跑了过去，希望能够让他充一点电。但是，店员拒绝了他。因为那时候，还不流行店里的电源允许大家充电。

走投无路的他看到马路边有一台自动售货机，售货机的边上就插着一根电线。于是他拔下了售货机的电源，插上了自己的手机充电插头。

不到5分钟，保安公司驾车赶到，扣住了他。同时警察也赶到。这名男子没有想到，东京的售货机报警系统居然连着保安公司的监控网络。

警察帮他算了一笔账：你充电10分钟，盗取的电力折合电费的话，是10日元（约0.6元人民币），因此犯了盗窃罪。警察当场将这位男子作为现行犯逮捕。

这名男子大喊大叫："我只是充了几分钟电，凭什么抓我？"

警察说了一句话："偷盗不计金额，只看性质。"

这话是什么意思呢？就是说，日本警察认定"盗窃罪"，不是看金额，而是看性质。也就是说，定罪是定性质，而不是以金额大小来判断。因此，拿了一卷卫生纸，充了几分钟的电，在超市里拿了一个面包（这种行为在日语中叫"万引"），也许在一些人的眼里，不算是什么罪，只是品质问题，教育几句就算了，但是在日本，属于正儿八经的"犯罪"。

那么，这种盗窃罪该怎么处理呢？

日本《刑事诉讼法》第246条规定，如果偷盗金额较少，又没有前科，那么适用于"微罪处分"，罚款10万日元左右（约6000元人民币）就可以释放。但是因为是有罪被捕，这一犯罪记录将跟随其一生，影响你的就业、贷款、经营企业和婚姻，影响一生的信誉。

如果以前有过偷盗的前科，那么，即使只在超市里偷了一个面包，被发现后，警察也会做出"惯犯"的判断，"微罪处分"已经不能适用，而是以实刑伺候——十年以下徒刑或罚款50万日元（约3万元人民币）。

日本有一个说法，一个人在超市里偷了价值200日元（约11元人民币）的三明治，被捕后进行司法处理，政府所承担的处理资金，大约需要840万日元（约50万元人民币）。

但是，政府为何愿意承担如此巨款来处罚轻微犯罪？就是为了建立一个人人守法的社会，体现"依法治国"的崇高精神。因为，法比钱重！

10. 日本人为什么动不动就自杀

平时在东京坐地铁上班，经常会遇到临时停车。发生临时停车的原因，往往是两个：一是遇到了信号系统或车辆故障；二是遇到了"人身事故"。

"人身事故"在日语中就是这四个汉字，初看好像是交通事故，但是在日本待久了会知道，这四个字其实是在告诉你："有人卧轨自杀了。"

日本是一个自杀率很高的国家。日本厚生劳动省公布的2017年全国自杀人数统计报告显示，2017年日本全国共有21321人自杀，其中，男性自杀人数为14826人，女性只有6495人，也就是说，男性自杀人数高出女性约2.3倍。

这一数据告诉我们，日本平均每天有将近60人用自杀结束自己的生命，而且绝大部分是男性。按年龄段来看，40～69岁的中年自杀者占了一半。看来人到中年，活得不容易。

虽然日本已经是连续8年出现了自杀人数减少的趋势，但是，根据世界卫生组织的统计，日本的自杀率依然排世界第13位。

一个人选择自杀，是需要勇气的；而一个人有勇气自杀，说明真的是被逼得走投无路。那么，日本一年有2万多人自杀，自杀的原因有哪些呢？

日本警察厅的一份调查报告说，日本人自杀的原因主要有五个：第一是身体健康原因，占到46%。第二是经济问题与生活困苦，包括企业破产，占到24%。第三是家庭与婚姻问题，占到9%。第四是工作原因，包括单位的人事关系问题，占到6%。第五是男女感情问题，占到2%。

当一个人生病，尤其是得重病大病之后，心理会变得十分的脆弱，身体的各种病痛自然会引发心理的改变。虽然日本有很好的医疗救助制度，但是许多人还是觉得，因为自己的疾病连累家人，是一种添麻烦的事情。所以，选择自杀既可以减轻自己的病痛，又可以减轻家人的精神与生活负担。2017年有10778人因为健康原因而选择了自杀，占了自杀者总数的将近一半。其中也包括一些抑郁症患者。

怀着"不给别人添麻烦"而选择自杀的人中，还有相当一部分是因为公司破产或者经营不善，欠了别人钱而无法归还，这一比例也占自杀者总数的五分之一左右。前几年，日本发生过这么一件事，三位公司老板是20多年的好兄弟，而且还是生意伙伴，结果因为相互欠债，其中有一个人资金链断裂，为了表示对朋友的歉意，他选择自杀。自杀前，他向两位兄弟告别，这两人接到电话后，匆匆赶到这位朋友准备自杀的酒店，结果三人抱头痛哭，喝完冰箱里的啤酒后，三人选择一起自杀。

这是一个比较极端的例子。经营者自杀的比例，这几年因为经济的好转，有所减少，但依然是日本人自杀的第二大原因。

我在日本20多年，最不可理解的是日本人的全家自杀。日语中有一个词,叫"无理心中"。虽然是四个汉字,但是相信大多数中国人还是看不懂。其实这四个字,是"全家自杀"的意思。

在我们中国人的意识中,父母心中再苦,选择自杀,也别连累孩子。一方面孩子还小,他们无辜;另一方面,孩子还有未来,说不定以后会很有出息。所以,自己可以走,但是要把根留下。

但是,日本人不这么想,他们认为,父母不在了,孩子会很苦,没有人照顾、养育他们,所以,为了避免孩子受苦,选择把孩子一起带走。

日本社会的离婚率也很高,这也意味着,日本夫妻之间吵架也是常有的事,甚至也有家庭暴力,也有人拿孩子出气。所以,家庭与婚姻问题,是日本人自杀的第三大原因。虽然比例比较低,只占9%,但是往往一死就死一家人,想想就觉得可怜,尤其是这么小的孩子,被亲生父母杀死,反映了日本社会残忍的一面。

在公司里,因为加班过多或者遭受上司、前辈的欺负,造成"过劳性自杀",也是日本社会的一大弊端。虽然这一比例只占自杀者总数的6%,但是因为这一问题备受媒体报道,造成的社会影响也最大。因此"过劳性自杀"问题,已成为日本社会改革劳动制度的一大理由。

电通公司是日本最大的广告代理与宣传公关公司,广告业务占了日本25%的市场份额,是许多大学应届毕业生心目中的梦想企业。

电通的业务遍布全球,由于业务性质与时差的关系,迫使员工们经常需要加班加点，深更半夜应对客户需求。工资待遇应该来说在日本企业中算是好的，加班费也不少，因此，能够进这家公司的人，不仅毕业的学校要好，同时行动能力要强，忍耐力要高。

2015年12月25日，年仅24岁的电通女职员高桥茉莉因为不堪工作压力，在员工宿舍跳楼自杀。

高桥的自杀引起了整个日本社会的震动，不仅因为这名女孩长得漂亮，而且她还是东京大学毕业的才女，并且小时候随同在北京工作的父母，在北京的一所中学里读过书，能讲一口很标准的普通话。

好不容易进入电通公司工作，遭遇的是没完没了的加班，夜里10点钟能够离开办公室回宿舍已经是很幸福的事情。工作不到一年，她每个月的加班时间都在100~130个小时，曾有一次，连续工作了53个小时。节假日和周末加班已成常态。

她自杀前在推特上写过一些留言。这些留言是这样写的：

"休息天加班，好不容易准备好的资料，竟然被批得一文不值，让人身心疲惫。"

"除了想睡觉，我已经失去任何渴望了。"

"人生是为了活着才工作，还是为了工作才活着，我已经分不清楚了。"

"确定周六也必须到公司上班，我真的很想死。"

"面对明天的来临，我都感到恐惧不已。"

在这样的压力之下，高桥小姐最后得了抑郁症，就这样结束了自己青春美丽的生命。

"高桥之死"成为日本社会与舆论鞭挞企业不顾员工死活、要求加班加点的一大批判材料。日本厚生劳动省也直接派出调查组进入电通公司调查，最后，电通公司社长被迫辞职，整个公司制定新规，下班关灯，禁止员工加班。但是员工们说，公司里不能加班，只好把活拿回家加班。

虽然日本每年自杀的人数在逐年减少，但是青少年的自杀人数在增加。2017年中，19岁以下青少年的自杀人数占到2.7%。

日本警察厅的调查报告说，这些孩子自杀的原因中，第一大原因是在学校里遭到了同学的欺负；第二大原因是在网络上遭到别人的攻击侮辱；第三大原因是遭到同学、家人的冷遇与孤立；第四大原因是升学考试的失败。

现在，网络相约集体自杀的事件，也逐渐增多，自杀人数占到日本自杀总人数的2%。

在日本自杀网站的论坛或聊天室里，经常能看到这样的留言：

"我想死，但我不想自己去死，愿意和我一起去死的人请回帖。"

"寻找4个一起自杀的伙伴。我有安眠药和汽车，希望你有煤炉……"

这种网络相约集体自杀的方式，20世纪末期开始出现在一些西方发达国家。然而，这一现象如今在欧美国家已不多见，却在日本出现"流行"的趋势。

2005年3月，日本警方在枥木县一个河边发现了一辆汽车，车中有两男一女3具尸体，死因是一氧化碳中毒。警方根据死者随身携带的身份证件得知，其中一人是年仅14岁的初中女生。在这位女学生的遗物中，人们发现了一封遗书，上面写道："我要去死了。我在网络论坛上找到了一起寻死的同伴……"

在这个春寒料峭的晚上，三位花季少年把车门缝隙封好，用一根绳子拴住彼此的手腕，点着事先准备好的煤炉。蜂窝煤不完全燃烧产生的大量一氧化碳，使密封的汽车成为一个小型"毒气室"。这几位孩子把一切都做得如此熟练，因为自杀的方式和过程在自杀网站上都有详细的介绍——他们要做的，只是将这个过程实践一次而已。

若干年之后，在距离这起事件案发现场50公里的枥木县日光市，也发生了一起集体自杀事件，三男一女被发现死在汽车里，也是死于蜂窝煤的一氧化碳中毒。

我觉得，日本人动不动就自杀，除了一些疾病与感情因素、工作压力等原因之外，还有一个很重要的原因，那就是民族个性的问题。

总体来说，日本人性格比较内向，而且比较内敛。遇到不高兴的事或为难的事，不是找朋友、找家人倾诉出来，寻求大家的帮助，而是一味地忍受，生怕自己的事情给别人添麻烦。同时，做错事情的时候，甚至遭到他人误解的时候，不是进行解释或者辩解，而是一味地责备自己做得不好不完美，口口声声喊"对不起"，把所有的责任揽到自己一个人身上，当自己扛不住的时候，就倒下了。

还有一点，日本人做事太认真，过于追求完美，结果给了自己太大的压力。同时，对于自己的努力肯定不够，自我表扬不够，结果导致自信心丧失。所以，日本人有必要向中国人学两招：第一，遇到误解时，要理直气壮地为自己辩解，第二，遇到困难时，要善于向亲朋好友倾诉，不要一个人把一切痛苦闷在心里，扛在肩上。

有一位中国留学生给我留言，说自己现在在日本面临找工作的困境，压力很大，有时候半夜里会惊醒，睡不着。我对他说，要记住一句话：天塌下来，还有地。天下没有什么大不了的事。退一步，海阔天空。所以，找不到理想的公司，先找一般的小公司也可以，不要寻求一步到位，那会让自己扛不住的。

他回答说："徐老师，我想通了，哪家公司要我，我先去干着，以后的路，再慢慢走。"

这个孩子的心态调整，会让他从巨大的压力中解放出来，让自己开始愉快轻松的生活。所以，我特别希望读到这篇文章的留学生朋友们，一个人在海外留学生活本身就不容易，不要再给自己施加压力。天生我材必有用，只是未到使用时。好好读书，好好努力，一定会有灿烂的前程。

11．"援助交际"到底是怎样产生的

"援助交际"这个词发源于日本。最初的概念，是有钱的老男人每月支付一定的金钱去包养年轻的女人；或者有钱的老妇人包养年轻的小伙子。后来，由于中学生和大学生的参与，"援助交际"的概念逐渐地变成了"包养学生"。

"援助交际"在日文中，也是这四个汉字，这个词包含两层含义，一是"援助"，这个"援助"，包括经济上的援助以及精神与身体的慰藉；二是"交际"这两个字，既有陪玩的意思，更有陪睡的意思，也就是"身体的交往"。

在日本，"援助交际"的历史是很悠久的，最初只出现在有钱的政治家和企业家与艺伎之间的故事里。过去，日本有钱人很喜欢晚上找艺伎陪喝酒，一来二去，这些男人与艺伎就有了微妙的关系。20世纪70年代著名的首相田中角荣，就与艺伎生了孩子，并堂而皇之地认祖归宗，这名艺伎也就发展成了田中角荣的小妾。

我在这里，首先要说明日本艺伎文化的一个重要准则，就是"卖艺不卖身"。你如果跑到京都去，找了一位艺伎陪你喝酒，然后塞给她一点钱，问她"你愿不愿意跟我去酒店？"这样会被当作笑话。因为艺伎如果会跟客人跑，那她就不是艺伎，而是妓女。

所以，日本招艺伎陪喝酒，必须是向艺伎馆的主人，也就是妈妈联系；妈妈根据客人的信誉和经济能力做出一个判断：该不该送自己家的女孩子去陪这样的客人喝酒唱歌？也就是说，客人直接约艺伎出来陪喝酒是不可能发生的事，客人如果不是妈妈熟悉的人，不管你多有钱，也是会被拒绝的。

所以，艺伎馆的游戏规则，就类似于不是会员制的会员制俱乐部。

那么，像田中角荣这样的人物为什么最后会把艺伎搞到手呢？这个游戏规则是这样的：一旦客人看上了哪位艺伎，想包养她，就必须向艺伎馆的妈妈提亲，妈妈根据你的情况做出是否同意的判断。如果她觉得你有地位、有信誉、有相当的经济能力，她会同意，然后跟你谈价钱。据说在20世纪70年代，京都一名艺伎一年的基本包养费是3000万日元（约180万人民币），还不包括购买和服和胭脂粉以及日常开支所需要的费用，一般一年需要5000万日元（约300万人民币），而当时我们中国人的基本月工资是30元人民币。

艺伎一旦被某位男人包养，就好像出嫁了一样，在包养期间，必须忠心耿耿地服侍好自己的主人，而不能三心二意。

"包养艺伎"的事情，对于一般的日本工薪阶层，是一种可望而不可及的"天方夜谭"般的故事。因此在过去，这种事情只是上流社会男人的游戏，还没成为一个普遍的社会问题。

真正意义上的"援助交际"行为，出现在20世纪80年代中后期。这个时期正是日本泡沫经济最为鼎盛的时期，银行的钱多得贷不出去，普通的公司白领和企业蓝领也因为加班工资多得没地方花，于是想到了找女人，也就是出现了"泡妞"的社会现象。

助推这种"泡妞"问题发展的社会基础，是电话的普及。20世纪80年代，日本家家户户普及了电话，尤其是在城市里，公用电话亭50米一个，成为城市现代化的一大标志。而电话亭里贴满了"介绍女朋友"的小广告，让男人们找到了一个直接联系女孩子的渠道。于是，"援助交际"行为开始在日本流行起来。那些与艺伎们沾不到边的男人们，也终于找到了自己的天地。

最初的时候，参与"援助交际"的日本女性多数是公司小白领，或者是待在家里没事的家庭主妇。但是到后来，开始有学生，尤其是高中女生，甚至是初中女生开始参与。"援助交际"由"包养"发展到"散养"，最后发展到变相的卖淫。

最初报道高中女生参与"援助交际"问题的是日本的《朝日新闻》。1994年9月20日，《朝日新闻》在晚报上报道了东京高中女生"找爸爸认干女儿"，参与"援助交际"的社会问题。

当时日本社会高中女生的"援助交际"问题有多严重？1996年10月，东京都政府相关部门针对东京5500名女中学生所做的问卷调查结果显示，高中女生回答"有过援助交际经历"的比例为4.4%，而初中女生的比例为3.8%。另外，日本财团法人"亚洲女性和平国民基金会"在1997年10月，针对东京首都圈960名女高中生所做的一个问卷调查结果也显示，有5%的女孩子回答自己有过援助交际的行为。

那么,"援助交际"问题到了现在这个阶段,日本还存不存在? 2015年10月,联合国人权委员会特使布基契奥在日本进行了一次调查后发表了一份报告,说日本有13%的女中学生从事过援助交际,但日本政府马上站出来说:这份报告是失实的,并因此向联合国人权委员会提出了抗议。

事实上,现在日本的"援助交际"已经发生了很大的变化。首先是因为网络的发达,使得日本出现了许多交际网站。尤其是日本版的微信——LINE的普及,使得老男人寻找学生妹、老妇人寻找学生娃的渠道变得更为便捷和多样化。所以,在我们中国,微信被视为最大的新闻信息平台,但是日本人没有像中国人那样关心政治,所以,LINE的主要功能还只停留在个人交流平台上。因此,LINE在日本有一个不好的名声,那就是它是一个援助交际的工具。手机代替固定电话,使得援助交际变得更为隐秘,许多父母根本无法察觉自己的女儿在外面跟男人们混。

另外,日本社会也出现了年轻女孩子,包括高中女生反过来"找爸爸"的新的援助交际现象,这种现象,被称为"逆向援助交际"。尤其是单亲家庭中成长的女孩子,或是一个人远离父母在大城市里读书生活的女孩子,更需要一位父亲般的男人呵护她。所以,主动地寻找老男人做爸爸,而不需要一分钱的纯情交际,成了日本社会的一个新问题。

12. 富士山到底属于谁

富士山是日本人心目中的"圣山",是日本民族的象征。富士山也是我们每一位到日本旅游的朋友最想看一看,也最想攀登一下的山。不仅因为这座山是日本最高的山,同时也因为富士山的山体呈现标准的等腰三角形、优美匀称的斜坡,加上常年不化的白雪,使得富士山成为大自然美丽的化身。所以,能够以富士山为背景留一张影,是许多人的愿望。

富士山距离东京约 100 千米,标准的高度是 3775 米。自古以来,这座山的名字就经常在日本的传统诗歌"和歌"中出现。日本诗人曾用"玉扇倒悬东海天""富士白雪映朝阳"等诗句来赞美它。

富士山是世界上最大的活火山之一,目前处于休眠状态,但地质学家仍然把它列入活火山之列。自 781 年有文字记载以来,富士山共喷发了 18 次,最后一次喷发是在 1707 年,也就是中国的清朝康熙四十六年。所以,日本的地震专家预测,富士山有可能在未来几十年再发生一次火山喷发。不过,日本气象厅在富士山和周围地区安装了各种地震与火山活动监测仪,一旦有火山活动的迹象,就会发出预警。所以,如果大家去登富士山,不用担心富士山会突然爆发。

我跟成都艺术城的王强总裁聊日本的时候，他问了我一个问题："富士山是属于谁的？"这个问题还真的把我问倒了。我马上去查资料，发现富士山在1945年之前是属于日本皇室的土地。但是日本投降之后，以美国为首的联合国军剥夺了日本皇室的许多财产，其中包括富士山。所以，你如果去问日本人："富士山是属于谁的？"日本人一定会说："是属于全体国民的。"但是，事实上，富士山的一部分不是属于全体日本人民的，而是私人所有。这一部分在哪里呢？是在最为关键的山顶部分。这个私人是谁呢？是富士山下的一家神社，叫"浅间神社"。

日本全国有"浅间神社"1300家，而总本山，也就是大本营是富士山脚下的这一家。据说，富士山最早是属于德川家康将军的。1606年，德川家康把富士山送给了浅间神社。明治维新之后的1871年，日本推行土地国有化，把富士山也占为国有，事实上就是皇室所有。但是，浅间神社一直抗争，直到第二次世界大战结束，日本政府才将富士山的一部分土地还给了浅间神社，但是山顶部分一直不肯还给神社。1974年，日本最高法院做出判决，判国家归还浅间神社山顶部分的土地。但是日本政府还是赖着不还，一直拖到2004年，日本财务省才正式将8合目以上的土地正式认定为是浅间神社所有的私有土地。所以，我们如果登富士山顶的话，其实是进入了私人领地，不过神社没有在山顶收门票，虽然一年有30万人登上山顶。

富士山地区，春季樱花盛开，夏季山风习习，秋季红叶满山，冬季白雪皑皑。山周围各种植物多达2000余种，是一个天然大植物园。

富士山到底属于谁？其实还没有最终说清楚，因为日本人自己也常常说不清楚。有机会不妨去问问日本人："富士山是属于哪个县管理的？"绝大多数的日本人一定会说："山梨县。"但是，静冈县人听了绝对不会乐意，因为静冈机场的宣传资料上写得很明白：我们的机场位于富士山脚下，在飞机降落时，能够看到雄伟的富士山。

为什么山梨县和静冈县会为"富士山到底属于谁"的问题而打架呢？原来富士山的北面属于山梨县，而富士山的南面则属于静冈县。但是因为富士山的大部分景点和登山道都在山梨县，所以人们的印象中富士山属于山梨县管辖。

富士山的北面山麓有五个湖，从东而西为山中湖、河口湖、西湖、精进湖和本栖湖，统称"富士五湖"，其中以山中湖最大。湖东南的忍野村，有通道、镜池等八个池塘，总称"忍野八海"，与山中湖相通。河口湖在五湖中交通最为方便，湖中有一个小岛，是富士五湖当中仅有的有岛之湖，如果你要看富士山倒影的话，河口湖是最为美丽的。

富士山不仅仅是自然奇观，同时也是不少日本人崇敬的圣地。日本神道教的信徒们认为富士山是通向另一个世界的门户，因此每年有几百人走进富士山脚下的原始森林，结束自己的人生。

2013年6月，第37届世界遗产大会批准将富士山列入《世界遗产名录》。那么，日本是如何管理这座世界文化遗产的呢？

山梨县和静冈县两县政府共同制定了一系列的登山限制时间。首先规定每年的7月1日为"开山日"，开山期为两个月，从 7 月初到 9 月 10 日。想攀登富士山顶的游客，只允许在这个时间段里登山，其余的时间，只能走到五合目，也就是半山腰，不能攀登山顶。其次，是设定了一个长达半年的封山期。从冬季的 11 月初到第二年的 5 月中旬，属于冬季封山期，任何车辆不能进入登山车道，也不可以进入五合目，只能在山下远望富士山。静冈县和山梨县政府实施如此严格的封山制度，一方面是为了保证游客的安全，另一方面是为了保证富士山景区的环境不被破坏。

大家知道，日本是一个严格管理垃圾的国家。但是，由于全世界的游客和登山者涌入富士山，以及一些附近居民的非法倾倒，使得富士山成了一个垃圾场。在其森林里的落叶和泥土上，丢弃着各式各样的垃圾，包括建筑垃圾、被损坏的办公家具、废弃的家用电器（如破损的微波炉及已经生锈的旧冰箱等）。在攀登山顶的道路上，也有不少的塑料瓶、易拉罐和其他生活垃圾。定期对富士山进行清扫工作的一名负责人说："我们找到了各种家庭垃圾，从破损的电视机到其他家用电器。有时候，还会发现一些有毒物品，比如已经泄漏的废旧汽车电池。"

定期为富士山进行清理工作的"富士山俱乐部"负责人说，一年中他们共收集了大约 85 吨非法丢弃的垃圾。每年，大约有数百万来自世界各地以及日本国内的游客到富士山旅游、度假，这对当地的环境造成了很大压力。早在 20 世纪 90 年代中期，富士山当地的自然保护团体和官员曾请联合国教科文组织的官员对富士山申请加入《世界遗产名录》进行非正式评估，但结果并不理想。据悉，对垃圾和废弃物的管理不善是其中一个原因。

为了保护富士山的环境，减少垃圾造成的负面影响，日本人于1998年成立了"富士山俱乐部"，定期对这里的垃圾进行清除。如今，这个俱乐部已经发展到1100名会员。尽管如此，富士山的垃圾问题还是很严重，垃圾倾倒问题也很难完全禁止。

"富士山俱乐部"的一名官员说："人们来到这里，沿路偷偷扔垃圾是很容易的。"为解决这个问题，当地政府安排了特别巡逻员、设置了监控摄像头。但这显然还无法从根本上完全杜绝垃圾的产生。

为了强化对富士山环境的管理，静冈县和山梨县政府从2014年前开始，向每名游客征收1000日元（约60元人民币）的"富士山保全协力金"，也就是登山门票。但由于这一收费不是强制实施，而是游客自愿缴纳，结果有一半的游客不肯掏腰包，这令当地政府感到十分头疼。

日本人做什么事情，似乎都很有危机意识。他们觉得，如果不保护好富士山的环境，总有一天，会被联合国教科文组织摘掉"世界自然遗产"的帽子。因此，他们否决了在富士山景区内建设登山小火车的建议，更是禁止周边的城镇和农村修建现代化建筑和设施，同时对于修建别墅群也进行了严格的限制。就连现在人气鼎盛的古村落"忍野八海"，也禁止任何的扩建，原来怎样，现在也必须怎样，最多只是增加了几个停车场。

"绝对维持原貌"，成了当地政府保护富士山、管理富士山的基本原则。

到了富士山景区，最美妙的享受，就是泡在露天温泉里看富士山。富士山脚下有几百家这样的温泉旅馆，你住在其中，既可以享用富士山特有的地方美食，比如溪水烤鱼、山菜野菇，又可以体验日本的乡村文化。对于人与自然的美好融合，你在富士山景区可以得到很好的感悟。

　　特别提醒：由于从东京到富士山没有直达的列车，因此，去富士山景区最好的办法，是在东京的新宿车站前的长途汽车站坐直达富士山景区（山中湖）的旅游大巴，既便宜又快捷。

13. 日本人为何不相信舶来品

我们中国人总体来讲,还是比较崇尚欧美文化的。因此,不管是不是适合自己,去欧洲的话,都会去买一些名牌服装和包包回来。

但是,往往是拿回来以后才发现,意大利时装要不就是太肥,要不就是袖子太长。而法国巴黎的化妆品,抹以后也并没有让自己的皮肤有太大的改变。原因是什么?很简单,那就是欧洲人的体型和皮肤与我们中国人不同。

但是,当你来到日本,在东京的百货公司里买了时装和化妆品后会发现,时装很适合自己的身材,化妆品也比较适合自己的皮肤。为什么?道理也很简单:日本人的身材和皮肤与中国人是一模一样的。也就是说,日本的时装和化妆品也是为中国人量身打造的。

其实,西装也好,化妆品也好,都不是日本人发明的。那为什么日本能够生产出适合日本人身材和皮肤的产品呢?因为日本人学会了"改良"和"提高",它对舶来品不是一味地迷信和追崇,而是进行严格的审视,一旦发现不适合自己,就会毫不犹豫地进行改造,直到做出令自己满意的产品。日本人对舶来品的改造,已经到了一个极致的地步,凡是从海外传入日本的商品，几乎都被日本人动了"手术"。只要不符合日本的口味和审美标准的商品，都逃脱不了被抬上"手术台"的命运。

这就是日本人的一种"狂"，而这种"狂"的背后，隐藏着对于本国文化和技术的自信。

英国有个著名的时尚品牌，叫"BURBERRY（巴宝莉）"，这个极具英伦风情的品牌，已经有158年的历史，也是英国皇家的一个御用品牌，尤其是巴宝莉的风衣、包包和香水，以其奢华、品质和创新，成为享誉世界的经典产品。无论是英国女王还是查尔斯王子，包括以前的戴安娜王妃，都喜欢使用巴宝莉的产品。

在20世纪70年代和80年代，日本也经历了跟我们中国现在一样的出国潮。那时候，日本经济出现了腾飞，大型喷气式客机也纷纷投入市场。于是大批的日本人跑到欧洲去旅游，早早地起床在名牌店门口排队，为的是购买一款梦寐以求的名牌时装或包包。当他们兴高采烈地背着这些名牌商品回国之后，发现一个很大的问题，就是这些服饰很不适合日本人穿着，因为规格不一样，身材也不一样。同时，以日本人的眼光来看，他们还发现这些世界著名的品牌，无论是材质还是款式，尤其是制作工艺，都比不过日本。

于是日本人开始动脑筋，如何在保持这些世界名牌价值的同时，实现商品的本土化。日本有家服装设计生产企业，叫"三阳商会"，它与巴宝莉公司协商后，获得了巴宝莉产品的开发企划和生产销售代理权。

结果日本人发现，在日本生产的巴宝莉服饰还有包包，要比正宗的英国生产的时装和包包还好。一方面很符合日本人的审美，同时也很适合日本的身材；另一方面，他们觉得在日本生产加工的这些产品，做工更为精细，面料也更为考究。

很快，位于银座八丁目的日本巴宝莉专卖店门庭若市。最先注意到日本产巴宝莉的，是深受英伦文化熏陶的中国香港人。前几年，来自中国大陆的游客也开始挤满了上下六层的银座巴宝莉专卖店。我也去这家专卖店买过风衣和西装，还有衬衫，跟店长聊过，说60%的顾客都是中国人。

日本自己设计生产的巴宝莉产品，受到日本和中国消费者的热烈追捧，大大冲击了英国正宗的巴宝莉产品在日本的销售。于是在2015年，英国巴宝莉总部决定收回三阳商会的日本商标代理授权，使得我们现在已经买不到日本生产的巴宝莉产品了。

前几天，我去东京家附近的超市买菜，发现了从美国进口的可口可乐，但是一看价格，发现这些美国正宗的可口可乐，每罐的价格只有80日元（约5元人民币），而在日本生产的可口可乐，它的价格是120日元，比正宗的美国可乐高出40日元。

按照我们常规的想法，美国生产的可口可乐是最正宗的可口可乐，而且还是原装进口，理应价格更高。但是日本人偏偏不信这一套，反而将正宗可乐实行低价销售。为什么日本人会如此贬低正宗的可口可乐呢？原因在于，正宗的可口可乐不适合日本人的口味和健康理念。

可口可乐是在1957年开始在日本生产的。这之前，日本人喝了从美国进口的可口可乐以后发现两大问题：第一是碳酸含量太高；第二是糖分太多。于是，可口可乐的配方送到日本后，得到了改良，降低碳酸的浓度，同时削减含糖量。所以，各位读者有机会来日本的话，可以在自动售货机或者在 24 小时便利店、超市买一罐日本产的可乐试一试，和中国的可乐比较一下，是不是不一样。

最近几年，日本可口可乐公司又推出了全世界独一无二的无糖可乐和减肥可乐。虽然日本版的可乐不正宗，但是日本就是不怕卖不出去，并且敢于挑战正宗权威，只生产适合日本人口味要求和健康的产品。所以，日本人在可口可乐问题上，其做法超出了"改良"的范畴，已经开始对世界顶级品牌进行本土化改造。

同样被改良的还有我们的中国菜。中国菜传到日本以后，日本人也进行了改良。所以在日本，对中国菜有两种叫法：一种叫"中华料理"，另一种叫"中国料理"。"中国料理"指的是中国厨师做出来的纯中国风味的菜，比如小鸡炖蘑菇、酸菜白肉等东北菜；麻辣豆腐、干辣椒鸡块等四川菜。这些菜都是完全按照中国人的传统口味来制作的。但是许多日本人对这些正宗的中国菜并不十分喜欢，比如说麻婆豆腐，日本人能接受辣，但是大多数人不喜欢麻，也就是说，你可以放辣酱辣油，但就是不能放花椒。几年前，我曾经带一个日本企业家代表团访问成都，成都市政府举行了一个欢迎宴会，给每位日本人上了一小碗正宗的麻婆豆腐，结果半夜里有 5 个人送医院挂盐水。除了长期住在中国的日本人外，一般的日本人的胃里是难以装进花椒的。

所以，在日本人经营的中华料理店里去吃饭，你点一份麻婆豆腐，端上来的绝对是一盘辣豆腐，而根本不是我们中国人概念中的麻辣豆腐。

"中国料理"变成"中华料理"，最典型的是在横滨中华街。那些牌子很响、历史很久的中国饭店，里面做出来的中国菜都已经日本化。东西只是一点点，样子很好看，吃的时候还要自己放醋或者蘸酱油。但是日本人觉得这样的中国菜比较适合他们的胃口，也适合日本人分餐制的饮食习惯。所以大家到日本想吃中国菜，最好不要一看到"中华料理"的招牌就跨进去，因为往往会很失望。

日本对于舶来品的不信任，不仅体现在一般的日常生活用品当中，还体现在它的武器装备上。日本航空自卫队目前拥有的60多架F4战斗机，已经使用了近半个世纪，亟待更换。日本政府为此决定进口最新的隐形战斗机F35，以替换F4战斗机。大家知道，F35战斗机是目前世界上最先进的战斗机，也是美国空军和海军所使用的主力战机，它具有很好的隐形功能，日本已经订购了60架。但是，日本在签合同时，提出一个很明确的要求，就是日本买的60架F35战斗机当中，前5架是原装进口，后55架全部在日本组装。

日本为什么要自己组装F35战机？除了提升自己航空工业水平之外，还有一个很大的目的，就是将战斗机上的一部分核心的零部件进行更换，换上日本独自研发的技术和产品。尤其是换上美国还没有的一些尖端的电子仪器设备，以提高F35战斗机的性能，甚至不排除机体材料也换上日本自己研发的碳纤维，用来降低能耗提高续航能力。所以你会发现，再过几年，在日本上空飞行的F35战斗机，美国版和日本版会是不一样的。日本相信，经过自己改装过的F35战斗机，它的各方面性能一定会超过美国。

日本这种对舶来品的改造由来已久。在20世纪50年代和60年代，他们从美国引进了许多的家电产品，包括电视机、洗衣机和微波炉，还有自动清洗的马桶盖。但是日本在引进这些产品以后，不是进行盲目的仿造，而是拆开以后研究它的结构和特性，然后提出一个如何改进和提高的方案，并进行全面的改进。也就是说，日本生产的同类产品要比美国原装进口的产品，技术更先进，款式更新颖，性能更完备，他们进行的是一次再创造。正因为如此，日本的家电产品从20世纪80年代开始的30年间，占领了整个世界市场。相反地，美国的家电产品却一直走不出国门。而支撑日本对美国研发的产品进行再创造的，

是日本独自研发的尖端技术和独特的工业美学。

150年之前，日本开始明治维新，实行全面的改革开放，甚至也引进了西方的议会制度、教育制度和经济制度。第二次世界大战后，美国文化又再一次冲击日本社会，但是直到现在，日本还保留着许许多多固有的传统文化，比如歌舞伎、和服、茶道，还有许多的风俗习惯和传统规矩。

这说明，日本作为一个岛国，有根深蒂固的保守一面。但是，我们也看到，日本人对于本国文化和本国技术的一种自信与自豪。就如日本许多食品特地打上"日本国产"的标签一样，"日本制造"令日本人多一份安心。

如今，我们不少企业从日本手中购买了众多家电生产工厂，能不能在日本现有的产品和技术基础上进行新一轮的再提高、再创造，打造出一个中国版的世界品质，是我们迈向世界制造业大国的一个关键。

14. 银座的小姐们为何结婚那么难

银座的小姐们虽然大多长相漂亮,且受人追捧,但是都有一个共同的难处,就是"结婚难"。

这些姿色与薪水都十分诱人的美女们,为什么会找不到对象呢?原因有这么几个。

第一,她所接触的客人大都是年纪比她大的人,45 岁以上为主。因为与她们同龄的年轻人是没有经济能力走进这种一次要花费几十万甚至几百万日元的酒吧的。能去这种高级酒吧的,都是公司社长或者大公司部长级的干部,或者政治家和艺人。所以,银座的小姐们习惯和年纪比自己大、阅历和经历比自己丰富、钱比自己多的老男人打交道,而与同龄人交流会产生很大的心灵障碍。也就是说,在她们的眼里,小鲜肉们根本就不在一个层面上。

第二,一般在银座高级酒吧里工作的小姐,每个月的收入都有 80 万到 100 万日元,看板娘们更有 200 多万日元的月薪。200 多万日元,就是 12 万多元人民币。而与她们同龄的公司小白领们,一个月的工资一般只有 30 万日元左右。

所以,银座小姐们如此高的工资,使得她们在经济上不需要依靠男人,靠自己就能够过上很自由自在的高品质生活。相反地,在日本能够拿到 100 万日元月薪的男人,基本上已经是公司的部长级干部，年龄都在中年以上。年轻人中，很少有收入超过银座小姐的人。这就使得这些小姐们不愿意牺牲自己的利益，去供养收入比自己低的男人，能够让她们动心的男人的范围越来越小。

第三，银座小姐们已经享受惯了超高品位的生活。一个月30天，出色的银座小姐们总会有一半以上的日子被客人拉去一起吃饭，叫"同伴"，而且吃的都是极其高级的料理。每天习惯了这种高级餐厅的生活，就不愿意走进拉面店，更不愿意走进居酒屋等大众餐厅。而能够供养得起银座小姐这种生活的男人，为数实在不多。

银座小姐们难以结婚的另外一个重要原因，是因为她们的夜生活。这个夜生活是从晚上7点钟准备化妆、做头发开始，晚上8点钟上班，然后工作到凌晨一两点钟。回到家洗澡睡觉已经是凌晨4点钟，然后睡到中午起来，去吃点东西，上个网，便开始准备晚上上班，基本上就是这么一种生活状态。如果男朋友或者丈夫是一个公司白领的话，他上班的时候你在睡觉，他下班的时候你开始上班，两个人的生活根本就没有交集，这恋爱就没法谈，夫妻生活也无法进行。

我遇到过的几位银座小姐，年纪都已经过了30岁。问她们想不想结婚，只有1个人说想结婚，其余几个都说"无所谓"。对于她们来说，身边不缺讨好自己的男人，却很难找到适合自己的男人，更难以找到理解自己，并且不会吃醋的男人。

我接触到的这些银座小姐们都有一个习惯，不是养狗就是养猫。也许当她们结束一天喧嚣的生活，回到自己的家时，内心会有一种实实在在的寂寞，因为深更半夜回到家，灯是黑的，房间是冷的，能够扑到她们怀里的，只有狗或者猫。银座小姐们的这种空虚与寂寞，只有她们自己知道，我想，作为生活在东京的特殊群体，她们的内心充满着一种说不出的无奈。

　　银座小姐们是没有退休年龄的，但是，一般做到40岁，脸上再怎么涂抹，都掩盖不了开始出现的皱纹。所以，那些头牌小姐们开始考虑自己开店做妈咪，因为这么多年下来，手头的客人还是不少的。自己开店，不缺前来捧场的男人。也有一些小姐自己去经营一家小公司，或者去别的公司混一份非正式的工作。因为在日本，女性过了40岁，又没有特殊技能和专业的话，是很难中途入职成为一名正式员工的。好在已经赚了许多年的高工资，手头多少有一些积蓄，可以慢慢经营自己的生活。如果运气好的话，还能遇到一位合适的男人组成一个家庭。有的干脆离开银座、离开东京，返回自己的乡下老家，去过一种平常人的生活，渐渐远离都市的诱惑。

　　这就是银座小姐们的命运。每个人鲜亮的背后，多少也会有些不尽如人意的地方。

15．泡银座酒吧的男人们有哪些英雄本色

东京银座，除了有世界顶级品牌店之外，还有世界顶级的酒吧——和风美女成群的隐秘世界。

我不是个有钱人，但总是有机会跟随有钱人去蹭这一隐秘世界。

银座的酒吧跟新宿的歌舞伎町不一样，银座只喝酒，不动手脚。歌舞伎町是不喝酒，只动手脚。所以，银座的小姐们大多自喻高雅且高傲。

去银座的男人，大多是"有贼心没贼胆"的熊男，因为去一趟，真的挺花银两。

流程往往是这样的：

有钱的男人去银座酒吧之前，先要约心仪的小姐一起吃晚饭，行话叫"同伴"——不是名词，是动词。

心仪的小姐，要不像朵花，要不特有智慧，身上总有让男人动心的地方。而这样的小姐，大多是酒吧里的"看板娘"，身价不菲。

带这样的小姐去吃饭，拉面店和居酒屋绝对是不上档次的，能够容得下小姐们的餐饮之地，要不是米其林三星，要不就是相当于米其林三星。

一顿饭,平均一人至少3万日元(约1960元人民币),如果有钱人带两个朋友同去的话,那么邀请共餐的小姐必须是3位,一陪一,这是银座酒吧"同伴"的基本规则。

于是,故事刚刚开始,就花掉了18万日元(约1.2万元人民币)。

银座的酒吧,一般都是晚上8点钟点灯。所以,吃好饭,刚好是可以驱车前往的时间。

银座的酒吧,真的不是喝酒的地方,因为来之前,大多已经喝了酒。所以,酒吧里的饮物,一般是威士忌,或者葡萄酒、香槟,当然都是世界著名的或是日本顶级的品牌。

如果你像喝茅台那样喝威士忌的话,那么第二天,你就会成为银座的新闻人物——"昨夜那家店来了个土包子,居然把威士忌当烧酒喝了"。

威士忌的正确喝法,是加冰块或者兑水喝,是一种润喉且

453 日本的底力

带有一点色色情调的饮物，绝对不能喝醉，也不允许喝醉，因为"失态"是银座酒吧里最不能容忍的行为。

银座高级酒吧里小姐的小时工资，平均以1万日元（约600元人民币）计算，比在拉面店刷碗端盘子的高出10倍以上。

虽然如此高薪，但是小姐们只做两件事，给你调酒，陪你聊天。因为银座的高级酒吧是没有卡拉OK的，只有小姐们的轻柔笑声。

我去过的几家高级酒吧，小姐们大多数是模特儿、三四线影星出身，也有兼职的护士、公司白领。这些小姐们有两个共同特点：一是身材高挑，面容秀丽；二是能说会道，善解人意。

智慧型的，能够跟你聊安倍执政的几处败笔、某某艺人的隐秘丑闻、东京股市的未来走向。非智慧型的，总是拿自己的俊美面容，陪你微笑到底。

所以，有钱人去银座的高级酒吧，不是去泡妞——事实上没有妞会跟你走。也不是去喝酒——加冰兑水的威士忌的酒精度估计只有3%。大多数的人，只是为了和年轻貌美的女人们解解风情聊聊天，寻找一种受人恭维被人尊重的莫名其妙的舒适感。

深夜12时，一般是客人离店的时间。银座酒吧没有任何明码标价的东西，有的只是一张白色的纸条，纸条上写着你今夜要付的金额。这个金额是依据什么标准来计算的，你千万别问，问了就是土包子。告诉你，计算的标准只有一个，那就是妈咪或店长的眼色。她觉得你有钱，就多收一些；她觉得你没品，就狠收一点；她对你有恻隐之心，就少收一点。

拿到小纸条，你必须毫不犹豫地摸出金卡银卡，如果你的眼睛在小纸条上停留3秒钟，那么你就不是大款。如果你跟妈咪说"太贵，打一点折"，那么，下次你再难踏进这家店的店门。

"充大款"，是每一位上银座酒吧的男人们必须具备的英雄本色。

送客人下楼，也是银座酒吧的规矩，哪怕刮风下雪雷电交加，身着单薄的小姐们也会摁电梯、拎包，把客人送到楼下。对于男人们来说，这里有唯一一个揩油的机会——与小姐们拥抱——离别的一种借口。

一次喝酒，少则几十万日元，多则几百万日元（几万到几十万元人民币）。当自己离开这一灯红酒绿之地，被抛到空寂的深夜街头时，唯有一种惆怅的落寞在心头，其他什么都没有。

16. 日本年轻人不想结婚的六大理由

与一群日本的小伙伴们吃饭，发现到会的10个人中，有7个人还是单身。我忙招呼大家："今天的忘年会就是相亲会。"大伙儿说："徐老师，相亲会已经过时了，那是平成年代的旧事。"

哈哈，我才发现，自己已经属于昭和时代的老朽动物。

这群优秀的日本年轻人，多数是在国际商社和银行工作，还有两位是大学的助教授，可为什么还是单身？

他们给出的理由各种各样，汇总起来，有以下几条：

第一，时间与金钱想自由支配，不想因为结婚而受到束缚。

第二，一个人过日子自由自在，想去哪里就可以去哪里，想跟谁在一起就可以跟谁在一起。不需要看着另外一个人的心情去生活。

第三，一个人生活，人与人之间的关系变得简单，不需要缠绕在七大姑八大姨的烦人亲戚关系中。

第四，不结婚的话，女性不需要改姓（日本法律规定，女性结婚后必须改成丈夫的姓）。

第五，不想要孩子，对于生孩子和养育孩子，有一种恐惧感。

第六，结婚的话，不得不需要配合对方的生活习惯，自己的工作和兴趣爱好会受到影响。

这六条不结婚理由，大家都说得理直气壮。

于是又问了已经结婚的 3 个人:"你觉得结婚有啥好处?"他们给出的理由,归纳起来也有六条:

第一,一个人活着太寂寞,应该有个伴。

第二,两个人在一起生活,甘苦共享,人生有乐趣。

第三,想要孩子,让自己的生命在这个世界上有延续。

第四,结婚之后,经济上比较安定,生活安心。

第五,渴望拥有一个属于自己的温馨的家,结婚后,夫妻俩可以合力购买属于自己的房子。

第六,结婚之后,尤其是有了孩子之后,自己会有强烈的归宿感,心灵不再漂泊。

日本内阁府的"2018 年人口统计资料"显示,到 50 岁还没有结婚的"生涯未婚率",男性占到 23%,女性占到 14%。这就是说,4 个男人中有 1 人,7 个女人中有 1 人,一生不婚,孤独到老。而 35 岁之前还没有结婚的男子,已经占到 50%。

除了不婚人口的增加之外,日本社会还存在一个问题,恋爱的时间越来越长,结婚的年龄越来越晚。

日本政府的人口调查结果显示,2018 年,日本年轻人从相恋到结婚的平均时间长达 4.3 年。而在 1987 年,日本年轻人平均恋爱 1.8 年,就走进了婚姻的殿堂。

同样的调查结果还显示,2018 年,日本人平均初婚年龄为 29.4 岁,20 年间,上升了 3 岁。像在东京这样大都市里生活的年轻人,初婚平均年龄已经过了 30 岁大关,为 30.5 岁。20～24 岁的结婚率,只有 8.6%。

一方面,不想结婚的人口在增加;另一方面,结婚年龄在不断推后，即使结了婚，不想要孩子的家庭也在增加。所以，日本的少子化问题日益严重，一个育龄女性的生育率，已经降到 1.4。如此下去，1.3 亿人口的日本，再过 50 年，将会减少到 8000 万人。

怎么办？

大家提出了三点建议：

第一，消灭手机。

第二，政府提供婚房补贴，承担结婚费用。

第三，政府包养孩子。

喝完酒，散会时，大家还是不由自主地打开 LINE（日本版微信），互加好友。对于这群年轻人来说，可以没有婚姻，但不能没有朋友。

17. 日本人从什么时候开始不过春节了

新年第一天，日本人都要去寺院或神社参拜。这种参拜，有一个专用的名词，叫"初诣"。

这个"新年"，指的不是中国的"春节"，而是元旦新年。

从隋唐时期开始，日本派遣了多批遣隋使和遣唐使漂洋过海到中国学习，几乎把中国整个的社会制度与文化搬到了日本。自然，也把中国的历法传承到了日本。

所以，日本人过去过年，和我们中国人一样，过的是农历新年，也就是"春节"。

这一过，就过了很多年。

那么，日本是从什么时候开始，抛弃了中国的"春节"，开始过上元旦新年呢？

查了许多的日本史料，没有一个很明确的说法。唯一比较可靠的是，明治时期，日本打开国门向西方学习，实施明治维新，废除了中国农历的纪年方式，而采用了西方的太阳历，也就是目前我们中国也使用的"公历"。

从那个时候开始，日本开始逐渐放弃了"春节"，随同西方社会，以1月1日作为新年的第一天，过上了"元旦新年"。

但是，这一转换过程似乎持续了几十年，因为一直到昭和初年（20世纪20年代），日本的农村还有过"春节"的习俗。

全世界目前依然将"春节"作为新年开始的国家，还有9个，包括新加坡、韩国与蒙古国等。虽然日本人已经不再过春节，但是在日本的日历上，依然每年算出中国的春节那一天，标注上"旧正月"三个字，告诉国民：这一天，是我们过去的正月初一。

正月初一要"初诣"，那么，日本人的初诣是从什么时候开始的？

史料说，日本古代有一种习俗，就是在大年三十的晚上或者正月初一，一家之主要到附近的神社挂上自家的灯笼，求佛祖菩萨或神灵保佑一家人平平安安。

大年三十挂灯笼，叫"除夜诣"。正月初一挂灯笼，叫"元日诣"。

但是，日本人全家出门去参拜寺院与神社的"初诣"，一般说法是从江户时代（中国明清时期）开始。到了明治时代，正式定型。

为什么会在明治时代定型呢？一方面，明治政府在明治元年（1868年）颁发了一道"神佛分离令"。在这之前，日本实行的是"神佛习合"，也就是神道与佛教不分，实行合祭，反正都是神灵保佑。比如我们去京都清水寺参拜，发现大雄宝殿的背后居然有一个"地主神社"。这就是古代"神佛习合"习俗留下的痕迹。

自从"神佛分离令"颁布后，你是去参拜寺院，还是去参拜神社，就需要做出选择。这样一来，唤醒了国民参拜的意识，于是正月初一如何"初诣"，开始成为社会话题。

其二，在明治时代，日本开始引进西方的轨道交通，大力发展铁路和地铁。这就使得生活在都市里的人可以利用现代化的交通工具去郊外的著名寺院和神社参拜。正月初一参拜带旅游，成为一种社会时尚。

"初诣"其实不只是指正月初一，而是从正月初一的零时开始3天，都算是"初诣"的时间。

那么，"初诣"时有什么规矩呢？

其实，无论是去寺院参拜，还是去神社参拜，规矩都差不多。

参拜前，要在家里先"洁身"，也就是要洗澡，把自己整干净。然后到寺院或神社前"赛钱"，也就是捐香火钱。

捐香火钱有一个讲究，不是你捐得多，佛或神灵给你的保佑就多，而是要讲究"缘"。日元的货币单位"円"的发音，与"缘"相同，都念作"EN"。而5日元（五円）与"御縁"（缘分）都念作"ごえん"。所以，许多日本人，尤其是还没有恋人的年轻人或者正在恋爱的人们，初诣时，都喜欢投5日元的硬币，求一个"姻缘"。客气一点的话，也可以捐一个50日元。

穿什么衣服去参拜呢？过去自然是穿和服，现在穿和服去的人少了。但是，如果女子穿和服去参拜的话，头上一定要戴一朵花。而男子手里则要拿一把折扇——这是腔调。

整个初诣的形式，一般都是在佛祖菩萨或神灵前许愿，然后去抽签、撞钟，最后去求一个护身符。

日本的护身符品种繁多，功能各异。开公司做生意的，求"商卖兴隆"符；怀孕的，求"安产"符；开车的，求"交通安全"符；要升学的，求"合格"符；没啥目的的，也可以求一个"家人安康"符。

初诣期间,寺院与神社附近的店家都会临时摆摊,卖各种小吃,如同中国的庙会,煞是热闹。

我在新年元旦,去了东京的浅草寺。浅草寺是东京最大的观音寺院。我老家是在浙江省舟山市,舟山有一个著名的佛教圣地普陀山,普陀山是中国最大的观音菩萨的道场,我在22岁的时候,写过人生的第一本书,叫《观音文化研究》,所以与观音文化很有渊源。

我觉得,新年伊始,感恩佛祖菩萨的保佑,给自己的新年许一个心愿,是很美好的事情。人是需要有信仰的,有了信仰,就会知道什么可以做,什么不可以做,对于自己的言行会产生一种自觉的约束,同时也给自己一份向前的动力。

18．日本人结婚，平均花费多少钱

元旦新年，日本没人结婚，就像中国人不会选择春节结婚一样。

但是，"结婚"依然是人们热衷于谈论的话题。前天参加一个新年会，大家谋划着要成立"红娘会"，因为在日本的中国人大男剩女已经不少，天天受到父母大人的相亲骚扰。日本年轻人也一样，新年回家被问到的第一件事，便是"什么时候结婚"。

"结婚"是件幸福的事，却也变成了一件头疼的事。

我在2019年的一次新书签讲会上，跟读者们开过一个玩笑：如果你还没有结婚的话，可以考虑到日本找一个日本媳妇，因为日本的结婚成本低。

那么，日本人结婚，成本到底低到什么程度？

我们来算算经济账。

首先，在日本结婚，基本上可以不用考虑买房子。

日本社会有一个基本的共识，年轻人的生活应该靠自己奋斗。所以，一对新人在结婚时，"必须要有新房"的意识很弱，一般来说，都是根据两人的收入情况，去租一套两室一厅的房子结婚。在东京这样一个大城市里，85%的年轻人都是租房子结婚。

同时，丈母娘对女婿与女婿家人，没有"必须给我女儿买房"的要求，也就是说，没有"丈母娘经济"。

而父母如果要买一套房子给子女结婚做新房的话，客观上存在着"财产赠与税"的问题。直系亲属的赠与税是多少呢？如果赠与金额超过 3000 万日元（约 196 万元人民币），税金为 45%。超过 4500 万日元（约 294 万元人民币）的话，税金高达 55%。在东京，买一套新房至少需要 5000 万日元，父母将房子送给子女时，子女得去税务局缴纳 2600 多万日元的税金。一套 5000 万日元的房子，就变成了 7600 万日元。问题还在于，子女是否有能力支付这笔巨额税金。

如果在日本的小城市和农村，年轻人结婚时会在自家的土地上建一栋新房，这种情况还是有的。一方面土地不需要钱，另一方面建筑成本低，一般有 2000 万日元（约 130 万元人民币）就可以建造一栋很漂亮的"一户建"（别墅式小楼）。

其次，城市里的日本年轻人，结婚时也没有必须买车的习惯。

一方面，城市的公共交通十分发达，比如在东京，轻轨、地铁线有 30 多条，可谓四通八达，出行十分便捷。

另一方面，政府机关和企事业单位，哪怕是一家拉面店员工（包括临时工），从家里到单位的上下班交通费都由单位给报销月票，个人不需要承担。

还有一点，城市里的停车费很贵，像我们亚洲通讯社所在的东京都港区赤坂这里，包租一个车位，一个月需要 7 万日元（约 4570 元人民币）。而一般的政府机关和企事业单位，都不可能给员工提供免费的停车位。这就决定了你不可能开车去上班。

日本有句话,叫"乡下人买车,城里人不买车",说的就是这个道理。

但是在小城市和农村地区,因为没有发达的公共交通,结婚时还真是必须买车,不然寸步难行。不过,在那里,一户人家一人一辆汽车,似乎已经是家庭生活的标配,买车不是什么值得夸耀的事。

"日本人结婚不用买房买车",光是这笔钱,估计就省下了 500 万元人民币。

日本结婚最大的的开支,是办婚礼。

日本人的婚礼,由三个部分组成:

第一是结婚仪式。一般是在有模拟教堂的星级酒店、结婚式场、神社、寺院里举行。这笔费用最少的约 5 万日元(约 3260 元人民币),最多的一般约 100 万日元(约 6.5 万元人民币)。

第二是婚宴。婚宴一般是在星级酒店或结婚式场的宴会厅举行,圆桌、西式分餐制为多,每一位参加者所需标准费用为 1.9 万日元(约 1220 元人民币)。

第三是祝贺派对。祝贺派对一般是在婚宴结束后举行,主要邀请没有参加婚宴的同学、朋友们参加。

日本社会有一个规矩,就是参加婚宴的人要送"御祝仪"(贺礼钱)。朋友一般是 3 万日元(约 1960 元人民币),上司或企业经营者一般是 5 万日元(约 3260 元人民币),亲戚一般是 5 万~10 万日元。

在我们中国,舅舅是"大石头",辈分最高,所以要送的贺礼也是最大的。但是在日本，舅舅如果送来 10 万日元（约 6500 元人民币）的贺礼的话，新郎新娘一定会给个热烈拥抱。

当然，参加派对的话，可以不送贺礼钱，送一束花、一件小礼物祝贺一下就可以。

新郎新娘在确定婚宴参加者名单时，不管亲戚有钱没钱，都必须邀请，上司也必须邀请。但是同学朋友的话，闺蜜级的必须邀请，一般的只邀请参加派对，这样可以减轻相互之间的经济负担。

那么，举行一场婚礼（包括结婚仪式、婚宴和派对），到底需要花费多少钱呢？

日本厚生劳动省有一个调查数据，这一数据显示，2018 年，全国婚礼平均支出是 354 万日元（约 23.1 万元人民币），其中，贺礼收入平均为 224 万日元（约 14.6 万元人民币），新郎新娘自己负担 149 万日元（约 9.7 万元人民币）。新郎新娘的负担的部分中，有 72% 的人得到了父母与亲戚的资助。

这里需要指出的是，2019 年，日本公司职员的平均年收入为 441 万日元（约 28.8 万元人民币）。

看完这篇文章，是不是有了一种想找日本女人做太太的冲动呢？

19. 日本养老到底需要花多少钱

日本政府的金融厅在 2019 年 5 月发表了一份《有关老后年金与资产的报告书》，报告书提到一个重要的数据，说一对老年夫妻，即使每个月从政府手里领取养老金，但是活到 90 岁左右的话，个人至少还需要储蓄 2000 万日元作为生活补贴，不然无法善终。

这句话的意思是，虽然政府给了你养老金，但是这还远远不够，自己还得掏 2000 万日元（约 130 万元人民币）的腰包。

金融厅的这句话激怒了日本国民！日本人认为，辛辛苦苦工作一辈子，交了这么多年的养老金，好不容易在退休之后可以领取养老金颐养天年，没想政府说这些养老金其实还不够你生活，你自己还得想办法再准备 2000 万日元，那就是说，迄今为止，政府要求国民缴纳养老金养老，其实是一直在欺骗国民。

这一事件给日本社会带来一份思考：养老到底需要多少钱？

目前，日本存在着一个很大的社会问题，就是"少子老龄化"，也就是说，每年出生的孩子越来越少，但是老年人越来越长寿。缴纳养老金的人越来越少，领取养老金的人却越来越多。

这一问题的结果，就是养老基金年年亏损，赤字连连。

2018 年，安倍政府提出了一个"百岁计划"，也就是说日本人可以活到 100 岁。这是一个什么样的计划呢？

现在日本人的平均寿命是84岁。要知道，日本在1948年做的调查中，当时日本人的平均寿命只有52岁。这意味着过去半个世纪，日本人长寿了32岁。这一数据自然是惊人的。

日本人之所以变得长寿，是因为战后生活开始走向富裕，政府严格治理环境污染问题，全民实行健康年检，医疗水平领先世界。

于是，日本政府预估，按照这一规律，再过20年，以iPS细胞治疗为核心，再生医疗的蓬勃发展，完全可以实现人体器官坏什么就换什么，可以让人们永远保持一个健康的身体。也就是说，到2040年，日本半数老人完全可以活过100岁。

这是一个鼓舞人心的消息，对于每一位日本国民来说，能够健康活过100岁，那是一个美丽的梦想。而这一梦想，将随着再生医学的发达而实现。

老百姓开心了，政府却觉得"遭殃"了。因为日本政府在20世纪60年代制定养老金制度时，设计的人均寿命是72岁。而现在的日本人平均寿命达到了84岁，超过了原先预估的12年。如果大家都活到100岁，那就是超过了养老金制度设计年龄28年，也就是养老金要多被领取28年。

一方面，养老基金亏损额越来越大；另一方面，领取养老金的人越来越多，领取时间越来越长。针对这一问题，日本金融厅邀请了一批金融与社会问题专家组成了一个专家审议委员会，写了一份调研报告。这份调研报告最终得出的结论是：如果一位老人退休之后，丈夫65岁以上，妻子60岁以上，两个人每个月领取的养老金是20.92万日元（约1.37万元人民币），但事实上全国老人家庭平均每月支出为 26.37 万日元,这样的话,每个月还缺近 6 万日元。如果按照全国平均寿命 84 岁计算,到两夫妻过世为止,养老金的缺口是 2000 万日元。也就是说,除了政府发给你的养老金之外,你自己还得准备 2000 万日元。

这 2000 万日元对于绝大多数日本老人来说都是一笔巨款,不知上哪儿去筹集。

我们来看看一般日本人及其家庭的成长规律。

日本人一般都是大学毕业之后参加工作,每个月的工资除了一些收入特别高的企业之外,一般都是与他的年龄同步增长。也就是说,20 多岁的时候是 20 多万日元;30 多岁的时候,是 30 多万日元;40 多岁的时候,是 40 多万日元。根据日本厚生劳动省的调查,日本公司员工平均年收入是 441 万日元(约 28.8 万元人民币)。

日本年轻人大多没有啃老的习惯,所以,结婚时父母也不会买婚房送给他(送的话,要缴纳 40% 的财产赠予税)。日本年轻人平均结婚年龄是 29 岁,绝大多数都是租房子结婚,买第一套房子的平均年龄是 35 岁。付完首付之后,一般都是与银行签 20 年的房贷合同。也就是说,在他 55 岁时,孩子能大学毕业,同时把最后一笔房贷款付完,这是几乎所有公司员工的美丽家庭计划。

但是,这个时候,距离他退休只剩下 5 年。在这 5 年中,他能存点钱,同时,退休时还可以领取一笔企业的退职金,这笔退职金与企业的经营状况和他本人的服务年限有关,一般是在 500 万至 1200 万日元(约 31 万至 75 万元人民币)。对于许多日本人来说，这笔退职金是他人生最后的一笔大奖金，也是他养老的一笔保障金。

日本总务省对全国60岁以上老人的金融资产进行了调查，包括存款、股票、保险金等在内，平均值是2386万日元，但是中央值才1560万日元。这个中央值，就是可以实际动用的钱款。

按照这个中央值，日本老年人家庭如果夫妻两人都活到84岁，即使把所有的存款用完，最终还差约500万日元（约32.6万元人民币）。如果活到100岁的话，缺口会更大。

"少子老龄化"问题不只是日本的问题，如今已经成为许多发达国家面临的共同问题。养老到底是靠政府，还是靠自己？靠政府的话，个人需要尽什么义务？靠个人的话，政府应该提供什么样的帮助？这是一个十分敏感，又必须认真面对的重大课题。

20. 日本黑社会的"道"

全世界允许黑社会组织合法存在的国家，只有日本。

日本称呼黑社会组织，有不同的叫法。官方的称呼是"暴力团组织"；而民间的称呼是"**ヤクザ**（YAKUZA）"；而黑社会组织称自己是"任侠团体"；"黑社会组织"或"黑帮组织"，是我们华语圈的人对这类组织的称呼。

所谓"暴力团组织"，就是"有暴力倾向的组织"。

为什么会有这样的官方称呼呢？这与日本"暴力团组织"的产生有很大的关系。

日本的黑社会组织最先是码头工人的帮派，为了抢搬运的活儿，开始形成帮会组织。而码头附近往往是市场，市场附近一定有许多的商业街。于是，这些帮会组织从最初抢码头的搬运活儿，逐渐渗透到收市场和商店的保护费，继而为抢地盘而大打出手，成为"暴力组织"。

所以，日本著名的黑社会组织都是以港口城市为核心基地，比如山口组总部位于神户市（神户港）、住吉会总部在东京（东京港、横滨港），而黑社会组织最多最杂的城市，是福冈市（博多港）。

那么，日本的民间为何称这些黑社会组织为"**ヤクザ**"呢？这里有两种说法，一说日本民间有一种纸牌，叫"花札"，玩花札的一个最坏组合，是"八九三"，这三个数字用日语念的话，就念成"ヤクザ"。

也有一种说法，比较唯美一些，在过去日本的乡村，有一种仲裁机构，叫"役座"。从夫妻吵架到邻里纠纷，都由这个"役座"做仲裁。而"役座"在日语中的念法，就念作"ヤクザ"。

如果把这两种解释融合在一起的话，那么，日本的黑社会组织，既有"最坏的组织"之意，又有"侠义"的好意。

也许正因为如此，这些组织称自己是"任侠团体"。

"任侠"一词，中日文含义相近，以抑强扶弱为己任，铲奸除恶、扶助正义。

日本最大的黑社会组织山口组的"山口组纲领"中，给自己定的责任与义务是："遵循侠道精神，为了国家的兴隆而贡献力量。"

看了这一纲领，难以让人想象黑社会组织放高利贷、走私毒品、经营地下妓院，同时经营建设公司和软件开发公司这种错综复杂的混合概念。

在日本住的时间长了，虽然听到"黑社会"三个字还是会毛骨悚然，但是在现实生活中，确实没有看到过黑社会在大街上打架斗殴、欺负百姓，也没有看到过黑社会霸占地权，为非作歹。因为日本第二大黑社会组织——住吉会的总部就在赤坂，距离我办公室直线距离300米，几乎每天经过他们楼的门口，只有一次看到过他们，平时门口既无站岗，且长年紧闭卷帘门，平时进出都走后门。

我们在日本，倒是经常看到这样的新闻：哪个黑社会组织总部又被警察搜查了，哪一个组的干部又被逮捕。而每一次警察出面，黑社会成员个个规规矩矩，没有电影中持枪抵抗的镜头。还有听到地震发生后第一个站出来发放救灾物资、最先奔赴福岛核电站等关于他们的传闻。

最近，网络上传得最多的，是日本的黑社会组织拒绝领取政府分发给每一位国民的10万日元（约6530元人民币）的事，他们认为在国难当头之时，领取这笔钱有辱"任侠之道"。

查了这一消息的源头，发现是一位名叫"铃木智彦"的专栏记者写的一篇文章，题目叫《给ヤクザ分发10万日元，干部说"我们不要这样的钱""我们没有资格"》。

铃木先生是日本采访黑社会组织的"专业户"，与山口组等日本几大黑社会组织干部有较多的交往。这篇文章发表在2020年4月27日的大众杂志《周刊邮报》上。

文章是这么写的：

简单地说，凡是在日本有户口的人，都可以领取政府分发的这10万日元补助金，自然，暴力团员也有这个资格。

到2018年年底，全国共有黑社会成员3.05万人，如果大家都申领的话，就意味着有30.5亿日元会成为黑社会的资金源。但是，那些有名望的组长们自然是不会去申领的，因为他们是靠面子吃饭的，既然标榜自己是侠男，就算施舍给别人，也不能享受国家的庇护。

"这是很单纯的事。虽然只收10万日元，但是被别人说成是在关键时刻还要依靠国家，这会让人很恼火。这种事情口口相传的话，在我们这种世界里会被人看不起的。"（指定暴力团

首领）

关西某暴力团组织干部同样对补助金持否定态度："这样的钱，我们不要。"

另外，关东地区一个很有历史的暴力团组织的总长说："我们这些游手好闲的人是没有资格拿这笔钱的。我们已经给社会添了很多麻烦，如果自己感觉有困难就投靠国家，这是不合理的。我们会把这个要求传达给年轻的组员们。"

另外，这一组织为了让组员们咀嚼这笔政府的补助金，正在讨论将此前赚取的资金分发给年轻组员们。不过，不会强行禁止组员们领取这笔补助金。

以上这段文字，是这篇文章的主要意思。黑社会组织干部们表达的意思核心，是想体现"任侠团体"的任侠道精神，劫富济贫可以，劫富济自己不行。

"道"是中国的一个哲学概念。传入日本之后，成为古代日本教育各学科的名称，比如明经道、算道、武道、柔道、茶道、华道、音道、书道、历道、阴阳道等。历经千年，"道"成为日本社会的一种价值观，这种价值观体现在对于某一事物的专注上，深究其真理，达到修炼自己的精神境界。

江户时代以来，日本社会将那种劫富济贫的任侠之士称为"极道者"。后来，也称黑社会组织为"极道"。其实，"极道"本来是佛教用语，指"极尽佛法之道的人"，现在的意思走偏了。但是，日本的黑社会组织十分崇尚"极道"，认为自己不是"无法无天的流氓组织"，而是"有道义、讲规矩的任侠组织"。

也许正因为如此，日本政府才允许它合理存在，并保持相互之间的某种默契。

对于一个人，一个组织，不是看它说什么，怎么说，而是看它做什么，怎么做。如何认识日本的黑社会组织？每个人都可以从不同的角度与立场予以观察和评价。但是，如果日本的黑社会组织这次拒绝申领这10万日元的话，可以说，这群人还是属于有"道"之人，至少是为了标榜自己的"任侠"面子。

除了黑社会组织之外，日本还有一群人表示不会申领这10万日元，他们是国会议员。

本色人生

1. 山口百惠最近在忙什么

1978年,中日两国签署了一份和平友好条约。条约签署后,日本的一些电视剧陆续在中国上映,其中最让中国人感动不已的是1984年中央电视台播出的《血疑》。这部长达29集的电视连续剧,主要讲述了一位17岁的天真善良的日本女孩大岛幸子,在父亲大岛茂的医学研究室里不幸受到放射性钴60的辐射,因此患上白血病,需要不断换血。可是,她的父母和她的血型都不同,唯有医学院学生相良光夫的血型与她相符。相良光夫通过多次给幸子输血,彼此逐渐产生了爱情。但是,命运注定他们是不可能结合的,原来幸子的亲生父亲不是大岛茂,而是光夫的父亲,幸子与光夫是同父异母的亲兄妹,但他们这时都还不知道。从幸子的身世之谜开始,演绎出了一幕幕感人肺腑的动人故事。

在《血疑》这部电视连续剧中扮演大岛幸子的影星,就是山口百惠。而扮演她男朋友相良光夫的影星,名叫三浦友和。两人在一系列的电影和电视剧中始终演绎恋人的角色,结果假戏真做,成了一对令日本国民盛赞的金童玉女。正当山口百惠成为日本最走红的影星时,她突然宣布引退,嫁给三浦友和,那一年,她才21岁。

山口百惠留给我们的印象，或者说我们对于她的记忆，永远停留在一个单眼皮、小虎牙的清纯少女的时期。

山口百惠出生于 1959 年，生日是 1 月 17 日。她虽然从小是在东京长大的，但是她常常看不到父亲。因为父亲是一个另有家室的男人，当年追求山口百惠的母亲并向她的家人承诺，会办好离婚手续后正式娶她。但是，一直到山口百惠出生，这位父亲依然是游走于两位女人之间。

关于自己的身世，山口百惠后来在自传《苍茫时分》里是这么写的："我不知道自己究竟是在何时、何地、怎样出生的。我没有像世间一般的母女那样，母亲会对孩子说起'生你的时候呀……'这类话语的记忆，我没有过。"

父亲没有给山口百惠的童年带来幸福，甚至在她的记忆中，父亲没有带她去过游乐园，只是拎着一只公文包，偶尔来家里晃一下，就走了。

后来又有了妹妹山口淑惠，而养家糊口的钱全是靠妈妈打零工挣来的。父亲有时候还上门向母亲要钱。

这样的家庭环境与生活，使得山口百惠比同龄的女孩子早熟。13 岁时，她在《明星诞生》的电视节目中看到一位与自己同龄的女孩登台表演，于是也产生了要做明星的想法。

1972 年 12 月，不到 14 岁的山口百惠参加了第五届"明星诞生"歌唱比赛，凭借一首《回转木马》获得第二名，由此走进了演艺圈。

山口百惠的嗓音并不算顶尖，但她的声音有一种与年龄不符的沧桑忧郁。担任考官的电视编导池田义雄当时是这样评价山口百惠的:"她的歌唱得不好,但她的歌声有一股哀婉悲凉、含情脉脉的意趣。"

20世纪80年代初,当时东南沿海地区流行两样东西,一是海上走私过来的日本夏普的808卡式录唱机;二是不知复制了多少次的山口百惠的歌曲录音带。虽然当时的人还听不懂日语,但是十分喜欢山口百惠的歌曲旋律,因为与当时流行的邓丽君的歌曲有几分相似。后来才知道,邓丽君的歌曲几乎都是由日本作曲家创作的。

1974年6月,山口百惠推出单曲唱片《一个夏天的经历》,这张唱片走红日本列岛。其中有这样一句歌词:"我把女孩最宝贵的东西献给了你。"有记者故意问山口百惠:"女孩子最宝贵的东西是什么?"山口百惠笑眯眯地回答说,是"诚意"。这是一位很智慧的女孩!

作为歌手,山口百惠在短短几年的时间里,一共发行了31张单曲,累计销量1630万张,黑胶唱片45张,累计销量434万张。由此,山口百惠成为日本20世纪70年代最有实力也最为走红的歌姬。

山口百惠虽然是以歌手成名,但是她可爱清纯的形象,尤其是可爱的面容,也引起了日本电影圈的关注。

就在她成名之后的第二年,14岁的山口百惠被邀请出演电影《正当青春》。第二年,她又出演了电视连续剧《笑逐颜开》,并第一次与日本著名影星宇津井健合作,在剧中扮演一对父女,合唱了主题曲《爸爸是恋人》。

这次合作对山口百惠来说非常重要,她不但有了银幕上的父亲，也有了一个生活中的父亲，他们后来还合作过很多次，最出名的就是电视连续剧《血疑》。《血疑》的主题曲《衷心地感谢你》，也是山口百惠演唱的。

15岁时，山口百惠主演电影《伊豆舞女》。《伊豆舞女》是根据同名小说改编的，这部小说的作者是川端康成，那可是日本文学界泰斗级的人物，1968年他以《雪国》《古都》《千只鹤》三部代表作获得诺贝尔文学奖。

这样一部名著改编成电影，让刚刚出道不久的山口百惠主演，电影公司真是捏了一把汗。同时，也必须挑选一个与山口百惠配戏的男主角。于是，电影公司面向全社会招募男主角，结果报名人数多达1.5万人，谁都想演山口百惠的男朋友。

最终，导演选中了一名刚刚大学毕业的青年——三浦友和，当时他22岁，比山口百惠大7岁。

三浦友和虽然当时不出名，但客串过几部电影，也拍过电视广告，是一名好青年。

结果，两人在主演《伊豆舞女》时擦出了爱情的火花。没有哥哥、又缺少父爱的山口百惠，第一眼见到三浦友和时，就萌动了少女情怀。她在自传中这样写道："我在他身上感受到了一个迄今为止绝对没有遇到过的世界。他从不发出轻浮的笑声，以一种稳重的语调跟人说话，那种讷讷不出，让人感到新鲜。"

之后的几年时间里，山口百惠与三浦友和一起主演了许多重要的作品，根据三岛由纪夫的小说改编的《潮骚》，还有《春琴抄》《绝唱》《炎之舞》《古都》等电影，以及轰动全中国的"红色三部曲"——《血疑》《赤的冲击》《血的锁链》等电视连续剧。

两人的恋情隐藏了 6 年之久。1980 年 3 月,山口百惠和三浦友和宣布订婚,当时山口百惠 21 岁,三浦友和 28 岁。

那年 10 月,山口百惠在东京武道馆举办了告别演唱会,她对几万名百惠迷们说:"我决心好好活着,作为一个人,作为一个女人,作为一个妻子,作为一个母亲,我决心去爱,去经受创伤,笑着、哭着、喊着生活下去。我会幸福的!"

在演唱完一曲《再见的另一方》之后,山口百惠把话筒留在舞台中央,从此决然离开,没有再回头。

这一别,就是 38 年。

这 38 年间,山口百惠做了什么呢?

在结婚后的第四年,她生下了大儿子祐太朗。生下大儿子后的第二年,又生下了小儿子贵太。大儿子从小喜欢音乐,从成城大学法学部毕业后,没有去当律师,而是去当了一名歌手。2017 年,他演唱了母亲的两首歌曲引起轰动,单曲 CD 卖了 7 万张,而且还获得了日本金唱片大奖的企划奖。

小儿子贵太则继承了父亲的事业,在日本顺天堂大学学习精神保健专业。毕业时,他和父亲商量,说自己通过学习精神保健专业,了解了这个社会有着形形色色的人,因此决定当一名演员。三浦友和听了儿子的话之后表示赞同,并联系了自己熟悉的导演、拍摄《三丁目的夕阳》的阿部先生,让儿子出演了第一部电影《49 岁成为列车驾驶员的男人故事》,结果走红,当年就获得了日本奥斯卡电影新人奖。

1999 年开始,日本在每年的 11 月 22 日评选"年度好夫妻",山口百惠和三浦友和连续十多年都获得"日本最好夫妻"的荣誉。

虽然如此，似乎全世界都在等着他们的婚姻出现反复，等待山口百惠的复出，但是这一切始终没有发生，他们从青春偶像变成了爱情偶像，山口百惠从一名清纯少女变成了一名奶奶级的中年女性。但是，除了知道她养大了两个好儿子之外，几乎很少有人知道她还干了什么。

其实这些年，山口百惠作为一名专业的家庭主妇，她为两个儿子做了 15 年的盒饭，丈夫夸她做的饭菜是最美味的饭菜。因此，三浦友和平时能够赶回家吃饭的话，一定是回家吃，不在外面应酬。山口百惠的儿子表扬妈妈的蛋糕做得很好，每逢生日，蛋糕都是妈妈亲手做的。所以，出版社一直在游说山口百惠出一本《三浦家的菜谱》，但是她一直没有答应。

山口百惠业余时间最大的爱好是做拼布画，从 1988 年开始，她已经创作了 30 年，并且以"三浦百惠"的名义多次举行了个展。2017 年，她的作品还参加了国际拼布画展。所以，如果现在能够买到山口百惠的一幅拼布画，对于百惠迷来说，那是一个奢侈的梦想。

山口百惠在过去 12 年中，还一直默默地做一件事，就是照顾公公婆婆。公公婆婆都已经 90 岁，山口百惠把公公婆婆接到家里来一起住，家里没有请阿姨，行动不便的公公婆婆的生活起居都是山口百惠照顾的。医院的医生说，婆婆住院期间，山口百惠天天陪伴在医院，里里外外一个人伺候婆婆，毫无怨言，是一位十分孝顺的好媳妇。

丈夫三浦友和虽然已经 66 岁，但是依然活跃在电影和电视剧中，偶而也出演青山洋服等电视广告。三浦友和写过一本书，叫《相性》，翻译成中文的话，可以译成《投缘》。在这本书中，三浦友和介绍了自己与山口百惠的夫妻圆满的秘诀。其中有一条是，不管多忙，夫妻两人也要一起吃饭，边看电视边聊天，每顿饭都会吃上一个多小时。两人无话不说，夫妻间不隐藏秘密，因此结婚以来没有吵过架。他觉得，"夫妻对话"是夫妻圆满的一大秘诀。

还有一条就是"夫妻约会"。山口百惠与丈夫每个月都会外出约会一次，一起看电影，一起逛街，一起去餐厅吃饭。最近一次约会被人拍到照片的是在 2018 年 6 月中旬，两人去东京的六本木参加了三浦友和新电影《羊和钢的森林》的内部放映会，结束之后又一起去了一家餐厅吃饭。两人的打扮极其普通，以至于许多人都没有认出他们。

邻居们说，山口百惠跟一般的家庭主妇没有什么区别，每次都是自己开车去超市买菜，然后回家做饭。儿子们都已经独立出去在外面生活，所以现在家里，就是山口百惠夫妇和公公婆婆生活在一起。房子是一栋白色的一户建小楼，公公婆婆住在楼下，他们夫妻俩住在楼上。

已经 59 岁的山口百惠，现在最期盼的事情是尽快做奶奶。大儿子已经 33 岁，小儿子也已经 32 岁，两人都还没有对象，这件事让山口百惠十分操心。演艺圈里的一位导演有一次与三浦友和一起喝酒，聊起山口百惠。三浦友和说，百惠现在最想当奶奶，两个儿子就是没有动静。

谁能成为山口百惠的儿媳妇，实在是一件十分幸运的事，山口百惠的烦恼跟许多妈妈们一样，开始为儿子的婚事操心。

在日本人民的心目中，21岁就宣告引退的山口百惠，不仅是一位完全符合日本社会道德伦理标准的贤妻良母，同时更是一位抵抗得住任何诱惑的"圣母"。因此，有人给山口百惠塑了一尊像，称她是"百惠菩萨"。正因为受到了国民的尊敬与爱戴，无论山口百惠是一个人去超市买菜，还是和丈夫一道出去逛街，日本人见到她，都只是微微地向她鞠躬，绝对不会上去找她合影和要签名。就连记者遇到山口百惠，也绝对不会上去采访她。

不打扰山口百惠，已成为日本社会的一个基本规矩。

2. 张丽玲的力量

约张丽玲吃饭，约了一个半月，不是她出差，便是我出差。终于赶在6月底，由全日本华侨华人联合会名誉会长颜安夫妇做东，一起在银座吃了一顿日本美食。颜安是总政歌舞团舞蹈演员出身，他有一位明星小姨子，叫许晴。

为啥要赶6月的最后一天吃饭？因为7月1日是张丽玲公司20周年的生日。

张丽玲的公司有一个很响亮，但看上去很土气的名字，叫"CCTV大富"，总部就在东京最繁华的商业街银座。

谁都知道，"CCTV"是中国中央电视台的英文缩写，而"大富"呢？有人问"是不是跟铁岭的二人转搭界？"这似乎是严重贬低了"大富"的诗意！因为这里的"大富"，其实是股东公司名称的缩拼，"大"是指大仓商事，大仓商事的旗下有一家饭店，叫"大仓饭店"，是历届美国总统指定下榻的酒店。在中国，它管理着"上海花园饭店"。"富"是指日本富士电视台，大家熟悉的电视连续剧《东京爱情故事》《白色巨塔》《同一屋檐下》《HERO》（律政英雄）、《大搜查线》《不结婚》等，都是这家电视台的作品。

其实，"CCTV大富"还有一家大股东隐藏在幕后，它的

名字叫"京瓷"。如果你没有听说过"京瓷"的话,那我再告诉你一个人名,叫稻盛和夫。稻盛和夫是京瓷公司的创始人、也是"CCTV大富"最坚定的支持者,被称为"日本经营之神"。

张丽玲是"CCTV大富"的社长,一般人都喜欢称她为"张社长",虽然看上去不怎么像社长。

张丽玲是我的浙江同乡,也许因为过于娇小婉约,一直有一种邻家小妹的感觉。

虽然她年龄比我小,但是到日本留学的时间比我还早。1989年,她就到日本读书,一直读到东京学艺大学舞台导演专业硕士毕业,毕业之后就进入了大仓商事工作。

坐在这家国际大商社的办公室里,张丽玲的脑子没有想大豆、煤炭的交易,而是在关注中国留学生们的生存故事,她想拍留学生的电视片!

我一直没有弄明白,张丽玲是如何成功"忽悠"富士电视台最牛的专题片导演横山隆晴,组建起一个摄制组,跟着她花了整整十年的时间,天南海北地去拍摄中国留日学生的故事,而且分文不取。

横山隆晴说过一句话:"见过天下无数女人,张丽玲是最难对付的女人!她居然会细声细语地跟我吵架三个小时,最后逼我投降。"

张丽玲带着横山团队拍了哪些记录电视片?先说第一部,叫《小留学生》。也许你看过,或听说过。

这部专题片讲述了北京三年级小学生张素随母亲跨出国门,与在日本就职的父亲团聚,成为"小留学生"的故事。在中国品学兼优的张素,到了陌生的课堂一句话都听不懂,经常急得直哭。尽管困难重重,张素仍然在老师和同学的帮助下刻苦补习日语,适应异国环境。当她两年后离开日本时,不仅是班级里成绩最好的学生,而且和老师同学结下了深厚的友谊。

包括《小留学生》在内的这部系列纪录片,从1996年开始拍摄,整整拍了4年。那时候,张丽玲白天在大仓商事上班,晚上拍片剪片,一个星期7天,她只睡了2天。大仓商事的领导说:"张丽玲你再这样下去,就开除你。"

张丽玲"嗨"了一声,第二天一早赶来上班,坐在电脑前一动没动,上司走过来瞧了她一眼,把自己的披肩轻轻给她披上——她睡着了。

横山是获得过20多个电视大奖的泰斗级纪录片制片人,虽然整个摄制团队没要一分钱。但是拍摄的交通费、住宿费和饭钱、租用编辑设备，得花好多钱。张丽玲最初是借了10万美元，后来又借了10万美元，当借到30万美元时，妈妈流着眼泪对她说了一句话："你以后怎么还得起？"

20世纪90年代中期，中国人的平均月工资还只有500元人民币。但是，日本的人均月工资已经达到了2万多元人民币。张丽玲最后又去借了10万美元，甚至把家里的姐妹都抓来当伙计，最终采访了315人、跟踪追拍了66名中国留学生，拍出了1000个小时的录像素材。

我问张丽玲："万一节目不能播出，你真的没想过如何还这40万美元吗？"张丽玲说："想过，如果自己为了这个欠了很多的钱，那么，我一定会用一辈子的工作来偿还。"

2001年，《小留学生》在富士电视台播出。当晚富士电视台接到了500多个感动的电话。日本财界领袖、牛尾电机公司会长牛尾治朗见到张丽玲，居然流了泪，他说："我要为中国留学生设立奖学金。"

当年，《小留学生》荣获被誉为日本奥斯卡的"日本放送文化基金奖"的"电视纪录片奖"，这是首次由在日华人制作的电视作品获此殊荣，张丽玲个人也获得了"策划奖"。

张丽玲拍摄的第二部引起中日两国社会极大轰动的纪录片是《含泪活着》。

经历了十年动乱，知青丁尚彪和妻子返城回到上海，学业中断，身无一技之长，令他在这个充满变革的社会里举步维艰。在朋友的鼓励下，丁尚彪于1989年6月飞往彼岸的日本，开始了求学创业之路。在北海道的阿寒町，他和一众同胞为了未来努力学习,最后却不得不迫于生计逃离北海道来到东京,成为一名非法滞留者。为了多挣一点钱给女儿创造一个好的读书环境,他在日本打了 15 年黑工。在 10 平方米的蜗居里要用塑料袋接住洗澡水才可以导入下水道中。因为是黑户口,他无法回国与妻儿团聚。一家人天各一方,辛酸、误会、理解,万般情感,一言难尽。当女儿长大考取美国留学生时,一家人终于在东京有了第一次团聚。女儿见到的爸爸不再是一个英俊的帅哥,而是一个已经秃顶的中年男人。送女儿去成田机场的时候,因为成田机场要查身份证,爸爸只能在前一站下车。一家人又是别离,隔着车窗玻璃,妻子哭,女儿哭,爸爸也禁不住流泪。

2006 年,这部纪录片以罕见的汉语配日文字幕的方式,在富士电视台黄金档播出。日本列岛为之震惊,为之感动! 400 万人在网上发表感言。一位家庭主妇给富士电视台写了一封信,留下了这么一句话:"哭着看完,我的心灵像被洗过一样,知道什么是家人的爱。虽然外国人在日本非法滞留是一种犯罪,但是我更理解不少中国人在日本努力的目的与追求,尤其是为了家人任劳任怨的情怀。"更多的人却说,从主人公身上懂得了什么叫"品格",与贫富贵贱无关。还有想自杀的人给张丽玲写信:"明天我将开始新的人生。"

这部纪录片是张丽玲《我的留学生活系列纪录片》的收山之作,它凝聚了张丽玲和摄制组 10 年的心血。十年间,他们奔走于日本、中国、美国,记录了丁尚彪一家三口天各一方的生活。后来,这部纪录片又被制成纪录片电影,在日本上演后的票房纪录超过了《阿凡达》。

张丽玲又捧回了日本放送文化基金奖的"电视纪录片奖"。原国务院总理朱镕基访问日本时在记者会上被问及此片时说："我看了这部纪录片后，深受感动。"

20世纪90年代后期，中国政府开始重视外宣工作，中央电视台要在世界主要国家落地，但是努力了好久，一直无法进入日本市场。中央电视台找到了张丽玲，热心的张丽玲找了自己的上司和富士电视台，游说他们"为了中日友好"投资。结果，大仓商事和富士电视台挡不住张丽玲的恳求，同意出资成立"大富电视台"，但是有一个条件：谁接的活，谁当社长。

于是，还没当过课长的张丽玲，就这样被推上了社长的位子。

1998年7月1日，"CCTV大富"频道在日本正式开播。这是一个中国政府没出一分钱，完全由日本企业共同出资建立的"中国电视台"，主要转播中央四套节目。但是，当时中央四套一天只播6个小时节目，其中还有2个小时是英文节目，而且在中国是免费观看，在日本这样一个商业竞争近乎惨烈的市场要收费卖给观众，其中的难度可想而知。

张丽玲用"不堪回首"四字形容当年艰苦创业的经历：从节目的本地化到给用户装天线，再到增加国产电视剧的播出、日本华语新闻的制作、香港电视的落地、《新闻联播》的日语同声传译、中国共产党全国代表大会和全国"两会"的日语直播。这20年来，CCTV大富从无到有、从小到大，一点点成长起来。即使亏损了好多年，这些日本股东们也毫无怨言，一直默默支持，为的就是让日本民众更多地了解中国。

如今，大富已经拥有CCTV和凤凰卫视两个24小时播出的电视频道,并在6年前逐步实现了CCTV大富中日双语本土化播出以及《大富报》、手机网络等多个衍生媒体,频道已基本进入日本的4星级以上酒店,签约房间总数达到16万间,超过了美国的CNN和英国的BBC,成为日本社会最大的外国电视频道,首次实现了中央电视台在海外整频道本土化的落地播出。

不仅如此,张丽玲还邀请中国人民解放军交响乐团来东京举办音乐会,让中国军人乐团第一次走出国门就到了日本,让日本国民近距离地感受到中国军人的亲善与魅力。同时,张丽玲还游说日本的电视台对总政歌舞团的《木兰诗篇》在日本的公演进行了现场直播。还把日本的小学生组织到北京,参加中央电视台的"六一"国际儿童节联欢晚会的演出。

最近,在张丽玲的策划之下,CCTV大富和富士电视台、中国五洲传播中心联合启动了《中国故事》系列节目的拍摄制作,记述了中日两国民间在过去40多年友好交流的真实感人的故事。部分节目在富士电视台地面频道播出后,日本民众看到了两国人民的友谊,也看到了中国改革开放40年来的伟大成就。

7月1日晚,我赶去大富电视台参加20周年的台庆。在会议室里,张丽玲一直盯着一张合影照片看,她说:"这是我们第一次董事会的照片,这几位都已经走了,只剩一位还健在。"

当天,日本经济新闻刊登了日本各界人士祝贺CCTV大富电视台20周年台庆的整版广告,京瓷名誉董事长稻盛和夫、佳能董事长御手洗富士、富士电视台名誉董事长日枝久、歌手谷村新司等日本各界人士说了一句让张丽玲颇感"压力山大"的贺词：让我们一起期待将来 20 年，坚持未来 100 年！

那夜，我们一起唱歌，张丽玲唱了一首石川小百合的《天城越》。《天城越》是日本的歌谣名曲，其中有这么一句歌词："如果谁要夺走我的爱，我将杀了你！"

张丽玲说："凡事不热爱，真的很难坚持。"

3. 为什么说"不登富士山是混蛋"

日本有一个说法:"一个人如果一辈子不登一次富士山顶,是混蛋;如果登第二次,也是混蛋。"这句话是说,不登一次富士山顶,是一生的遗憾;如果登第二次,那一定是脑子进水了,因为登山的过程实在太艰辛。

我在 15 年前,一个人攀登上了富士山顶。那次的登山经历,希望给准备攀登的朋友们贡献一点经验。

7 月 1 日,富士山举行一年一度的"开山日"仪式,宣布允许游客攀登山顶。富士山一年允许攀登山顶的时间只有两个多月,也就是每年的 7 月 1 日到 9 月 10 日,其余时间都不允许攀登山顶,只允许到半山腰。原因很简单,因为富士山到了 10 月,山顶会开始积雪,风也会很大,气温急剧下降,这时候登山就很危险。

富士山有多高,标准的高度是 3775 米。因为它邻近太平洋,所以攀登富士山是从海拔 1 米开始攀登的。古代的时候,人们从山脚下开始攀登,到山顶一般需要两天两夜的时间。现在大家开始偷懒,因为汽车可以开到半山腰的五合目。所以,攀登富士山顶,变成了从半山腰开始。半山腰的海拔高度是在 2000 米左右。

　　一听我准备一个人去攀登富士山，大家都替我担心。我在日本的大学导师刚好认识富士山观光协会理事长，马上介绍我去咨询。理事长一听我要攀登富士山顶，先给我几本介绍富士山的图书，然后告诉我必须携带哪些装备，有哪些注意事项，最后对我说："一个人去也没有多大关系，半途上一定会遇上同伴。"

　　理事长的话给了我很大的勇气。根据他的指点，我在7月中旬，这个最适宜登山的时节来到了富士山，从山中湖坐上大巴，直接到了半山腰的五合目。

　　五合目距离山顶的直线距离，也就1775米，如果是在平地走的话，两公里的路，估计半小时就能解决。但是，富士山山体不仅是一个陡坡，而且整座山体覆盖了火山岩灰，从半山腰出发到山顶，至少也要攀登6个小时。

富士山观光协会理事长特别提醒我,叫我带上两样东西,一是氧气罐;二是木棒。为什么要带这两样东西?理事长说,一是防止高山缺氧;二是木棒可以支撑身体,因为沿途没有平坦的路。万一遇到野兽,这个木棒还能抵挡一阵子。

他还特别提醒我,从半山腰出发的时间,要选择在下午4点钟。

为什么要选择下午4点钟出发,而不是早上出发呢?因为下午4点钟出发,半夜可以抵达八合目,那里有一家山中旅店,可以休息一下。从旅店出发攀登山顶,还需要两个多小时,运气好的话,到山顶可以看到云海日出。

从五合目出发的时候,我穿了一件T恤衫。那时候我年轻气盛,啥都不怕,就一个人沿着崎岖的山道往上爬。

富士山还真没有人工修建的登山道,正如鲁迅先生的那句话:世上本没有路,走的人多了,也便成了路。富士山的登山道,就是登山者们踩出来的。

我们远看富士山,一切都觉得很漂亮。但是当自己亲密接触富士山山体,发现满山都是火山碎石,仿佛在提醒我们:这是一座历史上多次喷发的活火山。半山腰还有一些灌木林,再往上走,只看到一些草。再后来,草也没了,只有红色的火山灰。

晚上7点钟,天开始暗下来,气温也下降,估计只有十几度了。周围安静极了,只有山风吹过的丝丝声音,还有我的脚步声。我打开手电筒,这才发现在我的不远处,也有手电筒灯光闪烁,终于遇到登山的同伴了。于是我加快了步伐往前赶,追赶了半小时,终于看到一对60多岁的老夫妻。一问,是从北海道来的。他们得知我是中国人，说他们登上过长城，长城太伟大了，中国人怎么想到会去建这么一座城墙？我说，古代中国人读书人多，打不过骑马的民族，所以只好修长城。他们说，这个解释有道理。

我们边走边聊，到了夜里9点钟左右，终于爬到了八合目，看到了那个可以休息的小旅店。店门口写着"海拔3400米"。

进了小旅店，发现里面已经有20多个登山客，个个像难民。

旅店很小，就是两个大的榻榻米房间。榻榻米房间的特点是，房间有多大，床就有多大。在这里躺一下，给一条被子是9000日元，大约500多元人民币。虽然我自己带了干粮，但是人累的时候就想喝汤。这家旅店供应拉面，我要了一碗肉片面，肉倒是真的，面却是方便面，还真贵，要1000日元（约60元人民币），想想旅店的老板要把这些东西从山下背到这么高的地方，多收几百日元也正常。

富士山许多时候是云雾弥漫。因此，旅店的被子感觉也是湿漉漉的。我爬了5个多小时的山，确实也累了，吃完拉面倒头就呼呼大睡。还没睡多少时间，大家喊起床了。一看手表，是凌晨两点钟。因为从八合目到山顶，虽然只剩下几百米的路，但至少还要走两个多小时，运气好的话，能够看到日出。

我走出旅店，仰望天空，看到满天的星星，感觉自己离宇宙是那么的近。

20多人一起走，热闹了许多，有人开始唱日本民谣。凌晨4点半左右，看到了一对石狮子，说明我终于登上了富士山山顶。

那时候，太阳还没出来。天已经蒙蒙亮，看山下，是云雾弥漫。

山顶上有个神社——久须志神社,神社很小,跑进去拜了拜,算是给富士山的土地公公磕个头。

山下是30多度,到了山顶,只有3摄氏度,加上出了一身的汗,我开始感觉冷,马上掏出衣服裹上。

大概到了五点钟,天边已经朝霞漫天。过了不久,一轮红日从云海中跳跃而出,那道霞光照射过来,特别的刺眼,许多日本人举起双手喊"万岁"。而我觉得最奇妙的是,红日居然是在我的脚下冉冉升起,这种体验,只有登上高山才能获得。

日本人把富士山山顶的庄严日出称作"御来光"。富士山的气候变化多端,大多数时候难以看到它的真容。所以,登上富士山顶,能够迎来"御来光"的人,都是十分幸运的人。

我们从远处看富士山,会发现富士山的顶不是尖尖的,而是一个平口。为什么会是一个平口?爬上山顶才知道这里是一个巨大的火山口,估计有200米深,不过没有冒烟。300多年前,富士山最后一次大喷发,就是从这个火山口喷出来的,才形成了现在如此美丽的等腰三角形的山体。

山顶上除神社之外,还有两个主要的建筑,一个是一家小邮局,自然是日本最高的邮局。可以打电话,可以寄明信片。我买了10张明信片,一张一张写好,寄给要好的朋友,最后一张是写给自己的。

走出小邮局,沿着火山口再往前走,是一个气象台,这也是日本最高的气象台。因为一年当中大多数的时间都是冰雪封山的天气,所以在这个气象台里工作,条件十分艰苦。但是许多日本的气象工作者都以自己能够在富士山山顶的气象台里工作过而感到荣耀。

绕着富士山顶的火山口走一圈，需要两个小时。我就跟着大家走，结果看到的景色很有趣，因为富士山的北边是山梨县，所以北边的景色是起伏的群山。然而走到南边，是静冈县，我看到了浩瀚的太平洋。所以，登高望远，真的会改变人生的三观，因为会发现自己是多么的渺小，世界是多么的伟大。

走完火山口，我累得趴下了，虽然氧气罐没有用上，但毕竟是在崎岖不平的火山岩灰上走，两腿累得发抖。

回到小神社，边上居然有一个自动售货机，一瓶矿泉水，山下是130日元，到了山顶就是500日元。我都不知道，这些饮料是怎么被搬运到山顶上来的。

在神社门口坐了10分钟，实在太冷。此时已是上午9点多，我喝了矿泉水，吃了一点干粮，开始有了精神。有部分人开始下山，因为下山的路与登山的路不同，于是我决定跟着大家下山。

俗话说："上山容易下山难。"这话一点也不假。富士山的土是火山岩灰，又软又松。下山时，有人提醒："大家请走Z字形。"我也没有理解这个提醒是什么意思，结果一路往下冲。

登山花了一个晚上的时间，下山走得很快，到半山腰的五合目，只花了3个小时。但是问题来了，我的耳朵似乎是聋了，啥都听不见，是那种长时间坐飞机突然失聪的感觉；两腿也不听使唤，见到马路就像看到亲人一样，一屁股坐在马路边，有一种重回文明世界的幸福感。

我发现，富士山的山民们很会做生意，就在马路边有一个骑马处，骑着马可以回到五合目坐下山大巴的地方，但是需要花费4000日元（约240元人民币）。我顾不得那么多了，艰难地爬上马背，很像一位凯旋的英雄，最终的形象估计比打了败仗的"狗熊"还狼狈。

如果大家想攀登富士山的话，一定要在7月和8月去，同时记得订一家温泉旅馆。当你下山后，一身疲惫地跳进温泉，那种快感是无法用语言来表述的。说得让大家动心了吧，还是那句话："一个人如果一辈子不登一次富士山顶，是混蛋；如果登第二次，也是混蛋。"

4. 日本夫妻为何喜欢分床睡

我在东京有一位很要好的忘年交，名叫高桥，今年已经70岁。

高桥先生原来是日本一家跨国公司的董事长，退休之后组织了一个中国经济问题研究会。所以，经常会和我一起探讨一些中国经济问题，偶尔也会一起去喝酒。

有一次，他和我说起一件事，说他儿子结婚之后，他一直没有去过儿子在外面租的房子。有一次去，发现儿子与媳妇的卧室是一张大床，而且是一条被子，他觉得十分惊讶："你们怎么没有分床睡？"儿子听了，说了一句话："现在年轻，等以后再分床。"

高桥先生跟我讲起这件事时，表情是十分的认真，有点发现新大陆的感觉，一边喝着啤酒一边说："夫妻怎么会睡在一张床上盖一条被子呢？"

大家听到这里，也一定会感觉到奇怪："这位高桥先生到底生活在什么朝代？"

但是，大家先别着急，我细细问了一下，高桥先生的认识还真是有一定的历史渊源。因为日本夫妻自古以来就是分床睡的。

高桥先生是一位很有教养的绅士。他对我讲，他结婚的时候，就是跟妻子分床睡的。为什么是分床睡的呢？因为过去日本人的家大多数是榻榻米，榻榻米是铺在木板上的，早上把被子床垫放进壁柜里，榻榻米房间就变成了客厅。睡觉的时候，再把床垫和被子拿出来铺上。

如果大家住过日本的温泉旅馆，睡过榻榻米房间的话，一定体验过日本人的这种做法。

因为榻榻米很硬，所以晚上睡觉时，必须要有厚实的软软的垫子，垫子很重，都是单人式的，没有双人用的垫子，因此，夫妻两人要睡觉的时候，都是从壁柜里搬出两个垫子，铺在榻榻米上。如果你把这两个垫子理解成两个席梦思床垫的话，就可以想象这两个垫子放在榻榻米上的情景。

日本人的垫子都不是并排放在一起的，而是保持一定的距离。于是，夫妻两人虽然睡在一个榻榻米房间里，但是事实上还是分床睡的，被子也是各盖各的，不会出现中国或者西方社会里那种夫妻同盖一条被子相拥而睡的情景。

说白了，日本过去是没有床的文化，只有榻榻米的文化。日文中虽然有"床"这个汉字，但是它的意思不是我们概念中睡觉的大床，而是指屋子内部的地面，也就是"榻榻米"的意思。

我问高桥先生："当年，你总要跟太太亲热一下。各睡各的床垫，怎么个亲热法？"他笑着说，要不挪到她的床垫上，要不挪到我的床垫上。亲热完了之后，各自回到床垫上去睡觉，因为一个床垫是睡不下两个人的。

日本夫妻分床睡，除了床垫是单人式这个客观理由之外，是不是还有其他什么理由？

高桥先生跟我说了几个理由，让我忍不住想笑。他说的第一个理由是，两个人睡在一个被子里，因为睡觉姿势各有不同，被子拉来拉去，很容易感冒；第二个理由，如果两个人睡在一张床上，其中有一个人动一动，翻个身，就很容易会把另一个人吵醒；第三个理由，每天夜里睡在一个被窝里，夫妻之间会没有新鲜感。所以，夫妻分床睡，互不影响，不仅能保证睡眠质量，同时也可以产生一些距离感。高桥先生说："距离会产生美。"

你别说，高桥先生说得不无道理。但是按照我们中国人的观念来说，那是大逆不道。

元朝戏曲作品《西厢记》里，就有过一句很经典的话，叫作"生则同衾，死则同穴"。翻译成大白话的话就是：活着的时候，要盖一条被子；死的时候，也要葬在一个坟墓里。这是中国传统意义上"一生一世一双人"，相亲相爱的最高境界。

理论上来讲，夫妻是世界上最亲密的人，夜夜肌肤之亲也在常理之中。但是，日本社会有一个基本的价值观，那就是，两个最亲密的人也需要保持一定的距离。这个距离是多少？是一尺半，也就是半米的距离。如果你不相信我说的话，可以去日本的温泉旅馆里验证一下，如果是夫妻或者情侣入住一个榻榻米房间，旅馆的服务员晚上铺的两个床垫，一定是保持了一尺半的距离，绝对不会紧挨着放。

"一尺半"，是日本社会最亲密的人之间也必须保持的距离。你在东京银座街头绝对看不到挽着胳膊一起走的日本男女，甚至要拍到一张男女手拉手的照片都困难。

为什么夫妻之间要保持这"一尺半"的距离？

第一个原因，是为了保持夫妻之间相对独立自由的空间。也就是说，两个人的生活不能时时地纠缠在一起，应该给予对方一定的独立空间；第二个原因，是为了凸显妻子对丈夫的尊重。

大家如果有机会看日本皇室成员参加国事活动的电视新闻，可以仔细观察一下，皇后永远是与天皇保持一尺半的距离。也就是说，她不会跟天皇并排一起走，而是跟在天皇的背后，保持那么一点的距离。不仅天皇如此，日本皇室的其他成员也是如此。在日本，这是被视为一个女人有没有教养的重要标志。用一种批判的说法，那就是男尊女卑；在一个以男子为主导的日本社会里，男尊女卑在某种程度上被认为是一种社会的道德标准。因此，日本女人结了婚之后，称自己的老公叫"主人"，类似于我们中国北方以前的那种"大当家的"的叫法。而男人向别人说起自己的老婆时，绝对不会说"我爱人"，而是叫"女房"。在日语中，"爱人"是婚外情人的意思。

但是我们发现，高桥先生说的事情，到了他儿子这一代就已经发生了改变。他和妻子是分床睡，而儿子与儿媳妇已经睡在一张大床上同盖一条被子而不怕感冒。这是因为，日本在20世纪70年代经历了一场女性解放运动。

20世纪70年代，日本社会遭受了美国女权运动的冲击，许多女性不愿意结婚生子做家庭主妇，甚至不愿意带着处女之身嫁人。此时，日本经济进入了一个高速发展时期，越来越多的女性离开家庭参加工作，走入社会。她们开始追求个性的解放，追求身心的自由。同时，日本受西方生活与文化的影响，开始抛弃榻榻米为主的纯日本风格的单体建筑，开始建造钢筋混凝土结构的一户建别墅楼，或者干脆搬进公寓楼。于是，越来越多的家庭没有了榻榻米房间，只有被称为"洋室"的一个个小房间。沙发、椅子和大床等欧美人的生活用品开始成了日本人的基本生活家具。这场生活革命，让日本罗圈腿的女孩子越来越少，长期坐椅子长大的孩子不再需要盘腿生活，她们的腿形也越来越漂亮。与此同时，日本人夫妻像欧美人那样同睡一张床，也成了一种时髦。

但是，我前不久在东京去看了一套房产公司的样板房，发现主卧的床是两张并排的单人床。我问卖房的女孩："为什么不用一张大床，而用两张单人床？"她的回答是："现在许多家庭，还是喜欢这种格局，两张单人床并排在一起，既不影响夫妻之间的亲热，同时又可以保持夫妻之间相对的独立。因为是两张床，自然而然会是两条被子，不会影响各自的睡眠。"

当然，可能是因为房间空间有限，两张床没有了"一尺半"的距离。但是，日本人夫妻之间，在内心或许还有那么一种距离感。

日本生命保险公司在 2017 年做了一次夫妻生活调查，问了这么几个问题：

第一个问题："你们夫妻是分床睡还是睡在一张床上？"结果显示，有 68% 的夫妻是分床睡，尤其是在 50 岁以上的夫妻之中，这个比例高达 80% 以上。

第二个问题："你们夫妻是睡在床上，还是睡在榻榻米上？"

结果显示,有63%的人睡在床上,有37%的人还睡在榻榻米上。

第三个问题:"将来你们会不会分床睡?"结果显示,高达90%的夫妻表示今后会分床睡,而分床睡的开始年龄节点,最多的是50岁。

日本生命保险公司的这个调查,如果放在中国的话,不知我们中国夫妻到最后,会有多少人睡在一张床上一起到老?

5. 夫妻必须同床共枕的理由

看了日本 TBS 电视台的一档娱乐节目，节目请了几位日本的临床医学专家来给大家讲授基本的家庭医学知识，其中提到了夫妻必须同床共枕的理由。

日本自古以来没有夫妻同床的传统，但是一直有同房的传统。为什么这么说？因为日本以前的房子都是榻榻米房间，榻榻米房间有一个特点，就是房间有多大，床就有多大。但是，日语中"床"的概念，不是指我们现代汉语中睡觉的"床"，而是指家中高出地面的地板这一层，现在这一概念还扩延到大楼的各层地面。

日本人睡榻榻米，必须要有厚实的棉垫，棉垫都是单人的——我至今没有见过双人棉垫，可能是因为折叠收藏方便的关系。因此，夫妻是睡在一个屋子里，但是分睡在各自的棉垫上。虽然没有"共枕"，但也是属于"同床"。

但是，现代社会越来越多的日本人已经离开了老旧的房子，住进了高层公寓楼，这也意味着与传统的"榻榻米文化"的告别。住在公寓楼里的夫妻，开始睡上了中式（洋式）的床，真正实现了"同床共枕"。

但是，这个节目告诉我们，日本人夫妻中，约有 40% 是分床睡的,这种状况在中老年夫妻中最多。而分床睡的夫妻中,又有 80% 的人是分房睡的。

为什么会有这么多人分房睡?参加节目的艺人们分析称,主要是两个原因:一是因为到了中年,多数男人,也有少数女性会打呼噜,影响伴侣的睡眠,以至于双方闹出矛盾,最终分房而睡;二是做了几十年夫妻,激情耗尽,"性趣"全无,因此分床睡也变成了自然。

但是,夫妻分床尤其是分房睡,会造成什么问题呢?

节目公布了一组数据,2015 年,日本全国因为脑出血、脑梗等原因去世的人数达到了 111973 人,这些人死亡的时间,70% 是在夜里,多数是一个人睡,早上才被家人发现。

参加节目的医生说,脑出血、脑梗发作时,如果身边马上有人察觉并立即呼叫救护车,获救的可能性就很大。因此,夫妻同床共枕,对于伴侣突然发病的救治具有决定性的作用。由此建议夫妻应该同床,即使分床的话,也应该在一个房间里,而不应该分房。

这个节目还告诉大家几个很专业的知识。

第一,如果家里有人脑出血或脑梗发作,千万不要在黑暗中开灯,因为突然开灯会刺激患者的神经,导致血压上升,脑血管第二次破裂。最好的办法是开客厅或走廊的灯,然后在等待救护车到来之前,用毛巾等物盖住患者的眼睛,避免受到光的刺激。

第二,如果家里有人脑出血或脑梗发作,千万不要扶他起来,或者搬动他的身体,或者拍他的脸,因为这样做,会导致其脑血管第二次破裂，并导致出血面积扩大。最好的办法是让其平躺不动，等待医生到来。

第三，如果是住在别墅的话，最好把卧室放在一楼，原因是：如果你住在2楼甚至3楼的话，一旦发病，救护医生要从2楼小心地把病人抬到1楼，需要15分钟的时间，如果在3楼的话，所需时间更多，这将大大延误抢救时间。而且在抬下楼的过程中，会使得病人身体失去平衡，导致病情加重。

那么，如何防止脑出血和脑梗？日本医学专家们给出的意见很简单：喝水。尤其是早上起床之后，一定要喝一杯，以稀释血液浓度。因为，脑出血和脑梗发作的一大原因，是血液浓度太高。

最后，如何判断某个人有脑出血和脑梗的症状？日本医学专家们给出的意见是四个英文字母：FAST。

"F"是Face（脸）——如果发现自己或对方笑起来很不自然的话，危险！

"A"是Arm（手腕）——如果左右两手臂不能并举的话，危险！

"S"是Speech（语言）——如果发现说话咬舌头、不利落的话，危险！

"T"是Time（时间）——发现病人后，一定要向医生说清楚其发病的准确时间。

以上几点，供大家参考。

6. 反对美军基地的冲绳县知事之死

冲绳县知事翁长雄志走了，是在 2018 年 8 月 8 日夜晚。

胰腺癌，从发现到去世，仅仅 3 个月的时间。

再发达的日本医学，也未能留住他的生命，人生最终定格在 67 岁。

日本的县知事，充其量是一个省长，在 47 个都道府县中，只是四十七分之一。但是，翁长知事的离去，震动了日本列岛。

因为他是一位坚定的反对美军基地的领袖，也是一位与安倍政府唱反调的叛逆者。

"翁长"是一个很奇怪的姓，据说只有冲绳才有。有人说他的祖上来自中国，他获得的"福州荣誉市民"的称号，就是为了寻祖上的根。

面对外面的传言，翁长先生没有吭声。他对中国台湾好，因为来冲绳旅游最多的海外人群是邻近的台湾人。而他当选县知事之后，又两度访问北京，与中国领导人会见，期望推动冲绳与中国的交流与合作。因此，有人骂他是"中国的走狗"，尤其是在钓鱼岛问题还十分敏感的时候。

翁长先生出生于 1950 年，从小是在美军占领的土地上长大的。他在冲绳读完小学到高中，在冲绳回归日本前一年，翁长先生拿着美属琉球政府护照到东京的法政大学留学。1975年毕业时，他的护照变成了"日本国"。但他没有留在东京，而是回到了冲绳，他喜欢把冲绳叫作"琉球"。

翁长先生的父亲，在20世纪50年代当过冲绳县真和志市市长。他的哥哥，在20世纪80年代当过冲绳县副知事。按照冲绳人的说法，翁长出生在一个政治世家，他当过那霸市议员、冲绳县议员。2000年开始，他当了整整14年冲绳县政府所在地的那霸市市长。2014年，他通过竞选，当选为冲绳县知事。

有人说，翁长当知事，全靠反美军。

确实，他的竞选纲领中，第一条就是"关闭撤销美军普天间基地，强烈要求美军撤回鱼鹰运输机。要通过各种手段，阻止美军在边野古地区建设新基地"。

结果，翁长先生以最高票当选知事。冲绳人说，这么多年来，终于有了一位能真正替冲绳人说话的知事。

翁长知事反对美军基地的立场，并非政治噱头，而是他作为冲绳人的真情。

他说过这样一段话："日本的安全保障问题，是全体日本国民需要考虑的问题，不能把负担全压在冲绳人身上。全国70%的美军基地放在冲绳，是阻碍冲绳经济发展的最大障碍。与美军基地同步发展的紧急振兴政策，会给冲绳的未来留下一大祸根。"

在他的前任签字同意在边野古海岸建设新的美军基地之后，翁长先生一上台就明确表示坚决反对建设边野古基地。甚至在冲绳县警察部队驱赶抗议民众时，他出现在抗议现场，与每位抗议者握手,一起举起"NO"的抗议牌。他还公开警告美军和日本政府:"总有一天,我会取消边野古海岸的填埋许可证。"

翁长知事自然成了安倍政府的"眼中钉"。劝降不成,安倍政府大幅削减了中央财政对冲绳县的补助。翁长没有被吓到,直接跑到东京的首相官邸抗议。结果,安倍首相躲得远远,派了内阁官房长官菅义伟听他抗议。

翁长先生有一个梦,他要把美军基地全部赶出去,把冲绳变成日本与中国、日本与东南亚国家之间的物流中转枢纽。而美军继续盘踞冲绳,不仅外国人难以前来投资,同时因为空域受到美军的管制,货运飞机公司在那霸机场建设物流中心也受到很大的制约。所以,他发自内心地想着,为了冲绳的明天,一定要阻止日本政府和美军建设边野古新基地。

2018年5月,翁长知事突感身体不适,去医院检查后,居然发现是胰腺癌,而且已经是中期。

手术后在住院的日子中,翁长知事暴瘦,一位英俊的男子一下子变成了骨瘦如柴的老人。当天出现在电视屏幕上时,冲绳人惊呆了,连远离冲绳的日本本土的人们也开始担忧起来。

但是,翁长先生坚持上班。7月27日,他在冲绳县政府大楼举行记者会,再次表示:"美军基地的存在,作为冲绳的政治家,是无法容忍的!没有理由要把美丽的边野古海湾填埋!"

听完他的话,在现场的几位冲绳县政府干部哭了,因为大家知道,这也许是他最后一次主持记者会,因为最后他是扶着讲台边走下来的。

10天后,翁长知事在医院里闭上了双眼。陪伴他走完人生

最后一程的副知事说,最后一刻,他是紧闭着嘴走的。

在翁长知事去世后的第三天,冲绳举行了反对边野古基地建设县民大会,翁长知事原定出席大会并发表讲演。大会组织委员会决定在主席台上放一把椅子,椅子上放一顶翁长知事最喜爱的蓝色草帽。

因为蓝色,象征边野古蔚蓝的海湾。

7. 日本大牌影星的演出费是多少

日本著名作家渡边淳一的女儿渡边直子，最近拍摄了一部电影——《不管母亲多么嫌弃我》。这部电影讲述了一对母子的故事，儿子从小被母亲遗弃，但是成年之后开始寻找母亲，最后化解与母亲的恩怨，一直照顾母亲到去世。

这部电影的主演是日本著名女影星吉田羊，她也是日本目前电视广告出镜率最高的一名演员。在这部电影中，吉田羊扮演了母亲光子。

我问渡边直子，整部电影的拍摄耗费了多少钱？她不肯明说，只是表示，他们很穷，省吃俭用。后来我了解到，这部电影的整个制造经费，估计没有超过 1000 万元人民币。那么像吉田羊这样著名的演员，在这部电影中的出演费，就可以知道一个大概，因为日本一部电影制作费中，演员的报酬一般只占到 20% ~ 30%。

我们在聊吉田羊的演出费之前，先来聊一聊日本培养演员的途径与体制。

说起来，大家可能不相信，影视业如此发达的日本，居然没有一所培养专业演员的电影学院。也就是说，日本的演员都不是从大学里培养出来的，所以在日本永远没有机会看到英俊少年与美少女们排队报考电影学院的风景。

那么，日本这么多演员都是从哪里冒出来的呢？第一是自己努力打拼出来的；第二是从"国民美少女"的选美中发掘出来的；第三是在马路上被星探发现的；第四是从民间的演员培训学校出来的。可想而知，这些演员的学历是参差不齐，经历也是千差万别，但是有一样东西是所有成功的艺人共同拥有的品格——打拼。也正因为这些演员的经历与学历的不同，因此也产生了许多个性派演员，每个演员不是凭脸蛋演戏，而是凭艺技求生。

演员这个职业，在日本是属于一个时尚型职业。从十几岁到三十几岁，这是他们的艺术生命的青春期。日本95%以上的演员属于艺人经纪公司，只有极个别的影帝、影后级别的一线演员，才有资格独立出来，自己成立公司，包装和推销自己。

我们亚洲通讯社边上有一栋小楼，是日本著名的艺人经纪公司杰尼斯的总部。杰尼斯旗下拥有200多名艺人，其中有木村拓哉这样的一线演员。这家公司的董事小野先生告诉我，公司要把一个初出茅庐的人培养成为一名艺人，一般来说，需要5～10年的时间。经纪公司每年要花很多的钱在他们身上，培养他们，推销他们。但是这么多艺人中，最后成名的往往只有五分之一，大多数人中途就会被淘汰。

所以，这些艺人在没有成名或者没有成为一线艺人之前，每个月领取的薪水是很低的，最低的5万日元（约3000元人民币），最高的也只有50万日元（约3万元人民币）。而当艺人成为一线著名演员以后，与公司的演出费分成基本上也是四六开，演员拿六成，公司拿四成。因为在艺人成名之前，公司已经付出了许多，平时还必须配备助手，公司分四成是行业规矩。

无论是电视台拍摄电视剧，还是电影公司拍摄电影，挑选演员首先是与大牌的艺人经纪公司交涉，由经纪公司来安排演员的档期和商谈出演费用。除了大牌影星的，一般的个人事务所是得不到这种演出机会的。因此，日本影星们即使已经红得发紫，也不会擅自独立出来。因为独立之后，一方面，能不能得到演出的机会令人担忧；另一方面，也会让演艺界对自己产生忘恩负义的印象。所以，日本的演艺界始终保持一种良性的合作体制，同时也保持了一种高度的自律机制，不能违法乱纪和搞男女不伦关系闹丑闻。像日本著名歌手兼影星酒井法子，就因为和老公吸毒，已经过去9年依然遭到演艺界的排斥，无法继续登台演唱和拍摄影视剧。

聊完日本演艺界的游戏规则，我们来聊一聊日本影星吉田羊的故事。吉田羊从小梦想当一名演员，高中毕业之后，就加盟一个小剧团客串小角色。因为剧团不仅没有演出补贴，还要自己交学费，因此，吉田羊一直靠打零工维持生计。吉田羊不是一个十分漂亮的影星，但是瘦小的脸很有轮廓，是那种看过之后不会忘记的脸。

吉田羊靠边打工边参加演出，熬到30岁，她的演技才被演艺界所认可，开始接拍电影和电视剧。2011年，她出演了由芦田爱菜和松山健一主演的电影《白兔糖》，还有由宫崎葵和堺雅人主演的电影《丈夫得了抑郁症》，虽然不是主角，但是吉

田羊的演技受到观众的称赞，也因此开启了她的成名之路。

在电影《不管母亲多么嫌弃我》的内部放映会上，我见到了吉田羊，个儿比我想象得瘦小。据说是为了维护形象而坚持节食。因为电影上的形象，由于镜头比例和视觉的关系，往往会比真人胖一些。

吉田羊如今是日本的广告女王，2017年接拍的电视广告多达16家企业之多，而2018年也已经接拍了4部电影和电视连续剧。

那么，像吉田羊这样的头牌影星，她单集电视剧的演出费报价是120万日元（约7万元人民币），单集电视广告演出费的报价是3500万日元（约200万元人民币）。2017年，她的总收入是4.77亿日元，折合人民币是2800万元，在日本成百上千的女影星中，年收入排名第三位。而这次拍摄电影《不管母亲多么嫌弃我》，演出费估计只有几十万元人民币。

在日本，做演员是发不了大财的。2017年，日本女影星中收入最高的是绫濑遥，第二位是有村架纯，第三位是吉田羊，第四位是石原里美，第五位是新垣结衣。

我们来看看她们全年的收入：绫濑遥的推算年收入是65.5亿日元，折合人民币约3830万元，其80%的收入来自于出演广告；排名第二的有村架纯，年收约57亿日元，折合人民币约3333万；被认为是"嘴唇最性感影星"石原里美，年收入是43.8亿日元，折合人民币约2682万元；新垣结衣的年收入为43.5亿日元，折合人民币约2558万元；主演《外科医生》的米仓凉子，年收入为29亿日元，折合人民币约1705万元，排名第10位。

那么，男影星中，大导演兼名演员的北野武年收入排名第一，高达130亿日元，折合人民币是7640万元。但是，北野武的年收入中多数还不是演出和导演的收入，而是每周主持电视节目的收入。而被称为大笑星的石家秋刀鱼，是现在拥有众多电视节目的卖座艺人，2017年的年收入也只有60亿日元（约3529万元人民币），排名第9位。排名第7位的中居正广，是男子演唱组SMAP的台柱，也是十分走红的电视节目主持人，他在2017年的收入是72.5亿日元（约4230万元人民币）。

这些影星年收入这么高，但是，每年纳税额是多少呢？超过1亿日元的个人所得税的税率高达40%，这是逃不掉的。为什么逃不掉？因为日本每位成年的公民，每个人必须每年向居住地的税务局申报个人收入情况，其中个人收入比较高的艺人和企业经营者，一直是税务局注意的目标。由于日本个人收入信息实现了全国联网，因此，税务局很容易查到艺人的收入情况。比如电影公司支付给艺人1000万日元的演出费，艺人自己还没有申报，电影公司就已经将这笔支出报给了税务局。电影公司如果隐瞒不报的话，就只能做假账，一旦被税务局查出，那么公司就会面临全国通报加罚款，严重的话，公司法人会因此被捕坐牢。

在日本，偷税3000万日元（约170万元人民币）就要被捕，即使补交也要判刑。因为在追求公平的社会里，依法纳税不仅是每位公民的义务，也是一个基本的社会道德。逃税与偷盗别人的东西一样，对于每位日本人来说，都是很大的丑闻。尤其是日本大公司，一旦传出偷税漏税的丑闻，不仅是股票暴跌，更会因此被认为是没有社会责任感与道德心的企业，企业信誉与形象也会遭受重大损失。所以，日本人和日本企业一般都不敢也没有勇气去偷税漏税，因为结果往往是得不偿失，甚至身败名裂。

东京有一家艺人经纪公司，2017年因为偷税漏税3500万日元遭到税务局的严厉罚款，同时公司社长被捕，这家经纪公司因此破产，所属的30多名艺人也一下子无家可归。所以在日本演艺圈，最忌讳的是偷税漏税的丑闻，因为这样做，不仅辜负了影迷们的支持，更是背叛社会的行为。一旦被发现，电视台会立即取消公司艺人的节目，电影公司不会上映公司艺人主演的电影，广告也因此停播，广告商马上会派出律师找上门来，不是给公司安慰费，而是向公司索赔企业形象损失费。同时，公司还得举行公开的记者会，一把眼泪一把鼻涕地向全国人民保证自己痛改前非，一定好好做人，争取早日得到社会的原谅，重返影坛。

所以，做一位品行端正、具有爱心和社会责任感的艺人，才会有更多出演的机会，才能延续艺术的生命。也正因为如此，日本的艺人们都十分的低调，谦虚，待人恭敬，粉丝们提出合影、签名等要求，一般都会答应，满足粉丝们的愿望。尤其是一线歌手，在举行完个人演唱会后，会在第一时间从舞台上赶到出口处，与观众们一一握手，真的有一种把观众当上帝的感觉。也正因为如此，日本许多艺人即使到了七八十岁，人气依然不减。

8. 日本在汶川大地震中干了些什么

2018年5月12日是汶川大地震10周年的纪念日。10年前的这一天,四川省发生了8级大地震,山被移走,整个城市被毁,近7万人遇难,近1.8万人失踪,还有37万多人受伤。这是新中国成立以来破坏力最大的一次地震,也是继唐山大地震之后伤亡最严重的一次大地震。

我是在地震发生之后第10天进入灾区的。虽然在日本经常遭遇地震,但是,如此惨烈的灾情,我还是第一次看到,心中的那份震撼,至今难以忘怀。

3年之后,我再一次去四川地震灾区,看到一栋栋新楼已经建成,一座座新城已经诞生,看到了灾区变成了旅游景区,看到了灾民脸上的笑容,心中有了许多欣慰。"一方有难,八方支援"的中国社会制度的优越性,在四川灾区得以完美体现。

但是,当我走进地震纪念馆,看到的大多是抗震救灾的照片,却少有如何防灾、如何避灾、如何建造抗震建筑的资料宣传,甚至连地震发生时的悲惨场景都很少展现。地震纪念馆最终变成了"抗震救灾英雄纪念馆",而不是一个"地震教育馆"。这让我不免有些担忧:地震还会再来,四川也应该像日本的地震纪念馆一样,告诉民众自己生活在地震带上,随时还会遇到地震。多增加一些抗震防灾的内容，让当地的民众学会自救，防灾，建造牢固的房子来保护自己的生命。

四川是一个多地震的地区。地震是有周期的，前几天，我见到了几位当年参与四川地震救灾的日本专家，他们表达的一个很大的愿望，希望进一步推动两国的地震预测预防和救灾合作机制。他们说："地震不分昼夜，抗震救灾也无国界。"我觉得这句话很有道理。

先让我来讲述一段故事。

汶川大地震发生一周之后，四川省政府接到了国务院的一个指示：立即组织人员编制灾后重建方案，以安抚灾民惶恐不安之心。

这一任务具体落到了四川省发改委。发改委接到这一任务后很着急，因为根本就找不到一个地震灾区灾后重建的参考范本，也根本不知道怎样写！

当时的四川省发改委主任刘捷先生，现任四川省人大常委会副主任，想到了日本。因为日本发生过多次大地震，一定会有相关的灾后重建计划书。于是刘捷先生通过人民网的记者杨菲联系到了我，跟我说了一句话："十分紧急，无论如何请提供日本灾后重建资料。"

我在办公室里接到这个电话，立即感到事情重大，必须马上去做。我知道，在 1995 年，阪神地区发生过 7 级大地震，有 6000 多人遇难。而随后的 2007 年，日本东北的新潟县中越地区也发生过 6.8 级大地震。阪神地区是城市，而新潟县中越地区则是农村山区。四川灾区虽有城市，但更多的是山区，很显然，灾后重建方案既需要城市的重建方案，也需要山区农村的重建方案。

如何能够拿到日本这两次大地震的灾后重建方案？我想到了两个要好的日本国会议员，一位是神户市选出的国会议员土肥隆一先生（可惜已经在 2016 年去世），另一位是新潟县选出的国会议员田中真纪子女士。于是，我马上赶到国会，走进了土肥先生与田中女士的办公室，向他们说明情况，请他们无论如何帮我弄到阪神大地震和中越大地震的灾后重建方案。土肥先生是牧师出身，为人特别真诚。而田中真纪子是日本前首相田中角荣的女儿，那更不用说。两人立即拿起电话分别打给了神户市长和新潟县知事，说明情况后，立即得到了这两个地方领导的支持。

离开国会之后，我直接奔赴东京车站，搭上新干线赶往神户市。我们亚洲通讯社的一位工作人员则赶往新潟县，当天夜里，我们就把这两个地方的灾后重建方案背回了东京。

因为全是日语，必须要组织人员翻译成中文。这时候我想到的就是在日本的中国留学生和华侨们。那时候还没有微信群，我一个个打电话，说的都是同一句话："为祖国出力的时候到了！"结果有 16 人报名，连夜复印连夜翻译，两位懂中文的日本人志愿者负责校对。大家都分文不取，心里想的只有一点："能为灾区贡献一份力量，是无上的荣誉。"

三天之后，我背着厚厚一叠日本灾后重建方案从东京飞到了成都，交到了刘捷主任的手里。

见到刘捷主任时，已是深夜 11 时，他刚从灾区赶回来。我把日本灾后重建的资料交到他手里,他说,我们合一个影。

完成任务后,我当时提出一个要求,就是要去汶川灾区看一看。但是,根据当时的道路状况和余震不断的情况,他们没有同意我的要求。最后派了一辆挂着"应急交通"牌子的越野车送我去都江堰和北川地震灾区。预先被告知机关干部赴灾区必须自带粮食,于是陪同我的两位发改委干部在车上装了许多方便面和饼干、矿泉水,去了受灾最重的几个城市。

我听说在华西医院有一支日本的医疗救护队,而且是第一支赶到灾区的外国医疗队,总共有20多人。于是我赶去救护站,见到了在那里忙碌的几位日本医生。他们几乎已经两天没有合眼,需要做的手术实在太多。虽然语言不通,但是日本人和中国人的身体是一样的。所以,这几位日本医生动起手术来也是极其到位,其高超的医疗水平和敬业精神让当地的医生们感动。医疗队队长是田尻和宏先生,他后来担任过日本驻重庆总领事。

比医疗队率先抵达灾区的还有一支日本救援队,这是由日本消防厅和警察厅、海上保安厅特别救灾队组成的一个地震救灾专业队伍,已经参加过多次世界级大地震的救援。

救援队员共61人,都是从日本全国4000名随时待命的消防紧急救援队员中选拔出来的精英。地震是12日发生的,日本救援队第一批是在15日,第二批是在16日先后飞抵成都,队长是小泉崇先生。带队的还有一名指挥官是东京消防厅救助课课长原修先生。原修先生是紧急救援教官出身,曾经在新潟县中越大地震的救援中荣获功劳勋章,与他同行前往四川灾区的小野副队长,也曾参加过新潟县大地震的救难工作,都具有十分丰富的经验。

日本救援队也是第一支赶到灾区的外国救援队，他们当时携带的主要救生工具是便携液压式钢筋混凝土切割器，据说可以有效而可控地切开压住幸存者的混凝土板块。同时还有轻便破障机和小型发电机，以便在恶劣的条件下独立开展工作。他们还携带了特种生命探测仪，这种生命探测仪不是依靠地下声音来判断幸存者，而是通过监测空气内人类呼出的特殊气体成分来搜索幸存者，被称为"生命探测雷达"。

日本救援队抵达成都后，被救灾指挥部紧急派往受灾最严重地区之一的青川县。在倒塌的青川县中医院废墟里埋着一对母女——宋雪梅和她才出生75天的孩子，于是救援队立即展开施救。当时，这一消息传到日本，全国上下都盯着，希望日本救援队能够创造奇迹，救出这对受难的母女。但遗憾的是，经过整整一夜的施救，当救援队好不容易挪开倒塌的钢筋混凝土，用手一点一点清理砖石瓦砾，找到这对母女时，发现她们已经遇难了。

好几位日本救援队员在现场哭了，他们为自己未能拯救她们的生命而感到内疚。当遇难母女的遗体被抬到一处空地后，日本救援队全体队员列队向遇难者默哀，这一情景被新华社记者拍到了。我想许多的听众朋友脑海里，一定对这幅照片还有记忆。

在119个小时的救援活动中，日本救援队共发现和收容了21具遇难者遗体。

当年参加救灾的日本救援队队员糟谷良久先生，现在是日本国际协力机构中国事务所的副所长。日本国际协力机构是日本政府实施对外援助的机构，四川地震灾区救灾队也是由他们统筹派遣的。其实，从20世纪90年代开始，日本国际协力机构与北京市消防训练中心开展业务指导合作，由日本消防厅派出教官帮助训练北京市消防队员。糟谷良久先生说，在四川救灾时，他们曾经与北京消防局的救灾队一起合作，虽然双方语言不通，但是救灾的手法一模一样，当年日本传授的经验，在北京消防系统已经生根开花。这是他们最感到欣慰的一点。

现在担任日本国际协力机构中国事务所所长代理的周妍女士回忆说，当时自己和日本医疗队一起赶到四川。医疗队一直工作到6月要结束回国时，有一天，一位小女孩在妈妈的陪伴下来到了帐篷前，怯生生地走到了正在工作的佐藤队员面前。鼓足勇气伸出小手紧紧地握住了佐藤队员的大手，并用英语和日语大声说："Thank you！ありがとう！"这个非常稚嫩的声音，在我们听来，应该是日中未来相互理解、相互信赖的至福之音。我们知道，此时，有一颗中日友好的希望种子，已在这个红衣女孩的心灵里播下。

一位因地震受重伤的孕妇，在得知日本医疗队即将结束救援工作回国时，通过翻译对救护她的日本妇产科医生说："等我腹中的孩子生下来以后，我要让他学日语。十年后，希望孩子能再见到您，到那时，相信他就可以对救命恩人用日语说'谢谢'。"

汶川大地震已经过去10年了。这10年间，许多国家的救援队救完就走了，唯独日本没有停止过对四川灾区的援助与指导。

  日本国际协力机构的几位专家对我说，灾后重建并不是建了几栋房子就完事，还需要以此为契机，强化灾区的防灾减灾能力的建设，培养一批心理援助专家，把被破坏的植被恢复起来。在这方面，中国还缺乏经验，因此这些年来，日本国际协力机构与中国国家地震局、四川省政府和灾区地方政府，共实施了四川省地震灾后森林植被恢复、建筑抗震技术人员培训、四川大地震灾后重建心理援助人才培养、中日合作地震应急救援能力强化计划、四川减灾教育与能力建设示范五大项目的合作研究与指导，希望能够为中国培养一批抗震防灾专家。同时，日本国土交通省和中共中央组织部合作，先后组织了两批共600名四川灾区的干部赴日本学习灾后重建的经验。

  日本是一个多地震的国家，对地震的预测预防和全民防灾救灾有着丰富的经验。中国也是一个多地震的国家，四川省汶川大地震，为中日两国的抗震救灾的合作提供了一次很好的机会。日本无私援助的技术与经验，相信一定会在两国日益友好的气氛中生根开花。2017年，李克强总理访问日本，我们时时能够感受到两国关系回暖的气氛。正如李克强总理说的那样，"雨过天晴"，两国要开启全面合作的新时代。中日两国共享抗震救灾的经验，一定能造福两国人民，造福许多幸福的家庭。

9. 日本公主为何突然推迟婚礼

受全世界称赞的日本公主下嫁平民同学的童话故事，在 2018 年 2 月 6 日戛然而止。

日本宫内厅发表声明说，原定于 11 月 4 日举行的真子公主婚礼，因为准备仓促，决定延期到 2020 年之后。

突如其来的声明，令日本列岛震荡。因为真子公主是日本明仁天皇的长孙女，在 2017 年 9 月，经过天皇与皇后的赞同，真子与男朋友小室圭双双会见记者宣布缔结婚约，并称"若能够建立起温暖舒适、充满欢乐笑容的家庭，将会非常开心"。而宫内厅也为此发表了两人的结婚时间表：2018 年 3 月 4 日，举行"纳采之仪"（致赠聘礼）。11 月 4 日，举行大婚仪式。

对于明仁天皇来说，真子是皇室第三代中第一位结婚的孙辈，自然是十分重视。因此，在真子与男朋友宣布缔结婚约的时候，天皇与皇后在皇宫请两人吃饭，向孩子们表示祝福。而恪守皇室传统的宫内厅，更是依照皇室典范，严格规定了两人走进殿堂所必需履行的程序，并为此制定了结婚时间表。

如此慎重的皇室婚礼，突然来一句"来不及准备"，让日本国民大跌眼镜。

我们先来看看宫内厅发表的真子公主的声明。

真子公主在题为《我的心情》的声明中称：因为2017年5月突然被报道要结婚，因此比预定的日子提前发表了缔结婚约的消息。此后公布了一系列的仪式内容与时间，也确实感到太过匆忙。

真子公主说："我们从认识到现在预定的秋季结婚一事，因为其中掺杂了各种活动，并考虑到结婚后的生活，感到准备的时间还不十分充分。虽然可以选择继续按计划进行准备，但是与各方商量后，认为拥有充裕的时间来做准备才最为合适。"

声明表示："我们觉得，这次的结婚延期，是为开始新生活做准备的一次良好的机会。我们会珍惜这次机会。"真子在声明中还表示："天皇和皇后陛下尊重我们的这一延期决定。"

真子公主为婚礼延期一事还向各界表示道歉，称"因为我们不够成熟，才造成这样的结果。为此感到深刻的反省。对于给帮助我们的大家造成莫大的困扰并增加负担，感到十分的抱歉"。

日本皇室成员推迟婚礼，这不是第一次。昭和天皇的婚礼，也曾因为遭受关东大地震而被推迟。第二次世界大战之后，日本皇室也出现过因皇室成员去世服丧而暂时推迟发布订婚消息的事例，但是以"准备来不及"作为推迟婚礼的理由，显然给人不合理的"词穷"感。

真子公主今年已经26岁，既然说推迟，那要推迟到什么时候呢？宫内厅的消息称，要推迟到2020年之后，因为在2019年4月底至5月，明仁天皇要提前退位，皇太子将继承皇位登基。需要等到这一系列的仪式顺利结束之后，才会考虑真子公主的婚礼。

但是，这一推迟，显然是无限期的。

真子结婚在2018年秋天，皇位更替在2019年5月，从时间上来说，二者其实并不冲突。因此，当宫内厅突然宣布推迟真子公主的婚礼时，许多人的第一反应是："皇室是不是准备悔婚？"

真子公主和男朋友小室圭是国际基督教大学（ICU）的同学，两人在一次学校的海外游学说明会上相识，随后开始恋爱。

小室圭不仅出身平民，而且还是单亲家庭成长起来的孩子。他的父亲早年去世，他是由母亲一手养大的。他的母亲在横滨市一家蛋糕店里打零工，没有正式的职业。为此，小室为了读大学，自己也四处打工。也许是小室的勤奋和艰辛的生活经历感动了公主，真子毅然与他恋爱，并缔结了婚约。

但是，在两人宣布缔结婚约的时候，日本一些媒体并不看好。首先是小室大学毕业后，在东京的一家律师事务所里工作，还没有取得律师资格，属于普通的小职员。其次是小室的家是一个陈旧的公寓，要让真子公主与小室的母亲一起住在这样的公寓里，显然有损皇室的尊严。

为了给真子公主购置一套公寓作为新房，日本政府在2018年度的国家预算中增加了1.5亿日元（约900万元人民币）的特别预算，作为真子结婚的特别支出。住房问题解决了，但是一些保守倾向严重的媒体，依然觉得这一婚姻不合适。从去年开始，一些周刊杂志不断地曝出小室家的"丑闻"，其中最有杀伤力的，是有关真子未来的婆婆谈男朋友以及与分手男友的金钱纠纷问题。

最先报道这一消息的是《周刊女性》杂志。该杂志在2017年12月发表文章称,在小室读小学的时候,他的父亲去世。于是他的母亲交了一个男朋友,在交往过程中,陆续接受了这位男朋友400多万日元(约24万元人民币)的援助。而这笔钱,除了作为生活费之外,还支付了小室的大学学费和海外留学的部分经费。但在两人分手时,这位男士称这400多万日元是小室母亲的借款,要求其归还。而小室母亲称这些钱是这位男士自愿提供的赠款,因此直到现在,这笔钱都没有归还。而小室被媒体报道要成为皇家女婿后,不知怎么的,这件事被媒体得知并被报道出来。而在最近,最喜欢挖别人墙脚的《周刊新潮》和《周刊文春》杂志,也进行了追踪报道,使得"小室母亲借钱不还"的消息成了日本社会的谈资。一旦这位男士在真子公主准备婚礼时突然向法院提起还钱诉讼,那皇室的脸面真的会没处搁。

宫内厅在6日发表消息,称"延期婚礼与杂志的相关报道无关"。但是,对于十分注重荣誉的皇室来说,让公主嫁入一个"问题多多"的平民家庭,是否能够保证真子公主的快乐生活与幸福,并使得皇室的声誉不受负面影响,成了宫内厅与皇室的一个重大担忧。而这种担忧,令皇室尤其是宫内厅做出"婚礼延期"的决定,也是顺理成章。

"愿天下有情人终成眷属"是我们美好的祝愿,但是,现实往往并不如此。虽然真子公主也有表示,宫内厅也一再重复"推迟婚礼并非取消婚约",但是未来几年,这对年轻人是否能够扛过这一痛苦的等待期，需要打一个大大的问号！

小室已经被送往美国留学，爱情的"自然消灭"，也许是两人最终解除婚约的最佳借口。

10. 大学教授的"性骚扰"

赫赫有名的早稻田大学,近日闹出一起性骚扰丑闻。一名66岁的名教授强迫一名27岁的女学生做他的情人,结果被女生告到了学校。学校经过调查后,宣布把这名教授开除,并追讨他的退职金。

之所以这起性骚扰案会引起日本全社会的关注,是因为这位教授很有名,他的名字叫渡部直己,是一位文艺评论家,写了40多部著作,在文艺评论界,属于泰斗级人物。我读过他的《小说技术论》,视点和观点都十分新颖。

这起性骚扰案到底是怎么回事呢?

这位女生在2016年4月成为渡部教授指导的硕士研究生。也许是一见钟情,文艺细胞丰富的渡部教授坦承,自己一下子就爱上了这位女生。

他对女生做了什么呢?早稻田大学公布了一份调查报告,列举了8大问题。

请各位注意:这八种言行,在日本就算认定是"性骚扰"!

第一,不顾其本人和周围学生的注意,盯着女生的脚看。

第二,对女生说"你真可爱"。

第三,两个人频繁地单独吃饭,渡部教授用自己的筷子给女生夹菜。

第四，用手指点女生的肩和背，拍她的头。

第五，叫女生帮他买私人用的东西。

第六，对女生说"毕业之后做我的女人"。

第七，其他学生在场的情况下，叫被雨水淋湿的女生换衣服，并说"别裸了"。

第八，在别的学生面前谈及女生的个人信息。

面对教授的这些言行，这位女生感觉很苦恼，但是又不敢公开冒犯自己的导师。于是与别的教授商量，得到的建议是希望她大事化小、小事化了。但是这位女生却日益感到自己无法忍受教授的这些骚扰行为，最后不得不选择退学。

退学之后，这位女生向学校性骚扰防止委员会告发了渡部教授的性骚扰行为。她说，入学之后的第二年4月，渡部教授以指导她的论文为理由，带她到学校附近的高田马场的一家餐厅里吃饭，就在吃饭时，渡部教授对她说了一句："请做我的女人。"当时她的心中产生了很大的屈辱感，离开之后马上去见了自己的一位男性朋友，向他诉说了这一遭遇。最近看到世界各地发生的"MeToo"运动，她的心中也有了告发的勇气。

学校接到女生的告发后，对渡部教授进行了调查。渡部教授倒也很爽气，马上承认自己确实因为喜欢这位女生而有过分的言行，并愿意引咎辞职。

渡边教授主动提出辞职，但是学校并没有接受，而是决定予以开除，并要求其归还几千万日元的退职金。

这事早在6月就已经传了出来。在学校还没有做出处分决定之前，渡部教授坦然地接受了包括《朝日新闻》在内的一些主流媒体的采访，他说："我把自己对于教育的热心与恋爱感情搅在一起出现差错，没有认真考虑到对方的感情，作为教育者是罪该万死，真的很对不起！"

不过他否认自己说过"请你做我的女人"。渡部教授说："我想我没有说过这样的话，但是过分表达了自己的爱意。我有一个毛病，喜欢上一个人，往往会忘了对方是自己指导的学生。作为教师显然是不合适的，我已经没有资格再当老师，愿意接受学校的处分，已向学校提出了辞职。"

虽然学校已经对渡部教授做出了严厉处分，但是这位女生认为，之所以会出现渡部教授这样的性骚扰事件，是因为早稻田大学的整个教育气氛有问题。虽然学校设立了"防止性骚扰委员会"，但是自己要带父亲一起去告发，一开始却遭到了拒绝。她写的告发信委托律师递交，也一度遭到学校拒绝，要其本人亲自到学校递交。这位女生说："我已经对早稻田大学感到绝望。"

"性骚扰"指对异性在言语、心理或身体以性的方式实施非礼的行为，这个单词最早出现在西方的报刊、广播等媒体上，并在20世纪70年代中期成为英语的"正式词汇"。中国以前就有一个俚语，叫"吃豆腐"，其含义与"性骚扰"大同小异。

在大男子主义盛行的日本，"性骚扰"行为是由来已久，但一直没有成为社会问题。随着网络的发达和新女性的觉醒，最近几年，性骚扰问题已经成为日本的一大社会问题，并有一个专门的日语叫"**セクハラ**"。为此，日本人事院正式给"性骚扰"做了如下定义：在工作单位等地方，与异性有令对方不快的有关性的言论或行为,属于"性骚扰"。为此要求公务员严格按照这一定义,处理好与同事与服务对象的关系。为此,日本的不少大学教授的办公室都改成了透明玻璃门,同时规定不得上锁。

不过,日本的"性骚扰"案有一个特点:均是由女性控告男上司或男同事,相反由男性控告女上司或女同事的几乎没有,这与西方国家的"性骚扰"案中男性控告女性占了将近20%形成了鲜明对比。

那么,日本的性骚扰问题有多严重?厚生劳动省公布的一份调查结果显示,25～44岁的日本职业女性中,超过三分之一的人在工作单位遭受过性骚扰。其中,17%的人被男同事提出过性要求。被性骚扰的对象第一为"上司、前辈",第二是"客户"。经常受到性骚扰的场合主要有:"聚餐""工作时""公司活动(年会、忘年会、欢迎会、欢送会等)"。若限定范围为20多岁的女性,则选择"聚餐"和"加班"的比例最高。

除了早稻田大学认定的渡部教授的八种言行之外,我发现不少日本公司制定的防止性骚扰规定中,以下言行均属于性骚扰范围:

1. 打听女性的三围尺寸。
2. 男上司要求女性倒水、泡茶。
3. 询问女性内衣的颜色。
4. 拨弄女性的头发。
5. 拍女性的肩膀。
6. 未经女性同意,拥抱女性。

7. 询问女性的年龄。

8. 询问女性的性史、性体验。

9. 说"你的胸真大"。

10. 眼睛盯女性的胸或裤裆。

11. 说"你胖了"。

12. 问"最近是否减肥了"。

13. 在女性面前讲自己的性事、性能力。

14. 办公室电脑画面展示色情或女性比基尼照片。

15. 深夜给女性发短信,说"想你了"。

16. 触摸女性身体。

17. 说"孩子生了没有"。

18. 按住女性握着鼠标的手教她如何使用电脑。

19. 说"能不能做得像个女人"。

20. 说"有没有男朋友,为什么不结婚"。

由于一些女性职员认为男上司要求其倒茶也属于性骚扰行为,因此,过度的性骚扰防止规定,也导致机关或企业的上下级之间关系变得紧张。人为地在两性之间筑起一道充满仇视的鸿沟,也并非好事。如何区分什么是"性骚扰",什么是"友情表现",正在成为人类相处的一大新难题。

11. 书法家刘洪友与他的日本弟子们

刘洪友个儿不高，字写得很大。

2018年中秋，我去参加中国四大书法名家东京展，请刘洪友解释一下这"抱朴"两个字是怎么写出来的？

他说，要用松树的灰，泼水调至恰到好处的浓淡，然后轻笔重握，不可中途犹豫，意定气运，即能写出水墨意境。

为了这两个"写意字"，刘洪友练了20多年。

刘洪友是南京人，1961年出生。外公会写字，于是在他四岁时便教他握笔练字。刘洪友从楷书、欧阳询体开始了自己的书法艺术之路。

外公只是一个启蒙先生，后来就教不了他了。参加工作后，刘洪友在南京的一处画廊当总经理，有机会接触书画名家。林散之、陈大羽、章炳文、韩天衡、尉天池等大师都先后成了他的恩师。刘洪友又遍寻古今名帖临摹，令其书艺大增。20世纪80年代，刘洪友在中国的书坛已小有名气。

一个偶然的机会，改变了刘洪友的人生。

1983年，日本书法大师手岛右卿在中国历史博物馆举办书法展，刘洪友坐了一天一夜的火车从南京跑到北京。进去一看，他惊呆了，日本人写的汉字，比中国书法家写的还有韵味，把书法艺术进行了淋漓尽致的演绎。

"我看到日本书法家写的字,明白了一个道理,我们中国书法虽有内涵,但是缺了一点视觉冲击。"

刘洪友下决心去日本留学。

1988年,他告别妻儿,踏上了日本的土地。

出国时,刘洪友对于日本的印象,全是高仓健电影的粗犷与柔情。

他带了三样东西:36封中国书法名家写的介绍信、一堆印章,还有6000日元,坐上了飞机。

抵达东京后,他把这36封信按地址一一寄出,漫长的两个月,只等来一人回应,回信者是一位日本书法界的名流——豆子甲水之。这位老先生寄来了一箱面条、小菜和一些袜子,1万日元以及108方印章的订单。这份订单暂解了刘洪友的燃眉之急。不仅如此,老先生还在信中说:"你慢慢刻,半年之内交给我就可以了。"

刘洪友拿到订单,喜出望外。于是他每天只睡两小时,仅用了三天时间就把全部印章刻完了。豆子先生收到印章后,不但对刘洪友的雕琢工艺大为惊叹,更对他的勤奋大为赞赏。很快,刘洪友就收到豆子先生汇过来的87万日元。看到这么多钱,刘洪友傻眼了,要知道在当时,一名中国处级干部的月工资才相当于1万日元。

此后,在好友石川英子的鼓励和帮助下,刘洪友开了一个书法教室,刘洪友教书法,石川英子当翻译。

没有想到,原先只是为了混口饭吃,结果竟成了书法教育大师。

　　因为他教的书法跟日本人不一样。在日本人的书法教室，学生们都是从临摹师匠的字开始。而刘洪友教学生，是从临摹中国古代书法大家的字开始。当把王羲之、欧阳询、颜真卿、赵孟頫这些中国古代书法大师的墨宝展现在日本学生面前，把甲骨文和行、草、隶、篆种种书体介绍给这群年龄参差不齐的学生时，他们第一次理解了中国书法艺术的精髓。

　　这种把中国的各种传统碑帖的精华结合起来进行教学的教育方式，在日本的书法教育界引起了关注，要求入学的日本人越来越多，其中包括不少已是"师匠"的书法老师。

从1992年开始，刘洪友在东京开了8个教室，在埼玉县、茨城县也开了教室。夫人罗华说："一年365天，天天在教书。"

1997年，刘洪友组建了"中国书法学院"，邀请了陈大羽、沈鹏、尉天池等中国一流书法大师到学院参与教学，让日本的学生有机会聆听中国书法大师们的课。同时，刘洪友还年年邀请中国书法名家到日本举办书法展，让日本人了解中国当代书法艺术的水平，也让日本的书法家们了解日本现代书法艺术的演变。

如今，刘院长的日本门生多达3000余人，其中300多人本身就是书法老师。30年间，刘洪友的学生虽然已经是第四代了，但是依然有学生紧跟他30年，至今还不愿意毕业。

这里有一个8年前的故事。

"刘老师，你看我这样写对吗？"一位中年男子拿着自己的作品，恭恭敬敬地递给刘洪友。

刘洪友拿过他写的字，用手中的笔圈点后，再自己写一遍，教他如何运笔。这位男子在一旁毕恭毕敬地看着。每天上完课，这位男子都要把刘洪友送上车，然后鞠躬送刘洪友离去。

在日本，这一幕是小学生送家访老师出门经常出现的场景，却发生在刘洪友和时任日本外务大臣的高村正彦身上。

刘洪友用自己的书法艺术，不仅教了高村正彦这样的学生，还有日本前首相海部俊树、鸠山由纪夫等一批著名的日本政治家。

我观赏刘洪友的书法作品，发现他什么字体都能写。

从甲骨文到欧阳体、颜体,到张骞碑、曹全碑,再到石鼓文。

刘洪友为什么能写这么多种书体?他说是"被逼的"。因为当初在日本开书法教室时,没有教材,也没有中国各大家的书帖,怎么办呢?刘洪友从中国古代篆、隶、行、楷、草5种书体中精选了25种碑帖。就此,刘洪友开创了全新而独特的书法教学方式。

刘洪友书法艺术的最大特征在于除了中国书法的秀雅之外,还创立了一种浑厚饱满遒劲的书体,字体写得浑厚饱满,刚劲有力,充满雄性的骨力,有着一种古朴,在不丢掉传统的前提下探求阴阳对比和视觉效果,形成了自己独具风格的书法艺术体——"刘体"。

有人说,"刘体"是抖出来的。刘洪友笑了笑,给我讲了一个故事。

当年在南京跟"现代草圣"林散之先生学书法时,林先生指点过他一句话:"你的线条感悟不到骨力。"先生的话,开启了刘洪友的"寻找之路"。

"南京马路两边多梧桐树,秋风落叶之后,只剩下光秃秃的树枝。下班回家的路上,我很茫然地抬头看着梧桐树,突然发现,梧桐树的树枝如此苍劲有力,不就可以成为我的线条吗?"

于是,刘洪友的书体便有了梧桐树枝般独有的质感,有了一种灵性。

2017年10月,"不忘初心——刘洪友书法艺术展"在中国美术馆举行。书法展期间,他在美术馆举办了一场讲座,与书友们谈起书法艺术时,他直抒情怀:"书法的形象表现,能否勾起人们的思想活动，通过直观视觉产生出对心灵的碰击，使其对生活中万物的认识、感悟和艺术品的欣赏有机地结合起来，获得美的显现与感受。这些都是必须进行理性思考的问题。如何把学识、情感以及人、景、物的内外感受表现出来，通过笔、墨、纸来展现书法家的爱憎喜乐与审美情趣和审美理想，应该说是当今书法所面临的最实际的问题。"

如今，刘洪友已成为日本最有代表性和影响力的中国书法大师，先后担任日本书画展评议员、21世纪国际书法展最高评审员、产经国际书法会最高特别评审、NHK电视台书法讲师，是全日本书法家协会名誉主席。获得过日本总理大臣奖、日本外务大臣奖。

一张纸，一支笔，一把刀，让刘洪友成了中日文化交流的大使。

2007年4月，刘洪友作为在日华人艺术家代表，多次受到访日的党和国家领导人的接见，并奉赠了雅印。中国驻日本大使馆的大宴会厅里，就悬挂着他的大幅书法作品《念奴娇·赤壁怀古》。

2010年，刘洪友规划、运作多年的南京"和平友好樱花园"正式开园，移植樱树超过8000株。在首届赏樱会上，海部俊树、高村正彦等日本贵宾到场祝贺。"和平友好樱花园"已经成为南京一景，也成为中日文化的体验基地和中日友好的象征。

2016年，日本政府为了表彰刘洪友为中日友好事业所做出的贡献，特别授予他"日本外务大臣表彰奖"，成为近年来唯一一位获得这一表彰的旅日中国人。

2017年，刘洪友当选为全日本华侨华人联合会会长。

这个联合会是接受中国驻日大使馆全面指导的日本最大的华侨团体，共有420个侨团参与组成。一位书法家能成为华侨领袖，足可见刘洪友在日本侨界的威望和高雅的人品。

2018年3月，我和刘洪友一起，作为第十三届全国政协第一次会议特邀海外代表，一起列席了全国"两会"，代表日本侨界参政议政。

坐在北京人民大会堂，谈起中国文化走出去的问题，刘洪友很有心得。他说："我们学习书法，并不仅仅是追求结构和笔力的完美，而是在一笔一画中体会做人的道理，领会古人的心境，表达自己的情绪，并最终像魏晋唐宋时代的人一样优雅地生活，用文化来吸引别人，成为各国人民道德与文化的楷模。"

中秋时节，中国书法家协会顾问尉天池、中国书法家协会主席苏士澍、第九届全国文联副主席覃志刚与刘洪友四大家书法艺术展"墨韵·匠心"在东京银座中央美术馆举行，这是中国书法界的一场艺术盛宴，吸引了日本书法界人士争先恐后地赶来观赏。

刘洪友说，我们在日本传播书法艺术，也是要让日本人知道，中国人是文化贵族。

12. 苍井空为什么比其他 AV 女优幸运

苍井空在自己的跨年微博上突然宣布结婚了！许多网友把这一喜讯看作 2018 年的开门伤心事。我看她的微博留言数噌噌噌地往上升，一下子增加到了 17 万，而为她点赞的人数更是达到了 82 万。

大家在为苍老师祝福的同时，更大的兴趣是在寻找"犯人"——谁娶走了我的女神？

把苍老师娶走的男人，不是中国人，而是一位日本人，名叫"NON"。在日本人的概念中，"NON"不是真名，应该是一个艺名，而且是一个喜欢美国文化的人。

台湾媒体挖掘出了苍井空与丈夫 NON 的恋爱故事。NON 今年 43 岁，比苍井空大 9 岁。光头、中等身材，潮服打扮非常潇洒。他在东京涉谷的一家知名夜店担任 DJ（唱片骑师）。NON 擅长音乐创作，还帮日本著名歌手青窈的歌曲制作过组合版，为一家购物网站制作广告曲，可以说是才华横溢。一年多前，NON 和苍井空一起合作过音乐表演，外界推测，这次合作让两人擦出了爱的火花。

苍井空说自己的老公不是帅哥，而且还没有钱，但是他接受自己的一切，是一个很棒的人。言语之间，对老公充满了感激和爱意。

一位中国网友在留言中说:"苍井空老师的内心真强大。每一条微博下面的评论都不堪入目,你却一直坚持,而且中文也越来越溜。我在这里道个歉,这里的中国人让你困扰了。同时我也想说,这些人不是中国人的全部,也没资格代表中国人的全部。中国始终都是对你开放的,欢迎你。"

这话说得有点像外交部发言人,但是,说得很真诚。

我在日本的雅虎网站上查了查苍井空的资料。她出生于1983年11月11日,东京都人,O型血。苍井空是她的艺名,真实的姓名没有公布。资料上说,她在高中时候,胸围已经达到90厘米。高中毕业后考入了一所短期大学,也就是中国的大专学校,并取得了保育士的资格证书,准备到保育园去当一名老师,可见她从小就喜欢孩子。但是在她短期大学毕业的时候,不知是出于个人喜欢,还是被星探发现,就去当了AV女优。2002年6月,日本有一本专门面向男性读者的成人杂志《Bejean》(美人),封面照用了苍井空年轻火辣的泳装。过了一个月,她的第一部AV片开始公开发行。

我问了几位日本男人:"知不知道苍井空?"大家都摇头。但是其中有一位说,他好像在什么电视剧里看到过她。

其实,苍井空的成名作很受欢迎,第二年就获得了AV片年度大奖,2005年还获得了AV片最优秀女演员奖。苍井空在拍摄AV片的同时,也参加了一些电视剧的拍摄,比如在2003年的电视连续剧《特命系长只野仁》中作为嘉宾出演。在2005年的电视剧《孃王》中,扮演一位夜总会小姐。此后,她还出演了一些娱乐节目,在2012年6月,她出道10周年的时候,举行了个人粉丝见面会,入场券在一天之内就被抢购一空。

苍井空先后拍了100多部AV片,到2011年,才停止出演,但是一直没有宣布引退。

日本娱乐媒体并没有称苍井空是"AV女优",而是称其为"性感艺人"。

2011年,在经纪人的运作下,苍井空进军中国市场。但是她打的不是"性感艺人"的牌子,而是直接打"日本AV女优"的招牌。这一招牌显然很醒目,也很引人注目,微博的粉丝一下子达到了1800万。苍老师喝一口水,都可以引发上万名粉丝的欢呼。如此受到中国社会热情的接纳和欢迎,应该也是出乎苍井空的预料。

《环球时报》就苍井空结婚问题,对我做了一次书面采访,问了两个问题:

第一,在日本社会,人们对于AV女优到底是一种什么样的态度?当过AV女优的人确实面临洗白,或者说嫁人的困难吗?

我是这么回答的:日本社会首先把AV女优看作一种职业,当然不是一种很高贵的职业。在一般人的认识中,AV女优不是卖淫女,而只是性爱表演者。因此,对AV女优歧视的人比较少。日本伦理协会有一个调查数据,称目前日本全国AV女优登记在册的有2万人,但是一年只生产几千部作品。也就是说,真正能拍片的只有一小部分人,而能走红的,只有几十人。像苍井空应属于二流女优,虽然作品也不少,但是日本人很少知道她。

苍井空的走红是在中国而不是日本。如果她自己不说是 AV 女优,在中国可以轻易洗白(因为不是名女优),但是她不想洗白,反而打出了"日本 AV 女优"的招牌。看上去,苍井空是自己把自己抹黑了,但是,也正因为这块招牌,她在中国成功了。

日本一般的 AV 女优,艺期平均也就三年。三年后,这些人很难在大企业里就职,大多数的人开始在酒吧、夜总会做陪酒小姐。低档次的女优,在性服务店里为客人提供性服务。有些著名的女优,在过了 30 岁后,离开片场后自己经营酒吧,当老板娘,一大批粉丝会蜂拥而至一睹芳容,生意大多兴隆。像 20 世纪 80 年代时日本最走红的 AV 女优小林瞳离开片场后,先做了脱衣舞女郎,如今是银座一家高级夜总会"SAPPHIRE"的妈咪。另一位在 20 世纪 90 年代十分走红的浅仓舞,在离开片场后只好到一家春楼当小姐,如今消息全无。

一般的 AV 女优还容易嫁人,因为没什么名气,容易洗白。但是出了名的女优,很难找到高大上的丈夫。因为毕竟日本还是很重家族荣誉的社会,他们可以容忍 AV 女优这一行业,但是大多数人不能容忍其成为家庭成员。所以,无论是过去还是现在,到东京来当 AV 女优的,多数是出身贫寒或来自偏僻农村的女子。但是最近也有一些东京的女大学生投身于 AV 片场。不过,这些大学生 AV 女优中,有人认为自己的性爱表现是一种演技,自己是以一种专业演员的感觉来拍 AV 片,不是单纯的性交。对于这种说法,大家理解起来还真需要费一点脑筋。

《环球时报》提的第二个问题是:你如何看待中国多数网友支持苍井空结婚,包括一些有"仇日"情绪的网友?

我是这么回答的：苍井空之所以会来中国，她是想"从良"成为艺人。但是她也知道，要想在中国走红，最好的就是打"日本AV女优"的牌子，因为日本AV片在中国非正规渠道流传不少，许多人却没见过真人。因此苍井空的出现，满足了一部分人的好奇心。但是，经过这5年多的努力，事实上，苍井空在中国除了成为一名网红之外，在演艺事业上没有什么大的建树。从某种意义上来说，中国的苍老师迷们对于她也不再寄予太大期望，"从良嫁人"也成了许多人对于她的期望与祝福。苍井空作为一个日本人，对于中国表现出的友好，甚至愿意写下"钓鱼岛是中国的"这样的文字，也获得了"仇日"民众的肯定和接纳。从这一点上来说，我们中国社会具有很大的包容性，接纳了苍井空，也捧红了苍井空，最后又给她送去了满满的祝福。

我觉得，苍井空是幸运的，幸运在于，她来到了中国发展。比苍井空有名的日本另外一位AV女优饭岛爱，就没有她这么有福气。

我与饭岛爱有过一面之交。曾经一起参加朝日电视台的一个节目的演出，她给我留下的印象是说话特快，也很开朗。饭岛爱在日本是一个什么样的存在？说她是"性爱教主"一点也不为过。不仅是因为男人们在她的教导下变得更男人，而女人们也是在她的教导下学会了如何讨男人喜欢。虽然她因为年龄的问题最终离开了AV片场，但是，饭岛爱并没有消失在人们的视野里，成功转身为一名艺人，成为日本各电视台不可缺少的娱乐节目的嘉宾。

饭岛爱出演的娱乐节目，往往能够获得日本女性们很高的支持率，其中一大原因，是她可以毫无顾忌地就性和性生活问题对女性们做出权威性的指导。她那种脱口而出的"经验"，对于表面害羞内心激荡的日本女性来说，是难能可贵的智慧。也正因为如此，饭岛爱也成为日本政府有关部门防治艾滋病活动的宣传员与指导员。

很可惜，没有一个男人敢娶她为妻。2008年，饭岛爱在家中孤独死去。倒是我们中国网络上，有不少人称她是"饭老师"，对于"饭老师"早早结束自己36岁的生命感到可惜。我当时很纳闷，我们中国网友们是怎么认识"饭老师"的呢？

所以，我们应当祝福苍井空成为新娘，祝福她去实现自己小时候想当保育员的梦想，做一位好妈妈、好妻子，因为她比日本其他的AV女优更幸运！

13. 日本社会如何对待变性人与同性恋

日本厚生劳动省发布了一条消息，宣布性别认同障碍患者如果做变性手术的话，可以适用医疗保障制度。这一宣布，等于为变性希望者开启了绿灯。也就是说，如果你想把自己的身体从男性变成女性，所需要的手术费，个人只需要承担30％，而国家为你承担70％。此前，变性手术所需要的全部费用，因为都不能使用医疗保险，需要由个人全额承担。

日本政府为什么要出台这一政策？主要原因是日本社会同性恋和性别取向问题越来越严重。

日本厚生劳动省曾在2011年对全国有性别取向问题的患者进行过一次调查，得出的结论是，全国约有4000人存在着性别取向问题。

对于厚生劳动省的这一调查数据，一直从事同性恋和性别取向障碍问题研究的北海道文教大学精神学教授池田官司认为，厚生劳动省提供的数据只是冰山一角，根据他所领导的研究小组的调查推算，全国这样的患者至少有4.6万人，也就是说，每280人当中就有1人是性别取向障碍者。

日本有一个大学教授和医生等专业人士组成的"性同一性障碍学会"，该学会根据北海道札幌医科大学附属医院等专业

从事变性手术的医院所积累的资料分析,得出了一个很奇怪的数字:

身体是女性,但是自我感觉是男性的性别认同障碍者,在1987年出生的人群中最多,按照人口比例计算,这一年出生的人中,1471人中有1人是性别认同障碍者。而身体是男性,自我感觉像女性的性别认同障碍者,在1985年出生的人群中最多,3380人中就有1人。

为什么性别认同障碍者会集中出现在1987年和1985年出生的人群中呢?日本的医学专家和社会学专家们都得不出一个统一的结论。

在这里,我们先就性别取向问题来解读一个专业的名词。在性别取向方面出现认知问题的患者,日本称作"性同一性障碍者",我们中国称为"性别认同障碍者"。这是一种什么样的疾病呢?

有性别认同障碍的男孩在幼儿期就喜好穿女装,沉湎于女孩的游戏和活动之中;他们甚至厌恶自己的外生殖器,希望变成女孩,上学后会因此受到其他男孩的羞辱、嘲笑,并越来越被孤立。在青春期,女性化的举止会有所减轻,但有三分之一至三分之二有性别认同障碍的男孩在青春期中或以后表现出同性恋倾向。而有性别认同障碍的女孩喜欢穿男装、结交男伴;对洋娃娃没有兴趣,对体育运动和激烈争斗的游戏极为喜爱;不喜欢在游戏中扮演女性角色,不愿乳房发育、来月经,甚至声称自己是男孩等。大部分在青春期会收敛对异性的活动或服装的追求,同时仍有一部分保留男性性别的认同,逐渐显露出同性恋倾向。

为什么会出现性别认同障碍？原因很难查清，目前大多数日本医学专家认为，是在胎儿期出现了荷尔蒙异常，因此长大以后，对自己的内心和身体无法取得一致的认同。也就是说，自己的身体是男性，但是自己的心却不认为自己是男性，而是一位女性。所以身体和心灵在无法达到一致的情况下，就出现了性别认同障碍。

日本社会早在20年前就开始重视这种性别认同障碍的治疗，同时要求对变性者的性别问题进行管理。2004年，日本国会通过了一部特别的法律，叫作《性同一性障碍特例法》。这部法律对于变性后的障碍者的性别界定，做出了一个明确的法律规定。

这部法律规定，要求在户籍上改变性别的国民，必须符合以下几个主要条件：第一，年龄必须在20岁以上；第二，没有结婚；第三，没有子女；第四，必须做变性手术，生殖器部分的外形必须符合其性别特征。符合以上条件者，可以向各地的地方家庭法院提出申请，要求在法律上改变自己的性别。

日本政府公布的数据说，在《性同一性障碍特例法》颁布之后的2004—2012年间，日本全国共有3600人做完了变性手术，并通过家庭法院申请改变了自己的性别。所以，从这个数据来看，日本性别认同障碍者的实际数量，要超过日本厚生劳动省所公布的4000多人的估算。对于这种性别认同障碍的治疗，日本医学界也一直在进行各种探索，目前也没有很好的治疗方法，当前的治疗方法主要还是心理疗法、注射荷尔蒙，或者施行变性手术。

但是，日本国会通过的这部《性同一性障碍特例法》也存在着一个很大的法律漏洞，因为许多做了变性手术的人，最后后悔了。虽然已经申请了法律上的性别改变，但是当他们想回归到原来的性别的时候，遇到了很大的法律障碍，因为《性同一性障碍特例法》没有规定做了变性手术申请改变性别之后的人，想回归原来性别的法律途径。所以，一些患者呼吁国会修改法律，增加一帖"后悔药"。

在日本许多市民团体的呼吁下，日本政府终于决定，向准备做变性手术的患者提供医疗援助，也就是说，让变性手术适用于医疗保险。根据厚生劳动省发表的消息，患者如果施行变性手术的话，整个医疗费的70%将由政府的医保来承担。

那么，做一个变性手术需要多少费用？我特别去东京几家专门从事变性手术的医院网站上进行了调查，发现男性做一个生殖器切除和女性生殖器再造手术，大约需要300万日元（约19万元人民币）。如果再做一个乳房再造手术的话，大概需要120万日元（约7万元人民币）。所以要把一个男性的身体彻底改造成一个女性的身体，包括各种手术和后期护理，总共约需要1000万日元（约60万元人民币）。这笔费用，对于许多年轻人来说，还是一个天文数字。因此，许多性别认同障碍者在没有这么多钱去做变性手术的情况下，一直蒙受着巨大的精神痛苦。所以，日本政府决定把变性手术纳入到医保的范畴之内，将为他们带来福音，当然也势必会导致日本做变性手术人数的大幅增加。

日本的变性人大部分出现在东京最大的红灯区——歌舞伎町，还有"年轻人的天国"之称的东京涉谷。他们大多数在酒吧和夜总会里打工，也有个别的在情人旅馆里接客。与泰国的人妖相比，日本变性人这个群体不仅规模小，而且没有形成一个社会性组织，即使在新宿的歌舞伎町，也没有一个人妖的表演场所。

　　日本社会是如何看待变性人和与之相伴的同性恋问题？总体来说，日本社会还是比较宽容，并予以了接纳。

　　日本最有名的变性人，要数春菜爱。

　　春菜爱目前是日本娱乐界一位很著名的艺人；他上小学时，就经常穿女装参加学校的各种演出，当时的主要模仿对象是歌手松田圣子。他不愿意跟男同学在一起，喜欢和女同学一起玩，放学后，喜欢化妆穿上漂亮的裙子去逛街。16岁时，他花60万日元第一次做了变性手术，把自己男性生殖器的一部分——睾丸切除了，当时他还把两粒睾丸放入冰柜里留念。有一天，他的外婆在冰柜里发现了这两颗睾丸，问这是什么东西，春菜爱撒谎说是两粒大蒜头。为了筹集手术的费用，春菜爱一直在夜总会里打工，直到19岁时，他已经积攒了一大笔钱，才正式接受变性手术。

　　这次由男性变女性的手术，总共花费了1100万日元（约66万元人民币）。做完变性手术后，春菜爱就完全变成了一个漂亮的女孩。于是，日本的各大电视台纷纷邀请她出演各种节目，当娱乐评委或者表演节目。2009年，春菜爱在泰国参加国际变性人选美大赛，获得"国际皇后小姐"冠军，成了首位获得这一荣誉的日本人。这一年,她写了一本书,叫《春菜爱自传》,在书中她写道:"这个男人出生于世,却以女人的姿态出现在大家面前,这一路走来,有无比的心酸,但是我实现了自己的理想,不再畏惧世俗的眼光。"

除了春菜爱外,日本演艺界还有多名长相漂亮的变性人,如佐藤佳代和荒木蕾娜。这两人的身材都比春菜爱好,而且年轻,因此打扮成女孩后,赢得了不少日本男性的喜爱。

佐藤佳代出生于1988年,是爱知县人。他自小就有性别认同障碍。小学三年级时,男女分别换衣服时就不愿意与男同学在一起。中学毕业时,他离家出走。在出走的当天晚上,佐藤去青梅竹马的女性友人的家里借女装,友人体会到佐藤的心情,什么也不说就借给了他衣服,从此,佐藤佳代开始以女性的角色生活,已经拍了不少DVD作品。

性别认同障碍者很自然地会成为同性恋者。2015年,日本最大的广告公司"电通"做了一次调查,发现日本同性恋问题相当严重,占据了总人口的7.6%。日本总人口为1.2亿人,7.6%的话,就意味着日本有970万名同性恋者,其中东京就有94万人。

这一数据是否可靠,目前还没有结论。但是,东京都的涉谷地区,目前已经成为同性恋最为集中的地区,同性恋酒吧和同性恋咖啡馆等,多数集中在涉谷。

日本目前还没有一部认同同性恋婚姻的法律。但是在2015年,东京都涉谷区议会在全国率先通过了一部地方法规,承认同性恋同居者的"伴侣关系"。只要两位同性恋者向涉谷区政府递交申请书，政府将向他们颁发"伴侣关系证明书"。虽然这份"伴侣关系证明书"不正面承认其"夫妻关系"，但是基本上拥有夫妻一样的权益。比如，可以申请家庭住宅、签署手术同意书、领取公司给予社员的家庭补助等。如果有营业机构侵害同性伴侣的权益，涉谷区政府将会公开这一机构的名称并予以谴责。

涉谷区议会通过这一地方法规，不仅是日本甚至也是全亚洲的第一例承认同性伴侣关系的地方法规。这一法规通过后，大批的同性恋者涌入涉谷租房、买房生活。同时，日本其他的一些地方议会也开始制定同样的法规，让同性恋者们拥有与普通人一样的生活的权益和尊严。

14. 日本女影星的奇葩结婚协议书

2019年11月,有一件事,轰动了整个日本列岛:女影星泽尻英龙华(原名泽尻绘里香)因为持有毒品被捕!这一新闻产生的震级,不比当年歌星酒井法子吸毒被捕来得低。

泽尻英龙华的日文名字是"沢尻 エリカ",1986年出生在东京,33岁。

在日本的演艺圈里,绘理香属于"另类"的影星,首先在于她的混血儿长相。

她的父亲泽尻义胜是日本人,他是拥有16匹竞技马的马主,所以泽尻英龙华幼年时期家境比较富裕,父亲在她9岁的时候失踪,等到她中学时父亲回来了,但是回来后不久,就因为癌症去世。

母亲里拉为阿尔及利亚裔法国人,以前在地中海经营一家餐厅。

泽尻英龙华出生在一个缺乏温暖且不幸的家庭,她有两个哥哥,一直受到哥哥的宠爱,大哥也是演员。就在父亲去世后的第二年,二哥在她读高一时,因交通事故而不幸去世。

也许因为这一系列的变故,使得泽尻英龙华从小有一种不安、自卑和叛逆的心理。

但是,因为她出众的容姿,在高中时就成了杂志封面的模

特儿。17岁时,出演首部电视剧《热血男儿》。2004年2月,主演了首部电影《没有问题的我们》。2005年1月,参与主演电影《无敌青春》,获得第29届日本电影学院奖新人女演员奖等多个奖项。同年,在富士电视台电视剧《一公升的眼泪》中担任主演,并凭借该剧获得2006年蓝丝带新人奖等多个奖项。

绘理香是一位天才演员,影视剧制作人八木康夫曾这样评价她:"不管是贫穷的角色还是奢华的角色,泽尻英龙华都可以很好地驾驭,总之就是想请她来饰演那种虽然会与本人形象有些差距,但是随处可见的女性角色。"与她一同演戏的影星绫野刚,对于她的职业奉献精神也十分感动:"拍戏时,泽尻英龙华身穿和内衣差不多暴露程度的衣服奔跑于大白天的新宿街头,她作为一名演员的敬业程度不是一般人能比的。"

但是,演艺事业过于一帆风顺,加上获得太多的光环,使得泽尻英龙华一时膨胀。2007年,在电影《尘封笔记本》的宣传记者会见中,她以冷傲的姿态敷衍记者提问,引起了媒体界的震怒,此后被打入冷宫,也因此失去不少"泽粉"。在事业遭遇重大挫折时,她选择了结婚,嫁给了比自己大22岁的剧作家高城刚。但是这一行为,再次遭到娱乐圈记者的吐槽。2009年9月,其所属经纪公司正式宣布解雇泽尻英龙华。

也许因为从小失去父爱,泽尻英龙华选择一位比她大22岁的父亲般的男人结婚,其实也是可以理解的。但是,她对于婚姻又充满了恐惧,甚至有一种奇异的想法。在结婚的时候,她执意要与老公签订一份"结婚协议",而且这份协议要由她自己起草。这份结婚协议内容最终是这样的:规定一个月只能发生5次夫妻关系,如果超过该次数,丈夫每次需要支付给妻子50万日元(约3.2万元人民币)。另外,如果高城刚与其他女性约会时被发现,每次需要支付1000万日元(约64万元人民币),如果有进一步的关系,则应追加支付2000万日元(约128万元人民币)。如果两人离婚,泽尻英龙华可以拿走高城刚90%的财产,并且对孩子的亲权问题也由泽尻英龙华自己判断。

2009年1月,两人在日本明治神宫举行了结婚仪式,随后在夏威夷举办了结婚宴席。但是,这段婚姻事实上只维持了1年多,2010年4月,泽尻英龙华表示要与高城刚离婚,离婚原因是因为金钱问题。经过马拉松式的离婚诉讼,2013年12月,两人正式办妥离婚手续。只不过，泽尻英龙华并没有得到"结婚协议书"上所写的各项补偿，双方都不用向对方支付离婚赔偿费，宣告和平分手。

虽然对泽尻英龙华的负面报道过多，但毕竟她没有大错，演技也确实很好。2011年4月，日本演艺公司爱贝克斯宣布与泽尻英龙华的个人事务所签订契约，帮助她正式复出。泽尻英龙华也不负众望，第二年，她主演的电影《狼狈》票房收入超过20亿日元，并凭借该片获得日本奥斯卡奖的优秀女主角奖。此后，她佳作不断。2016年，首次主演NHK的大河时代剧《大奥》，在剧中分饰两角，奠定了自己作为一流影星的地位。NHK已经宣布，2020年播出的新的大河时代剧《麒麟来了》中，邀请她出演织田信长的妻子"归蝶"。

当人们看到泽尻英龙华凭借自己的实力重新回归一流女星的圈子时，东京警视厅警察突然来到泽尻英龙华位于东京都目黑区的家中，对她的家进行了搜查，并搜出了合成毒品MDMA。泽尻英龙华涉嫌违犯"麻药取缔法"遭到逮捕——一位年轻漂亮的影星，名字后面多了三个字"容疑者"（"嫌疑犯"之意）。

为什么吸毒？也许是太孤独，也许是压力太大，也许是寻找刺激。但是，人生所有的"也许"，唯一不允许的是——把手伸向毒品！

2009年，在泽尻英龙华遭到舆论封杀时，著名歌手酒井法子因为与丈夫一道吸毒而被逮捕。时间过去整整10年，酒井法子依然无法翻身，一晃已经48岁，今后恐怕也无缘于自己喜爱的演艺事业。泽尻英龙华才33岁，如此年轻，因为一粒合成毒品，或许也将从此葬送自己的演艺生涯。

日本社会有其"残酷"的一面，只要你犯了错，就很难获得别人的原谅，一错全错，没有"东山再起"一说，因为这个社会太讲究信誉。

一位叫"袁航"的读者，在我的微信上留言，他写了这么一段话：上大学的时候，看《一公升的眼泪》，哭得稀里哗啦。后来没有怎么关注她。10多年之后的今天，再次听到她的消息，居然被逮捕，真的太可惜。

我回了他一句话：违法的事情千万不能做，尤其杀人和吸毒，因为这两件事，会彻底毁掉自己。

15. "梦中情人"栗原小卷为什么不结婚

看到"栗原小卷"这一名字,有的人一定很兴奋,有的人一定是一头雾水。因为她属于20世纪70年代到90年代的日本焦点美女。而我们90后、00后的读者,自然没有听说过,但是,你们的爸爸妈妈一定知道,尤其是你的爸爸,不信你回家去问问。

在日本人的印象中,栗原小卷是20世纪日本最美丽迷人的影星。而对于中国中年以上的男人来说,可谓是永恒的"梦中情人"。

一位日本影星为何在中国男人心目中会有如此迷人的地位?因为栗原小卷主演的两部电影在20世纪70年代末曾在中国上映,并引起了轰动,到了一票难求的地步,这两部电影是《望乡》和《生死恋》。

因为政治的原因,中国在70年代末之前,是看不到西方国家电影的,根本不知道世界上还有一个好莱坞。所有在中国上映的电影,都是来自社会主义友好国家,比如描写苏联十月革命的电影《列宁在1918》、描写南斯拉夫人民反法西斯战争的电影《瓦尔特保卫萨拉热窝》,还有阿尔巴尼亚的革命电影。那些社会主义国家电影都没有什么特别的女主角,所以,没有引起男人们特别的兴趣。后来上映了朝鲜电影《卖花姑娘》，那是一部描写一对姐妹花苦难生活的革命电影，故事情节很感人，据说这部电影是由当时的朝鲜伟大领袖金日成亲自编剧的。主人公花妮、顺姬两姐妹是影片的主角，现在再看海报，发现演员圆圆的脸，并不十分迷人，但是在那个年代，真是迷倒了不少中国男人。我想现在有不少人想去朝鲜旅游，多少也有这部电影留下的某些情结因素。

真正让中国人开始了解世界的，是日本电影在中国的上映。1972年，中日恢复邦交正常化。到了1978年，邓小平第一次访问日本，中日两国签署了和平友好条约。当时"文化大革命"刚刚结束，中国比现在的朝鲜还封闭。邓小平在日本参观了日产汽车的工厂，乘坐了时速220千米的新干线列车，真正感悟到国家不发展经济，不向先进的西方国家学习，中国将没有未来。于是，他的心中开始酝酿改革开放的大计。但是，封闭了这么多年的中国，一旦把国门打开，国民能否承受，是一个很大的问题。于是，邓小平先生就想到了电影，先让西方国家的电影在中国上映，让大家了解外面的世界，了解西方国家的发展水平与生活现状。

1978年，两部日本电影开始在中国上映，第一部是高仓健主演的《追捕》，第二部是栗原小卷主演的《望乡》。

《追捕》这部影片讲述了为人正直的检察官杜丘在被人诬告后，一边躲避警察的追捕，一边坚持追查自己被诬告真相的故事。高仓健主演的检察官杜丘，塑造了一个当时中国社会很难看到的硬汉的形象，一时间，《中国青年报》开展了一场"寻找中国的高仓健"的大讨论。高仓健成了许多中国男人的"敌人"，也成了许多中国女人的"梦中情人"。

《追捕》这部电影不仅让中国人改变了日本人都是"日本鬼子"的印象，更让中国人看到了原来腐朽没落等待我们去解放的资本主义社会，比我们还先进几十年。影片中，列车在立交桥上开，人人都穿着漂亮的衣服，满街都是汽车，这种强烈的视觉冲击，终于让我们看到了中国与世界的差距。《追捕》中有一个镜头，一辆小轿车从山崖上飞出去直接坠毁，电影院里顿时响起一片叹息声："唉，这么贵的汽车，太可惜了。"因为当时，中国估计有90%以上的人，都没有坐过小轿车。

《追捕》为中国女人们带来了一个男人的偶像。而《望乡》这部电影，也为中国男人们带来了一位梦中情人。这位"梦中情人"，就是栗原小卷。

从明治30年(1897)开始，直到大正9年(1920)，日本政府为了积累资金发展资本主义，把贩卖妓女到海外作为谋取外汇的一个手段。《望乡》这部电影讲述的是研究亚洲女性史的女记者山谷圭子，为了调查海外卖春的情形，而到当年输出卖春女最多的九州岛采访，在那里，她遇到了当年在南洋当过妓女的老太太阿崎婆的故事。

我当时看这部电影的时候，还是一名中学生。迄今还记得影片中有这么一些情节：阿崎婆从南洋回到家乡之后，发现父母亲都已经去世，唯一的亲人——哥哥已经娶妻生子，家里再也容不下她。家人和邻居歧视阿崎婆的经历，这令她悲痛欲绝。无奈之下，她不得不离开日本来到了中国东北，并嫁给了一个中国的皮匠。日本战败后，阿崎婆带着儿子回到了日本。儿子长大后将阿崎婆送回了九州老家，自己在城里娶了妻子，从此再也没有露面。当阿崎婆见到了美丽的女记者山谷圭子之后，她异常兴奋，向街坊邻居介绍圭子是自己的儿媳妇，这令邻居们开始对阿崎婆刮目相看。但是，当圭子向她提出关于"南洋姐"的话题时，她顿时神色黯淡，不愿提起过去的日子。圭子的真诚最后打动了阿崎婆的心，说出了自己痛苦的过去。

这部电影揭开了日本历史上黑暗耻辱的一页，在1974年上映后，引起了国际影坛的轰动，先后获得柏林国际电影节金熊奖和第48届奥斯卡金像奖最佳外语片奖。

《望乡》这部影片的主角，是田中绢代主演的阿崎婆。但是最靓丽的角色，是栗原小卷扮演的女记者。过去40年，栗原小卷在这部电影中留给我的印象，就是一头波浪形的烫发，紧身的白裤子，还有会说话的迷人眼睛、性感的嘴唇、高挺的鼻梁。在那个时代，栗原小卷163厘米的个儿算是高挑了。

当时的中国社会，女孩子还穿着绿军装，栗原小卷的这一形象，彻底颠覆了人们对于资本主义社会女人们生活在水深火热之中的认知，整个上海顿时掀起了一股烫头发热。当时没有烫发药水，烫头发是用烧红的火钳，吱吱冒出的焦烟味弥漫整个理发店，但是女人们依然很兴奋。这还是大上海的女人们才有的时髦，在我老家舟山，当时女人们还只会梳小辫子。

有人估计，当时中国是10亿人口，应该有8亿人看过《追捕》和《望乡》这两部电影。

栗原小卷主演《望乡》这部电影的时候，才20多岁。我第

一次见到她本人,是在1998年,那一年,中国最高领导人访问日本,七大日中友好团体在赤坂王子饭店举行欢迎会,栗原小卷被邀请给中国领导人献花。我当时已经在日本当记者,所以在会场采访时,见到了这位美丽的女神。

栗原小卷当时已经50岁出头,但是看上去依然年轻美丽。欢迎会结束后,我迫不及待地找到栗原小卷,倾诉了一番自己中学生时代观看《望乡》电影的感受,当然没有说出自己当时也是朦朦胧胧喜欢她的话。于是,我和栗原小卷有了第一张合影。

与栗原小卷的第二张合影,是在2019年7月2日晚上,日本举行欢迎中国新任驻日本大使孔铉佑的晚会上。栗原小卷已经74岁,虽然看上去消瘦了些,但是依然那么迷人。有句话叫"美人不老",栗原小卷印证了这句话是真理。

栗原小卷出生于1945年3月,她的父亲栗原一登是一位

剧作家，她从4岁开始学拉小提琴，梦想成为一名小提琴演奏家。6岁又开始学跳芭蕾舞，矢志要做一名芭蕾舞演员。她学芭蕾比学拉小提琴更专注、更投入。

18岁时，栗原小卷由东京芭蕾舞学校毕业，同年进入"俳优座"演员培训所。培训所是影视戏剧明星的摇篮，它拥有许多日本著名的导演、艺术教员，学员们可以接受多方面的演技培养。栗原小卷在这里开始学习话剧，并全身心地陶醉在这门综合艺术之中，因此逐渐远离了倾心多年的芭蕾舞。

1964年，她参演了个人首部电视剧《彩虹设计》。1967年，栗原小卷首次主演NHK电视台大河电视剧《三姐妹》，以清纯靓丽的形象而走红。1972年，她半裸出演爱情片《忍川之恋》，获得第 27 届日本每日映画大奖最佳女主角奖。

1974 年,她很勇敢地到苏联拍摄爱情片《莫斯科之恋》。同年,她主演的电影《望乡》获得大成功。随后,她又主演了电影《生死恋》(日文名《爱与死》),《生死恋》是一部青春文学片,栗原小卷的白色网球短裙和米黄色短风衣的形象,又一次迷倒了许多中国粉丝。

正因为《望乡》和《生死恋》这两部电影,栗原小卷与中国结下了世纪之缘。1986 年,她在中国出演了话剧《四川好人》。1991 年,她参演了谢晋执导的电影《清凉寺钟声》,濮存昕饰演她失散多年的儿子。后来在谈到《清凉寺钟声》时,栗原小卷说:"我和谢导认识很久了。他当时说,我这里有个角色,是扮演一位母亲,我觉得很适合你。我觉得扮演一位老母亲对当时还比较年轻的我来说很富有挑战性。我真的很被剧本感动。战争给中国人民造成了巨大的不幸,但是中国人民不计前嫌,反而把留在中国的日本孤儿抚养长大,悉心照顾他们。而那些日本孤儿的遭遇则告诉我们,战争其实同样给日本自己带来了灾难。所以我是怀着深深的感激之情和忏悔之心来拍这部电影的。"栗原小卷说,拍摄此片,她流下了激动的眼泪。

2008 年 10 月,中国政府授予栗原小卷"中日友好交流促进奖"。现在,栗原小卷担任日中文化交流协会副会长。

栗原小卷一生未婚。日本有传言,说栗原小卷在拍摄电影时,与影星竹脇无我相爱,但是最终俩人无果。竹脇先生已经在 2012 年去世。

栗原小卷对于自己的人生选择并不后悔,她说:"我的爱人就是工作。"

这么美丽的女神居然不结婚，这确实愁煞中国影迷。2006年，栗原小卷在上海接受采访时说得很明白："也许因为我一直忙于工作，所以就忘了结婚吧。其实当年在日本，像我那样工作强度的女人，男人是无法接受的。有时我在外面拍戏，可能两个月不回家，如果我结了婚，那么回到家会发现丈夫早就跑了！我只是觉得，如果我结婚生子，却不能全心全意照顾丈夫和孩子，这对他们是非常不公平的。如果要像今天的中国，男女同工同酬，男女平等，我的生活可能就不会是今天这个样子了。"

后来，栗原小卷在接受白岩松的访谈时，又专门谈到自己未婚的问题，她说："如果我要是组织一个家庭的话，我相信我自己能够做一手好饭，做一个好的妻子，成为一个温柔的母亲。但是像现在这样与中国的朋友进行交流活动，演好的作品，与影迷们分享感动，为这个社会做一些微薄的贡献，我也非常喜欢这样的生活，所以要让我做出一个选择是很难的。我在影片和舞台上，能够饰演各种各样女性的人生，能够让我体验不同的经历，这些在平常生活当中是体验不到的。但是做演员，我能体验到这些。"

所以，从某种意义上来说，栗原小卷一生不婚，始终保持了一种"女神"的形象，也让她的粉丝们那种崇拜之情至今没有泯灭。

美人不老！

16. 著名导演北野武的婚外恋

日本著名导演北野武扔下200亿日元（约13亿元人民币）净身出门，引爆了世界级的感情话题。已经70岁出头的北野武有名义婚姻在身，但是一直与一位比他小18岁的情人在一起。到了这把年纪，武爷突然决定要好好地为自己活一次，不要一切，只要一份爱情。日本大多数舆论没有谴责他，而是认为他"很北野武"！

日本社会如何看待"情人"问题？有人说它是一种"文化"，多数人还是持否定态度。但是，日本社会有一种现象，确实也"很日本"，那就是，做了情人的日本女人，大多数都不吭声。就像北野武的那位小情人，眼睁睁地看着北野武将200亿日元全部扔给前妻，没给自己留一分钱，但是，她也毫无怨言。

为什么日本的"情人"有此情怀？

与一群日本人讨论后，大家这么认为：

第一，日本女人与男人发展情人关系，主要是因为感情，其次是渴望性爱。以金钱为目的的情人关系，一般只发生在艺伎与陪酒女郎之中。但是，一旦终止了情人关系后，情人们一般都不会张扬，因为这是"职业道德"——她已经获得了一定的经济利益。

第二，她认为感情比金钱更为珍贵，坚信凭北野武的才华，今后一定不会缺钱。

第三，日本女人有一种特别的羞耻心，觉得自己充当了别人的情人，一旦败露，会从此抬不起头来。所以，即使被人发现，也是低调躲避，不会与男人闹翻天，更不会要这要那讲条件。

而老婆们一旦发现老公有婚外恋，也不会跑到他的单位里去大吵大闹。因为日本社会有一句谚语，叫作"给老婆的是牛奶，给别人的是小便"。这是一种很阿Q的心理。结果是，妻子发现丈夫婚外恋后，要么离婚，要么每月照收老公的钱袋子。

所以，北野武的夫人与北野武结婚40年，38年没在一张床上，她也忍了，而且还担任了北野武演艺公司的社长，为他当家。同时，她明明知道北野武身边有情人，并且还同居了，也是不闻不问，各过各的日子。

我想起一个故事。日本前首相田中角荣爱上了秘书佐藤昭子，并把她发展成情人，还生了女儿。

当然田中封口工作做得极佳，几乎无人知晓这一事实。后来，田中因为收取企业行贿资金而被捕，警察也找到了掌管田中财务的佐藤，不管警察如何恐吓和利诱，佐藤都一口一个否认，账面上的错误全揽到自己的身上。田中被逮捕后，佐藤一有机会就去探望。田中去世后，她什么也没争，也没要名分，几十年始终独自支撑着没有田中的"田中事务所"。直到自己过了70岁变成了老太太，才写了一本书，透露出自己与田中的那一段至深的感情。

当然，像佐藤昭子这样的忠诚情人也是少数。

有一个小知识，需要普及：当你带上太太去出席日本人的聚会，你兴高采烈地将太太介绍给日本人，说："这是我的爱人。"日本人一定会满脸暧昧地说："哇，真漂亮。"转过身，他又会悄悄地问你一句："你家夫人可好？"

在中国社会，"爱人"是指太太或先生。但是在日本，"爱人"这个词是专指婚外恋"情人"。

邓丽君当年在日本唱红的那首歌《爱人》，描述的就是一对婚外恋情人哀怨的感情，而非普通情侣之间的缠绵爱情。友情提醒：下次卡拉 OK，别冲着老婆唱这首歌！

17. 女记者被强暴后为何走上法庭

在 2019 年即将结束的时候，东京地方法院对一件备受瞩目的强奸案作出了判决，判决原日本 TBS 电视台华盛顿支局的支局长山口敬之败诉，赔偿给受害女性 330 万日元（约 21 万元人民币）。

这一起发生在 2015 年 4 月的强奸案，经过长达 4 年的艰苦诉讼，终于以受害女性胜诉而结束。

这位受害女性，名叫伊藤诗织，28 岁。

纽约大学新闻学系本科生伊藤诗织，毕业后一心想当记者，经朋友介绍，认识了当时担任日本 TBS 电视台华盛顿支局支局长的山口敬之（51 岁）。诗织给山口发去自己的简历，咨询能否去华盛顿支局当记者。山口回邮件称："只要签证没问题，以 TBS 的力量不是不可以，我会考虑。我下周临时回国，如果有时间的话，一起吃饭。"

一周后的 2015 年 4 月 3 日，山口回国，约伊藤在东京惠比寿吃饭。先在一家串烧店喝酒，然后又去了一家寿司店，结果，伊藤在寿司店里醉倒，失去了意识。第二天早晨醒来，发现自己全裸躺在一家酒店的床上，而且下身和乳房都有疼痛感，此时山口也是全裸趴在她的身上。这时，她意识到自己遭到了山口的强奸。

东京警视厅高轮警署接到报案后进行了搜查,并在山口再次回国的时候,在成田国际机场设下埋伏,准备在山口走出机场时实施拘捕。但是,就在山口抵达成田国际机场走下飞机之时,搜查员突然接到警视厅总部指示:停止逮捕行动。

虽然东京警视厅后来也向东京地方检察院提出了简易起诉,但是在2016年7月,检察院以证据不足为由宣告不予起诉。

山口敬之是何许人物?在日本的新闻界,他是一位赫赫有名的记者!大家是否记得2007年9月12日,安倍晋三第一次当首相才一年,选择在这一天宣告辞职的事。在日本所有的媒体中,最先报道这一辞职消息的,就是当时担任TBS电视台驻首相官邸记者的山口。山口也因为这一特殊功劳,后来升任为华盛顿支局的支局长。

山口为何能够预先获得安倍辞职的消息?因为他跟了安倍整整16年,是安倍身边少有的可以进入安倍家一起喝酒的御用记者。2016年,山口出版了一本近距离观察安倍的书《总理》,封面的照片是山口拍的:安倍靠在自己的首相办公桌上打电话——这也是日本社会第一次公开安倍首相办公室的模样。

正因为如此,突然下达停止逮捕令,然后决定不被起诉,山口的背后有没有安倍首相或者首相官邸给予警视厅的幕后指示?这成了当时日本社会最为关注的问题。但是种种迹象显示,安倍首相可能也是躺着中枪。

在检察院决定不予起诉的情况下,由市民代表组成的检察审查会依据权利代替检察院向东京地方法院提出了起诉。

伊藤决定奋起抗争!这是日本历史上女性首次公开具名指

控性侵,而伊藤诗织以记者身份出席,更让人看到她身份的多元:她不仅是性侵受害者,也是一名优秀的记者,更是超越了符号存在的活生生的人。

她在司法俱乐部举行了记者会,把伸张正义的希望寄托在了检察审查会身上,也寄托在了社会舆论上。但是她没有想到的是,此后遭遇到的一切,几乎令她精神崩溃。在公开场合谈论自己遭到性侵的经历,犹如让人听黄色小说一般,受害者也变成了"AV女优"。

而且,随着案情的深入,伊藤不断地去冲击社会体系和权力体系中一个个"黑箱",令她遭到了不少舆论的非议。

伊藤说,我生活在亚洲社会,生活在日本,我大概能够预想到此类事件发生时人们的反应。我经历了法律程序上的失败,我的案子被中断,我意识到对于此类案件,尤其是对性侵案受害者的支持是多么零星稀少,受害者不能寻求公正,而媒体也在努力避免触碰此类案件,尤其是牵涉权力时。我认为大部分性侵案件发生在不平等的权力结构中,这并非事关性企图,而是关乎权力,是一个人对另一个人施加的权力。

于是,伊藤写了一本书,叫《黑箱——日本之耻》。这本书的出版引起了日本社会的轰动,这本书的中文版也已经在中国出版发行,伊藤还来到中国签书讲演,她的勇气获得了中国读者的赞誉。英国BBC后来根据伊藤的经历,拍摄了一部电视片,伊藤受害案引起了全世界的关注。

伊藤在接受媒体采访时说,我的家庭并不富有,我来自普通市民的家庭,我的父母其实很反对我诉讼,我也能理解他们。

说实话，在日本现有的法律体系下，寻求正义的可能性微乎其微。你投入多少时间和金钱都无法确保自己能够得到法律公正的裁决，甚至连一些微小的尊严感都无法获得。我也经常在想，在过去的几年中我得到了什么？当然我得到了我的真相，但从法律角度来说，我不确定。日本的强奸相关法律在过去110年间都未曾改变。如果我没有经历这一切，我不会意识到这个问题。日本是一个发达国家，为何在女性问题上宛若中世纪。我认为自己有责任推动修改法律，保护更多的女性不受伤害。

在过去几年，伊藤勇敢的呼吁引起了日本女性的共鸣，她的身边出现了许多支援者。而伊藤呼吁日本国会修改法律，加大对强奸行为的惩罚力度，已得到了许多国会议员的赞同。

2019年年末，东京地方法院作出判决，判伊藤胜诉，山口必须向伊藤支付330万日元赔偿金。

当伊藤举着写有"胜诉"两字的条幅，跑出法院来到记者面前时，她流了眼泪。

她说，这一天，我等得太长太长了。我今天看到的一切，与以前看到的已经不一样。虽然这是一起我自己经历的性暴力事件，但是，日本社会整体上对于性暴力者的惩罚力度依然不够，我们要坚定地推动明年的刑法修改。

伊藤已经成为日本女性维权运动的代表人物，受到人们的关注与尊重。在一个男权主义的社会里，需要更多的受害女性勇敢地站出来，维护自己的尊严，维护自己的权利。

18. 为什么越来越多的日本女性选择做"非婚母亲"

日本歌星滨崎步在 2019 年即将结束的时候，突然发表了一条消息："我做妈妈了。"

虽然滨崎步的人气衰落，但是，这条消息依然引起了日本列岛的轰动。已经 41 岁的滨崎步，经历过两次失败的婚姻，目前是未婚的状态，怎么就悄无声息地生下了孩子呢？孩子的父亲是谁呢？

滨崎步什么都不说，留给世间一个巨大的谜。

奇怪的是，滨崎步的这一未婚生子行为，不仅没有受到舆论批评，许多人还表示祝福和理解。

为什么会出现这样的现象呢？

因为越来越多的日本女性开始有了"我不想结婚，但是我想要孩子"的想法。这是目前日本社会出现的一种生活新潮流。

日本电视台在前几天邀请了一些嘉宾，做了一期节目，讨论"非婚妈妈"问题。

节目说，2019 年，选择"非婚妈妈"的日本女性的人数，与 30 年前相比，增加了 3 倍。同时，对于女性选择做"非婚妈妈"的行为，表示理解的人数达到了 64%，表示不理解的人数只有 36%。

为什么许多女性会选择做"非婚妈妈"？

节目调查后列出了以下几条理由：

第一，人生并不一定要把生孩子与结婚捆绑在一起。

第二，虽然我不想结婚，但是，如果这个世界有一个需要我守护的人，那么我的生命力就会旺盛，会感觉到活着的价值。

第三，不愿意与另外一个人生活在一起，但是很想要一个自己的孩子。

第四，结婚的话，要照顾对方的父母，还要与素不相识的亲戚打交道，感觉很烦琐。

第五，个人的收入足以养活自己和孩子，没有必要依赖男人去生活。

第六，无法想象为了一个孩子，要与一个男人厮守一生。

第七，现在已经进入了女人选择男人的时代，没有男人也可以活得很好。

除了以上主观原因之外，成为"非婚妈妈"的客观原因有五条：

第一，男人干完事之后逃走了。怀孕的女性珍爱孩子的生命，选择做未婚母亲。

第二，因为与孩子的父亲属于婚外恋，男子有婚姻在身，无法公开成为父亲。

第三，结婚之前，孩子的父亲因为各种原因死亡，但是想留下两人爱的结晶。

第四，未婚怀孕之后，生还是不生？在彷徨中最后成了单身母亲。

第五,一开始就告诉男子是"借种怀孕",所以,怀孕之后,自然成为未婚妈妈。

那么日本社会目前非婚生子的比例到底有多高?

这里有一日本厚生劳动省公布的2017年"人口动态调查"统计数据。2018年,全国新生儿有897359人,其中非婚出生的新生儿有21041人,占比为2.29%。

日本的这个非婚生子女比例在世界各国中应该属于很低,仅比韩国(1.9%)高一点。

2014年的数据显示,在发达国家中,非婚生子女的比例,法国是56.7%、英国是47.6%、美国是40.2%、意大利是25.9%。没有搜索到中国的非婚生子女的比例数。

日本社会虽然是一个保守的社会,但是,有64%的人表示理解"非婚妈妈",一个最大的理由,是安倍首相推行的"女性解放"政策,使得越来越多的女性摆脱了"结婚即辞职"的传统家庭生活意识,女性在经济上越来越独立,社会容忍并支持育龄女性回归社会,而不一定要回归家庭。

第二,信息时代带来的人生意识的改变,越来越多的人认为,人不一定要结婚,结了婚也不一定非要生孩子,不结婚也可以要孩子。

第三,越来越多的人支持女性追求自由自在的生活,理解她们不愿意接受家庭生活束缚的想法。

第四,日本政府制定了不少新政策,对非婚生子女的权益与婚生子女一视同仁,而且政策向非婚生子女倾斜。比如,单亲家庭(多数为低收入家庭)的孩子,不仅从保育园开始到高中学费全免，而且从今年开始，上大学的学费也可以全免。

这些社会认识的改变与政府的政策扶植，从某种意义上，也"助长"了许多女性选择成为"非婚妈妈"。

19. 立石义雄遗言：企业是社会的公器，不是创业家的私财

心中一直有一份祈祷，希望立石义雄先生能够抵挡住新冠病毒的侵袭，挺过这一难关。但是，老先生还是走了。

虽然未能去探望他，但是，我能想象，他走的那一刻，身上一定插满了管子，身边也一定有一台ECMO。

老先生一定不会想到，自己会以这么一种方式告别自己的人生，离开这个世界。

2020年4月初，传出立石先生感染新型冠状病毒的消息，我心里一惊，80岁的老人，能挺过去吗？

京都有很好的医院，而且治愈过不少新冠病毒的感染者，期望能够出现奇迹。但是，樱花飘零，老先生也去了天堂。

京都是日本的千年古都，不仅有浓厚的传统文化的底蕴，而且孕育了许多著名的企业。京都人说，在京都，有两大财界领袖，一位是京瓷公司创始人稻盛和夫，另一位便是欧姆龙的掌舵人立石义雄。

立石义雄比稻盛和夫小几岁，论辈分，他小于稻盛和夫先生。

京瓷是稻盛和夫先生亲手创建的，而欧姆龙是立石先生的父亲创建的。虽然如此，但立石先生在京都经济界与财界的地位，是"新欧姆龙"的创建者，也就是说，没有立石先生，就没有

欧姆龙今天的辉煌。

立石先生的父亲立石一真于1933年创立了欧姆龙的前身"立石电机"公司。家里有七个兄弟,立石先生排行老三。父亲看中了他的机灵与执着,在他从同志社大学经济学部毕业的那一刻起,就直接安排他进了公司,当作接班人培养。

父亲退下来之后,按规矩是长子当家,立石先生的哥哥立石孝雄当了社长,而他当了专务董事(副社长)。

立石电机公司以研发生产传感器等精密设备零部件为主,在日本业界,素有"东有索尼,西有立石"之称。

1987年,哥哥退居二线,立石先生出任公司社长,那一年,他才47岁,在日本的经济界,他属于"年轻的老社长"。

关于立石先生,日本财界有一个传说,说他上任之后,干

了一件事：把使用了半个世纪的"立石电机"公司的名称改了，改成了"OMRON"（中文名"欧姆龙"）。改名的理由是"企业是社会的公器，不是创业家的私财"。

当社长16年，立石先生实施了两大改革：第一，将产业从传感器、继电器等控制仪器零部件生产，扩大到电子零部件和助听器、ATM机、车站自动检票机等产品。第二，积极向中国投资，拓展中国市场，将欧姆龙的海外营业额提高了4倍。整个公司的营业额提高了1.9倍，最高营业额曾达到5300亿日元（约350亿元人民币）。

2003年，他把社长的位子让给非立石家族成员的作田久男，自己担任公司会长。2011年开始担任名誉会长。

立石先生长期以来作为日本关西重要的财界领袖，担任过关西经济联合会副会长，并从2007年开始担任京都商工会议所会长，一直到今年3月才退任。立石先生不仅着力于培育京都的中小企业，热心于弘扬和保存京都的传统文化，同时为日中经济交流事业的发展做出了重要贡献。

没想到，会长一退任，就进了医院，最终没能出来。

我是在10年前的一次会议上，遇到立石先生，当时看到的名片，是欧姆龙会长、日本国际贸易促进协会副会长。

他问我是做什么的。我说我们办了一份小报，叫《中国经济新闻》。

立石先生听了，说："你给我寄来，我要看看。"

报纸寄给他后，他写来一封信，说看了之后，觉得很有价值，能够看到许多在日本看不到的中国经济信息，并提出要订一份。

从那个时候开始，一直到现在，立石先生一直是我们《中国经济新闻》的忠实读者。

2014年5月，我去京都，突然好想拜访他。联系了他，老先生特地在欧姆龙公司总部办公室里见了我，跟我聊了自己对中国和中国经济的许多认识与建议。本来想写成一篇采访稿，但是因为有些敏感话题，老先生最终没有同意发表，成了一件憾事。

写下这篇文章，是对老先生的一份追思与哀悼。人都会离去，只是上苍选择了一个错误的时间，让他匆匆地离开了我们，除了伤感，别无二字。